ちくま学芸文庫

レストランの誕生

パリと現代グルメ文化

レベッカ・L・スパング
小林正巳 訳

筑摩書房

目次

レストランの誕生

パリと現代グルメ文化

「レストラン（RESTAURANT）：病気や疲労により減退した体力を回復（restaurer レストレ）させる食物あるいは薬。シャコのコンソメやエキスは優れたレストランであり、ワインやブランデー、その他の気付けの飲み物も、精神が疲弊した者にはみな好ましいレストランである。また、風味のよい白身の肉［訳注：豚、鶏、子牛、ウサギなど］の肉汁に、柔らかい白パン、刺激的な味わいの飲み物や粉末、果物の砂糖煮、舐め薬、その他甘い香りの成分を加えて、そこから抽出する場合もある。アスピック［訳注：肉や魚の煮汁をゼリーで固めたもの］も一種のレストランであるが、本来液体である一般のレストランに比べれば、滋養と粘稠度において勝る」　　フュルティエール『大辞典』（一七〇八年）

「〈エキス（Quintessence）〉あるいは〈レストラン〉のレシピ：タマネギのスライス数枚、牛の髄骨少々、上質の子牛の白肉を適量、洗い上げた錫メッキの鍋に入れる。子牛の上に、汚れと脂肪分を取り除いたハムの皮数片とニンジンとパースニップ［セリ科］のスライス数枚を重ねる。絞めたばかりの健康な鶏から臓物を取り除き、内外を丹念に洗う。切り分けた後、細かく切り刻み、肉が傷まないうちに鍋に入れ、子牛の細切り肉とハムの皮をさらに二、三片加える。このエキスを二パント［およそ二クォート］作るには、鶏一羽に加えて、たかだか子牛の肉四、五ポンド、ハムが四オンスほどで足りることに留意されたい。これらの材料をすべて鍋に入れたら、ブイヨンを一カップ加え、鍋を密封して強火にかける。火が弱いと、肉から肉汁は出ても表面に焦げ目が付かないため肉汁はそのまま肉にこびり付いてしまい、加熱中粘り気を増しこそすれ鍋底に溜まることはなくレストランは不出来に終わる。

肉に焦げ目が付いたら、肉汁を出すために中火にして四十五分煮る。鍋にこびり付かないように注意し、適宜少量のブイヨンで水分を補給する。水分量を加減して、レストランが苦すぎたり濃すぎたりならないように甘くなめらかに仕上げ、独特の味や香りの成分を加えれば様々なソースに転用可能となるようにする。料理人の中には、このエキスにニンニク、クローヴ、バジル、マッシュルームなど香りの強い成分を入れる向きも多いかもしれないが、私としては、より簡素なこの方式のほうを好む。これこそ味覚にも健康にも最善と信じているからである」

マラン『コーモスの贈り物』(一七三九年)

「レストラトゥール(RESTAURATEURS):レストラトゥールとは、レストランあるいは王のブイヨンと呼ばれる正真正銘のコンソメを作る技量を持ち、あらゆる種類のクリーム、米やヴァーミセリのスープ、新鮮な卵、マカロニ、鶏の煮込み、ジャム、コンポート、その他健康によい洗練された料理を売る権利を持つ者のことである。

かかる新種の店舗は、当初より〈レストラン〉あるいは〈健康の館〉と呼ばれており、首都においてはローズ、ポンタイエ両氏が一七六六年に設立したものをもって嚆矢とする。

かような〈レストラン〉の第一号は、最も壮麗なカフェと比べてもまったく遜色なかった。開店当初はプーリ通りにあったが、好ましい場所とは言い難く、サン゠トノレ通りのアリーグル館に移転した。ここでも同様に好評を博し、常にこの種の商売の基盤たるべき清潔、上品、誠実といった原則も変わらなかった。

個々の料理の価格も明朗に定められている。いつでも食事することができ、ご婦人方も入店を許され所定の程々の値段で夕食をとることができる。かかる店舗の謳い文句には次のように素敵な二行詩が掲げられている。

Hic sapide titillant juscula blanda palatum,
Hic datur effaetis pectoribusque salus.

（汝ノ味気ナキ口蓋ヲクスグル美味ナルそーすココニアリ、
ココニテハ疲レ果テタル者モ健康ナ胸ヲ見出スベシ）」

［マチュラン・ローズ・ド・シャントワゾー］『世評覚書、あるいは総合情報名鑑』（一七七三年）

「レストラン：形容詞。体力を回復・復元するの意。〈回復薬・回復剤・回復食〉。より一般的には名詞として用いられる。〈ワインとブイヨンはよいレストランだ〉。とりわけ、美味この上ないコンソメや肉汁のエキスについて用いられる。

意味を拡張して、レストラトゥールの店舗をも指す。〈新しいレストランがこの通りに開店したところだ・彼はレストランを経営している〉。」

「レストラトゥール：名詞。修復し、復興させる者の意。都市や記念建造物について言う場合を除いては滅多に用いられない。〈この町は破壊されたが、王が再建した。彼はこの町のレストラトゥールである〉。

むしろ精神的な意味で用いられることのほうが多い。〈この君主は文芸のレストラトゥールである・この神父は所属する修道会の古き規律のレストラトゥールである・自由（交易、法と秩序など）のレストラトゥール〉。

〈レストラトゥール〉は、料理の種類と価格を一種の掲示板に明示し、時を選ばず一人前ずつ食事を提供する料理人兼仕出し屋という意でも用いられる。〈レストラトゥールの店で夕食を食べる・レストラトゥールのメニュー〉」

『アカデミー・フランセーズ辞典』（第六版、一八三五年）

二〇二〇年版まえがき

今やレストランは、かつての姿をしていない。本書が記述するのは「グルメ文化」の誕生とコード化であるが、この文化はシェフを隠し、料理法を見えなくし、公共の場でする食事の劇場性を強調しながら厨房の出来事に思いをいたすことのほとんどないものであった。「食と法には共通点がある」と説いたのは一八〇六年、グリモ[1]『食通年鑑』だ。「それを良いものだと感じるには、それが作られる過程を見てはならない」。

だが本書の初版が世に出てわずか数年後、スターシェフのジョエル・ロブションはグリモの言葉に反する行動に出る。引退を撤回して〈ラトリエ ドゥ ジョエル・ロブション〉[2]をオープンしたのだ。彼が「工房《アトリエ》」と呼んだそこは完全なオープンキッチンであった。〈ラトリエ〉は最終的には帝国へと成長し(ロブションが二〇一八年に逝去した時点で、一二店舗にまで拡大していた)、そこでは新しいスタイルの最高級フランス料理で使われる素材や手法をスシ・バーやタパス・バーのしつらえで提供するというフュージョンが実践された――オマール海老、仔鳩、ナスといった素材から、フォワグラ、キャビア、トリュフまでもが、巻かれたり、工作されたり、くり抜かれたり、薄切りにされたり、意外な形状へと作り込まれたりして供される。複雑なソースが点々と皿を彩り、最終仕上げにはピンセットが使われる。これらすべてが食べる人に見えるところで行われる。客は赤いレザーのスツールに腰掛け、シェフは黒のコックコートに身を包む。〈ラトリエ〉はいわゆるアトリエとの関連性は薄かったが、〈ラトリエ〉とその後オープンした同じ路線の数多くのレストランは、本書で記述した施設とは大きく訣別することとなった。

現在は、小皿や、小分けにされた料理が流行りだ。十九世紀前半のパリを訪れる人は、各レストランが提供するメニューの多さに息を呑み（「スープ、十三種類。〈中略〉肉料理、三十二種類。〈中略〉仔牛肉の料理は二十二項目の多きにわたる」）、メニュー表のすべてに目を通すのに三十分はかかるだろうと考えた。(3) 対照的に、現在のトップクラスの有名レストランのテイスティング・メニュー（おまかせコース）は、顧客に選択の余地を一切与えない。レストランにおける贅沢や豪奢とは、食べる側の気まぐれに応えることではなく、シェフの単一の世界観を授けることにある。料理以上に変化したことも多い。レストラン側がメニューを決めるため、あきれるほど細かい価格設定も登場した（「三六二・二二ドル、税別、ドリンク料別」）。しかも、価格は供されるはるか前に決まっている。(4) 先払いが要求されることも多い。もはやディナーの席を予約するというより、ショーのチケットを購入する感覚だ。(5) 親密な座席配置（密という人もいる）や、キッチン内にテーブルを置くことも珍しくないものの、雰囲気は家庭というより劇場に近い。「シェフズ・テーブル」を名乗る店は、おもてなしではなく「最前列の席」を売りにする。例えばゴードン・ラムゼイのロンドンのレストランでは顧客に対し「劇に浸り、参加し（中略）魔法が展開されるのをご覧頂き（中略）舞台裏を垣間見ることのできる（中略）メゾンの特等席です」と謳う。(6)

レストランと誇示《ディスプレイ》は常に重要な関係にあったが、『フード・チャンネル』やスーパースター・シェフの時代において、役割は再編成された。かつてパリの訪問者は、レストランでは王侯貴族さながらの食事ができると夢想したが、いまや王はシェフのほうだ。シェフの領分はあまりに絶対的であり、ミシュランの星付きレストランの一部は、どのような料理を出すかについて一切示していない。公式サイトのメニューには「エクスペリエンス」――かつてディナーと呼ばれていたもの――の所要時間の目安と最低価格しか記載されていない。(7)

また、小難しい「メニュー用フランス語」も大方見かけなくなったが、代わって登場したのは、言葉を日常の文脈から切り離し、異なる意味で使用することで、客を戸惑わせつつ喜ばせる手法だ。例えば、シカゴ〈アリニア〉の「ピーナッツ・バター・アンド・ジェリー」とは、ピーナッツムースに覆われた一粒のぶどうをブリオッシュの薄切りで巻いた一品。単語を完全に排除したメニューもある。「ベスト・レストラン・イン・アジア」に選ばれたバンコクの〈レストラン・ガガン〉のメニューにはここ数年、絵文字しか書かれていない。[8] パリ十六区の〈アストランス〉はメニュー表と呼べるものが存在しない。この小さな超人気レストランのメニュー表には、ランチやディナーを注文するのではなくストーリーを語る食事を期待してほしい、これから驚きあふれる旅にいざなうという趣旨のことが書かれている。

ファイン・ダイニングの変化、そして新たに台頭したフーディー文化は、本書執筆後に起きた公的そして私的な食欲の再編が、広範囲にわたるものであったことを明らかにする。この物語の要素のいくつかは、〔初版刊行時の〕二十年前よりも今のほうが身近に感じられるだろう。そもそも、〝レストラン〟という語の当初の意味は「元気を回復させるブイヨン」で、一七六〇～七〇年代にかけてのレストラトゥールがメニューの中心に据える料理の名称であった。この名にちなんで、レストラトゥールたちは自分の店を「レストラン」と呼んだのである。今日、ニューヨーカーは同じ料理を各店ごとにアレンジしたものを、持ち帰り用のカップに入れてもらうべく、〈バーニーズ〉、〈ブロド〉、〈ニウ〉に並ぶ。ロサンゼルスなら、〈ブロスキャリー〉、〈スーピュア〉、〈オッソーグッド〉など点在する気の利いたネーミングの店へ。ポートランドの〈ソルト・ファイア&タイム〉は最近閉店したが、ワシントン州の〈コルドロン・ブロス〉は二十四店舗以上を展開し、サイトでは「ボーンブロスは料理界における黄金の液体です」と謳う。[9] ロンドンにさえ〈ニンコンスープ〉、〈ボーン&ブロス〉をはじめ、このような店が多いことは疑いない。

いまやボーンブロスは、断食中のデトックスメニューとしても、しっかりした食事の土台としても売られている。パリの草創期のレストラトゥールのメニューそのままの姿（あひるのゆで卵を添えれば）で供されることもあるし、当時の人々が見たらまったく理解不可能な形で供されることもある（ふかしたサツマイモを添えたり、「コラーゲンクーラー」となったり）[10]。ボーンブロスは今や「シンプルで繊細」よりも「栄養たっぷり」な点が称賛され、コンソメカップではなくメイソンジャーでしばしば供される。エクササイズがある種の生活様式の表明となるような現代においては、健康維持消費の優先事項が当時とは変化したことを示している[11]。だがその一方で、十八世紀のレストランの常連客が目的とする、空腹を満たすこととは一線を画した「食欲を回復すること」と、ボーンブロスの主張である「満腹感を覚えずに滋養を与えること」は、完璧に対応している。

ボーンブロスのレストランやスーパーフード・ジュースバーは一七六〇～七〇年代のレストランと同様、公共空間での社交を犠牲にすることなく、特定の養生法に従うことを可能にする。ボーンブロス好きのなかには、これは家では作れないものだと思っている人もいるかもしれない。というのも売り手はボーンブロスの調理時間の長さを強調しているからだ。ある店は「通常は最低でも二十四時間」、別の店は「四十八時間以上、とろ火でじっくり煮出しています」[12]と言う。

ボーンブロスの店は、この昔ながらの（言うなれば有史以前からの）滋養物をお洒落で美味しい形で提供しようとしているが、そのために最初期のレストランを成功に導いたのと同じ戦略を採用しているのだ。その一方で、ネット通販プラットフォームの〈ゴールドベリー〉（こだわりの多い美食家が対象で、全米のレストランから注文可能）は、グリモ・ド・ラ・レニエールがもし現代に生きていたら同じものを考案したかもしれないと思わせる。「金の腹《ゴールドベリー》」という名称はジェームス・ボンド・シリーズの悪役あたりを彷彿とさせ、さてはグリモの『食通年鑑』同様にブラックジョークなのかと思いきや、数分もサイトをブラウズすればジョークとは無縁だと分かる。ゴールドベリーや類似のサービスは、美食文学や一九世紀のレストランのメニューと同様、地図の線を引き直す――アイオワでロブスター・ロールを、ロードアイランドでバーベキューを、アラスカでベーグルを食べること（「追加送料がかかります」）を可能にするのだ。ゴールドベリー創業者、ジョー・アリエルは「外食産業を民主化すること」が目標と言い、そのために大都市のマーケットに小都市のレストランが参入する道を作りたいという。ここにも、二百年前の歴史が明らかにこだましている――自称「レストランの発明者」であるマチュラン・ローズ・ド・シャントワゾーが、最高の技術と革新的な独創性を消費者に知らせる唯一の手段となるべく、レストラン年鑑を編集発行したことと重なるのだ。シャントワゾーの「情報拡散や流通こそが重要」との信念を、欲望を即座に満たしたいとの消費者の思いに応えるべくアップデートしたのがゴールドベリーだと言える。[13] だが、全米で五千万人もの人が飢えのリスクに直面し、大学生の三人あるいは二人に一人が「食べものを安定的に確保できない」と報告する今、アリエルの言葉は空しく響く。彼の言う民主化は、消費者の選択肢という点のみに関するものなのだ。

十八世紀のレストランは、それまでにない種類の公共空間であった。啓蒙時代特有の楽観性の産物である草創期のレストランは、「市場の拡大により、私的な食欲が二重の意味で公的な方法で満たされるだろう」との信念のもとに生まれたものだった——二重とはすなわち、「万人に開かれている」かつ「社会全体の利益となる」という意味である。「個人の酔狂な趣味が原動力となって、社会が前進するかもしれない」そんな希望（幻想）をいま目の前にすると、二十年前とはずいぶん違った印象を受ける。

レストランは過去二百五十年の近代政治文化を形作った諸制度と同じ時期に、ほぼ同じ場所で発展したにもかかわらず、民主制が機能するためにあれほど中核的な役割を果たした共和国の（あるいはブルジョワの）公共圏の一部を成したことは一度もなかった。フランス革命が最も急進的だった時期に、パリのレストラトゥールが看板に掲げる文字を「繊細な料理」から「高貴な人々」に取り替えたとしても、誰もだまされなかっただろうし、不平等主義的感情を理由に直ちに投獄されただろう。フランス革命の余波が残るなか、「レストランは非政治的な場、消費と誇示の場である」との考え方は、ナポレオンの警察国家に適していた。このようなレストランのとらえ方は多少なりとも現在まで生き残っている。十八世紀以降、公共世界は複数存在した。すなわち、誰でも利用できるという意味での公共世界（レストラン）と、国家が支援しているという意味での公共世界（公共放送など）がある。この二世紀は、これら二つの公共世界の関係の変化によって形作られたと考えることができる。自称「レストランの考案者」であるローズ・ド・シャントワゾーは哲学者兼歴史家のデイビッド・ヒューム同様、この二つの公共世界が相互補強的だと指摘した——自由貿易と政治的自由は互いを養い、誰をも食い荒らさないと。ヒュームは一七五二年に発表した試論「技芸における洗練について」（当初の題名は「豪奢について」であった）で、このサイクルを次のように説明した——

大学者や大政治家、有名な将軍や詩人を生み出す時代には、通常、熟練した織布工や船大工がたくさんいるものである。（中略）時代の精神はすべての技芸に影響を及ぼす。そして人びとの精神がひとたび無気力から呼び覚まされ［ると］（中略）あらゆる技芸と学問に改善をもたらすであろう。（中略）これらの洗練された技芸が進歩すればするほど、人びとはますます社交的となる。（中略）産業活動と知識と人間性は私生活にだけ有益なのではない。それらは公共にも有益な影響を及ぼし、個人を幸福にして繁栄させると同様に、政府も偉大にして栄えさせるからである。(14)

シャントワゾーは、このビジョンを受け入れ具現化した。彼はレストランを開業し宣伝したほか、『名鑑』を発行し、そのなかで消費者向け新商品を告知したり、芸術や諸科学の最新動向を発表したりした。また、フランス政府の財政赤字を削減し撤廃するための個人的提案を飽くことなく披露し続けた。それは真に普遍的なビジョンであり、彼は自身の財政スキームを代々のフランス政府のみならず、ベンジャミン・フランクリンに説明するまでに至った。(15)

十八世紀から本書の初版が刊行されるまでの間、「市場を拡大させる」こと――レストラン文化の拡大も含む――とは「より多くの商品と人に定期的にさらされること」を意味した。「市場に公開されていること」は、政治的公共圏と完全に重なっているわけではなかった。この新しい社会空間にて相互行為を行うことが共同での意思決定に明白につながることはなかったし、誰もレストランの顧客全員が総意に至ることを期待していなかった(それどころか、互いに話すことすら必ずしも期待していなかった)。それでもなお、レストランに行くことは、列車旅行などの大量輸送手段と同様、見知らぬ人同士が共存することを学ぶ体験のひとつであった。(16)一八四〇年代に書かれたある米国人の言葉を借りると『確かにある程度の練習を必要とするが(中略)これら「パリの」レストランでのディナーは、慣れればたいへん心地よいものである」。料理と内装をほめつつも、彼女にとって最も印象的だったのは、他の人たちも食事をしている部屋で自分も食事をするという、このシンプルな行為そのものであった――「そして視界に入る二十ほどのテーブルには、テーブルと同じ数ほどの団体が食事をしているが、誰も私を見ないし、私がいることにも気づいていないように見える」(17)。

それぞれの文化は、共有された公共空間において他者の存在を認めるための、それぞれに異なる規範を発展させてきた（フランスではコインランドリーに入店した瞬間にも「ムッシュー、マダム」と呼びかけられるのに対し、イースト・ロンドンでは口ごもりつつ強い訛りで「元気？」と言われるなど）。その反面、こうした公共空間の存在そのものが、政治的にも社会的にも重要な役割を果たしてきたことは確かだ。公民権運動における抗議の座り込みがランチのカウンターで始まるのは偶然ではない。レストランはさまざまな種類の個別化――別々のテーブル、個人にあわせた食事時間、食べる側が選べるメニュー――によって、宿屋や仕出し屋における集団的で共同体的な体験と自らを区別した。その一方でレストランとは、食事代を払える（ように見える）人であれば、個別的な注意を向けてもらえる場となった。レストランの客は同じ空間にいる他の客に紹介されることはなかったが、客達はお互いに存在することを知っていた――このことは、一九九〇年代の本書執筆時にも言えることであり、前述のミセス・カークランドが「他に二十組ほど」の団体の存在を視界に認めた百五十年前も変わらない。だが、そう言えなくなる日が近いのかもしれない。フードライター兼歴史家のビー・ウィルソンの観察によれば「かつて食料の売買は、日々さまざまな他者と対面して行われるものであった。だが今や（中略）コンピュータで何回かクリックする（中略）食べ物を買うことは着々と、匿名的でプライベートな行為になりつつある」(18)。定食用テーブル《ターブル・ドット》式の座席もわずかに復活の兆しがみられるものの、トレンディなサッパークラブやハイエンド向け「シェフズ・カウンター」内でのニッチな位置づけであり、共有された文化的規範からはほど遠い。

　いかなる歴史書も二つの時代の産物である。本書は、レストランが登場したばかりの世界を説明しているが、オートブランが一般的でユーロが世界を良くする予感を伴っていたような時代状況の影響をある程度受けているのは必然である。本書を執筆していた一九九〇年代は、冷戦が何はともあれ平和裡に終結し、ルワンダやバルカン半島での虐殺はショッキングであれ、あくまでも例外的な事件だと思われていた。民族的・国家的なアイデンティティに対する政治的操作は過去の遺物という認識であり、未来の予兆ではなかったはずだ。というのも、人・商品・情報の移動の拡大（グローバリゼーション、マルチカルチュラリズム、ワールド・ワイド・ウェブなど呼び方はさまざまだが）こそが、九〇年代の真のテーマ、それも前向きでポジティブなテーマだと考えられていたからだ。このストーリーにおいて〝食〟は中心的な位置を占めていた——当時いったい何度、東欧における「自由」が、パイナップルやバナナやキウイを口にできることとして描写されたことか。筆者の住むイースト・ロンドンのセンズベリーですら、カーボロネロ・ケールやニホンカボチャが並ぶようになった。

以来、さまざまな種類の変容（スマートフォン、あらゆるもののオンライン化、格差拡大、気候変動）が、（一七六〇年代と同じ）一九九〇年代の楽観的な空気を、なんとなく場違いなものにしてしまった。本書で筆者が分析した「引用と参照によって評価を作り上げる構造」は、このデジタルコピーとシェフ対決番組の時代にもある程度は当てはまるが、さらにメディアの介在が増した。往年のレストランのウィンドーや厨房の換気口に群がったひもじい輩や幼い小僧たちさながらに、現代では何百万という人達がステージ上で繰り広げられるシェフのバトルや料理のロードショー映画を視聴する。だが、一九世紀のレストラン文化の観察者は、その創出者と物理的空間を共有していたのに対し、「料理の鉄人」（フジテレビ系列で放送された料理バラエティ番組）「ブリティッシュ・ベイクオフ」（イギリスの料理コンテスト番組）「食べまくり！ドライブ in USA」（アメリカの料理番組）といった番組の視聴者は主に画面越しに眺めており、圧倒的大多数が自宅に存在する。消費者文化は常に個性化を大きなテーマとしてきたが、かつてそれは個々人が出会う空間や場所を必要とした。一八三〇年代にパリのお気に入りのレストランを訪れたニューイングランド人は、料理に劣らず客のことも子細に描写した。ヒラメやアスパラガスのグリンピース仕立ての説明にそれぞれ数文を割くなら、同様の分量をそこにいた客にも割いた――「ある老人

（中略）は、主人と会計係に挨拶しただけでなく、ギャルソンと（中略）さらに奥にいたフランス人（中略）に加え、その妻と三人の子供たちにも同じように挨拶をした」[19]。もし、彼の目がセレブシェフやインスタグラムに釘付けだったなら、五人の客を含む他の人の存在に気づいただろうか。

ローズ・ド・シャントワゾーは名前をサインする際にしばしば「万人の友」と書き添え、ブリア＝サヴァランは『味覚の生理学』（邦題『美味礼賛』）で食道楽を「毎日ありとあらゆる種類の人々を一堂に集め、一つに溶け合わせる仲間意識を次第に広げていった」と形容した[20]。二〇〇年以上にわたり、こうした主張が完全に実現することはなかったものの、それらは消費者文化にとって説得力のあるアリバイとなり、時には高貴な憧憬の対象にすらなった。だが今や、「星追い人」たちが何カ月も前からミシュランの星付きレストランの予約を取ろうとつばぜり合いを繰り広げたり、はたまた同じ人たちがDeliveroo、Seamless、Uber Eatsなどのアプリを使ってオーダーをしたりする姿を前に、彼らの主張はいささか空しく響く。世界を味方につけられるのは、レストランを「払える人が払えるだけ払う」方式で経営しようとする、大胆な少数者だけかもしれない[21]。グリモ・ド・ラ・レニエール流の美食のあり方、つまり絶対王政的な宮廷文化と実力主義の批評家の両方を嘲笑する存在としての美食は、日々その通りと感じられる。筆者は革命を研究することは楽しかったものの、革命を生きたいと思ったことはなかった。

注

（1） Alexandre Balthazar Laurent Grimod de la Reynière, *Almanach des gourmands*, t. 4 (Paris: Maradan, 1806), 47.

（2） この形態が成功を収めることは当時は自明ではなかった。そのことを思い出すには R. W. Apple, Jr., "Out of Retirement, Into the Fire," *New York Times*, May 21, 2003. を参照。Apple はフィガロ紙（フランスの中道右派紙）の言葉 "C'est une révolution!"（それはひとつの革命だ！）を引用している。

（3） Francis Blagdon, *Paris As it Was and As it Is* (London: C. & R. Baldwin, 1803), vol. 1, p. 443、第7章参照。

（4） https://www.brooklynfare.com/pages/chefs-table

（5） ニック・ココナス（スターシェフ、グラント・アシャッツのビジネスパートナー）が開発したオンラインシステム「Tock」は、レストランの予約を劇場のチケットと同様、キャンセルや返金を不可にすることを目指している。

（6） https://www.themodernnyc.com/kitchentable/、https://www.gordonramsayrestaurants.com/private-dining-and-events/kitchen-tables/ 各レストランの「kitchen tables」の説明も参照。

（7）https://www.gknyc.com/menu

（8）Erika Owen, "*Asia's Best Restaurant Has a Menu Unlike Any You've Ever Seen Before*," Travel and Leisure, February 24, 2017。同レストランのサイトは、かわいらしいが何の情報も伝えない絵のせいで重い〔現在は閉店〕。

（9）https://cauldronbroths.com/locations

（10）https://www.drkellyann.com

（11）*Meat Planet*: *Artificial Flesh and the Future of Food*（Berkeley: University of California Press, 2019）の著者、Benjamin Aldes Wurgaft は、ボーンブロスを支持する声の多くは四年前につぶされたものの、こうした新しいスタイルの「保養施設」の人気は高まるばかりだと言う。Kiera Butler, "*Enough Already with the Bone Broth Hype*," Mother Jones, Nov. 9, 2015. を参照。

（12）https://www.boneandbroth.com

（13）Chanelle Bessette, "*10 Questions*: *Joe Ariel, Founder and CEO, Goldbely*," Fortune, March 13, 2014.

（14）David Hume, "On Refinement in the Arts" in *Essays, Moral, Political, and Literary*, ed. Eugene F. Miller, rev. ed.（Indianapolis: Liberty Classics, 1987）, p. 271. デイヴィッド・ヒューム、田中敏弘訳、『道徳・政治・文学論集［完訳版］』名古屋大学出版会、二〇一一年、二二二～四頁。

(15) Mathurin Roze de Chantoiseau から Benjamin Franklin への書簡、一七八三年一月三一日および同年二月八日付。franklinpapers.org より引用。

(16) Wolfgang Schivelbusch, *The Railway Journey: Industrialization of Time and Space in the Nineteenth Century* (Berkeley: University of California Press, 1986).（ヴォルフガング・シヴェルブシュ、加藤二郎訳、『鉄道旅行の歴史：19世紀における空間と時間の工業化』法政大学出版局、二〇一一年）。

(17) Caroline M. Kirkland, *Holidays Abroad; or Europe from the West* (New York: Baker and Scribner, 1849), vol. 1, pp. 133-134. 詳しくは終章参照。

(18) Bee Wilson, *The Way We Eat Now: How the Food Revolution has Transformed our Lives, our Bodies, and our World* (New York: Basic, 2019).

(19) Isaac Appleton Jewett, *Passages in Foreign Travel* (Boston: Little and Brown, 1838), vol. 2, p. 23.

(20) Jean Anthelme Brillat-Savarin, *Physiologie du Goût* (1826; Paris: Flammarion, 1982), p. 147.

(21) Maura Judkis, "'*There's a dignity to this place: Inside the world of pay-what-you-can restaurants*,'" *Washington Post*, 二〇一七年一月二三日。

（成田あゆみ訳）

序章　レストランを作るとは

レストランが食べる場所を意味するようになるまでは、数世紀にわたって（いや、その後も何十年かは）、〈レストラン〉といえば食べる物、すなわち元気を回復させるだし汁のことであった。本書では、小さなカップ一杯のブイヨンからレストラン（今日の意味での）が出現する過程を辿っていく。

十五世紀の〈レストラン〉のレシピには、絞めたばかりの鶏を六十枚のダカット金貨とともに錬金術用のガラス製の釜に入れるべしとあり、料理人は金貨に加えてダイヤモンド、ルビー、サファイア、碧玉のほか、「医師の処方次第で何であれ霊験あらたかな良質の宝石を加えてよい」(1)とある。十七世紀から十八世紀のフリュティエールとトレヴーの辞書では、レシピから宝石の類は抜けているものの、依然として〈レストラン〉を半ば医学的な調合薬として定義しており、他方、ディドロとダランベールの浩瀚な『百科全書』（一七五一～七二）では、「レストラン」を「医学用語」とし、「元気を回復させる」物質の例としてブランデー、ヒヨコマメ、チョコレートを挙げている(2)。十八世紀のフランスの料理本の多くは、〈レストラン〉と呼ばれるブイヨンベースの料理のレシピを長々と載せており、病に苦しむ者に健康を回復させ、そのままでは無味乾燥なソースに香りをつけるものとして太鼓判を押している。(3)

この時期の〈レストラン〉は、高度に濃縮されている点で他のいかなるブイヨンとも異なるものだった。庶民一般の食する類のコンソメとは違って、少しの水分も加えずに調理されることが多かったからである。錬金術的な正確さで調理された末にできあがるこの物質は、当時は純粋な肉のエキスのだし汁であった。レシピには、多様な肉――普通は豚肉ハム、子牛、何種類かの鳥(鶏、シャコ、キジなど)――を、密閉した釜、すなわち「湯煎《バン・》鍋《マリー》(*bain marie*)」(温水浴)の中で何時間も調理して肉汁を出させるべしとある。専門家によれば、長時間の調理により肉の分解が始まり、口元に達するときには既に一部消化された状態になっているという。あるレシピの食欲をそそる記述の中に、〈レストラン〉は固形の肉を「一種の人工の乳糜(4)」に変えるという利点があると記している。したがって、〈レストラン〉は、病人の弱った消化器官に負担をかけることなく血温を保つのに必要な肉の滋養をもたらすと考えられていたのである。

都市型の社交の場としてのレストランは、このコンソメから出現した。当初、旧体《アンシャン・》制《レジーム》下の最後の二十年あまりの間は、コーヒーを飲みにカフェに入るのと同じように、レストラン(あるいは当時、より一般的な呼称であった「レストラトゥールの部屋」)に行くのは元気を回復させるブイヨンを飲むためであった。初期のレストラトゥールは固形の食べ物はほとんど扱わず、体調からちゃんとした夕食を取れない人をターゲットにした店として売り出した。したがって、初期段階のレストランは、何かを食べるためではなく、椅子に腰掛けて力無く〈レストラン〉を啜りに行く所にほかならなかった。客が別々のテーブルにつき、健康によいコンソメも出て、食事時間も不問という点で、宿屋《イン》、居酒屋《タヴァーン》、料理《クック》屋《ショップ》とも異なり、初期の〈レストラン〉の商店には今日の「パリ・レストラン」なる語が喚起するイメージと相通ずるものはほとんどなかったのである。ただ、一八二〇年代までには、フランスの首都のレストランは――メニューも四段に分かれ、客は困惑し、ウェイターの愛想も気まぐれというように――今日われわれが知っている姿に限りなく近づいてきた。すでにレストランは、周知の、紛れもないパリのランドマークの一つとして、まさに文化的施設となっていたのである。(5)

十九世紀の半ばを過ぎてもなおしばらくは、レストランといえばもっぱらパリの事象であって、パリ以外ではほとんど見られないものであった。英米の旅行者は、パリのレストランに目を瞠り、この街の「最も特異な」「最も顕著な」特徴の一つに挙げている。(6) 一八四四年、ディキンソン・カレッジ学長ジョン・ダービンは、レストランでの夕食は、ニューヨークやフィラデルフィア、さらにはロンドンで見聞したいかなるものとも異なり、「多くの点でパリに特異な」ものであったと記している。その十年後、児童書の『パリのロロ』では、パリでは賄い付きの下宿に泊まるのではなく、ホテルに部屋を取って食事は自分の好きな店で取る、というように細かな説明を加えている。(7)

レストランはパリ独自のものと思いこんでいたのは何も外国人に限らなかった。一八五一年になっても、フランス全土のうち三分の二あまりの県知事が、わが管轄区にレストランなしとの報告をあげている。(8)もっとも、ヴァール県知事の場合、内務大臣に対し、同じくわが県にはレストランなしと報告しているが、彼の地で消費される食べ物のすべてが家庭で調理されていたとまでは言っていない。いずれにせよ、それまで何世紀にもわたって宿屋は旅人に料理を出してきたのだし、ワイン屋でもワインやブランデーの肴として何らかの食べ物を提供していた。むしろこの知事は、単に商売として食べ物を出すだけでは「レストラン」と呼ぶには不十分だと考えていただけなのだろう。サルト県の知事は幾分混乱した様子で、「当所ではどの宿屋も宿泊客以外に食事を提供しており、他方、どのレストラトゥールも部屋を賃貸ししているので、正真正銘のレストランは存在しない(9)」と同様の報告をしている。調理済みの食品の提供者のことを指すに「レストラトゥール」なる語を用いはしたが、部屋を賃貸しし、人のみならず馬にも食事を与えるがごとき店をおよそ「レストラン」と呼ぶわけにはいかぬというわけだ。この語も、それが指し示す空間も、依然として都会的洗練、目新しさ、神秘性といった一種のオーラに覆われていたのであって、人が「レストラン」と言うとき、何か極めて特殊なものと考えていたからである。

十八世紀のブイヨンから十九世紀の商店へ、ちっちゃなスープカップからラブレー張りの飽食へ、感性から政治学へ。「レストラン」なる語の意味は、このような変遷のうちに定まっていった。今日我々が知るところのレストランは、十八世紀の感性崇拝から十九世紀の味覚への移行、すなわち、一時代の社会的価値からまた別の時代の文化的隆盛への転換を具現しているのである。ブイヨンから豊饒への転換は必然とは言い難いものだった。とはいえ、話は非常に複雑で、しばしば無関係とされてきたテーマ——レストラン評や政治的祝宴、改革と啓蒙主義的科学の流行、革命の熱狂と美意識の序列化、不倫の戯れと薬効の高い調合薬など——が重複し錯綜している。過去二百三十年間、レストランは一種の都会の保養地という位置づけから、「政治的な」公開討論の場となり、次いで明白かつ積極的に非政治化された避難所へと姿を変えた。この間のこうした変遷は、明確に区別される何段階かの経過を経たのではなく、次から次へと打ち消されていくような経過を辿ったのであって、パリ生活におけるレストランなる空間について、その都度新たな解釈が現れてはさらなる再評価と創造的な再出発の可能性を開拓してきたのである。本書で探究する構図は線条的ではなく創発的なものとなる。

レストランはフランス革命以前は法的には認められていなかったとするのが常識で、歴史的にも定説となっているが、本書ではこれを採らず、話を十八世紀中葉から始めよう。十九世紀初頭のレストランの隆盛は、従来、大革命により旧体制下の厳格なるギルドが撤廃されたことと、パリへ流入した地方の革命家たちは外食するしかなかったこと（さらには、革命により貴族が処刑されたり国外に亡命したりしたためシェフたちが失業したこと）などに帰せられてきた。しかし、このようにレストランを大革命の単なる付帯現象として扱ってきたため、旧体制時代にあったレストランの前身についての洞察は極めて限られたものであった。パリ生活におけるレストランの位置づけについての分析であっても、あんぐりと口を開けた大革命という分水嶺を基にしている限りは、月並みなテーマと文彩を喚起するのが関の山だった。初めにレストランなかりしが、ついに大革命起これり、以後今日知るところのものとほぼ同様のレストラン生まれし、そんなところだ。それでも、議論の拠り所を一つの裂け目に置くという姿勢から明らかなように、一つの文化的施設の起源を発端としての神話的な断裂の瞬間に帰することには、何か怪しげなところ、いやむしろ十全に歴史的とは言えないところがある。かかる視点はそれなりに大いに啓示的であるが、その反面、レストラン（大革命のもう一つの副産物のような）を「起源健忘症《ジェネシス・アムネジア》」とでも言うべきもののうちに隠蔽してきた。すなわち、蔓延する居心地の悪さに耐えきれず、特異で偶発的な歴史の所産を、革命の漠然とした「現代性」に帰してきたのである。(10)

レストランの皮相な「現代性」を信奉するあまり、その歴史は一種の美食列伝に限定されてしまい、より微細な分析に代わって贅沢な食事と美味な料理をめぐる逸話的記述が幅を利かせてきた。(11) レストランは、十九世紀の図像学的《イコノグラフィック》形態に限定されてしまい、その歴史を抜き取られ、ある意味では毒気を抜かれた——すなわち、生物学的欲求に対する平凡で全くもって予想可能な反応へと変えられてしまったのだ。それほど毒気を抜かれた上、現にあるレストランは国民性を付与されるに至った。つまり、前提としてフランス料理の優位性があり、レストランは単なるその派生物として扱われるに至ったのである。レストランの食事室にこの地の「国民性」が現れていると最初に断じた者たちの中には、十九世紀にパリを訪れた英米の観光客がいたわけだが、彼らとてこう断じるまでには、祖国と「海のむこうの」国の間にある差異を見いだすまでには相当な感情的エネルギーを費やしたのであった。これらの訪問者のうち、どんなに熱狂的な親仏家であっても、フランスのレストランの気位の高さを物語る逸話に接するたびに、祖国イギリスの家庭的雰囲気の方がよほど好ましく思われ[12]、また薄っぺらいパリの華やかさが目に付くたびにニューヨークの方がよほど「実がある」ものと思われるのだった。このような態度はほとんど驚くには当たらないものだし、十九世紀に特有なものですらないにもかかわらず、歴史家たちがかくも真剣にこれを受け入れ、かくも熱心に踏襲し続けてきたのはいささか異様である。常軌を逸しているとすら言ってよいかもしれないが、二十世紀のフランスの学者や政治家たちは、レストランを、例えば「地球上の他のいかなる店舗形態とも異なる、優れてフランス的な施設[13]」などと評し、フランスの例外性を物語るときにはほとんどいつも引き合いに出してきた。かかる主張があればこそ、レストランは一つの図像《イコン》に仕立て上げられたのであり、またある意味で本書の計画も可能となったのである。こうした主張は、レストランがこれほど象徴的な存在となっていく歴史上、テクスト上のプロセスに対する、概して無批判な態度から生まれたものであった。従来の研究では、レストランなどせいぜい「フランス的」料理の狂態《エクストラヴァガンザ》に付随する現場としてしか見ていなかったため、歴史や社会的分析（文字通り「味覚」の問題としての）の領域など超越していると自認する美食文学側の主張（当初はかなり物議を醸したが）を何の疑いもなく受け入れてきたのだった。本書では、こうしたテーマを拾い上げ、十九世紀の料理の神格化をめぐる議論で最高潮に達するが、筆者としては、読者がグルメ崇拝を究極目標《テロス》とも刺激的なフィナーレとも見なさないよう願っている。むしろこれは、かつては特異なものであったが今日ではほとんど平凡なものとなってしまった、一個の極めて特殊な歴史の所産なのであった。

　本書では、レストランが個人のみならず社会を再生する可能性をも秘めた場として理解されていた時期から、かかる理解がほとんど不可解なものとなっている時代に至るまで、グルメやガイドブック作家たち（歴史家や文学者たちではなく）の分析対象であったレストランの定義付けを左右することになった歴史の展開について概略する。いかにして美食学=料理法が専門家たちの王国となったのか、いかにして「味覚（taste）」が「味（Taste）」とは別個のものになったのか、いかにして「美食学」という名の神話構造が近代の「パリ」の光景の主たる要素となるに至ったのかについて探究する。従来の学問からレストランが全面的に排除されてきた意味を念頭において、いかにして美食学が、一般には外部世界からの論評などものともしない自律性の高いものとして、「味覚」の王国を確定するに至ったかという問題に取り組む(やはり「味覚については議論すべきではない(*De gustibus non disputandum est*)」のだ)[14]。本書では、「食卓は、およそ世にある国と同様、一つの国であり、独自の慣用と習慣を併せ持つ」[15]などという相も変わらぬグルメの主張を無邪気に受け入れることはせず、むしろレストランや美食学の感性に特有の慣習の変遷を精査したい。

この間、私は、あたかもレストランは一つしかないかのように、あるいはすべてのレストランが均一で交換可能であるかのように、「ザ・レストラン(the restaurant)」なる中途半端に抽象的な物言いにしばしば頼ることになる。このような抽象化はときとして苛つくほどに曖昧で不明確となることもあろうが、すべての(いや少なくとも、多くの)レストランの履歴に共通するものを浮かび上がらせ、またレストラン文化に固有の特色を際だたせるという利点もある。私はこうした目論見に取りかかるにあたって、意図して素朴な、それでいて見かけほど単純ではない二つの問題、すなわち「レストランとは何か」、「人はそこで何をするのか」という問題を取り上げた。これは必ずしも焦点を合わせやすい問題ではなかった。我々は皆今日のレストランに慣れ親しんでおり、メリアム・ウェブスターの釈義にあるように[16]、レストランとは「一般人が軽食や食事を調達することができる店舗。日常生活において一般に開かれた飲食店」のことと広く決めてかかっているからである。

問題になるのは、「なぜ人はレストランに行くのか」ではなく、「これこれのレストランはどんな種類の料理を出すのか、その場所はどこか、夕食の値段はいくらか、魚は新鮮か、ワインリストは充実しているか」である。後者の問いは、個々のレストランを差別化する際には有益とはいえ、皆、レストラン文化の内部に属するものである。すなわち、我々がレストランとはどんなものかを知っているからこそ、これらの問いは意味をなすのであるが、その実、これらの問い自体、それがいかにしてレストラン（図書館や、カフェでもなく）について発すべき「理論上必然的《ロジック》な」問いとなったのかは教えてくれないのだ。本書では、これらお決まりの問いからは離れ、十八世紀末から十九世紀初めにかけて、どんなレストランであれ、レストランに行くということがどうして特別の体験となったのかを問うた。人々は、食べるために（あるいは——大いにあり得たことだが——食べないために）レストランへと「外出する」ことをどのように思っていたのか。レストラン——宿屋、居酒屋、カフェとも異なるものとして——の発展が、社会的相互作用という点でいかなる新たな可能性と不安を都市生活にもたらしたか。「ザ・レストラン」についてこのように抽象的に思考し記述した結果、その魅力的で貴重な詳細をいくばくか犠牲にすることとはなりはしたものの、この半ば私的で、半ば公的な新種の空間に特有の作用や意味について、はるかに広い視界でとらえることが可能となった。本書の主眼は、「レストラン」というカテゴリー全体に固有の慣習や制度を扱うことにあり、特定のレストランの興亡は付随的にしか扱っていないからだ。

個々のレストラン、レストラトゥール、顧客に焦点をあてた分析と一般的な概括との間で、可能な限りバランスを取ったつもりだが、私は、ヴェリー家（当時はほとんど、その家族や姻戚があの有名なパレ・ロワイヤルのレストランを経営していた）の伝記やその時代の研究やら、〈グラン・ヴェフール〉や〈トゥール・ジャルダン〉への賛辞やら、はたまたルソーやバルザックの食生活の日録やらを書くつもりはなかった。フランス人の食事に関する歴史研究の多くは、レストランをフランス的美食の真髄を表す図像《イコン》として、あるいは国家的「料理文化の遺産」(17)を強化する主たる要素としてとらえ、しばしばこうした見取り図を提供してきたからである。かかる研究は、逸話と示唆に富むものであるが、多くは依然として記述的であり好古趣味的であった。また、それ自体根本的にレストラン文化の構成要素にほかならず、昔日の美食の館のいわば「食べ歩きツアー」を提示し、厳格な目と肥えた舌とでガイドブックのように「星」や「トック帽」を付することに甘んじてきた。方法論的には抜け目のないはずの哲学者＝歴史家のジャン＝ポール・アロンでさえこうした慣習を十二分に受け入れて、一九七三年に出した『食べるフランス史』では、もう疾うに閉めていたレストランにミシュランガイドばりの星を付与している。一八五〇年代の〈カフェ・アングレ〉に渋々三つ星を与えながら、「しかし、〈ロベール〉や〈ロシェ・ド・カンカル〉［両レストランともアロンが生まれる少なくとも八十年前には店を閉めていた］に足繁く通った身としては不愉快極まりない」[18]などと評しているほどだ。この種のいかなる研究においても、十八、十九世紀の生活におけるレストランの役割は、料理芸術自体の貴重な成果を収める一種の枠組みに還元されているのであって、公共生活および私生活の歴史や食卓レベルでの社交性の歴史においてレストランへの言及がほとんどないのもさもありなんといったところか。[19]

本書はかかるパターンからは逸脱している。レストランガイドを目指すのではなく、そうしたガイドブックが——そして、幅広い意味での人々の美食の感性が——いかにして現代生活に固有の特徴の一つとなったのかについて、いっそう込み入った物語を語ることとなろう。今日われわれが住む世界でまさに異様なことと言えば、このレストランが二つ星であのレストランは星なしなどということではなくて、まず第一にこうした格付けをしようと考える者がいるという事実だ。個人的な選択と専門家の評価というレストランの論理がいかにして普遍的な規範となったのか(「メニュー」という語とその概念が、今日、いかに幅広く使われているかを考えてほしい)を理解するためには、かかる規範はどこからきたのか、そしてその途中で何が抜け落ち、何が切り捨てられたのかを考える必要がある。

旧体制下での外食とは

十八世紀、ヨアヒム・ネマイツはパリに着くや、すぐさまこのフランスの首都の欠点を見出した。食べ物のことだ。このドイツの碩学は、パリのカフェでの会話は刺激的で、首都の建築は荘厳と見なしているが、奇妙なことに料理には失望している。「おそらく誰しもフランスでは、ことにパリでは食事は美味だと信じている」と彼は書く。「しかし、それは間違いだ[20]」と。読者に向かって、人に溢れ、ときとして危険でもあるこの街では警戒おさおさ怠りなきようと注意しながらも、この首都で実質的に改善して欲しい点と言えば、街路の照明設備でもスリの取り締まりでもなく、料理の質だと断じている。「旅行者のためを考えると、変えてもらいたいのはこの一点だけだ」と溜息をついている。「人は、美味なもの、そしてときには代わり映えするものを食べるためなら、もう少し値段が高くとも喜んで支払うだろう[21]」と。

首都の料理の分析にあたって、ネマイツは公共の宿屋と個人の邸宅とを慎重に区別している。後者については、「裕福な上流の人々は美味な饗宴を催している。みな自前の料理人を抱えているからだ」と断言する——しかしその一方で、自前の厨房スタッフや長々とした紹介状を持たずに旅する通常の旅人には、読者も憐れんで欲しいと書く。通常のパリの訪問者は、宿屋や〈仕出し屋《トレトゥール》(*traiteur*)〉(実際は、料理人兼仕出し屋)の定食用テーブル《ターブル・ドット》(*table d'hôte*)で食べることを強いられ、「出てくる肉の調理の仕方が不適当であったり、毎日同じ献立でほとんど変化がなかったりで、うまい食事にはまるでありつけない[22]」ことに早晩気づくことになる。もっとも、こうしたテーブルでは食事は呆れるほど代わり映えしなくとも、相席になる客は驚くほど入れ替わるし、公共のテーブルに着くときは「そこに座っている者の素姓は必ずしも明かされないのだから[23]」、気を許してはならないのだった。ネマイツの話を読む限りでは、個人宅の食卓と宿屋との間には越えがたい隔たりがあった。前者では「上流の人々」が互いに呼んだり呼ばれたりして素晴らしく多様で革新的な食事を楽しんでいたが、後者で多様性と新奇さと言えば、それは料理にではなく一癖も二癖もある相席者に当てはまることであった。

十八世紀を通して、幾多の旅行者が同様の不満を抱くことになる。一七六三年、イギリスの小説家トバイアス・スモレットは、イタリアの湯治場に行く道すがら、フランスの宿屋や料理人兼仕出し屋が出す食事は安価ではあるが、自分の健康を損ねはしないかと苛立っている。同じくイギリスの農業経済学者アーサー・ヤングは、フランス中の宿屋で目の当たりにした貪欲な相席者たちの無作法を嘆いている。一七九〇年、ヘレン・マリア・ウィリアムズは、他の点では熱狂的なフランス贔屓だが、ことフランスの宿屋事情となると、実に情けなく、イギリス人なら大半が自殺してしまいたくなるほどだと評している[24]。フィリップ・シックネスが、外国のいかな要人も最良のフランス人家庭からの招待を得ることは「極めて難しい[25]」と記すとき、万人が宿屋にこだわる理由を物語っていると言えるかもしれない。ネマイツと同様に、これらイギリス人訪問者は、実に偏狭な二つの制度——片や内輪《プライベート》だけの裕福な家庭、片や日々の定食用テーブルという同じように近寄りがたい世界

——の間で事実上板挟みにあっていたのだ。何となれば、後者は見かけこそ手厚くもてなしてくれそうな制度——自分用の食卓を持たないすべての者に開かれている文字通り「客のテーブル」——だが、十八世紀の現実に照らせば、大抵は一種の賄い付き下宿屋《ペンション》に近いものだったのであり、固く門が閉ざされていた「大邸宅（*hôtel particulier*）」と同様に近寄りがたいものだった。各自の食事が一つの大きなテーブルに特定の決まった時間に供され、食べる側には特別な料理を注文したり要求したりする機会もほとんどない。しばしばこうした定食用テーブルは、地元の職人や労働者、旧友、近所の長期逗留者たちにとっては、昼時のいつものたまり場となっていた。定食用テーブルは一つの都市の伝統であって、隣人たちの栄養状態に興味を抱く人々には信頼できるゴシップを提供してくれたが、新参のよそ者にはちっとも楽しい環境とはなりえなかったであろう。

最初のレストランがそのドアを開くまでは、何世紀にもわたって、旅行者や自宅に台所を持たないパリの住民は、ネマイツやスモレットがかくも軽蔑した宿屋、料理店、ワイン屋などに頼っていた。事実、十八世紀初頭のパリは、何千という飲食物小売商の拠点だったのであり、そのすべてが勅令により二五のギルドに組織されていた[26]。ギルド規約に定められているように、食料品小売商の特徴は、その極端な分化と過度の部門区分にあった。たとえば〈豚肉屋《シャルキュティエ》（*charcutier*）〉は、ソーセージやハムをはじめとする豚肉製品の販売を独占していたし、いわゆる肉屋は、その他すべての家畜を屠りその生肉を販売していた。

〈焼き肉屋《ロティスール》（*rôtisseur*）〉は、狩猟鳥獣の肉そのものをはじめ、「猟獣、猟鳥を問わず、豚の背脂で味付けしたり、焼いたり、すぐ食べられるように調理した肉」(27)を供給していた。シヨウガ入りパン職人、酢職人、菓子職人は、それぞれみな互いに排他的な統制規則を持っていた。ある職域の親方が持っている権利（例えばショウガ入りクッキーの製造・販売）を、他の誰かが行使することは法的に禁じられていた。妥協のないギルド規約のおかげで、専門としてシチューを作る者はマスタードを売ることはできず、パテの調理人はコーヒーの販売を禁じられていた。料理人兼仕出し屋の親方は大人数の客に正規の食事を提供する権利を有し、ワイン屋の親方は団体や個人に飲み物を売ることはできたが、今日の「レストラン」の定義に見合うように、これら二つの職能（さらにはその他の職能）を掛け持ちすることは、いかなる商人にも許されていなかった。

以上が、少なくとも旧体制下の法を字義通りに取った場合に浮かび上がる構図であって、これが、十八世紀にレストランに類似した店舗の発展が妨げられたのはこうした旧体制下の法によるという歴史家たちの仮説を、長きにわたって下支えしてきたのである。一七六〇年代から一七七〇年代に現れた何軒かの創成期のレストラン――〈レストラン〉という名で知られていた「元気を回復させる」ブイヨンを提供する一匹狼的な規制外の業者――が仕出し屋ギルドの不動の権利を侵害することになった顛末については、レストラン史をめぐる議論ではほぼ必ず語られるところだ。(28) ブーランジェなる一人のレストラトゥールが不敵にも一品の料理（羊の足のホワイトソース添え）を、すなわちいわゆる〈レストラン〉ではなく〈シチュー（ragoût）〉（何であれ数種類のさまざまな食材をソースで煮込んだもの）を売り出し、それが大繁盛となるや、料理人兼仕出し屋たちはこの男をすぐさま告発したという。告訴合戦の後、裁判所はついに料理人兼仕出し屋側の言い分を認め、「レストラトゥール」が販売できるのはブイヨンのみとしたという。今日の状況からすれば、当時のフランスの最高裁判所にあたるパリ高等法院で、法服とかつらを身に着けた裁判官たちが羊の足のソース添えの位置づけをめぐって侃々諤々の学術的議論をしている姿は、確かに何か愉快なところがある。奥義めいた規則のために窒息寸前となった旧体制の姿をこれほど効果的に喚起し、あるいは、主として香り高い贅沢品や、重箱の隅をつつくようにきっちりと論証された〈テクスト分析（*explication de texte*）〉の輸出国としての二十世紀末のフランス像と、これほどぴたりと符合する逸話もあるまい。しかしながら、この話はどう見ても根拠薄弱である。たしかに「レストラトゥール」それ自体が合法的なギルドを形成することはけっしてなかった。業界としての規約も存在せず、守護聖人も集会所もなかった。しかし、ブーランジェが訴訟好きな仕出し屋たちの手に掛かって敗北したということを実証する証拠は、裁判所、警察、ギルドのどの公文書にも残っていないのだ。

この逸話が生き残ったのは、フランス革命を研究するマルクス主義歴史家たちであれ、商業の自由化を説く重農主義者たちであれ、ギルドというシステムを批判する者たちの意図にかなうものだったからである。通説では、フランス革命でギルドが廃止されてはじめて、自称レストラトゥールは「統制された美食学から解放され」、そして「いかなる料理にも自分の流儀を取り入れる」ことが許されるに至ったとされている。しかしながら、後世の学者たちは、商業ギルドは頑迷で断固として退嬰的だったというこの通説に異議を唱えている。歴史家ジャック・ルヴェルは、ギルドの硬直性とは日々の暮らしを支える条件の一つであったと同時に、商業の自由化を標榜してギルドを批判する者たちが用いた言葉の上の構築物でもあったとしている。先のような物言いは、大革命の反ギルド的側面を煽るにはうってつけだが、これを各ギルドの実際の活動を分析した結果だと取り違えてはならない。事実、ギルドというシステムの日々の活動を説明するのに足るような、一個の大きな統一モデルなどないのである。

どこからどこまでを食料品小売商とするかが確定しがたいのは言わずもがなである。小売業で無闇に細分化が進むのは、ある面では仕事自体の複合性に由来する。一人の賢明な弁護士が指摘しているように、馬車の車輪が車大工によって作られるのは、たとえ老朽化して不用になり馬車がばらばらになったとしても、車輪は依然として車輪であるからだ——しかし、パテを覆うのに用いられるベーコンの薄切りについてこれと同じことはまず言えないだろう。この場合、ベーコンは完成品ではなく、その製造こそ一集団に限定されていこそすれ、あくまでも一つの原材料であって、それを必要とする者すべてが利用可能であったからだ。[32] ミートパイのパイ皮は菓子職人、中身の具は肉職人によって調理されねばならないというシステムの複雑さを考えれば、一七〇〇年代中頃の食品小売業にあって、職能間の兼務化や重複化が進んでいくのは例外どころかほとんど通則になっていたとしても別段驚くには当たらない。早くも一七〇四年には、〈仕出し屋〉の親方のほぼ四分の三はキャバレーを経営していたし、〈仕出し屋〉ギルドの記録によれば、一七四八年には「我らが親方の大半」[33] は菓子職人や焼き肉商の営業権も有していたという。職能間の線引きは、辞書や法律関係書を見る限りでは確固たる記述があり輪郭も明確だが、日常生活でははるかに柔軟だったのである。[34] 一七六〇年の議会の決議によれば、爾後パリの仕出し屋は独占防止のため五十人の親方集団から四人の「担当評議員」を選出すべしとある。その五十人の内訳として、〈ワイン商兼仕出し屋 (marchands de vin-traiteurs)〉が十二人、〈仕出し屋兼菓子職人 (traiteurs-pâtissiers)〉が十二人、〈仕出し屋兼焼き肉屋 (traiteurs-rôtisseurs)〉が十二人、そして単なる仕出し屋が十四人とあるが、これはとりもなおさず、ギルドの五十人の長老のうち〈仕出し屋〉専業とされていたのは三分の一以下だったということである。[35] 資格の兼務はあらゆる食料品小売業でそこそこ行われていたとはいえ、〈仕出し屋〉業では支配的傾向だった。[36]

明らかに、パリの料理人兼仕出し屋は、長きにわたってたくさんのパイ生地に手を出したし［「いろんな事に関わる」の意］、たとえ多様な食品、幅広い飲料を商ったとはいえ、その優に過半数は明らかに合法的権利を有していた。かかる職能の兼務は大いにあり得ることだったが、さりとてそれは初期のレストラトゥールと老舗の料理人兼仕出し屋とを隔てるものではなかった。実際、初期のレストラトゥールは、パリの他の飲食物業者と商売上、家系上のつながりを持つ、〈仕出し屋〉の親方でもあったのだ。一七六七年、プーリ通りに最初の「レストラトゥールの部屋」の一つを開店したジャック・ミネは、同年八月に料理人兼仕出し屋ギルドを管理する役職に選ばれている（そして通常の二年の任期を全うしている[37]）。この男は、〈仕出し屋〉の敵対者（レストラトゥールと〈仕出し屋〉との争いという昔話から推測されるような）であるどころか、むしろ先導者の一人だった。したがって、われわれは〈仕出し屋〉の親方が郊外の〈安酒場《ガルゴット》（gargote）〉や〈大衆向けダンスホール《ガンゲット》（guinguette)〉（ここではいかなる回復食も出されない）を毎月巡回するのを追うのではなく、焦点を組合同士の争いから文化の革新へと向ける必要がある。というのも、初期のレストランとは、一七八六年のある弁護士の言によれば、「現代の生活様式の産物」[38]であったと同時に、十八世紀の凡人の一人、自称レストランの「生みの親」マチュラン・ローズ・ド・シャントワゾーの独自の発想によるものでもあったからである。

第1章　万人の友

これから述べる内容については、もっと広範な扱いが必要なのかもしれない。しかし、本書の性質がそれを許さない。私は穏やかな川に漂っていきたいのだが、実際は激流に流されている。

商業は破壊的な偏見を癒す。そしてほとんど一般的な原則として、習俗の穏やかなところには必ずや商業があり、商業があるところには必ずや習俗が穏やかである。

——モンテスキュー『法の精神』（一七四八年）

マチュラン・ローズ・ド・シャントワゾーによるフランスの国家債務の削減案がそのブイヨン販売店ほど成功を収めていたなら、フランス革命の勃発を防ぐことができたかもしれない。そのかわりに、この男はレストランを創出したのだった。たしかにその伝記を見る限り、業績としては二つのうちどちらが偉大であるか、後世慕われるとしたらどちらの創出に分があるかについては、ほとんど疑念を抱いていなかったようだ。

一七八九年四月末、ある曇り空の昼下がり、少なくとも数人の同時代人からは「レストランの創始者」(1)として知られていたローズ・ド・シャントワゾーは、パリからヴェルサイユへと向かった。しかし、当地で国王や、そこに参集する議員たちに対して、仕出し屋の勘定書を差し出したわけでも、お奨めのお品書きを献じたわけでもなかった。このとき五十代後半だったこの最初のレストラトゥールがフランス国民に成り代わってなした幾多の独創的な努力が、ついに認められようとしていた(いや、そのようだった)(2)。自ら「全世界の友」と署名するこの男は、それまで二十年間にわたり、自らの大計画が実を結ぶよう果敢に奮闘を重ねていた。そして今、国王ルイ十四世と、百七十五年ぶりに開催される全国三部会のためにすでに集結していた数人の代議員に対して、驚くべき創案を提出したのである。すなわち、「効力がなく実体を伴わない信用概念」を実勢価値の「信用状」に変えることによりフランスの抱える莫大な負債の削減を目指す税制改革案がそれであった(3)。

これに先立つこと二十年前、ローズ・ド・シャントワゾーは同様の提案を何部か印刷していた。ブーローニュ財務監督官(国王の重臣の一人)に宛てた手紙のなかで、自ら考案した制度について熱弁をふるって詳述した後、こう締めくくっている。自分の計画は幻想に過ぎぬと思われる向きもあるかもしれないが、「その方々はクリストファー・コロンブスについても同様に断じたことだろう」(4)と。一七六九年の秋、彼の新制度案の概略を伝える小冊子がパリ市中に出回りはじめるにつれ、さだめしローズ・ド・シャントワゾーは、悪性インフレも招来せず、新税も導入せずに通貨供給量を増大させる手段を見いだしたとして、財務官から謝辞を賜ることになろうと期待していたに違いない。実際、ローズの計画はかなりの関心を引き起こした。パリ高等法院上席評定官ジャン・オメール・ジョリー・ド・フルリーは、パリ警視総監に宛てた手紙に、本計画は「大論争」を惹起したと記している。しかしながら、政府高官がこうしたやり取りを小耳に挟んでいたとはいえ、フランスの債務問題における「クリストファー・コロンブス」が万人から喝采の嵐を浴びるほど議論が沸騰していたわけではなかった。シャントワゾーは扇動的な文書を印刷、喧伝したかどで間もなく逮捕され、フォール・レヴェック監獄に数カ月間投獄されてしまうのである。(5)

一七八九年春、改革志向の強い楽観主義的雰囲気に包まれていたころ、ローズは、今日では彼の発案とされている、王権を後ろ盾にした他の主要な事業が成功を収めていたにもかかわらず、時代はむしろ自らの驚嘆すべき計画のライバルたちに追い風となっていると感じていたかもしれない。すべての証拠を総合すれば、全国三部会は彼の提案を丁重に受け取るも、言下に廃棄したと考えざるを得ない。ローズ・ド・シャントワゾーはそれに挫けることなく、一七九〇年夏、同様の計画案をパリ市政府に提出し、さらにその後、国民公会の「共和派の市民たち」とテルミドール反動の国家公安委員会にも別な形の案を献じている。(6) 残念ながら、革命政府も王政と同様で、彼の計画案の価値を認めようとはしなかったようである。そこで、一七九九年春、ローズ・ド・シャントワゾーは一人の協力者とともに、当局への働きかけは見限り、私的な銀行を創設することによって、シャントワゾーが特許を持っていた新たな信用制度を実行に移すことを提案した。(7) 名付けて「商業工芸部門合同銀行」は、ローズ・ド・シャントワゾーが予言したような大成功を収めたとは言い難く、一八〇六年三月、彼はほとんど一文無しで死ぬ。(8)

上記の概略からも察せられるように、このレストランの「生みの親」(自らよくそう名乗っていた)は投機的事業を手広く展開していた。レストランは単独で発展していったわけでも、どこかの騒々しい厨房の蒸気と猛烈な想像力のなかから完璧な形で立ち現れ、一瞬にして美食の聖域となったわけでもないのである。それまで長い間、旅行者などに必要とあらば食事を提供してきた宿屋やワイン屋から発展したわけでもなかった。この種の店なら前からあったわけで、誰も生みの親などと言い張りはしないからである。しかしながら、ローズ・ド・シャントワゾーにとっては、回復力のあるブイヨンを個人向けに販売するという行為は、居酒屋の経営よりも、むしろ信用健全化計画案の王政への売り込みに、より近いものだった。この二つのライフワークは二つながらに成長の余地があり、人心をとらえて離さない革新的な活動であったように思われる。レストランの「発明」、すなわち接客と味覚の新たな市場の創出は、経済の安定、商業の梃子入れ、統治体《ボディー・ポリティック》の健康の回復を目指すローズの計画の一つの構成要素にほかならなかった。

マチュラン・ローズ・ド・シャントワゾーは、十八世紀のレストラトゥールの中にあって一番の有名人でも一番の成功者でもなかった。事実、レストラン業に力を割いたのは極めて短期間で、ほとんど匿名でなされていた。十八世紀パリの食料品小売業界にあって、無視できないような、格別有力な名士でもなかった。料理人兼仕出し屋、菓子職人、焼き肉屋を営んでいたゴジェやトリアノンといった一族の方が、ギルドが管理する食料品業界にあっては、はるかに有名で影響力を持っていた。彼は、味覚に関する当代随一の天才的企業家というわけでもなかった。マスタード製造業者のマイユは一大王朝を築き上げ、その名は今日まで続いているし、ブールヴァールの見せ物芸人コミュス(ギリシャ神話の料理の神コーモスの名にちなんで命名)は、電気を駆使した見せ物で財を成した。(9) そうではあっても、レストランの発明においてローズの果たした役割が、ことのほか重要であることに変わりはない。拡大する市場と成長する商業の錯綜した組織網の中でレストランが占めていた位置を(多様な事業計画があるだけだが)要約してくれているからである。同時代人たちと同様に、この最初のレストラトゥールは、長い間烙印を押されてきた商業のメカニズム(物の流通と欲望の刺激)を、社会的利益と国家的回復をもたらす可能性のある水脈と見なしていたのだ。

ローズ・ド・シャントワゾーは、資料室を営み、国家の負債の全額償還を企て、商工人名録を編集したが、同業者たちの間では取り立てて傑出した存在ではなかった。一七六六年、この最初のレストラトゥールが店を開けたとき、料理をめぐる問題はしばしば幅広い議論に組み入れられた。保守派も急進派も、病めるフランスの病根をあれこれ記述したり、おびただしい数の処方箋を提示する際に、食餌や料理法を取り入れたのだった。一種の美食通信販売カタログである『ガズタン・ド・コメスティーブル』紙では、中世の民間信仰に基づく断食を援用し、もし読者各人が月に一日断食しその日の浮いた食費を国家に寄付するだけで、国の負債は速やかに抑制されるだろうと提言している。(10)アカデミー会員のエティエンヌ・ロロー・ド・フォンスマーニュは、料理本に専門的な前文を書き、物議を醸していた十八世紀の新料理法《ヌーヴエル・キュイジーヌ》を賞揚する一方、同時に学術的な論戦も仕掛けて、『リシュリュー枢機卿の政治的遺言』の原作者をめぐってヴォルテールと論争している。神父クロード・フルリーは、古代の諸民族の多様な料理について注釈を加えたり、広く成功を博した一連の公教要理集を著している。(11)『百科全書』の食物、晩餐、生理学の項目を執筆した騎士ジョクールは、「現代の」奢侈を批判する教化本において食餌法と料理法を援用しているが、他方、同じ話題について書くにしても、自然の感性を楽観的に賞賛する一例と見なして取り組む者もいた。(12)ハーグの『ジュルナル・リテレール』紙の編集者で広く読者を得ていたテミズール・ド・サン＝ティヤサントは、著名なホメロス研究家ダシエ夫人(彼女自身、ホメロスの食事を忠実に再現するためには何でもするという人物だった)に向けた風刺文で、古代と現代の料理の比較を山場の一つに据えている。美学者デュボスは、自著『詩および絵画に関する批評的省察』の随所に食物と料理への言及をちりばめており、それによって一連の楽しくも月並な比喩を読者に供している。ヴォルテールは、「味わい《テースト》」なる語は、「知られているいかなる言語」においても、文字通り身体的、美食的感覚に用いられると同時に、比喩的に美の認識にも用いられているとまで断言している。(13) アカデミー会員のフォンスマーニュのように、料理を一個の芸術として論じるために哲学や美学に関する自らの専門知識を持ち出す書き手もいれば、料理をめぐる弛まぬ試みを高尚なものとして評する者は誰であれ、これを生硬な感覚論者として退ける者もあった。字義通り舌は異なる《ヘテログロシア》のであって、ある舌は話し、ある舌は味わったということだ。

上記のいずれの事例においても、食べ物への興味は、特殊で奇妙な思い入れというよりは、単に一般的な社会的、文化的、政治的生活への関与の一部にすぎなかった。食べる側、医者、料理人、哲学者たちが、料理本や芸術関係の専門書、私信や医学書において、社会における諸芸術のしかるべき位置づけについて料理は何を教えてくれるかに始まり、装飾への愛好にはいかなる道徳的、医学的意味が含まれているかに至るまで、実に多様な問題を議論するのに、しばしば同一の語彙を用いた。かかる議論の大半はからかいや冷やかし口調であったけれども、科学によってどんなに法外な説をも立証しようと絶えず待ちかまえているようだった。だが、血液が身体を循環し、電流が大気中を伝わるのだとしても、香辛料があればローマの衰亡はなかったとか、国民の食生活が変わればフランスの詩界が復興するなどといったい誰が言えるのか。食餌と料理は、幅広い問題と関連するテーマとしてこの時代の最も傑出した思想家の多くを魅了したし、当時の主たる知的かつ芸術的論争の中心とは言わないまでも、少なくとも（メスメリスム、地下出版の文学、その他世論を喚起したもろもろのことと同様に）その周縁に位置づけられていた。(14)

ローズ・ド・シャントワゾーは、これら進取の精神に富んだ作家や自称改革者たちのいずれにおとらず、パリの貴族社会や政界によく顔を出していた。セリュッティやミラボー、その他重農主義者の仲間の一群と同様に通貨供給量についてビラも書けば、医薬品販売のレーのように王室のお墨付きを集め、自らの業績を手広く喧伝もした。また、ジャーナリストのパアン・ド・ラ・ブランシュリーや劇作家のボーマルシェに負けず劣らず、信じがたいほどに打たれ強く、どんなに望み薄な状況にあっても再三再四復活してくるのであった。(15)ローズ・ド・シャントワゾーの天才たる所以は、機械論的生理学の奇妙な産物であれ、重農主義者の農業重視説であれ、奢侈には有益な効果があるとする社交界《モンダン》の信仰であれ、彼の周辺で料理をめぐる言説がどんどん増殖していくなか、これが新たな機関の設立を迫るものであり、またそれを維持することができると感得した点にあった。レストランの開設によって、この時代に広まった食餌法に対する関心――いわゆる〈新料理〉法の流行や料理本制作の一大ブームから、家の中の一部屋を特別に食事室に当てる建築傾向の広まりに至るまであらゆる点に表れている――を、裕福な家庭や出版業界から市場へと移しかえたのである。[16] ローズ・ド・シャントワゾーの毎日の生活は、自らの健康は（また、その延長として首都の知的生活における自らの位置は）綿密でつましい食餌法のおかげとするサロン主宰者マリー＝テレーズ・ジョフラン夫人[17]などの人種で、溢れかえっていたにちがいない。ローズ・ド・シャントワゾーは、その発明の才、不撓不屈の精神、そこそこ不自由のない家庭的背景から、こうした食にこうるさい人々の世界とつながりもあれば、旧体制の最後の何十年かパリに蝟集していた数多の商業革新者とは商取引を通じて縁もあり、十九世紀中頃までのパリのレストラン界を語るとき避けて通れないあのキャバレー式レストラン〈カドラン・ブルー〉を営んでいたエヌヴー家とも姻戚関係となるなど、最初のレストランの理論家となるに理想的な位置にいたのである[18]（彼の場合、「あまりに決定論的」と言ってもいいかもしれない。もし彼が実在しなければ、レストラン史研究家たちは彼という存在をでっち上げなければなるまい）。より厳格で清教徒的な考えの持ち主ならば、レストランの創出の鍵を握る金銭的余裕、農業の奨励、家庭的な小売業としての才などの組み合わせを前にして眉をひそめたかもしれないが、マチュラン・ローズ・ド・シャントワゾーは、これら相矛盾する観点を巧みに換骨奪胎したのであった。各々の最もよい構成要素を組み合わせれば、可能な限りよりよい世界を創出することができるという楽観的な、あるいは単に素朴な信念があったのである。「ガズタン・ド・コメスティーブル」紙の記者は、イタリアのパスタや地方のパテをパリに導入することで農業の刺激と商業の梃子入れがはかれると説いているが、これと同様に、このレストランの創始者は、公的効用と私的快楽が同時にかつ相互に満たされる世界を予告していたのだった。[19]

この「多産な天才」[20]マチュラン・ローズ・ド・シャントワゾーは、フォンテーヌブロー宮の南東約四キロに位置するシャントワゾー村の地主にして商人であったアルマン・ローズの三人の息子の一人であった。[21]アルマン・ローズは、父の死を受けてシャントワゾーとその近郊に三軒の家を相続し、息子たち三人はそれぞれに落ち着き、恵まれた生活を送った。三人の息子のうち、上の二人はシャントワゾーにとどまり、土地の名士となった。長男アントワーヌ・アルマンは「建設担当査察官」という令名高き職に就いていたし、次男ロウ・エムリーは食料品雑貨卸売商兼陶磁器商（fayencier）として十分な生活の資を得ていた。[22]三男マチュランは、尊大にも自分の名前に「ド・シャントワゾー」という貴族的響きを付け加え、一七六〇年代初めにパリに移り、一連の果てしない改革事業計画や企業家としての企画立案に明け暮れることとなった。

ローズ・ド・シャントワゾーの幾多の投機的事業――レストランの創設を含めて――は、相互にゆるやかに結びついていると同時に、この時代の主要な知的テーマとも遠からず結びついており、流通、通信、商業への関心という点では全く一致していた。これらの問題に対する彼の姿勢は、その大事な負債削減計画案のうちに最もよく見て取ることができる。彼の計画は独特のものではあったが、負債こそフランスの抱える最大の躓きの石と見ていたのは、何も彼だけではなかった。十八世紀の中頃にかけて、問題解決のために税制改革を主張する文書が――大抵の場合、非合法にだが――印刷され出回った。コラムニストのプチ・ド・バショーモンなどは、財政問題について何か書こうとする衝動はまさしく「伝染病」のようだと明言するほどだった。[23]しかしながら、ローズが他の計画提案者たちと違った点は、次年度の経常支出を賄うに当座しのぎの財源を見出すといった短期的問題ではなく、本格的な負債償還という、税制としては派手さのない長期的な問題に努力を傾けた点にあった。彼の計画は、他のすべての計画に結着をつけるものとなり、恒久的に税制を健全に立て直すことになるはずだった。

ローズの計画は、表題を別にすれば、年月を経てもほとんど変わることなく、一連の価値の逓減が鍵であった。その基本的な処方によれば、国家が負債をため込みハード・カレンシーでは債権者に支払い不能である場合（十八世紀にフランスがしばしば陥った状態）には、数名の精選した御用商人に対して新種の「信用」で支払うというものであった。商人や貿易商たちはその稀少性ゆえに、またそれが「訴訟から債権者を保護してくれる特別な思し召しとして国王が下賜された[24]」ものであるがゆえに、この信用状（一種の偽装された債権）をありがたく受け入れるだろうし、自ら求めさえするだろう。この信用状は、ほかならぬ政府への信頼と訴訟費削減の期待にのみ基礎を置く一種の補助的通貨として、手から手へと渡っていくだろう。そうではあっても、結局、こうした信用状は摂政時代に大混乱を引き起こしたジョン・ローの制度[25]のような破滅的なインフレ効果を生むことはないとシャントワゾーは断言する。むしろ、自分はこの手形が結局は完全に流通するような計画案を案出したと主張しているのだ。つまり、次々に人手に渡るたびに価値が一パーセントずつ減じていき、しまいには「完全に消失する」[26]からである。

ローズの計画で言う価値とは、従来の有価証券のような、それを発行する当局の金銀保有量に由来するものでも、ローが提唱していたような植民地に由来するものでさえもなかった。むしろ、この制度の信頼性は、王国への信任と何であれ稀少なものの価値への信仰に依ることとなろう。ローズは、こうした信用状一枚――幸運な御用商人に対し単なる特権として支払われたもの――を入手することが困難であるというその一点だけで、信用状への欲求は高まろうし、それが移動するという純然たる事実により経済は刺激されると信じていた（彼は、商人たちは積年の負債を清算しようと躍起になり、この信用状を入手するや、すぐさま人手に渡すものと期待していたように思われる）。このときローズは、彼よりはるかにしたたかであったローには自明であったことをおそらく見逃していた。すなわち、一般に価値とは入手可能性と需要との関係に由来するのであって、ひとり稀少性のみで価値が確保されるわけでも、この新たな有価証券への欲求が保証されるわけでもないという点である。(27) 実際、信用状は、結局はその価値を消尽するとローズが期待していたとすれば、信用状がいずれにせよ多大の信望を喚起すると彼が考えていたのは妙な話である。(28)

ローズの計画案は、フランスの負債問題の解決の最も実行可能な策ではなかったかもしれないが、そこで表出されている価値をめぐる見解は彼独特のものではなかったという点で、依然として興味深いものである。実際、これは、何であれ目新しい品を扱う商人の考えに酷似していた。「新商品《ヌーヴォーテ》」――『ガズタン・ド・コメスティーブル』紙の出版元が輸入したイタリアのワインやチーズであれ、有名な菓子屋が販売したフィガロ風のキャンディーであれ、ある婦人服の仕立て屋が売り出した最新のスカート飾りであれ――は、いずれもその価値が単に新しくて他と異なるという点から生じているようであった。奢侈な生活を批判する十八世紀の批評家たちは、こうした軽薄でつまらぬものを望む者を断罪したが、ローズが書いているように、(29) 目新しい品や輸入品を扱う商人はパリで繁盛していたのである。ローズ・ド・シャントワゾーの真の才能と関心――それを立証するのは、レストランと商人名鑑であり、おそらく化粧品の製造・販売で名を上げた女性と結婚したという決断であり、(30) そして、たしかに価値の基本についての気まぐれな見解であった――は、現代の都市生活の一見余計なものに見える必要品の市場調査にあったのである。彼の不運な負債削減計画は、口紅やリボンやお菓子のトリュフの論理を厄介な正貨の問題に単に応用しただけであった。経済の現代性をめぐる最も鋭敏な理論家ではなかったかもしれないが、それでもその鍵となるメカニズムの抜け目ない観察者ではあったのである。

一七六九年、この計画案を愚かにも政治文書《パンフレット》の形で発表したとき、ローズ・ド・シャントワゾーは「L' Ami de tout le monde」(「万人の友」あるいは文字通り「全世界の友」の意)と署名した——これは疑いなく、ミラボー侯が一七五七年に発表した、農業の賞揚と奢侈の非難を唱える元祖重農主義的な書『L' Ami des hommes(ラミ・デ・ゾム)』(「人類の友」の意)を想起させようという腹だった。ミラボーの書は、短期間ではあれ、大好評を博して出版後四年間で七版を数え、粋な田舎の貴族を当代きっての有名人の一人に変えた。『アンシクロペディック』紙は、彼の著作をモンテーニュの筆とモンテスキューの思考の交わりと呼んでいた。パリの商人たちは、自らも人類の友であることを示そうと看板を塗り替えた(31)。ローズ・ド・シャントワゾーがミラボーの名を想起させたのは、店の看板を塗り替えたのと同様の役割を十分に果たした。ローズの短い文書がミラボーの浩瀚な書と肩を並べるような、あるいはこれを敷衍するような具体的な方法など、ほとんどなかったからである(32)。むしろ、表題は一つの広告の謳い文句であり、人気と有効性の両面で大ミラボーを凌駕しようという誓いなのであった。

ローズは、「流通」の問題についてミラボーと関心を共有していたが、目的の相違(前者は国家の赤字の清算を望み、後者は人口増加の促進を期待していた)から、「流通」はいかにして社会に有益たるかという点で意見は割れていた(33)。ローズの十ページあまりの計画は、ミラボーの七百ページに及ぶ散漫な散文に比べればはるかに短く、看取された流通の危機以外はほとんど何も取り上げていない。奢侈に対していかなる批判も呈することなく、穀物の交易に対する重農主義的強迫観念の犠牲ともならなかったし、ミラボーとは異なり、何であれ一つの商業部門を特別視することもなかった。ローズは、通貨不足をフランス経済の諸問題の根源とみなして(なぜなら、後から追いかけてくる金がなくては、商品はそうでない場合ほど速やかにかつ自由に流通しなかったから)、実行可能な新たな代替案、インフレを招来せずに流通を増大させる方法と思われるものを略述してみせたのである。彼の「信用券」の持ち主はそれぞれその価値の一パーセントを失うことは失うのだが、「自らの富をより入手しやすくなる」[34]という計り知れない利点に比べれば、そんなものが何であろう。この「信用券《ビイエ・ド・クレディ》」と商業上の有益な効果がフランス全土に行き渡ったら、「ハード・カレンシー」は中央に戻り、国家への信頼と経済的安寧は保証されるだろう。実際、ローズの計画案は、ミラボーがあれほど非難していた、金のパリへの集中を激化させていただろう。

停滞する流通という問題についてローズ・ド・シャントワゾーが考えた貢献策は、銀行開業計画にとどまらなかった。正貨の不足が商品の移動を制限するというならば、こうした商品についての情報の不足も同じ結果を引き起こすだろうと考えたのだ。彼は、『六つの同業者団体、芸術、職業の表示、住所、所在地の総合名鑑』[35](一七六九年)を創刊して、こうした情報の欠乏を改善しようと企てた。百科全書派の遠い親戚のようなこの試みにおいて、ローズ・ド・シャントワゾーは以下のものを列挙し、解説を加えている。

アルファベット順に言うと、この国の最も有名で重要な卸売業者、商人、銀行家、廷臣、芸術家、職人の名前、異名、称号、現住所。傑出した業績、並はずれた治療法、革新的事業、公共の利益に有益な発明などのために国王から特権と思し召しを賜ったすべての人々、そして偉大な才能のみによって自らの名声を勝ち得た人々の目録として使用可能[36]。

ローズ・ド・シャントワゾーの名鑑は、『王国名鑑』（それまで何十年にもわたって金銭ずくの官吏たちの氏名と住所を知らせてくれていた）を手本とし、資料室としての願望の多くを盛り込んで、何千人ものパリの商人や事業主を目録に載せていた。『王国名鑑』が訴訟や国家の事業のためにパリに上京した者を満足させるものであったのに対し、この新たな人名録は、「芸術への愛好や商売を理由に」パリに来た「はるかに多くの」人々に必要とされたと彼は書いている[37]。この『名鑑』は、アルファベット順に配列されてはいるが、特別に推賞すべく、幾人かの注目に値する人物を挟み込んでおり、百科全書的な原則と実力主義的原則が組み合わさっていた[38]。いかなる交易も商売も、この『名鑑』に載るには地位が低すぎるとか高すぎるとかということはなかった。聾唖学校の教師、パリの食料品雑貨商、鶏を肥育するための器具を発明したあの「ナンシー出身の紳士」にしても——すべてが「各人の選んだ職種」によってきちんと類別されていた。(39)ローズの人名録は、機械仕掛けの創造に秀でた時計師と、木製あるいは磁器製の時計の箱専門の時計師とを、また音楽に専念する彫刻師と、肖像制作の方を好む彫刻師とを明記していた。読者に様々な交易間の関係を理解させようと、百科全書と同様に相互参照方式を用いていた。ローズは、多様な分野内でのさまざまな変動に加え、将来の発明の可能性をも視野に入れて、その人名録の増補版を出すかもしれないと熱心に書いている。同士市民にさらに奉仕しようと、初版に掲載されていないすべての製造業者や商人に対して、改訂第二版での掲載を確実なものとするためには、彼の事務所に氏名、住所、専門分野を記したカードを置いていくだけでいいと語りかけている。(40)ローズは、『名鑑』の後の版では、ここでもディドロやダランベールが『百科全書』で行ったように、さらに幅広い専門家の協力に依存している。(41)しかしながら、百科全書派たちは読者がより徳を高め、賢明になることを望んでいたのに対し、名鑑は、読者がより幸福になり、より気持ちよく暮らすのを許すだけだろう。そして、かの哲学者たちは後世のために知識の不朽の宝庫を造りたいと努力したのに対し、ローズの名鑑の将来の評判は、いかなる年次刊行物とも同様、それがいずれ廃れていくかどうかにかかっている。要するに、これも彼の信用券の論理を繰り返しているのだ。これは、稀少なものへの接近を可能にするがゆえに望ましいが、消失すべく仕組まれているということだ。

名鑑は、一七七〇年代から一七八〇年代にかけて定期的に発刊され、かなりの成功（少なくとも負債削減計画に比べれば）を博した。[42] 一七七二年、ローズ・ド・シャントワゾーは、フォール・レヴェック監獄への投獄という屈辱からも立ち直り、王太子（後のルイ十五世）にその一部を献じ、「王太子名鑑」という副題を得るに至った。[43]『名鑑』は、商工人名録としては自称買い主たちに氏名と住所を提供し、業績の目録としては「商売と芸術に一つの規範を提供することにより」[44]、さらなる競争と熟達を促進しようという目論見もあった。『名鑑』で述べられている目的を見ると、ローズ・ド・シャントワゾーの「奢侈」の問題に対する姿勢は、〈総合情報局〉というほとんど同一の業務においてと同様、ミラボー侯の姿勢よりもオランダ生まれのイギリス人医師バーナード・マンデヴィル（私的悪徳は公的繁栄を煽るとするあのスキャンダラスな『蜂の寓話』の著者）の姿勢にごく近いものだった。[45] 何であれ商品の生産と販売は、それを購入する余裕のある人の多寡とか、それを使いたいと思っている人の多寡とは無関係に、結果として万人の利益になるとローズは考えていた。彼の銀行化計画案における信用券は、数が少なく、それが国王から振り出されているがゆえに欲望をかき立てるのだが、『名鑑』における賛辞（国王からの特権の保有者にしばしば集中した）も、その信用券と同様に、商品と富の流通の促進を目指していた。本書で賞揚された革新的商品——経済的で効率のよいスープ鍋から織物に浮き出し模様をつける新方式に至るまで、また芳香塩からレストランに至るまで——は、フランス中で望まれ、模倣され、その結果、交易業と製造業を刺激することとなろう。

ローズ・ド・シャントワゾーの銀行化と名鑑発行という試みは、二つながらに、流通を助長し、全国的な経済網を創出し、確立しようという関心を物語っている。このとき彼は、多くの同時代人と同じ語彙、同じ興味を共有していた。[46] レストランにしても流通［＝循環］を促進するはずだった——これは、全国的な交易というレベルではなく個人の身体というレベルの問題であり、レストラトゥールの健康的なコンソメのメニューにより乳糜や血液などの液体のバランスの取れた適正な流れが回復することになろう。レストランは、「もっぱら健康を維持し、回復する食べ物だけ」を供するものとして『王太子名鑑』で是認されており、口喧しい旅行者が、見ず知らずの、ともすると怪しげな宿屋や料理人兼仕出し屋の世話にならずにすむようにすることで、パリ生活を向上させるだろう（この点に関して、『名鑑』はホテルの部屋代の価格帯も示しており、ミシュランのようなガイドブックの遠い祖先の一つであった——また、星を付けるという心理は、レストランの発達にともなって発生した、いやそれだけでなく、その発達の重要な構成要素でもあった）。商品がパリの中央集積所を経由してフランス全土を駆けめぐるようになるのに合わせて、勿論、商人たちもこれに帯同しなければならなかった。しかし、このように見通しが利いて繁盛している企業家たちには、明晰な思考と規則的な消化には欠かせない健康的なブイヨン、気分を落ち着かせてくれる鶏のシチュー、純然たるブルゴーニュ・ワインをここならば見つけられるという場所があったのだろうか。てきぱきとしていて丁重で信頼できるサービスは、どこに行けば保証されていたのか。もちろん、旅回りの職人が頼っていた普通の宿屋や料理売店ではない。ローズ・ド・シャントワゾーが最近開店した「レストラトゥールの部屋」以外のいったいどこで？

『総合名鑑』は、なんであれ「革新的な施設」ならばこれを列挙し、パリに来るすべての旅回りの商人の手助けをするという所定の目的に沿って、初期のレストランに多くの項目を割いた。一七六九年の初版では、「仕出し屋、宿屋の主人、ホテルの主人」の部門は多くのページに及び、ほぼ七百の店舗を列挙している。リストの半ばあたりで（他の「L」の項目の間に）、読者は「Le Restaurateur（ル・レストラトゥール）」なる項を見いだし、その繊細で健康的なブイヨンゆえに名鑑の匿名の著者がこれを推賞しているのを見てとる。言及はこれだけではなかった。さらなる仕出し屋のリストが補われ、「サン＝トノレ通り、アリーグル館の最初のレストラトゥールであるローズは、レストラトゥールに期待されている品に加えて、一人あたり三〜六リーヴルで素晴らしい繊細な食事を提供している」(47)と読者に告げているのだ。何らかの理由で万一読者がこの指示を見逃したとしても、救済される道が絶たれたわけではなかった。「芸術と科学の秘訣」と題する特別な項があって、さらに読者を、常に重宝な「ローズ、国王のレストラトゥール（……）〈健康の館〉《メゾン・ド・サンテ》(*maison de santé*) の元祖創設者」へと導くからだ。実際、見出しの「多様な業績と新たな発見」にしてからがそうなのだ。『名鑑』の読者はほとんどいずれも、結果として、科学的で、かつ楽しく、健康的なブイヨンと美味な食事を供するこのパリのレストラトゥールの存在を知るに至ったと思われる。

　読者がこの「レストラトゥール」に対するパリの信頼の程を知らずに終わることはまず難しかったろうが、同じ読者が、編集者兼広報係の「シャントワゾー」と「ローズ、最初のレストラトゥール」とが一にして同一の人物であると気づくにも相応の努力なくしては無理だっただろう。[48] ローズ・ド・シャントワゾーは、その匿名の商工人名録において、レストランの発明を「ローズ氏」に帰していた。しかしながら、名鑑に関して何か自分の名前を載せる場合にはまれに「シャントワゾー」という名を用い、こうすることで二つの別個の人格を作り上げ、名鑑の著者としては憚ることなくレストランの創始者の天才や鷹揚さについて書くことができたのである。現代生活に対するローズ・ド・シャントワゾーの多彩な貢献のおかげで、彼が市場の隙間《ニッチ》を概説したのと同様に、すんなりと複数の性格を造り出すことが可能となり、また、商品やサービスについてかくあれかしと彼が望んだように、その複数の人格も流通することとなったのである。何年か後、有名な、それでいていささか常軌を逸した対話体の散文で、「ルソー」は「ジャン＝ジャック」を裁くと誓ったが、こうした文体上の革新は、すでに「シャントワゾー」が公然と「ローズ」への賞賛を歌い上げるときに用いていたものだった。(49) 前者の、よく知られた方のケースでは、ジュネーヴ生まれの著者の何人もの代弁者たちが一つの形式を生み出し、その中で「ルソー」と呼ばれる男が、「フランス人男性」(作家から発したもう一人の人物)との対話を通して、「ジャン＝ジャック」と呼ばれる公的人格の生涯と作品を再検討し告発する。かくして自らを裁き、自らの無実を「客観的に」立証したのち、ジャン＝ジャック・ルソー――男にして著者にして自ら作り上げた殉教者――は、かくもしばしば感じてきた心痛や苦悩の原因は、実際、他者の日常的な悪意にあったと結論を下すに至る。(50) ルソーの場合は、自らの人格の分離が、外部世界への非難へと結びついたが、ローズ・ド・シャントワゾーの場合は、外部世界を誘惑することを可能にしたのだった。

そうではあっても、名鑑は自己宣伝のための精巧な装置以上のものだった。というのも、「レストラトゥール」が最も多くの見出しに現れたとはいえ、シャントワゾーは、他の発明家、芸術家、商人たちに対し、ほとんど熱狂的と言っていいほどまでの祝辞を述べているからだ。デプレヴィルは孜々として爆発物を「厳しい管理」のもとに置く花火師として、バルトネーはほとんど消えかけた資料を判読可能にする腕を持つ古文書係として、ロバンとルゲは高品質な動物の柳細工で傑出した名工として挙げられている。これらのうちの多く(『名鑑』では、月曜午後に行われる貧者へのガラスの義眼の寄付のために推賞されていた、国王付の七宝細工師ジャン＝バティスト・ローのように）は、国王からの特権を保有しており、ために特別なステイタスとパリの組合組織への免属権を得ていたのである。[51]『総合名鑑』は、国王からの特権を保証の一形式、かつ卓越の印として強調すると同時に、「国王の商人」はすべての国王の民――少なくとも物を買うことができる者と、援助が必要で慈悲に値する貧しき者との混成――にいつでも奉仕することができるということを明らかにしたのであった。一七六七年に事業を始めた「国王の水」の商人や、ヴェルサイユから横流しして「プリュスク・パルフェット」（文字通りには「完璧以上」の意）というリキュールを販売したダルトワ伯爵夫人の侍従のように、ローズ・ド・シャントワゾーの『名鑑』は、宮廷生活の装いをパリの日常生活に持ち込もうとしたのである。[52]ローズの『名鑑』は、貴族社会の物質的恩恵を、さながら国王からの特権や金銭ずくの官吏のように、金で入手可能なものへと変えるであろう。

こうした特権を保有する商人のなかに、マチュラン・ローズ・ド・シャントワゾー自身もいた。一七六八年一月、『名鑑』の初版が出る一年前に、十二人の「宮廷御用達の料理人兼仕出し屋」の一人となる特権を買い入れた。[53]この肩書きのために一千六百リーヴル、すなわち、パリの〈仕出し屋《トレトゥール》〉のギルドの親方になるのに付随する種々の費用に比べれば一千リーヴルほど余計に支払ったが、この特許状の約定によって年季奉公は免除され、ギルドの他の規約のしがらみからも免れ、さらにパリを本拠とするシャトレ裁判所ではなくヴェルサイユ付きの宮廷裁判官の司法管轄区に身を置くこととなったのである。[54] この職の購入により、市場への参入も迅速になり、レストラトゥールのブイヨンもすぐさま名声を得た（自ら編んだ名鑑の記載では、このレストラトゥールは、真のブイヨン、「国王のコンソメ」としても知られるブイヨンの製造を専門としていると宣伝している）。彼の新たな肩書きは、名鑑の副題とまったく同様に、国王による裏書きと支持の証として、またその結果、先見の明のある後援者たちには強力な誘惑として機能したのであった。

公的な承認というオーラは、他の初期のレストラトゥールたちにも広がっていった。ジャン・フランソワ・ヴァコサンは、ローズの『名鑑』で「二番目のレストラトゥール」と記されているが、これは国王の寵愛の度合いにおいても同様であった。ニコラ・ベルジェは、一七八〇年代の閉店時間規定をめぐる訴訟で多くのレストラトゥールを組織した人物だが、これもまた「宮廷御用達の特権的料理人」であった。アンヌ・ベロは、ローズ所有のアリーグル館のレストランを引き継いだ女性だが、彼女も同じ部類だった（この〈焼き肉屋〉の娘は独身女性であり、自分には閉ざされていた食料品小売業界への参入のために他のルートを見つけていたのかもしれないが）。[55] 旧体制によって商業上の革新は不可能とされていた（料理人兼仕出し屋のレストラトゥールに対する訴訟の昔話が物語るような）とする通説とは全く逆で、これら初期のレストラトゥールたちは、実際、みな王国からの特権という後ろ楯を得ていたのだった。マイケル・ソネンシャーが研究した家具職人や、コリン・ジョーンズが分析した医薬品販売人と同様に、初期のレストラトゥールは都市の商業主義の成長に深く関わる金銭ずくの官吏だったのである。(56)

これらパリの初期のレストラトゥールたちは、大多数が旧体制の特権やステイタスの体系の受益者――けっして犠牲者ではなく――であり、成功した裕福な商人や企業家として、パリの知的、文化的生活に与っていた。顧客には公爵や女優、聖職者や哲学者が含まれ、友人には、下級官吏、法律家、仲間の商人を加えていた。(57)彼らはいくつかの確立された組織の内部で、そしてそれらの隙間で仕事をしたが、けっして組織に阻害されることはなく、むしろ自らの利益のためにそれを操作したのである。だからといって、普通の商人階級からいくらか距離を置いていたと言いたいのではない。国王は、人心に害毒を流したり、王の名声に泥を塗りかねない成り上がり者に特権を授与することはなかったので、これら初期のレストラトゥールも、仕事や縁組みではパリの老舗の飲食物業者たちと密接なつながりを保っていた。ベルジェは、特権的〈仕出し屋〉になる前は、同業者としては最大の一族と姻戚関係にあったワイン小売商の親方であったし、また、一七八四年の訴訟で彼に同調した八人のレストラトゥールのうち、七人は特権的商人ではなく通常のギルドの親方であった。(58)

レストラン業の始まった最初のこれら何十年かにおいては、ギルド的背景を持つか商業主義的背景を持つかは、レストラトゥールと〈仕出し屋〉を区別する要因ではなかった。

むしろ、初期のレストラトゥールが既存の食料品小売商と明らかに距離を置くのは、顧客の健康と幸福への関心を標榜する点にあった。初期のレストラトゥールたちは、医学による発見が支持者との新たな相互作用の形態の基盤をもたらすとして、その「回復力のある」ブイヨンの威力を力説したのだった。初期のレストラトゥールたちは、ローズ・ド・シャントワゾーの名鑑と同様に、自らの新奇さを重視し、現代的進歩と言われればすぐその気になる客に十八世紀版の「新料理《ヌーヴェル・キュイジーヌ》」を供し、また、商工人名録と同様に、快楽と利益の巧妙な混合を約束したのである。レストラトゥールにとっての利益は勿論だが、それは同時に顧客個人にとって、ひいては国家全体にとっての利益でもあった。すなわち、小さなカップ一杯のブイヨンによって、すべてが改善され利益を得、元気を回復して喜ぶことになるのだ。

《……サスレバ汝ヲ回復セシメン》

ローズ・ド・シャントワゾーの『名鑑』が宣伝した（そして、科学アカデミーがしばしば是認し、日刊あるいは週二回刊行の分野別広告に予告された）他の製品やサービスの多くがそうであるように、レストランは、多忙な都市環境における半ば薬効的な欲求を相手にしていた。ローズとヴァコサンのレストランは、ショウガ入りパン屋のボキーが製造した下剤や虫下しの効用のあるスパイスケーキよりは上品かもしれないが、依然として「治療法と医学的秘訣」という『名鑑』の項目に、ケゼールの性病予防薬やヴィヤール夫人の緩下液といっしょに並べてあった。仲間の金銭ずくの官吏と同様に、「国王の医師」たる初期のレストラトゥールたちは、医学が席巻した十八世紀の広大な消費社会の市場への参画者であり、かつ受益者であった。(59) 彼らは、性病予防の軟膏や天然痘の予防接種以上に市場を拡大した。医学と食餌法の交差点に位置するがゆえに、健康のみならず、味覚や感性をも売り出すことができたのである。

最初のレストランの開業は、料理に対する好奇心の面からと同様に、科学的な革新の面からも、十八世紀のエリート文化の健康の追求という風潮に応えるばかりか、料理に対する彼らの熱狂にも応えるものであった。この時期を通じて、知識人、商人、そして廷臣にしてからが身体的幸福という観念に取り憑かれ、世俗的、科学的な業績の虜となっていた。十八世紀の卓越した思想家の大多数(マンデヴィル、ラ・メトリー、ジョクール、そしてボルドゥー)は正規の医学的訓練を受けていたし、自らの病気が評判だったヴォルテールやルソーは、この問題に関する書物を幅広く読んでいた。重農主義の第一人者であるケネーもまた、ルイ十五世の侍医であった。ディドロは、生理学の初歩についての著作を計画していたし、文通相手には腹具合を知らせるのを常にしていた。(60) 高名な医師たちも、それまで一度も特定の患者を見たことがなくても、出版されて猛烈な人気を博した訴訟摘要の類にも比すべき、書簡形式の診断を物した。(61) サミュエル・ティソ、ピエール・ポム、アンヌ=

シャルル・ロリーなどの医学の権威は、それぞれ当時最も名高い人物の一人であったし、長い間、装丁は高価、文章もラテン語、また何巻かの重い本という形でしか出ていなかった医学書も、比較的安価で携帯も可能になり、かつ日常語で書かれた形で出版され始めた。医学論文を読むことが、ごく普通の娯楽となるに至るや、医師をはじめとする専門家たちは、かかる書物の有効性を批判した。それはちょうど、人心の教化を目指す社会評論家が小説の人気を嘆いたのと同様だった。(62)

この時代に尊敬を集めた(そしてしばしばその書は増刷された)幸福に関する専門家ルイ・ジャン・レヴェスク・ド・プイィによれば、身体的健康は、いかなる種類のものであれ、より深い、精神的、感情的幸福には欠くべからざる前提条件であった。(63)これと同時に、その逆である病は、克服されるべきものであり、かつわれわれを威嚇し続けるもののように思われていた。ペストがフランスに現れたのは一七二〇年が最後だったが、他の伝染病(インフルエンザなど)は依然として定期的に威嚇し続けていた。梅毒や淋病の適正な治療法というテーマは、果てしない議論を引き起こし、患者たちは下剤、浣腸、水銀軟膏など、膨大な数の実験へと駆り立てられていった。(64)桶と杖を用いて身体の磁気流体の均衡を回復するとするメスメルの説は、ルソーの政治的著作のいずれにもまして大きな関心を呼んだ。(65)

社会階層や職業区分の壁を越えて、健康は、啓蒙主義的文化——降霊術の実験の背後にある運動力や、他の疑似科学、準科学の増殖——が共有する一つの目的だった。また健康は、料理や食餌法に関する考え方をも定めることとなった。すでに一七五〇年に、匿名で出された『食物辞典』では、健康に対する関心は、「最新の最も興味深い」料理に特有のものであり、金持ち、ブルジョワ、そして「敏感な者」という旧来の区分――各層にそれぞれ参照すべきあまたの料理本がすでに出ていた――から解き放たれた一つの新たな層を造りだしたと述べている。一七五八年、十八世紀フランスの最も優れた料理本の著者ムノンは、特定の社会経済的一群を対象としたそれまでの著述のパターン（例えば、『宮廷の夜食』は「上流向け」で、『ブルジョワ家庭の女性料理人』は「中流向け」）を廃し、『料理と健康の役割』を、個人の健康に対して共通の関心を持つ都会人に向けて出版した(66)。健康の追求は、パリのブルジョワと貴族を区分したというより、むしろ合体させた（「民衆」まで包含することはけっしてなかったが）。旧弊のあまり厳格でもあった人々の間では、社会経済的区分は依然として支配的だったとしても、これと同じ階級の一員でありながら健康食を食べる者たちは、再生という普遍的な文化のおかげで、新たな食（あるいは不食）集団を形成していたのかもしれない。同様に、医学や料理を扱った文学においても、健康の持つ本来的単純さや調和の基盤は、厳格な社会的区分やヒエラルキーにではなく、より移ろいやすく、広がりゆく文化的なしるしのうちに見いだされるのである(67)。

健康な国家の追求という概念は、多くのレベルで知的、文学的著作に影響を与える一方、市場にも入り込み、商業の発展にも作用した。健康のための革新を力説したのは、ひとりローズ・ド・シャントワゾーの『名鑑』にとどまらなかった。というのも、週二回発行の『プティット・アフィッシュ』紙（分野別広告紙）には、カメからチョコレートまで何でも扱う御用商人が自社製品の健康上の利点を売り込む広告がびっしりと印刷されているのだ。(68) 国王御用達のマスタード製造業者マイユは、健康と美のために二百種類ものさまざまなマスタードとヴィネガー（理想的な進物品）を市場に出す一方、慈善事業的に冬期には貧者にマスタードを配給し、それがために『アネ・リテレール』紙でいくつもの祝辞を受けた。(69) パリ市さえも金になる健康事業に参入し、「病める者、そして徹底した養生法に従わねばならない者たち」のための基金調達事業として「健康舞踏会《バル・ド・サンテ》（*bals de santé*）」——午後遅くに始まり真夜中に終わった——を後援した。(70)

初期の「レストラトゥール」が看板を出した背景にはエリートたちによる個人の健康の追求という風潮があったのだ。一七七〇年代を通じて、レストランは「健康の館《メゾン・ド・サンテ》（maison de santé）」（私設の施薬所の名称でもあった）と称していたし、作家のレチフ・ド・ラ・ブルトンヌは、十年後もまだ「健康夕食《スーペ・ド・サンテ》（*soupers de santé*）」と称していたと断言している。(71) 初期のレストラトゥールの一人ジャン・フランソワ・ヴァコサンは、潜在的な顧客に向けて「優良な健康の保持と回復に寄与する料理のみ」を供すると言って自店の食事の健康的な面を強調した。彼はまた、グルネル通りのレストランの店先に「*Accurite ad me omnes qui stomacho laboratis et ego vos restaurabo*（胃ノ苦シメル者ミナ我ノモトニ走リ来レ、サスレバ汝ヲ回復セシメン)」という、どこかしら冒瀆的な警句を飾り、店の精選したメニューから身体的のみならず精神的な潜在的利益をも引き出し得ることをほのめかしている。この箴言は、キリストの「凡て労する者、重荷を負う者、われに来れ、われ汝らを休ません」(「マタイによる福音書」第一一章二八節)の言い換えだということはみなが認めるところであり、福音書を物質的滋養の保証とし、キリストの御言葉を山師の謳い文句(とりわけ、ラテン語の諺の活用も間違っているような何かの広告において)に作り変えているのだが、同時に、医者のラテン語の看板との類似から、薬効に関するレストラトゥールの自負をも物語っている。[72]ジャック・ミネは「胸の弱い者」に対して当店の回復力のあるコンソメで体力がつくと約束しているし、いま一人の初期のレストラトゥールであるデュクロは、見たところメニューの健康的な特質に自信があるようで、彼が供する食べ物は「健康的であると同時においしい」と慌てて言い添えている。[73]

初期のレストラトゥールは、医学と料理の半ば学問的な交差点に自らを位置づけ、この二つの分野を結びつけてきた長年の伝統をすぐさま引き合いに出し、そして、旧体制末期の職業的医薬商の側から向けられた料理への攻撃にはより迅速に反応した。それまでの何世紀かは料理と医学は、ほとんど科学の二つの分野であるかのように手を携えてきた。中世やルネサンス期には、医学的知識と料理の知識の間の区別はほとんどなかったし、一巻の写本のなかにレシピと治療法の二つが組み合わさっているのがしばしばであった。[74]しかしながら、一七〇〇年代になると、医師（薬剤師や外科医も同様）はますますその専門的科学知識を強調するようになり、厨房の芸術とは距離を置いた。自称「自由学芸」の実践者である内科医は、手仕事にすぎぬ料理業との比較をますますきっぱりと拒絶していった（もっとも、世紀中頃に有力だった唯物論的科学によれば、依然として医師たちの基本的な道具は実際かなりの部分で料理人のそれと一致するというのだが）。[75] 伝統的な民間伝承にある「デブと痩せ」や「謝肉祭と四旬節」の争いの高度な焼き直しにほかならない料理人と医師の間の「戦争」はなおも続き、幅広い文学的文脈のなかで表面化する。例えば、『新ガリヴァー』（スウィフトの作品を一七三〇年にフランスで増補したもの）においては、神「ガストリミット」の従者たちは料理人の島で一年の大半を暮らし、規則的に定休を取って医師の島に行き、そこで下剤や緩下剤や浣腸を満喫した。[76]『百科全書』の「調味料」の項で描かれている戦場の光景はこれほど好意的ではなく、世界には二種類の人間がいる、すなわち「われわれを殺すために絶え間なく働く料理人と（……）必死になってわれわれを治療する医師」のことだと歯に衣着せずに言い放っている。[77]

この論法で行けば、すべての厨房従事者が怪しいということになるが、蒙をひらかれた者たちの非難の重圧を目一杯受けたのは（日常的にワインに混ぜ物をしていると責められていたワイン屋と並んで）宿屋や料理屋の「公衆の料理人たち」であった。内働きの者たちはほとんど家族的な拡大された関係の組織網に属しており、したがって思うに忠実で信用に値したかもしれないが、こうした義務と依存の絆も、見ず知らずの仕出し屋の信用を保証するものではなかったのである。(78) そこで、医学論文や調理器具の広告は口を揃えて、「公衆の料理人」は金儲けに精を出すばかりで、哀れなわれわれ食べる側の幸福にとって重大な脅威だと本気で説いている。一七八六年、法律家デ・ゼサールは、自著『万国警察辞典』のなかで、経済的な思惑から〈仕出し屋〉の好みのレシピや料理法が決められ、こうした安っぽいまやかしの(「欲だけ」で選んだ)調理はありとあらゆる病気を引き起こしたと説明している。長距離の旅行を強いられた貴族家庭なら、瓶入りの煮出し汁と調理済みのソースを積んだ駅馬車で先に厨房係を送り込み、こうした危険を回避しようとしたかもしれない。(79)

固形ブイヨンを製造していた〈仕出し屋〉は、旅行者に信頼できる食べ物を提供することを約束した(一七六〇年代初めには、持ち運びやすく無害の自社の製品は、陸路でも海路でも安全で健康的な旅を保証すると説いた)最初の者の一人だが、顧客に毒を食わせているという彼らにまつわる(正当とは言い難い)噂が立っていたことは、彼らの「固形肉エキスブイヨン」の買い手があまり見つからなかったことを意味している。(80) 公衆の料理人が公衆の健康の庇護者となるには、とてもレシピを変えたくらいではすまなかったのである。医学界、科学界に関する限り、仕出し屋の親方衆が銅製の調理器具に執着していたことが、顧客にいそいそと毒を食わせていた何より明白な証拠であった。ヴァンデルモンドが発行した月刊誌『内科外科薬局通信』の何十もの記事には、銅の残留物は無くなることのない危険物質であり、実に多くのほかの食料不純物と同様、まずいことに目には見えないがゆえに最も恐れられていたとある。[81]呆れかえった一人の弁護士の言によれば、内側に銅が剝き出しになった鍋が厨房のゴミのかげに置かれている間に、有害な緑青が「喜ばしいことこの上ないあらゆる料理や、われわれの味覚と五感を最も楽しませてくれそうなあらゆるシチューと混じり合う」というのだ。[82]パリの料理人兼仕出し屋のギルドは一七七九年に結成され、危険な調理器具の立ち入り検査を毎月行ったが、規模も小さく、時期も遅すぎた。自称レストラトゥールはこれより十年も早くに、この問題に機先を制して、ブイヨンは銅製ではなく「上薬を塗ったフラマン産の陶器」でできた容器で調理しているとして顧客を安心させていたのだった。[83]医学誌や、より総合的な刊行物の説明によれば、旧体制下のパリの料理人兼仕出し屋は、嬉々として出来損ないの食品を販売し、ぼろぼろの銅製容器で料理して、平気で顧客に毒を食わせていたということになる。これが真実だとしても、初期のレストラトゥールが、健康と清潔への関心を強調し、既存の業者に対して巧みに異議申し立てをしおおせたのは別段驚くべきことではなかろう。たしかに、公衆の料理人に依存していたパリ市民の数を考えれば、パリ市全体が食中毒に起因する馬鹿げた病ゆえにとうの昔に死に絶えていないのを見て不思議に思われるかもしれない。しかし、こうした告発は話の一面しか伝えていないのだ。医師や法律家が公衆の料理人を断罪する方が、近所の〈仕出し屋〉が反駁の声を挙げるよりもはるかに容易だったからだ。さらに、こうした批判は、社会改革論者や公衆の健康の擁護者に限らなかった。むしろ、様々な旅行者たちがひとしなみに抱いていた不平の一例にすぎない。旅行者はみな、パリの公衆の料理人兼仕出し屋が供してくれる食べ物の質に苦虫を嚙みつぶしていたからだ。

誰であれ成功を博した〈仕出し屋〉は、ときおり訪れる外国の旅行者ではなく、常連の地元の顧客を当てにしていた以上、フランスの首都を通過する訪問者が、この街の公衆の料理人に不満を持つのももっともなことだったかもしれない。ほとんどの〈仕出し屋〉の店の段取りとメニューは常連客用のものであり、また厳格に定められた時程にしても、一見の旅人には腹立たしいものではあったが、毎日決まったテーブルに現れる多くの客には有益なものだった。十八世紀の仏英辞典が〈仕出し屋〉を「公衆の料理人」と訳しているのに、読者は戸惑ったかもしれない。この訳語では、ギルドのメンバーたちがどれほど常連客に頼りきっていたか、そして客もそれぞれ特定の親方を「私の料理人」と考えていたことなどが伝わってこないからである（ある犯罪の重要参考人は、警察の尋問に対して状況を説明するのに、そのとき「私の〈仕出し屋〉で夕食を取っていた」と語っている(84)）。毎日来る定食用テーブルの客はお互い知り合いだったし、日々繰り返されるうち解けたつき合いに基礎を置く、一つの共同体を形成していた。いつもの流れから何か外れることがあるとそれに気づいた。仕出し屋のグラパンの店から銀食器が盗まれたとなれば、嫌疑はすぐに一人の非常連客に向けられた。同様に、同業のプール・ド・ラモットは、銀のフォークが消えたと分かると、馴染みの「わが店に食べに来る人々」よりも新参者のほうがずっと怪しいと警察に語っている。(85)〈仕出し屋〉業では、常連客がかくも中心的な存在となっていたので、帳簿の記載も常連客が食事を取らなかったときに限られたし、他の業種の売買契約書では売るべき「備品」のなかに「ひいきの常連客」を含むと明記することさえあった。(86)

定食用テーブル以外でも、平均的な〈仕出し屋〉を支えていたのは地元の近隣の店だった。かくして、何の飾りもない七面鳥の丸焼きをある者に売れば、その者は向かいの居酒屋に行ってその一部を食べるし、客がサラダが欲しいと言えば隣の八百屋に行けと言っただろう。(87) 働き手は妻と見習い一人、女中も一人いたかもしれないが、これが典型的なパリの〈仕出し屋〉であり、自前の台所や料理器具を持たない膨大な数の都市の労働者や職人に対し、調理された食べ物を提供していたのである。パリにしばらく滞在する旅行者も、土地の〈仕出し屋〉と関係を結び、食べ物や飲み物に加えて銀器や陶器も提供してもらっていた。(88) 仕出し屋の見習いは食べ物の出前や食後の銀器の引き下げもしており、客がホテルの自室で夕食を取りたいと言えば、この見習いがあたかも家の厨房から食事を運んでくる召使いのように客の部屋まで参じるのだった。料理人兼仕出し屋と長年の常連客との関係は信頼の上に成り立っていた。(89) 食べる側は銀器をかすめ取ったりせず、最後にはちゃんと勘定を払うという信頼である。常連客は、一カ月か、それ以上つけがきくこともしばしばだった。[90] この便法が行き過ぎた場合、ホテルの宿泊客が支払いをしないまま九カ月間も食事を運ばせたり、〈仕出し屋〉が泣く泣く十六カ月間もオウムに餌を与え続けたり、投獄された貴族女性が定評のある裕福な行きつけの〈仕出し屋〉から相当な額を借りるということもあったようだ。[91]

日常業務以外の仕事——婚礼の晩餐をはじめ祝宴の準備——においても、〈仕出し屋〉は地元の共同体とその慣習によく溶け込んでいた。仕出し屋の準備する宴は、しばしば人生の大事な節目節目（結婚式、洗礼、葬儀）に催されるものであって、毎日一時に出される定食用テーブルに劣らず、人生の時の流れをしっかりと刻んでいた。定義は、不分明でも、全くお役所的でもなく、多くの〈仕出し屋〉の店先には「ご婚礼、ご宴会承ります」という文句が飾られていた。コラムニストにして小説家のルイ・セバスティアン・メルシエは、特定の商売と家庭行事との結びつきが非常に緊密と見ており、『パリ情景』の「婚礼」と題する章の大半を〈仕出し屋〉が抱える商売上の困難に割いている。[92]〈仕出し屋〉の宴会場で催される祝いの食事会は、新たな家族像を造りだし、祝祭の場としての家族の重要性を再確認させることとなった。結婚披露宴と定食用テーブルの連帯感——これらは二つながらに、〈仕出し屋〉の店が、十八世紀パリの民衆生活に特有な、家族や近所づきあいの込み入った人間関係には不可欠の部分を形成していたことを物語っている。[93]

これらすべての人々——すなわち、〈仕出し屋〉の定食用テーブルで定期的に夕食をとる何千ものパリ市民や、人生の主要行事を料理人兼仕出し屋の宴会場で祝った多くの人々——は、銅中毒の危険について開業医がしきりに発していた警告にさほど警戒していなかったにちがいない。〈仕出し屋〉が常連客につけ払いを認め、一定の期間が経てば支払ってくれるものと信頼していたように、客は客で何度食べても死にはしないと思っていた。常連客に多くを依存していたため、客に毒を食わせるなどもってのほかだった——事実、そうしないことがいっそう肝心なこととなった。したがって、このような大規模な食べる者たちの集団にとっては、錫メッキが不十分な鍋、あるいは、誤ってシチューに混入すれば死につながりかねないガラス玉などの装飾品にまつわる怖い話はまさに問題だったにちがいない。つまり、「誰か他の人の料理人」にまつわる怖い話のことである。(94) しかし、自分の料理人を（文字通り、あるいは比喩として）持っていないものにとっては、危険はさらに大きく、脅威はさらに差し迫っているように思われた。

レストランは、隅々まで清潔な深鍋で調理した効能あるブイヨンに自ら太鼓判を押してはいたものの、馴染みの〈仕出し屋〉を当てにしている多数の地元の常連客グループに対して訴えかけたのではない。むしろ、ローズ・ド・シャントワゾーは、彼の他の事業でも標的にした商人、企業家、文人、金銭ずくの官吏といった人種にレストランの照準を絞った。「レストラトゥール」は、当初シャントワゾーの名鑑では同列に記載されていたホテルや宿屋の経営者と同様に、市外から来た者、「旅の途中」の者——文字通り、巡回している者に必要な食事を提供した。営利主義的精神に対するもっと気むずかしい批評家（例えば『百科全書』の「もてなし」の項目の著者）は、市場の拡大と商品の移動の増大によって世界は貨幣制度へと一変し、その結果として、飾らずに直接触れ合う人間的雅量の絆が（はっきりしないが歴史上のある時点で）断たれてしまったと嘆いている。[95]他方、ローズ・ド・シャントワゾーのレストラン（自分で短期間経営した店、推賞した何軒かの店、そして彼の影響を受けた多くの店）は、商売それ自体を完璧に仕上げていけば現代的で快適なもてなしを提供できるということを物語っている。初期のレストラトゥールは「万人の友」とは言い難いが、それでも、一杯の回復力のあるブイヨンや何か「おいしくて健康によい料理」を求める紳士淑女に対して「常時」ドアを開けていたのであった。[96]〈仕出し屋〉によくある看板（「ご婚礼、ご宴会承ります」）は家庭や地域レベルの祝祭全般を請け負うというものだったのに対し、レストラトゥールは、衰弱した、もしかしたらラテン語が読めるかもしれないごく特定の人々を対象にした。レストランは通行人に向かって「あなたを元気にします」と大見得を切った――このような約束が、いかにして仕出し屋の「ご婚礼、ご宴会承ります」という陽気な看板や定食用テーブルのいつものパターンより上位に立つこととなったのか。すでにわかるように、レストランは大成功を収めたのだ。今日では、どんなにお粗末な食堂でも、どんなに小さな持ち帰りスタンドでも、大規模な祝典や祭式の宴会ではなく個人客の体力回復を売り物にしているのである。

第2章　ルソー的感性の〈新料理《ヌーヴェル・キュイジーヌ》〉

ドラモルグ氏：あなたはレストラトゥールであっても、夕食を出して下されますでしょうな。
アルルカン：どうして出せないことがございましょう。
ドラモルグ氏：いえ、パリの同業者の慣習に従うのではないかと
——みんなはあなたを皿で埋めて、飢え死にさせますよ！　……私はと言えば、生きるために食べる。夕食を食べたなどと言うつもりはありません。胃は私を嘘つきと呼ぶでしょうがね。
——『アルルカン、ポルシュロンのレストラトゥール』（一七六九年）

芸術、科学をはじめ「その他、なんであれ生活を快適にする分野」を専門とする『ラヴァンクルール（先駆者）』紙は、一七六七年三月、新種の店舗がパリのプーリ通りに開店

したと告げている。この新たな商売は、「湯を張った容器のなかで絶えず保温されている極上のコンソメ、別名〈レストラン〉」が専門だった。この〈レストラン〉は手ごろな価格で常時口にでき、金縁の白い陶器の皿に盛られていた。〈仕出し屋〉の親方でもあったミネという名のレストラトゥールは持ち帰りサービスも行っていたが、店の広告の冒頭では店内で味わえる快楽を力説している。

虚弱で華奢な胸を患い、食餌療法では通常夕食を禁じられている方も、さながら社交の楽しみを味わいながらカフェで〈ババロワ〉を食べるように、過敏な感覚を損なうことなくコンソメを飲みに行ける、そんな公共の場の出現に喜ばれることでしょう。遺憾な点のなきよう、首都で毎月出される多数の新刊雑誌を取り揃えることにもいたしましたので、この新店舗は体には慰めを心には気晴らしを提供いたします。(1)

料理史研究家たちは、初期のレストラトゥールは突然わき起こった都市の厳しい飢餓の苦痛に立ち向かうために食べ物を提供したと決め込んでいる。(2) けれども、ごく初期のレストランの一つが出したこの広告を見れば、「レストラトゥールの家」はむしろ、医者の処方に従ってほとんど何も食べていない特定の、そして加療中のパリ市民の感覚に訴えていたのは明らかだ。この新商売の店先には「汝の味気なき口蓋をくすぐる美味なるソースここにあり。ここにては疲れ果てたる者も健康な胸を見いだすべし」という同じ趣旨のラテン語の二行詩が掲げられていた(3)。レストランが食を提供したのは、貧者に対してではなく、食欲を失い疲れ果てた口蓋と虚弱な胸に悩む衰弱した者たちに対してだった。

一体誰が好んで、小さなカップ一杯の効能ある煮出し汁で夕食《スーペ》（「ディネ」は十八世紀のパリでは昼過ぎに食べる食事を指した）に代えようというのか。つまり、回復されなければならないのは何なのか。これらの疑問に答えるには、二十世紀的なレストラン像についての理解を脇に置いてかからねばならない。レストランは、必ずしも、またその起源から言っても、豪華な食事とは無縁だったからである。宿屋や〈仕出し屋〉の店、あるいはカフェとも違う文化的施設としてのレストランの出現は、ラブレー的な飽食に端を発すると言うよりも、食べないという特異なスタイルに多くを負うていた。ピーター・バークが指摘しているように、誇示的消費は必ずしも浪費という形態を取るとは限らない。節制もまた相当目立つことにもなるかもしれないのだ(4)。

最初の「レストラトゥールの部屋」が開店してから数カ月後、今度は自称「真のレストラトゥール」ジャン・フランソワ・ヴァコサンが経営する新しいレストランが長い広告を出し、またもや「虚弱な胸」に悩む人々に訴えた。

当店では、健康の維持と回復に寄与する品だけを、それもわずかな価格で提供いたします。（……）胸が虚弱で華奢な方や、ちゃんとした食事をとても二回は食べられない方にとって、そこに行けば有益な社交を楽しむと同時に、〈レストラン〉も口にできる上品な場所ができたことは好都合でございましょう。(5)

啓蒙の時代の人々をかくも悩ませ、一杯のスープカップで体力の回復を得ようと駆り立てるにいたったこの胸の虚弱さとは一体何だったのか。この時期、肺の弱さは体全体の疲労の比喩としてと同時に、（ある説によれば）知的洗練や感情の激しさの徴候として通用していた。毒気と瘴気の時代にあって、大気中にある諸成分の「正体不明の混合物」が人体の安定にとって脅威となっており、胸が虚弱だというのはいわば流行の愚痴となり、肺は最も脆い器官であると広く考えられていた。(6)呼吸器系の病気は、最もありふれた、特殊でも何でもないものの一つだった。誰でも——喘息病みから知識人まで、結核患者からアレルギー患者まで、酒で体をこわした者から梅毒患者まで——が「胸が弱くて」と言って憚らなかったのである。医師たちは病気を多様な専門的な種類に分類することに追われたが、一七六〇年代のパリのレストラトゥールは上の空を装い、誰でも彼でも元気にするという、ブイヨンをはじめ各種の料理を宣伝して幅広く網を打つことに甘んじていた。

医者たちは、胸の虚弱さとして表面化する多様な症状に幅広く名前を付し、これらの多様な病状の錯綜した徴候や原因を記述するために何巻にもわたる著作を出版した。しかし、いずれの診断も、消化がそれぞれの身体プロセスに適していることが重要だとする、当時通説と化していた生理学的なモデルに依存していた。十八世紀には、消化の機械論的、化学的基本原理をめぐって熱い論争が起こったとはいえ、党派を超えて消化の重要性については意見が一致していた。消化が極めて驚異的な変形作用を引き起こしているのは明らかだった。乾し草が馬に変わり、ネズミが猫になり、パンが人へと姿を変えるのだ。ディドロが立証すると約束していたことだが、消化により彫像に生命を吹き込むことさえできるという。彼によれば、彫像を粉砕し、この粉末を泥に混ぜ、そのなかに種を蒔くと土の養分から植物が生えてくるという。それから人がその植物を食べ、消化して成長し、そこで大理石の胸像から感覚を持つ人への転換が完成するわけだ。(7)

しかしながら、消化の奇跡は不変のものではなく、これほど重要な身体プロセスも、調理不良の食べ物や頭の酷使、心の苦悩が原因で簡単に乱れてしまうとされた。したがって、十八世紀の医学的通念では、「消化不良」は深刻な絶えざる脅威となっていた。スイスの医者サミュエル・ティソは、実に大きな影響を及ぼした書『文人の健康について』の冒頭を、すべての病――肺病、狂気、早世を含む――の原因をたどると消化の乱れに行き着くという言説で始めている。(8) 専門家でなくても消化不良を恐れていた。『ラヴァンクルール』紙は、最初のレストラン開業の布告を出す数年前に、健全な胃は「確固たる健康」の第一の必要条件だと読者に語っている。また通人シメオン・プロスペル・アルディは一七六七年十一月六日の日記に、女王が「深刻な消化不良」に悩んでいるとの情報がヴェルサイユから届いたと心配げに記しているが、明らかに安堵した様子で、問題の疾患は単なる肺結節にすぎないと判明したと付け加えている。(9)

食餌に細心の注意を払うことは相変わらず当を得たことであったが、とりわけ呼吸器系、循環器系の疾病の治療においては重要であった。当時支配的だった生理学モデルによれば、食べ物が胃腸管内を自由に動かなくなると、必ずや血液も本来必要な流動性を失って滞るとされた。そこで述べられていた三つのプロセス(消化、循環、呼吸)は、因果関係にあると同時に相似関係にあり、説得力を増すために、消化不良の食物片が胃のなかで朽ちていく様を描いた図を用いていた。急いで食べたり、適当に選んだ食べ物は腹のなかにぎっしりと、かつ執拗に居座ると、循環を妨げ、肺に無理がかかる。また、食物の消化過多は血液の生成過多を引き起こし、瀉血が必要となるという。こうした医学的知識のすべては、結局のところ、赤肉が多い食餌はコレステロール値を押し上げ、動脈硬化を引き起こすという二十世紀の医師たちの警告とさしてかわらない。(10)十八世紀の最も偉大な肺疾患の専門家の一人である医師ロジエール・ド・ラ・シャサーニュは、処方された食餌法の厳守の必要性を繰り返し力説し、患者の理想的な食餌療法についての記述を「どんなに軽微な過ちでも、またどんなに些細な逸脱でも致命的な結果を引き起こしかねない」というぞっとするような論評で締めくくっている。(11)一七六七年にコストが著した『肺疾患概論』では、ほとんどの肺疾患の原因をシチューとソースとエキスに帰しているし、別の専門家は肉体の腐敗と損傷を引き起こしかねないとしてすべての「多汁質の」料理をはねつけている[12]。夕食は、十九世紀には典型的なフランスの食事として、また楽しげな機知に富んだ会話の光景として喧伝されたが、十八世紀の医師たちからは必ずや消化器系に負担をかける有害な習慣として糾弾されたのだった[13]。

あたかも結核や早世の原因になるという脅しが警告として十分ではないかのように、専門家たちは、食べ過ぎや不注意による刺激物の摂取が肉体的のみならず精神的健康にもほとんど瞬時に影響が出ることがあると力説している。消化しにくい食品が胃のなかに居座って朽ちていくと、幾重にも有害なガスを発生し、思考を混乱させ、結果として理性を打ち負かすという。食べ物は胃のなかで「料理する」と言われており、もしこの過程で狂いが生じて、何かの加減で鍋が「噴きこぼれる」と、熱せられた食べ物は毒気を放ち、それが頭に昇って知性と感情の機能を害するという[14]。著名なルーアン出身の外科医クロード・ニコラ・ルカは、その『感覚概論』のなかで、友人に誘われて一杯のコーヒーとリキュールをひと口飲んだ虚弱な青年の話を教訓として挙げている。この軽率な実験で、最初は予想通り陽気さと生気に溢れたが、液体が蒸発し始めるにつれて残存物、すなわち「胃の重苦しさ」が残り、それが「神経器官を動揺させ、精神を破壊した」。神経が混乱し、心は圧迫され、若者は胃のなかで沸き立った「熱素《フロギストン》」に苦しみ始める。そして腐敗していくかたまりを除去しようとして吐剤を飲んだが、「熱素」の腐敗はその前に速やかに進行しており、強力な吐剤も嘔吐を誘発するには至らない。むしろ、事態を悪化させるばかりで、なおいっそう胃を燃え上がらせ、結局は幻覚に襲われ不治の狂人となってしまった。(15) ルカの不吉な教訓小話は、苦しむ患者の胃に中心的役割を与えている。ある歴史家は十八世紀の「神経」の概念がその後の医学理論を方向付けたと主張しているが、この時代の思想家たちにとって、消化(あるいは、その恐ろしい反対物である消化不良)の諸過程とは外界の影響を神経に伝えるものであったことを明記すべきだろう。当時、神経は、胃に取って代わってこの世紀の「不思議な身体器官」となったのではなく、胃の領域を拡張したのである。(16)「神経質な感性」は、美しい風景であれ香辛料の強い食べ物であれ、いかなる刺激に対しても内臓の反応という形で顕現した。(17) 神経が敏感になればなるほど、身の上話に涙をたれ、ぞんざいに調理された食事の後で不調になったりすることになる。この論法で行けば、「胸が弱い」ということは神経の交感について一家言持っているということでもあったし、味覚が優れているということは自然の刺激に対して鋭い感性を持っているということになった。

したがって、「胸の虚弱さ」は単なる身体的状態どころの話ではなかった。むしろ、十八世紀の「虚弱な胸」の持ち主に対する診断は、十九世紀の「肺病」に対する診断にも似て、多様な文化的意味合いをもっぱら生理学的な一連の属性に還元したのである(多くの点で、当時ブイヨンを啜っていた胸の弱い者たちは、ロマン主義時代の「肺病病み《ポワトリネール》」の直接の先駆けだった）。「胸の虚弱さ」などの疾患と、さらに、正体不確かながら蔓延していた「気ふさぎ」の存在が合わさって、生理学と情動は、科学と感情とが絡み合う渦巻のなかへと落ちていき、いずれも単独では原因とも結果とも規定することができなくなった(18)。道徳的、芸術的、さらには身体的敏感さは、いずれも衰弱した肉体から生まれると思われることとなり、神経や肺の疾患は感情的な敏感さの確かな指標と見なされた。

胸の虚弱さは神経の鋭さと相関関係にあるのみならず、その発達に寄与する一つの要因である以上、男女を問わずすべてのフランス人が悪い空気や怪しい食餌法から同等の影響を受けていたというわけではなかった。人はみな感覚を持っているが、敏感さは人によって違う。胸の虚弱さやその徴候は、他の体質や素因と密接に結びつき、そこから精神的な価値を推し量ることができるような多くのしるしの一つであった。心が敏感だということは、共感や情念や悲哀や苦痛で溢れていることを意味した。男でも女でも「激情型」の者は、美しい夕日、健気な孤児、不幸な恋人、あるいはローマの廃墟を見るや感極まって滂沱の涙を流したり、時には気絶するなど、お定まりの反応で感情を表した。しかし、これと同じ状況で、「夕食が食べられない」ようになることもあるという(19)。

もちろん、心と体の状態の間には明白な相関関係があるとするこうした仮説により、意識的かどうかはともかく、さまざまな徴候や外見的様子を都合よく操作するようになっていった。精神の過敏さや心の緊張が突然の涙や厄介な食欲となって現れるというなら、食べ物に口うるさいのは、必然的に思いやりのある心や悩める魂の持ち主だということになるのか。気ふさぎや肺結核をはじめさまざまな疾患をめぐるこのようにほとんど取り憑かれたような議論においては、健康が目標として想定されていたとはいえ、その探究となると食べ物と苦痛のオンパレードだった。「胸が虚弱」であろうとなかろうと、レストランの顧客がコンソメを啜るとき、敏感な心と繊細な精神のしるしである厄介な食欲の持ち主であることを(自分に対して、また誰であれ見ているかもしれない人に対して)誇示しているのだった。パリ市が後援した「健康舞踏会」と同様に、レストランは虚弱さを、人目にさらして人と共有すべき特質へと変えたのである。ある観察者は、一七八八年になってもパレ・ロワイヤルのレストラン評のなかでこう書いている。「自惚れた気取り屋(二流の作《プチ・》家や画家《メットル》)は、病気でなくても、しばしば晩にはコンソメを注文する。不健康というオーラを纏うことができるからだ[20]」。神話に出てくる農民やどこか遠くに住む未開人のように健康であることが食べる側の想定目標であったとしても、同時に、好みにうるさい都会人は、都会生活が引き起こした退廃を露わにすることで、自分は粗野な農民ではないと用心しながら断言しているのだ。いずれにせよ、心身とも本当に敏感な者が、悪臭漂うパリの空気を吸いながらどうして健康たりえただろう(一七五五年、パリ医学学校で支持を得た論文では、パリの住民は――都市の空気のために――他の地域の住民とも異なる食餌が必要だと論じている[21]。

科学や生活の簡素化による健康の獲得は、ブルジョワも貴族も共有する一つの理想であったと同時に、いまだに社会的指標、すなわち、目の前に出されたものなら何でも消化してしまえる粗野な労働者と洗練された都会人とを区別する手段とされていた[22]。消化不良の悪影響に苦しんでいるかどうかは、その人の知的生活の真価を問うことであった。野心に燃えた作家モヴランが出版社に向かってやたらと頭痛やら体液のよどみなどの話を持ち出すのは、自らの知的生活への真剣な傾倒振りを印象づけるためだったのかもしれない[23]。十八世紀の生理学の新たな機械論的モデルでは、知覚と知性は、身体の他の部分と必然的に同じ栄養素で構成される身体器官が作用していると教えている。したがって、食餌法は身体的健康に影響すると同時に、感情的知的生活をも規定していたのである[24]。味覚や美的感性は等しく五感に基づくものである以上、肉への嗜好は好戦的性向や殺人傾向と符合する、いやむしろそれらを引き起こすとされた。敏感な心の持ち主——哲学青年、グルーズの絵を前にして、あるいはルソーの『新エロイーズ』を読んでいてわっと泣き出す心優しい女性など——は、生得的に気持ちや心だけでなく体も敏感とされていたのである。

したがって、生まれつきにせよ、身体の酷使やそれに起因する不均衡からにせよ、およそ「敏感な」者は肺の状態や食餌法の適合性について細心の注意を払うべしとされていた。それに、「敏感」と分類される者の社会的割合は小さくはなかった。『百科全書』によれば、

「女性一般、さらには大都市居住者の大部分、（……）とりわけ文人などはこの部類に分類すべきである」としている。[25] 文人は脳の酷使により人間機械の均衡を乱しやすいので、食餌法には特別の注意を払う必要があった。難解な観念を消化するのに腐心するあまり、食べ物の消化のためのエネルギーなど残っていないというのだ。[26] 影響力の大きかった一七五四年刊の『食物試論』の著者の医師アンヌ＝シャルル・ロリーによれば、知的、感情的熟考は胃の不調に直接結びつくという。すなわち「感覚が混乱すると、次いで基礎的な身体機能が停止し、身体機械の維持は看過される。（……）すべてのエネルギーが心に集まり、体にはほとんど向かない」。ロリーは、あたかもペットの珍鳥や熱帯魚の世話や餌やりについて語るかのように、「文人」のことを「人類の最も輝かしい装飾」とも、生かしておくのが最も難しい飾り物とも呼び、ほとんどみな鬱病と便秘――制限付きの穏やかな食餌法で手当てすべき二つの症状――に悩んでいたと断言している。[27] レストランは、生かじりのラテン語と将来財を生むであろう原稿以外ほとんど武器も持たずにパリに集まってくる、野心家で気取り屋の多くの文人や自称哲学者に対し、肌理《きめ》の細かいブイヨンと、それと同じくらい重要なラテン語の看板で訴えかけたのであった。[28]

食べ物を扱った文学では、出てくる女性は文人たちとほぼ同様に、ともすると虚弱な胸と脆弱な胃に苦しむのだった。ある医師の説明によれば、女性の脆さの原因は、精神が生来よく活動するからではなく、精神的、肉体的な根深い怠惰にあるという。「全く馬鹿げた楽しみ」の追求以外何もすることがないので、女性は食でも性でも自らの情念や妄想にいとも簡単に屈服してしまう。快楽の刺激を求めて、不活発ですぐ痛くなる胃には特に有害な香味の強い食品を軽率にもしばしば口にするのだった。専門家たちはこうした女性の過敏さを、回転の速い知性ではなく心身全体の怠惰に帰しているが、忠告としては同じで、少量のきつくない軽い食べ物をというだけであった(29)。

胸の虚弱さが、女性の怠惰やうわずった知性によって悪化した症状であると認められるや、これは世に言う頽廃や不道徳の遠回しな表現にすぎないのではないかと思う者もあった(肺結核は、自分の症状は梅毒の二次的徴候だと患者自身が認めるまで治らないものだととりたてて言う医師もいた)(30)。この症状は、女性、あるいは柔弱な人に襲いかかるものと思われていただけに、放恣という意味を言外に含んでいた。けれども、いかなる効果にも反応してしまうこれら稀な人種に作用すればこそ、注意を怠らない有徳の人という意味ともなりえた。養生法の追求の流行、治療法の人気不人気の目まぐるしい変化、現在の不健康の一因として過去の「行き過ぎ」の重視など、これらのすべてが相俟って病気の発症や健康の回復をめぐる暗示的意味合いは拡大し、いっそう自己矛盾を孕んでいった。

〈新料理《ヌーヴェル・キュイジーヌ》〉のレストラン

一七六〇年代、七〇年代のレストランは、これら多種多様な過敏体質の者たちを遇するために、進歩的な科学とより旧弊で牧歌的な衝動とを結びつけた形で食餌法の革新を提示した。レストラトゥールたちは、コンソメを「湯煎鍋《バン・マリー》」(通常は科学的設備の複雑な部品と見なされていた器具)に入れておくよう勧めているが、同時に極端なまでの「簡素さ」こそがこのスープの特徴だと力説している。[31] 科学的な知識と技術を用いて、レストラトゥールは自然そのものを簡素化すると言い張るのだ。彼らの擁護者の一人は、「現代の料理は食べ物の粗野な特性を精錬して、泥臭いエキス(sucs terrestres)を取り除き、それから仕上げにかかり、漉して、ある意味で精神的なものに高めるのだ」。[32] ここでアカデミー会員エティエンヌ・ロロー・ド・フォンスマーニュが概説しているような、こうした人口に膾炙したモデルにおいては、自然は人間の消費に適合させるためには浄化される必要があるとされていた。料理は、人の食餌の素材を文明化することにより、人類をその野蛮な起源からさらに前進させる推進力となるというのだった。

しかしながら、十八世紀の教養文化から「簡素」と評された食べ物や装いが、もっと身分の卑しい部類の者たちが実際に食べたり着たりしていたものと同じということはまずなかった。服飾に関するある有名な例を挙げれば、マリー=アントワネットの羊飼いの娘のような衣装——たしかに宮廷儀式の式服に比べれば簡素だったが——は、実際の牧羊業者が着る綿の服よりもはるかに洗練され、この上なく清潔だった。仕立屋や芸術家たちや作家たちは、こぞって自然の簡素さが偲ばれるような作品を造り上げたが、より洗練された素材を用いていた。ジャン＝ジャック・ルソーは食卓での「文明化」を批判して物議を醸したが、『告白』や『エミール』や『ジュリーあるいは新エロイーズ』に出てくる農民の食事の黒パンも、『人間不平等起源論』の「原始人」が食べるドングリも、また古代ガリア人の「煮込み《ポトフ》」さえも賞賛してはいない。そのかわりに、ルソーの描く感じやすい人物は、（比較的高価な）果物や乳製品にあふれた乳と蜜の流れる世界に住んでいるのだった。[33] レストランが「簡素な」ブイヨンを供するとき、これと同時に、都会のエリートたちにも受け入れられることがわかった、正真正銘、健康的な田舎生活の神話を新しく構築していたのだった。「レストラン」は、十八世紀の流行に乗った科学的〈新料理〉の象徴的要素として、病的なほど感じやすい人の疾患にまさしく相応しい回復薬だったのである。薬としてのブイヨンが薬効的に必要なものを提供し、ご馳走という意味ではこの同じ液体が、養生は疾患ほど悪くないことを保証した。

「レストラン」という語は、歴史的に見て「修繕する」とか「取り戻す」という意味の動詞から派生したものだが、当時の含意としては新奇さという概念とはるかに緊密に結びついていた。〈レストラン〉をはじめとする濃縮された煮出し汁は、世紀中葉の〈新料理〉にあって極めて重要な役割を果たしていた。事実、一七四二年の『新料理』と題するマニフェストは「〈レストラン〉、あるいは〈新料理〉に用いられる煮詰め汁」についての二種のレシピで始まっている。また、一七五七年の戯曲『新旧の料理』では現代料理を「レストラン」という名の主人公に擬人化しているし、同じことは一七七九年に大当たりしたブールヴァール劇『ブランケットとレストラン』でも見られた。[34] こうした文脈のいずれにおいても、〈レストラン〉、すなわち調理に何時間もかかるほんのちょっぴりのブイヨンは、見事な象徴であり、〈新料理〉の最も顕著な特徴を要約するに好都合な手段であった。つまり、革新によって逆説的に「回復」を約束するということである。歴史家たちが施設としてのレストランの出現を大革命に帰するそのはるか前に、料理人も食べる側も、ブイヨンの方の〈レストラン〉を料理の大変革の象徴と見なしていた。おおげさに聞こえるかもしれないが、レストランの名は、現代性と歴史的変革をめぐる論争のうちに――初期段階では固く密閉されたスープ鍋のうちに――刻み込まれていたのである。

新奇さのしるしとしての〈レストラン〉は、料理本の序文や医学書や当世風の会話において四十年以上も続いた「古い」料理と「現代の」料理をめぐる喧々囂々たる論争で主要な役割を果たした。[35] 新しい料理は、十八世紀末の作家の言葉で言えば「分裂」を引き起こし、パリの最も影響力のある知識人社会を二分したが、[36]〈新料理〉をめぐる論争はなにもエリート文化内部に限らなかった。啓蒙主義時代の他の論戦と同様に、この論戦も、印刷物、サロンでの会話、ニコレ率いる当時大当たりしていたブールヴァール劇場グラン・ダンスール座の舞台など、多種多様な文脈で同時に交わされた。ボノワールの人気作『ブランケットとレストラン』は家族劇仕立てになっており、ホワイトソースのなかの子牛肉と、玉葱と煮込んだ牛肉との格闘が、多数の職人の親方、売り子、遊民青年、召使い、見習い、お忍びの貴族らを楽しませた。[37] ときには『桃源郷の王ピエロ』と題するパントマイムや、場合によっては『フリカッセの踊り』が併演されたりしたこの『ブランケットとレストラン』は、〈レストラン〉が魅力的な台所下働きの〈ブランケット〉を征服するくだりなど、大枠でヴォルテールのバビロニアの悲劇『セミラミス』に想を得ている。[38] グラン・ダンスール座の観衆、すなわち〈新料理〉への気の利いた冗談を見る者たちにとって、〈新料理〉の重要な要素の一つとしての〈レストラン〉と、その主たる施設上の支えであったレストランは、いずれもフリーメイソンの寺院や熱気球やメスメルの妖術（これもみなブールヴァール劇の舞台にのぼった）などと同様に、当時のパリ生活の一部となっていた。〈新料理〉は、こうした他の大流行と同時に、科学の射程を広げ、現代の知識の驚異を日常レベルでパリ生活に持ち込むことを約束していた。

十八世紀版の〈新料理〉――永続する「新旧論争」によって論戦に持ち込まれ、唯物論的科学の広がりが後押しする――は、「新しい」と形容された最初の料理ではなかったけれども、料理本の序文における序列にも口を挟むようなシェフたちの支配の及ばない所で議論された最初の料理であった。[39] 新旧料理の双方の支持者とも、文化の味覚上の嗜好はその道徳心や体力を示すという点では一致していたが、こうした嗜好を評価する基準については意見が分かれた。現代の料理の支持者（例えば先に引いたフォンスマーニュなど）は、料理は他の芸術や科学と同様、何世紀にもわたって進歩、向上してきたのであって、ゆえに、フランス料理に対する肯定的な評判は、フランスの文明の先進性と文化の総合的な水準の高さを示しているという。「論争」の相手側の「古い」料理の闘士（大半の百科全書派を含む）は、料理を芸術と見ているのは頽廃し女性化した文化だけであり、例えば古代ギリシャのような有徳で男性的な社会は極めて基本的な料理法に甘んじていたと断じている。

新旧それぞれの「文士」が、芸術は自然を模倣するという点では一致していながら、そのための最善の方法となると口論となったように[40]、新旧の料理様式の擁護者も、人の食餌は理想を言えば「純粋で」「自然な」食物から構成されるという点では一致していながら、これらの語の定義については意見が分かれた。論争の的は「簡素さ」の定義に移った。例えば、〈レストラン〉は、調理の際、過剰の非栄養物はすべて蒸発してしまい、精製された肉のエキスしか残っていないのだから簡素なのか。あるいは、かくも長時間、手の込んだ調理が必要なのだから複雑なのか[41]。例えば、論争の鍵を握る一七四二年刊行の書物『続・コーモスの贈り物』では、幅広い「現代の」調理法と、頑固な読者＝食べる者のために特別に挟んだ古風な品目とを対比させている。「古代ガリア料理」の基本的なレシピとして、著者は、生焼けの肉片をナイフで刺して少量のブイヨンに浸すという、いたってまともな方法で調理される牛肉の「肉汁」しか取り上げていない。このレシピには半ページしか割かれていないし、調理時間も明記されてはいないが、かなり短時間ですむだろう。

これに比して、現代の〈レストラン〉（玉葱、人参、パースニップ、蕪、セロリ、鶏肉、シャコ、子牛肉、牛肉、背脂、ハム、クローヴ、バジル、そして「胃に優しい極上のブイヨン」からなる）のレシピは、ほぼ丸々二ページを占め、作り手に対して滋養分のある蒸気が逃げないよう鍋を練り粉で固く密閉するよう忠告している。次いで、様子に注意しながら四時間ことこと煮込んだ後、〈レストラン〉を絹の漉し器に通し、冷ましておくべしとある。(42)

自分の「簡素さ」の定義に頼っていては、このレシピのうち、どちらが新たな、より簡素な料理の基準なのか見当がつかなかったかもしれない。しかし、まさにそこが問題の核心だ。新しい食べ物は新しい観念に依存しているように思われたのである（新しい観念が新しい食べ物から芽生えたかどうかは、激しい議論の論点となるだろう）。溶かした肉としての、つまり予想外の体裁の食べ物としての〈レストラン〉は、活力の回復のみならず革新的な芸術的手腕を意味していた。したがって、〈新料理〉は厨房の壁をはるかに越えて様々な波及効果をもたらした。二流のアカデミー会員は料理本に学問的な序文を寄せ、その多くは時代をリードする文芸誌で別の学者が論評した。高名な医師が提案した食餌法の変革に異議を唱える一方、社交界の名士や文献学者は新旧それぞれの晩餐会を催してすぐさま評判を得た。(43)〈新料理〉は、ディドロやダランベールの『百科全書』にまで進入し、また、上述のように人気を博した舞台にものぼった。

同時に、十八世紀フランスの何人かの最も偉大な精神をも困惑させ、苛立たせた。一七六五年秋、ドートレー伯爵夫人に宛ててヴォルテールはこうぼやいている。

断じて私の胃はこうした〈新料理〉に慣れることはありません。子牛の胸腺が、その小さな肉片のはるか上まで浸す塩辛いソースに入っているのには堪えられませんし、切り刻んだ七面鳥や野ウサギや飼いウサギの肉を合わせたものを一つの肉と思って食べるなどお断りです。〈ハトのクラポディーヌ風〉も皮のないパンも好きじゃありません。飲む方はほどほどにしていますが、飲まずに食べるだけの人もいれば、自分が何を食べているかわからずに食べている人もいます。実に妙です……

料理人に関して言えば、そのままであれば全く見事で健康的な料理なのに、ハムエキス、マッシュルーム、胡椒、ナツメグなどで偽装してしまうのは我慢なりません。(44)

このくだりの解釈は、今までのところ、料理と反教権主義という二つの別個の範疇に分けられる。料理専門家は、ヴォルテールの不平を〈新料理〉の特性の正確な描写と見なして、彼の論評の詳細な記述に喝采した。このような読者にとって、ヴォルテールの拒絶は、まさしく〈新料理〉が実際にいかに革新的で挑戦的だったかを暗示するものであった。(45)社会学者スティーヴン・メネルは、これよりいくらか含みのあるアプローチを取っており、〈新料理〉についてのヴォルテールの報告は料理本が示す定義とは相容れないものであり、

〈新料理〉の実際の中身とは全く符合しないと結論を下している。(46) メネルは、「新しい」というレッテルは特定の料理様式を指すというよりも、むしろ文化的階級のしるしとして、継続する文明化過程の指標として働いたと断言しているのだ。

しかし、啓蒙主義を専門とする知性の歴史の研究家は、ヴォルテールの書簡から一連の別種の意味を探り出した。料理の歴史家は、フェルネーの賢明なる老哲学者に対し、食べ物とワイン専門のつむじ曲がりの評論家という好ましからざる役を割り当てたが、彼の書簡の編集者たちはこれとは異なり、異口同音にこの書簡は聖体拝領をはじめとするキリスト教の儀式を風刺したものだとしている。(47) その解釈によれば、「七面鳥や野ウサギや飼いウサギの肉を合わせたものを一つの肉と思って」という文章には、実体変化の教義や三位一体説への巧妙な非難が隠されているという。〈新料理〉の「七面鳥ウサギ」を一つの肉として受け入れるほど素朴な者なら、だれでも聖体拝領の聖餅が本当にキリストの肉であるとか、神は父と子と聖霊のうちに等しくおわすとか信じてもおかしくないというわけだ。

ヴォルテールの書簡を十全に理解するためには、それが物質的なものと知的なもの、特定のものと一般的なもの、味覚に関するものと哲学的なものとの間に立って――〈新料理〉についてのあらゆる論評がそうであったように――折衝していると見るのが最善といえよう。ヴォルテールの不平は、晩餐会への反応か、キリスト教の教義への批判かではなくて、むしろその両方だと容易に認められると言ってよい。この書簡のなかで、ヴォルテール——宗教的迷信の有名な批判者であると同時に口うるさい食通として知られていた——は、その心気症的強迫観念と、昔から両義的とされてきた食卓の雑談への知的関心とを結びつけている。(48) 晩餐会を出しにして神学を風刺するとき、ヴォルテールは、ホラティウスの風刺詩やペトロニウスによるトリマルキオの饗宴の記述などの古典的典型に根ざした、想像を絶するような祝宴や酒宴の系譜に依拠しているのだ。(49) カトリックの風習では、最後の晩餐を模して無茶苦茶に浮かれ騒ぐ「阿呆祭」の伝統が何世紀も前からあり、「ダビデ王」が竪琴とともに現れ、食後の余興を演じた。「聖ハム」や「聖ソーセージ」の殉教譚もこれに加わり、聖人伝は、はっきりとラブレー的な見方に傾いていった。後に、プロテスタントの批評家たちは、カトリックのこのような祝祭のパロディ(「饗宴」と「断食」、謝肉祭と四旬祭をめぐる伝説群の一部)を取り入れ、絵に描いたような陽気な修道士と太った牧師を選び出して物笑いの種にした。(50)

カトリックの儀式に対するヴォルテールの非難は、こうした伝統に依拠しながら、紛れもなく十八世紀的な形態をとった。彼の批判のなかには、酒浸りの修道士も、謝肉祭《マルディ・グラ》のソーセージやパンケーキを被った人形《ひとがた》も出てこない。そのかわりに、彼の風刺——もし風刺だとして——は、盛りだくさんの宴席という、よくあるイメージではなく、最小限の不思議な食事を描いてみせる。一人分の子牛の肉は、ごく小さく、ソースの海に沈んでいた。破廉恥なのは、最早行き過ぎた飽食ではなく、その対極であった。つまり、味覚の「繊細さ」こそが、最新の美食の罪となったのである。〈新料理〉は、野卑な大食も禁欲的な信心とも無縁で、謝肉祭と四旬祭の対概念を包み込んだ。それどころか、よき味覚と純粋な芸術という時代を超えた教養を説くことで、食べ物からすべての不純物を除去することを約束したのだ。

ヴォルテールが、〈新料理〉はありのままの方がいいであろう食材を包み隠し、偽装していると書くとき、彼は一片の子牛肉や味の濃いソースなどよりもはるかに大きなことについて論評しているのだ。別段、ヴォルテール――いや、〈新料理〉の批判者のいずれも――が、聖体拝領や、何であれそれぞれ特定できる儀式的事象について「本気で」書いていると言いたいのではない。〈新料理〉は、神学上の論争の単なる縮図だったわけでもなければ、何らかの一対一の対応関係により判読されるような単なる暗号（モデル小説ならぬ「モデル料理《キュイジーヌ・ア・クレ》」のようなもの）でもなかった。とはいえ、調理時間やソースの準備の問題に限ったもっぱら味覚＝料理上のテーマというわけでもなかった。むしろ、新旧の間の衝突――簡素な肉汁対〈レストラン〉であれ、ホメロス対教皇であれ、「未開の」社会契約対錯綜した絶対王政社会であれ――は、当時のほとんどすべての話題について議論を構造化したのである。ボワローとペローが（フランスで）口火を切った文学上の新旧論争は明確な形を取ったが、伝統と現代性の間の闘争はどこでも再熱し、しまいにはほとんど意味が薄れていった。率直に言って、ありきたりの主題《トポス》、決まり文句になったのである。(51)

〈新料理〉は、建築から砲術までの様々なテーマを包含する進行中の論争の一部として、啓蒙的生活様式を定義づけようという試みの中心に位置していた。(52) クレキー侯爵夫人が〈新料理〉は「ひどく愚か」だし「馬鹿げた洗練」だと言明するとき、彼女の認識による現代生活の全体像についてと同時に、「マケドニア風」に調理された食べ物の出し方についても論評しているのだ。(53) 現代の表面上豪華で放縦な生活に対する他の批判と同様に、〈新料理〉についての悲観論は、一連の極めて「歴史的な」問題——十八世紀の生活における伝統的規範の位置づけに関する問題——として記述するには何が最も相応《ふさわ》しいかを物語っている。

〈新料理〉をめぐる論争は、この時代のフランスの思想家たちを悩ませていた中心的問題——人類は進歩しているのか、衰退しているのか——を、胃、シチュー、消化といった、戯《ふざ》けた、ほとんど下衆なと言ってもいい慣用句に置き換えてしまった。毒気と食欲、野ウサギのシチューと肉エキスの議論の裏には、はるかに幅広い、おそらくもっと厳粛な関心が潜んでいた。すなわち、想定される科学や芸術（おそらく料理も含めて）は実際に人類に役立っているのかということだ。一七五〇年に出たルソーの最初の『論文』〔『学問芸術論』〕はこれに否定的に答えたことで有名だが、これで審問が確定したわけではなく、その後も、造園術、教育法、来るべき何十年かの政治的変革について論争は続いた。文学上、経済上、芸術上の論争により、それぞれに含まれる潜在的な精神的要素も手伝って、〈新料理〉（したがって、暗黙の内に〈レストラン〉を含む）は熱いテーマに仕立てられたのである。十八世紀の評論家たちは、〈新料理〉に対する裁断において、人間生物学に関する自らの認識と同時に、人間にあるとされる自己改善能力や革新の意義に関する自らの態度をも明かしている。考えるに相応しいものと食べるに相応しいものという、相互に規定し合うこの二つの範疇は、さまざまな問題を呑気に吟味しているうちに――一国の料理様式とその精神的特性の間にある実質的な絆の可能性について現実に懸念があればこそだが――お互いを造り変えたのだ。劇作家ボノワールの登場人物「レストラン」と、それと同名のブイヨンは、芸術の最新の状態だったのか、「虚弱なあまり、夕食が食べられない者」に対して訴えるにいたるほどの料理知識の進歩だったのか。あるいは、レストランは、それが煮出し汁であれ、投機的事業であれ、詐欺的で危険であり、単に流行の気まぐれやフランス人の堕落によって人気を得たにすぎなかったのか。

〈新料理〉を支持する者は、自然の状態では滋養分のエキスが混然としており、野卑で汚れた成分と混じり合っていると言う。〈新料理〉法では、食べ物をその構成要素に濃縮し、これにより純化することによって、一種の化学的平衡状態、科学的向上を生み出すだろう。(54)支持者たちは、異物の入った重くて泥臭い食べ物に押しつぶされそうな旧弊な食事と、「エキス」を糧にすることで肉体から解放された現代の食事とを対比させた。いささか懐疑的な批評家でさえ、イエズス会の『トレヴー』紙で「粗野で調理がお粗末な食べ物は消化を鈍化させ、重い動物の生気を脳まで上昇させ、心や想像力にまでその負荷は伝わるというのは確かのようだ」と認めていた。[55] 対照的に、〈新料理〉法は食べる側の心と魂と腹を解き放つであろう。〈新料理〉は食べる側の味覚と身体的欲求とを満たす一方、肉体から解放してくれる。かくして、フォンスマーニュをはじめ、様々な者が言うには、十八世紀の現代的な料理法は知性と支配心に対してもこの解放を可能とするであろう。「消化に骨の折れる」ことでもわかるような粗野な動物性は、もはや人の思考を汚染することはないだろう。

〈新料理〉の支持者にとって、新たな、より繊細な料理法はもう一つの文明の勝利を意味していた。「ホッテントットやヒューロン族」なら〈新料理〉法の非常に微妙な諸成分の調合具合をはねつけるかもしれないとしながらも、こうした人種はヨーロッパの卓越した作曲家の音楽を理解することも味わうこともないと付言している。いかなる分野の天才も、誤解と無理解に悩まされるものだとフォンスマーニュは書いている。最も偉大な料理人は、「往々にして、口蓋一般を満足させるのが最も苦手である。ちょうど音楽家には良質で修養を積んだ聴衆が必要なように、彼らには鑑識力のある食通が必要なのである」[56]。マンデヴィルやその信奉者たちが、豪奢な生活を楽しむことは、結果として職人の雇用を生み産業を振興させるので社会に有益であると断じたように、〈新料理〉の支持者たちは、料理の快楽の追求はフランス文化の前進を促し、一般的な社会的美徳となりうると主張した[57]。

こうした進歩や自己改善という視点とは対照的に、〈新料理〉の対抗勢力が表明する批判からは、既に実在している自然こそ申し分なく簡素な状態にあるとする信仰が窺われる。〈新料理〉に対する医学的、哲学的批判は、古代文明の直截で素朴な食事を思い描いており、なにかに付けて「最も簡素で最も自然な行為を芸術に変える」ことを企む時代を嘆いている。(58) 料理の「洗練」は、精神的にも肉体的にも人の安寧には危険となるという。肉体が繊細なご馳走に慣れてしまうと質素な食べ物を消化できなくなるのと同じで、精神は重大な知的問題を避け、軽薄な洒落で甘んじることになろう。このように言う医者や哲学者にとって、料理とは誰の目にも申し分なく明白たるべき職人技なのであった。ときおり特定の料理やソースや調理法を激しく攻撃することもあったが、料理すなわち芸術という意見に反駁することにエネルギーを集中するのが常であった。厨房に芸術の天才がいる可能性など無視し、所詮料理人はペテンの親玉であり、商売上のせこい秘密を守るのに汲々としているとする。こうした批判者にとって、現代料理ご自慢の多様さや微妙さなど無駄に極端にまで走った「芸術」の一例にすぎなかった。

美的嗜好と肉体的嗜好の融合、すなわち、唯物論的思想によって曖昧な比喩から直接的な因果関係へと変えられたこの一対の対比物は、〈新料理〉の論理の根幹を成した。『コーモスの贈り物』(一七三九年刊の料理目録で〈新料理〉には好意的)の序文の著者であるブリュモワとブージャンは、「肉体的嗜好と精神的嗜好は等しく神経繊維およびそれに関係する器官の形状や状態による」と主張している。[59] このような主張は、〈新料理〉を誹謗する者から猛烈な異議が申し立てられた。そんな主張は感覚の堕落や理性の戯画でしかないというのだ。例えば『百科全書』の「味わい（goût）」の項目では、必要性という鍵となる問題に焦点を絞ることで、真の芸術と料理とを区別している。[60] 著者（この項目は、時にダランベール、時にヴォルテールの筆に帰されてきた）は、冒頭から、味覚的嗜好も美的嗜好も自然との緊密ではっきりとした関係に基づくとしている。いわゆる「趣味の人」が様式の混淆を見分け、茶番を捨てて「ありのままで美しいもの」に付くように、「美食家」も混ぜ物をしたワインはそれとわかるし、香辛料の利いた調理よりも簡素な食べ物を好むものだという。これらの二つの過程の結末は、素早く、確かで、そして自然だという点では同様だが、こうした結論に至る手段は同等どころではなかった。美的反応は舌の反応と同じように瞬間的なものかもしれないが、訓練を通して初めてそうなるのだった。目が「見」、耳が「聞く」ためには、教育が必要だからだ。対照的に、身体的な味覚は教えられるものではないし、またそうあるべきでもない。この哲学者が言うには、味覚の感度は訓練が不可能な身体器官に依っている。仮に口蓋が味わうことを習得するというのであれば、自然の目論見は否定されることとなろう。というのも「自然は、必要なものをかぎ取る術を人間に学ばせなくてはならぬとは目論んではいない」からだ。[61] 教育は美的嗜好の特徴であり、必要性は口蓋の属性であり、この二つが「味わい（goût）」という比喩の用法を分かったのだった。[62]

内科医のジョクール（彼もまた、『百科全書』の強力な執筆者で「つましさ」と「大食」の項を担当した）は、「料理」の項で必要と芸術という同様の概念を用いて、なんであれ最も簡素な料理以外のものへの反対論をとりたてて概説している。[63]ジョクールによれば、昔の人は十八世紀の「節制する貧者」のように、料理を「自らの必要を満たすための最も一般的な食べ物の調理法」と定義していた。しかしながら、時を経るにつれ、「毎度毎度同じ料理法で同じ食べ物だけでは嫌気がさし、好奇心が芽生え、そして実験と感覚的な快楽の嗜好がそれに続く。人は味わい、試し、変化を付け、選び、ついには最も簡素で自然な行為をなんとか芸術形式に変えてしまった」[64]。実験精神、この科学的試行に特有の手段は、料理を破滅的な芸術にするに力あった。他の百科全書派と同様、ジョクールにとっても、料理は、必要の領域を出て芸術と科学の領域に入ったとき道を誤ったのだった。

百科全書派とそれに同調する医師たちは、食餌法の歴史は芸術の改良の物語ではなく、社会の堕落の物語だと見ていた。極端なほどの単純さこそが、古代人の食餌法の特徴だったという。ホメロスの描く英雄たちは、自分自身の牛の脇腹を焼き、季節の果物や野菜で食事に変化を付けた程度だったのだ。しかしながら、贅沢に暮らすアジア人たちと接触してから、尊敬すべき謹厳さは堕落し、まずギリシャ人を（スパルタの立法者は例外）、次いでローマ人を汚染した。[65]香辛料をはじめ異国産の成分は、自然が割り当てた原産地では受け入れられても、共和制ローマに移植されるや堕落の種となったのだった。このような「麻薬」（世紀半ばの内科医がこう呼んでいる）は、東インドの熱い気候のもとに住むまどろんだような人々には有益だったが、その他の人々なら無気力な生活に流されていく。その使用――それだけでも十分危ないが――は、「とくにヨーロッパにとっては危険だ。味覚を喜ばせ、誘い込み、陥れることにより〈理性〉を霧で包み、やがては覆い隠してしまうからだ」[66]。食餌法の領域における堕落は、あっという間に他のすべての領域を汚染し、個人的な悪徳から失政に至るまで簡単に広まっていく。ジョクールが（『百科全書』の「つましさ」の項で書いているように）、食餌の節制は、他のすべての消費における節制の基盤となり「最も確固たる支え」となるはずなのだ。一国の指導者がひとたび食べ物や飲み物や晩餐会にうつつを抜かし始めるや、その国は確実に崩壊の道を辿るという。「美食三昧は奢侈と虚栄の国では美点であり、そこではすべての悪徳が美徳とされる。これは軟弱な暮らしの果実である」。有徳の共和制ローマは、放埒なペルシャ人の香辛料を利かせた調理法を取り入れるや、怠惰と堕落と圧政へとまっさかさまに転げ落ちていったではないかと、ジョクールは言いたいのだろう[67]。

料理の「進歩」の可能性に懐疑的な者たちの言うところによれば、料理における革新も夾雑物を濾過することはできなかった。かわりに、食欲を募らせ、必要量よりもはるかに多く食べるよう焚きつける。ルソーは一七六二年刊の教育に関する小冊子『エミール』で、子どもたちをその自然で健全な味覚から遠ざけ、作為的人為的な放蕩の世界へと導く「塩、調味料、取り合わせ料理」を罵倒している。(68) 料理に施された装飾は、満腹の者をさらに食べる気にさせ、かつては存在した欲望と必要の融和を破壊するというのだ。ひとたび肉体的に必要とするよりも多くを欲しがるようになるや、味のいいものは体にもよいということを最早信用できなくなる。〈新料理〉は、凝りすぎて堕落した文化における他の要素と同様に、五感を騙して、偽りの、不自然なほどに強い刺激に感応させる。医師や哲学者は、料理はあらゆる策を弄して「不必要な」憧れと「邪な」欲望を刺激すると考え、〈新料理〉を誘惑的で危険な舌じらし (tongue-tease) と見なしていた。『トレヴー』紙に寄稿する評論家によれば、とくに、溶けた肉は、困惑、喜び、ひいては堕落を招きかねない。「自然の造物主がわれわれに五感を与えたのは、必要な食べ物を選ぶ際の案内役とするためだった。われわれの五感をじらすために、何種類かの肉が合わされ、よく混ぜられ、煮詰まってエキスに変えられたら、われわれの五感はどうすれば信頼できるガイドになりうるのか」(69)。ヴェルサイユの内科医デュプレ・ド・リールは、社会化と習慣により人類の生来の五感はあまりに変質してしまい、「食欲を刺激するために、食べ物は不自然な味わいが添加され、毒へと変えられたのである」(70)。

このように「嗜好」が惑わされるということには、言外に社会という組織体の諸機関にとっても不吉な意味合いを含んでいた。人の原初的で自然な嗜好を堕落させることにより、また〈レストラン〉をはじめとする料理の繊細さの誇示により、人の偉大なる連鎖を断ち、同胞間のいかなる責任感も消失させてしまう。特権階級に属する数名の者が、より多くの肉をより小さいブイヨンのカップに濃縮することにかまけていたら、社会の残った者たちは品不足や飢饉に直面する。一七八六年刊の『奢侈に関する哲学政治論』のなかで、プリユケ神父は、十人の気難しい食通に豪華な食卓を供するために集められる食べ物は、手を加えない状態なら三百人のひもじい者たちに歯ごたえのある、栄養豊かで実直な滋養物を提供できるだろうと言う。(71) こうしたどことなく重農主義的な見地（後のサン・キュロットに投影される）から見れば、〈新料理〉は料理の科学の勝利ではなく、フランスの農民に対する侮辱であり、国民的な道徳の窮状を示していたのだった。〈新料理〉の擁護者が、料理の議論を厨房から引き離し、〈新料理〉法を社会の繊細さと自己改善性の証左として捉えたのと同様に、批判者は、〈新料理〉をサロンに持ち込み、他ならぬその社会の衰退と堕落の証拠として取り上げたのであった。

仮に、〈新料理〉をめぐる論争を、十八世紀の知的生活における、より標準的な時代区分に移しかえるとしたら、〈新料理〉の擁護者は、元来世俗的なマンデヴィル的立場（流通の増大は国家全体の利益となるというローズ・ド・シャントワゾーの信念と似ていなくもない）の概要を伝え、反対者は厳粛な新古典主義的批評を概説するものだったと言えるかもしれない。とはいえ、両者とも晩餐を、社会や個人を定義する場合の特権的時間として、フランス全体の安寧を推し量る手段として捉えていた。細心の注意を払って準備した食卓――多いのは量ではなく調理時間――は、贅沢な生活が社会や個人にどんな結末をもたらすかという議論では恰好の場となったのである。これには確固たる先例があった。エデンの園の蛇は絹を着ろ、ではなく、リンゴを囓れ、と言ってイヴを唆したのではなかったか。〈新料理〉をめぐる問題はとりたてて目新しいものではなかった（事実、新旧論争の際よく目にした陳腐な決まり文句だった）が、問題の焦点がホメロスの解釈からソースや調味料へと移るや、この問題には幅広い人々が加われるようになった。かつては学者や碩学に限定されていた問題が、日常レベルの食卓で交わされるようになった。食卓の雑談が伝統的に陽気なものであったおかげで、〈新料理〉は、いかなる機知もすっぽり収まるような学問的論争となったのだ。料理により、判断の基準、容易に理解できる比喩がもたらされた。プリュケは、『奢侈論』の扇動的な結論部分で、読者に向かって「以前苦痛や病を引き起こした美味な料理」に背を向けるように、奢侈から背を向けよと、また、健康を回復するために「刺激の少ない食餌法に限るように」質素に生きよと伝授している。(72) 贅沢な食餌法は、奢侈の基準の寓意的表象であったと同時に、その最もありふれた現れでもあったし、世間の医学趣味のおかげで、危険の中でも最もわかりやすいものの一つともなったのだった。

レストランにおけるルソー

レストラン〈〈レストラン〉を売る商売としての〉の発明は、料理をめぐる現代派と〈新料理〉の勝利よりも、はるかに多くのことを示すものだった。ある意味で、レストランの問いかけは、古代派と現代派を取り持つこととなったと言える。レストランは、何かが「回復される」必要があるという点では前者と一致し、〈レストラン〉を供するというまさにその行為によって、後者の強力な支持者であることを公表していたのである。ローズ・ド・シャントワゾーのレストランの後継者であるデュクロが「英国式〈新料理〉」の有効性を喧伝するとき、それはただ、レストランを新機軸に結びつける属性の、すでに長大になっていたリストに流行の英国かぶれを付け足したにすぎなかった。(73)なるほど、「英国式〈新料理〉」などは実在しなかったのかもしれない（フランス料理史の奥義についての専門家メアリー・ハイマンとフィリップ・ハイマンも一度も目にしたことがない）が、問題はそこではない。むしろ、デュクロは、かなりの面で流行に精通していると称しているのだ。ある菓子屋が一七七九年にニューヨーク向けに造った装飾用の砂糖菓子の彫刻には、大きなステージがあり、〈不道徳〉役のマジパン人形が同じくサッカリン製のルソーとヴォルテールを率いて、菓子細工のアポロン神殿にいる作曲家ラモーと「古代の賢者や詩人たち」に加わろうとしているが、これと同様に、初期のレストラトゥールは「上流の」啓蒙主義文化の図像《イコン》を拝借し、それを手の届く、食べられることがはっきりしている流行のうちに提

示したのであった。(74)

胸が虚弱な者や毒気にあたった者、全体的に華奢な者を宥めるために、初期のレストラトゥールは、その名を付したブイヨンに加えて一連の健康的な食べ物を提供した。伝統的なパリの〈仕出し屋〉が羊のカツレツ、香辛料のきついソーセージ、固めたパテ、煮込んだほうれん草などを出していたとき、ヴァコサンが後援者たちに提供すると約束していたものは、「ブルターニュのポリッジ、橙花味のライスクリーム、セモリナプディング、新鮮な（……）季節の果物、最も有名な製造者から仕入れた瓶詰め、フレッシュバター、クリームチーズ」などであった。(75) 彼が勧める食べ物は、他のレストランのメニュー（ローズ・ド・シャントワゾーの名鑑に挙げられたのとほぼ同じもの）と共通するものであると同時に、医学書や感傷的な小説のいかなる読者にとっても馴染みの食事であった。そのなかでも、ライスクリーム（少量の米、大量の牛乳かクリーム、それに普通は卵黄、砂糖、橙花水などから作る、実に柔らかくて甘いライスプディング）は好例で、ロジエール・ド・シャッサーニュが胸膜炎に最適の食べ物として処方しているかと思えば、ヴァンデルモンドの『健康辞典』では健康的な文人の食事には不変の構成要素として言及されている。前王国鉱泉水監査官のジョゼフ・ロランは肺結核の治療に最適と太鼓判を押し、ルソーは最初に与える離乳食の一つとして推賞している。(76) ヴァコサンの果物、卵、バターは、凝固しきっていない柔らかなチーズと同様、治療のためのものというより、むしろ牧歌的なものだった。まるで田園のピクニックの食べ物であって、その果実がなっていた瑞々しく青い植物や、卵を取られても満足げな雌鳥、さらにはルソーの愛する女主人公ジュリー（これがいつもの食餌法だった）などを思い起こさせた。[77] ルソーやボーマルシェが擁護した母乳養育に対する賞賛は議論を呼んだが、牛乳はそうした文脈のなかで最も大きな意義を持った。しかし、乳製品——とくにロバの乳——は大人向けの多くの食餌療法の中心でもあった。[78]

ルソー的神話、そしてその神話が鼓舞した慣行は、何世紀もの伝統を採用して、菓子や乳製品は女性や子どもの食べ物、つまり過度に文明化された料理に汚染されていない者の食べ物だという刻印を押すこととなった。ルソーが『新エロイーズ』で説明しているように、「菓子や乳製品は本来女性の好物であって、その最も魅力的な装飾である無邪気さや愛らしさを象徴している」。[79] このような口当たりのよい白い食べ物は、ホメロスの描く英雄たちや勇猛な古代ガリア人を連想させる血の滴る肉や赤ワインと対極にあったのと同様に、庶民の茶色い（あるいは黒い）通常の食べ物とも対極にあった。女性の食べる無色の食べ物は、〈新料理〉の白いソースや肉と同じく、回復力を与える料理と普通の食事の強い香りや暗い色彩とを区別するものであった（〈新料理〉を扱ったボノワールの戯曲では、「レストラン」の恋人は「ブランケット」と名付けられ、いかにもそれらしく全身白を纏っていた）。「レストラトゥールの部屋」で手に入る健康に必要な食べ物は、既に繊細であった者の肉体に簡潔な美を刻み込んだ。中世初期から砂糖がそうだったように、これらの他の白い食べ物は、医学上、味覚上の機能と社会的差異化の機能とを結びつけた[80]。

ヴァコサンのメニューは牧歌的な喜びや無色の純粋性を模しているが、それはローズ・ド・シャントワゾーが企図したのと同じ趣旨からそうしたのであった。まさに有効性の点で地方の自足を説くルソー的な夢に頼りながら、フランスのさまざまな地方から商品や製品を集め、それにより、経済的流通の増大に寄与したのだ[81]。ヴァコサンは、純粋性の保証と社会的差異性の魅力とを結びつけ、王の泉で瓶詰めされた水――ほんの数カ月前からようやくパリの大衆にも入手できるようになっていた――以外の水は出さなかった[82]。この水を奨励する者たちは、国王付きで宮廷社会に属していたが、ヴィル・ダヴレーの泉のことを「原初の状態の水」とし、その健康的な効果のみならず「清澄さ」で見分けが付くとしている[83]。純粋で文明化されていない水を味わうのに必要な繊細な味覚を有しているのは宮廷だけだと彼らは言う――その水が今や「真のレストラトゥール」によって供されているのだ。ヴァコサンのプディング、ケーキ、砂糖漬けはいずれも砂糖を必要とした。砂糖は、精製され、ほとんど「簡素」とは言えない製品であって、フランスが後生大事に保持していたカリブ海の領土から船で運ばれてきた植民地の産物だった。生の自然の状態では、ほとんど使用不能（そしてたしかに白にはほど遠い色）だったが、そんなことは回復力のある自然な簡素さという神話は気にもしない些細な事実の一つなのだ。同じように、ヴァコサンは「最適の場所で瓶詰めされたもの」を勧めている――高品質のジャム、ゼリー、パテなどを保証するためには、輸送にかかる時間が長すぎても、流通経路が複雑すぎてもいけないのだ。彼が売っていた「パレ・ロワイヤルのビスケット」——今日のレディーフィンガーと同じく割れやすく白っぽいクッキー——は、まさにその名称によって、洗練されていない村の生活よりも奢侈な上流社会を喚起するものであった。(84)

ヴァコサンのレストランは、そのメニューのみならず店の造作の点でも、古代の自然の喜びと現代文明の恩恵の賞揚とを組み合わせていた。超豪華なカフェやパリの最富裕層のほとんどの邸宅と同じように、レストランには鏡が並べられていた。(85) 一七六九年の戯曲『レストラトゥールのアルルカン』のなかで、レストラン業を始めて二日目のアルルカンは、壁を覆う鏡の代金を出し渋っている。これに対し、世慣れた彼の友人が答える。

ああ、倹約したかったのか！　もしそうならレストラン業などやめるべきだよ。ご婦人方、お洒落な青年たち、きりりとした弁護士、堅苦しい神父たちが、鏡がなかったら一体ここで何をするというんだ。ちびで未熟な弁護士が情婦に〈レストラン〉をおごってやったとして、そのあと奴は何をする。ここに座っている間、女は何をする。風貌、物腰、外見とも、男は高等法院院長、女は侯爵夫人のようだと言ってくれるその鏡が目の前にないとしたら。(86)

実際のレストラトゥールは、賢明にもアルルカンの見識ある友人の助言に従った。一七七九年、十枚の鏡（それぞれ縦約百十五センチ、横約七十センチ）がグルネル通りにあるヴァコサンのレストランの最も大きな食事室に飾られ、わずかに残った壁面は温度計と高価な時計で埋められた。レストランの小さな方の食事室には、鏡と風景画も掛けられたので、その部屋も自然の情趣や美や科学的測量法を喚起（かつ、鏡で反射）することとなった（しかし、ヴァコサンの私的な住まいでは感性の方が科学に勝っていた。一七七九年、グルーズの絵の版画が六枚額に入れられ壁に掛けられた。ルソーの墓の絵がエルムノンヴィルに掛けられたように）。(87)

メニューやラテン語の看板から、快適な造作を施したサロンや、厨房に隠された調理用具にいたるまで、客を回復させ、より頑健な健康状態にすることをまさに保証するように、レストランに関するものは何でも繊細さをかもし出していた（図1）。コンソメをはじめとする提供する食べ物においても、調度品や給仕法の様式においても、初期のレストランに関して「簡素」と呼べるものはほとんどなかった。十八世紀の奢侈の批判者があれほど愛した「我らが祖先伝来のたっぷりの煮込み《ポトフ》」を売るために商売を興す者など誰もいなかったのだ。つましい簡素さを売り物にしていたにもかかわらず、一七六〇、七〇年代のレストランは「繊細さ」を誇示し、「感性」を玩味する空間だった。「真のレストラトゥール」によって販売される白っぽい食べ物と清澄な液体、科学的な精確さで調理される〈レ

図1:「レストランの美しい女主人」。18世紀のパリ人の恋物語を綴ったニコラ＝エドム・レチフ・ド・ラ・ブルトンヌのほとんど終わりのない短編集『当世女』の多数の挿し絵の1枚。この短編集のなかには、「肉を焼く可愛い娘」や「魅力的な4人の豚肉屋」のように、若い女性たちをその商売の象徴《トーテム》に囲まれた家庭的な厨房に置いているものもある。この絵の女主人が描かれている背景も容易にそれとわかるが、彼女の象徴《エンブレム》にほとんど食べられるものはない。彼女がポーズを取っているのは、厨房でも食料倉庫でもなく、シャンデリアや華美な壁掛け時計で飾られた食事室である。中央のテーブルに置かれた食欲をそそる果物の山と、左端のテーブルに置かれたちっぽけなコンソメの皿と丸いスープスプーンに注目されたい。どうやら、男性の主人公の食欲は十分回復したようで、今やこのレストランの果実を味見したくてうずうずしている。

ストラン〉、壊れやすい陶製の食器、調度が上品で照明がまばゆい食事室（「室内の多くのランプに加えて、各テーブルにもろうそくが灯されます」(88)）――これらすべてが組み合わさって、レストランはこの上なく快適な質朴さをたたえた場となったのだ。レストラトゥールの部屋は、幸福と健康は同義だと訴えたが、情緒面での犠牲は一切強要しなかった。レストランのおかげで、感受性が身体的苦痛に反映されることはあっても、ご馳走《デリカシーズ》が厚い牛肉の切り身やライ麦パンのかたまりや苦い薬草の煎じ薬に替えられることはなかった。

一七六〇、七〇年代のレストランは、乳製品、菓子類、新鮮な果物を提供していたが、そのメニューの源は、農民たちの日常の食餌でも小難しいばかりの医学書でもなく、ベストセラーとなったルソーの書簡体恋愛小説『ジュリーあるいは新エロイーズ』（一七六一年）や、同じく人気作であった、ほとんど小説と言っていい教育論『エミール』（一七六二年）において理想化されているようなスイスの村々の料理であった。愛読されたこのテクストのいずれにおいても、ルソーは（もっとずばりと論争を挑んでいる二つの『論《ディスクール》』においてもそうだったように）現代の都市文化の風習と習慣は人間の自然を堕落させたと説く。丁重さという浅薄な因習と、世俗的な流行の気取りが――他のすべての善行と同様――、心からの率直な感情や簡素な自然の必要の表出を（そしてその感触さえも）制限してしまう。社会生活は、ルソーが見ていたとおり、人為に基礎を置いており、機知、上品さ、礼儀作法、様式などが欠かせず、また極めて合理的なため、そこには子どもっぽい無邪気さや自発的な美徳の入り込む余地はないという。社会生活は大昔に人間の自然な孤独状態に取って代わり、人々の間に差異を生み、不平等は容認可能なもの、堕落は楽しいもの、自然は不快なものとなってしまったのだ。

社会的慣行に対するルソーの批判は、明らかに政治的意味を持つものだが、料理についても有効だった。ヨーロッパ人の食餌法は、最早果物や木の実がもぎたてかどうかという問題ではなくなり、次のように二分されてしまっていた。片や、「富める人々の過度に洗練された食べ物で、ジュースは便秘を引き起こし、消化不良も悩みの種になる」し、片や「貧しい人々の劣悪な食べ物で、それさえいつも食べられるわけではないため、機会さえあればこのときとばかり貪欲に胃に詰め込んでしまう」のだ(89)。これとは対照的に、ルソーは、小さな村の生活、いやアルプス山麓のサヴォワの丘での生活、堕落した都会から遠く離れて子どもらしい率直な感情の現れや簡素で純粋な嗜好の表現が可能となるような環境を描いている。いかなる大都市からも遠く離れた所で育てられたエミール(ルソーの理想化された生徒)は、「デザートには鏡の上にのせた造花の花壇」が出される晩餐よりも、「おいしい果物と野菜、甘いクリームと善良な人々」の方を好むのだ(90)。

ルソーの書いた小説や政治的、自伝的著作はいずれも現代の都市社会を不実で残酷なものとして糾弾しているが、その著者は脚光を浴び続けた。何十年間も、ルソーは自らの人生を正直者に対する社交界の人々の悪意ある態度の完璧な見本——まさしく唯一の見本と見なしていた。自伝的な『告白』(一七六〇年代を通して書かれ、何回かエリートたちの集まりで朗読された)のなかで詳述しているように、ルソーは何年も費やしてパリの芸術界で名声と金をつかもうとしてきたが、結局、賛辞は無意味で、そこで見いだした友人も偽りだと気づいただけだった。貴族の家で秘書や音楽の教師を務め、『百科全書』の音楽についての項目を書いたりしたが、『学問芸術論』――そのなかで他ならぬ芸術と学問は人間を堕落させるとしてこれを否認した――を出版して、はじめてパリの上流社会の寵児となった。しかし、彼の社会的成功は短く、夕食の招待にも飽きてしまった。残る人生を清貧のうちに生きることを誓い、秘書の職を捨てて一介の写譜者となった。しかしながら、このような隠棲も内なる平和や個人的安定をもたらすことはなく、その後何年も友人の哲学者たちと論争し、『エミール』や『社会契約論』の出版後は逮捕の危機に脅かされた。迫害、誤解、追跡、嘲笑の的となり、有名人「ジャン=ジャック」はヨーロッパをさすらい、彼の苦悩は、不屈の、そして公平無私とはほど遠い伝記(自伝)作家「ルソー」によって徹底的に書き留められた。ヴォルテールからは嘲笑を浴び、ヒュームからは裏切られ、ジャン=ジャックは匿名を望んだが、結局は執拗に暴露されていった。繰り返し声高に社会を拒絶する覚悟を固めたが、そうするたびにいっそう明白に、また逆説的に社会の注目を浴びることになって驚いていたようだ。

現代の皮肉屋《シニック》の目には、自らの孤立した美徳観を公然と誇示するルソーは救いがたい偽善者も同然と映るかもしれないが、十八世紀の何千という読者にとっては、汲めど尽きせぬ霊感の泉だった。ロバート・ダーントンが示しているように、一七七〇年代の読者は彼らの「友、ジャン＝ジャック」に傾倒しており、『エミール』を育児や子育ての実用書と見なし、自らの心の審問を理解するに、ジュリー・デタンジュ、サン・プルー、ヴォルマールのそれを基準とした。(91)『新エロイーズ』の終盤にかけてすすり泣き、一七七八年のルソーの訃報に接するや滂沱の涙を流した。感情と好奇心に駆られて、ジラルダン侯爵のエルムノンヴィルの別荘には何百人もが大挙して訪れた。ここは、ルソーが晩年を過ごした地であり、湖の中央にあるポプラの植わった島に彼は埋葬されたのだった。(92)

しかし、ルソーの死がエルムノンヴィルを非宗教的な巡礼地に変える何年も前から、パリのレストランは、ジャン＝ジャックを上品に模倣するにはほとんど完璧な環境を、敏感な精神の持ち主たちに対して提供していた。アルプス地方の食事のえもいわれぬ快楽を約束されながら、スイスまでの旅費は不要で、ジュリーの簡素な食事の喜びを味わいながら、上流社会を拒絶する厄介とも無縁だった。初期のレストラトゥールは、古代派と近代派を取り持ったように、「感性」の主たる身体的な一つの現れ——夕食をとることができない、あるいは気が進まないという症状——に対して社会的空間を提供することにより、逆説的にルソーという孤立した殉教者を文明へと同化させたように思われる。一七六七年のミネによる広告では、レストランは「夕食を取る習慣のない者のため」のものであり、医師の警告に留意しながら「社交の快楽」を享受することも可能にするとある。いささか偏執狂的なジャン＝ジャックならそのコンセプトを痛罵しただろうが、レストランは、鬱病を質素に共有し、感性を半ば公然と誇示する実にルソー的な場と思われたものを多くのパリ市民に提供したのである。

しかしながら、ルソー自身がヴァコサンのレストランを訪れたとき、豊饒さという楽しい幻想は即座に雲散してしまった。「ヴァコサンの店《シェ・ヴァコサン》」におけるルソーの体験は、彼の『孤独な散歩者の夢想』の第四の「散歩《プロムナード》」の中心的原型を形成している。(93) 彼自身語っているように、ある日（一七七六年あるいは一七七七年）、彼は友人からヴァコサンのレストランでの「ピクニック」風の昼食に誘われた。テレーズ・ルヴァスール（ルソーの長年の愛人で後の妻）に伴われ、ヴァコサン夫人とその三人娘のうち二人と同席した。昼食の最中に、新婚で妊娠数カ月であった長女のアンリエット・ソフィーが大胆にもルソーを凝視し、当てつけがましく子どもを持ったことがあるかとたずねた。(94) ルソーは髪の生え際まで真っ赤にして、そのような楽しみには恵まれたことがないと慌てて答えたが、不快感が顔にはっきり出ているのではないか、アンリエットはしてやったりとほくそ笑んでいるのではないかと怪しんだ。というのも、彼はまさに五人の子どもの父親で、その五人ともテレーズの母親がパリ捨て子養育院の階段に捨てたというのは、ルソーに取り憑いて離れない周知の「秘密」だったからだ。

アンリエット・ソフィー・トヴナン（旧姓ヴァコサン）は単なるレストラトゥールの娘にすぎず、しがない裁判所の職員の妻であったが、ルソーの記憶と夢想の苦悶に満ちた世界においては、ヒュームやディドロと同じように小狡い裏切り者、ヴォルテールと同じように知略に長けた敵となったのだった。かの有名人を罠に掛け、彼女一流のやり方で問いを発し、この自称真理の徒に対して「万人」が虚偽と知っていることを言わせたのだった。「彼らは私が否定するのを期待していた」とルソーは書いている。「そう挑発してきた。私に嘘を言わせて楽しもうというのだった。私とてそんなことも知らぬほど馬鹿ではなかった」(95)。ルソーの論法によれば、レストランでは、彼の答えではなく、トヴナン夫人の悪意のある問いの方が、また彼の赤面ではなく、彼女の凝視の方が不道徳だということははっきりしていたのだ。

第四の散歩の残りの部分を反証に当てて、レストランのテーブルを後にしたルソーは、アンリエット・ソフィーに対する返答は事前に準備していたものでも望んでいたものでもなく、単に「当惑からくる機械的な反応」にすぎなかったと説明している(96)。「機械的反応」にはっとして、自分は他の人と同じだとレストランで思い知ったのだ。断固たる特異性を自認し、真実への揺るぎない傾倒にこそその特異性はあるとしていたのに、それに反して同席者に向かって嘘をついたのだ。レストランにおけるルソーは懺悔しなかった。すべてを清算したわけでも、すっかり白状したわけでもなかった。そのかわりに適当な嘘をついて、当惑した馬鹿者さながら、自らの秘密を胸の内にしまい込んだ。レストランは、個々人の「感性《サンシビリテ》」を強調し、定食用テーブルの相席形式と決別して、公然たるプライバシー、特異な社交性、個人的嗜好といった幻想をほとんどすべての顧客に提供していた。しかし、すでに鋭い孤立感を抱いていたルソーは、それどころか、自分も嘘をつくという点では周りのみんなと同類だという、はるかに恐ろしい真実と直面することになったのである。

ヴァコサン家の者たちとの食事は、食卓と出産とを結びつける一連の話にあっては最後のくだりにあたる。逆に最初のくだりは『告白』の中に見られ、一七四七年夏、徴税請負人の妻デュパン夫人や化学が趣味で野心あふれるド・フランクイユ氏とシュノンソーで過ごした何カ月かを想起している。当時ルソーは、名目上の秘書として彼の地で幸福な数カ月を過ごし、本人の認めるところによれば「修道士のように太った」(97)。パリに戻るや、愛するテレーズも以前より相当太っているのに気づいた。ただし「理由は別だが」。この「一問着」の兆しに驚き慌てて、ジャン＝ジャックは、食べ物は「ひどい」が同席者は「善良な」下宿屋での食卓の会話に慰めを求めた(98)。ここではじめて、望まれぬ子は捨て子養育院に預けるのが「土地の習い」だと知った。

この報告では、テレーズの妊娠の各段階は始終、ルソーの消化状態をなぞっている、あるいは交感反応しているように思われる。ルソーは貴族の田舎の別荘で様々な快楽を享受して体重が増えていった一方で、彼の愛人はパリの狭苦しいアパルトマンで暮らし、おなかも目立つようになってきていた。食べ物が特別うまいわけでもなく、さだめし修道士のような太鼓腹もへこんでしまうような食卓で食べるようになると、彼の新たな「食卓の友」はどうやれば赤ん坊を厄介払いできるかを教えてくれた。シュノンソーとパリの食卓に料理の質の点から等級を付けるとすれば、ルソーが、田舎の方が食べ物はいいとし、田舎の食卓が妊娠を象徴し、都会の食卓は子どもの放棄へと誘うとしても驚くにあたらない。シュノンソーとパリ、妊娠と子どもの放棄、うまい食べ物とまずい食べ物という二項対立に、ヴァコサンのレストランは第三の、折衷項を持ち込んだのだ。すなわち、すべてを満足させる〈新料理〉の洗練された簡素さのことである。

ヴァコサンの店での食事について、ルソーは、これは「自分の習慣に反する」もので「ピクニック様式」だったと書いている。レストランで食べるのは彼の習慣に反するものだった。というのも、レストランの田舎風の喜びにあふれたメニューはルソー的なものではあったものの、都会的すぎてルソー本人には合わなかった。くわえて、「ピクニック」といえば英語圏の読者には田舎風のご馳走――ルソーの作品における至福の食事やヴァコサンのレストランを飾る風景画にマッチした食事様式――を暗示したが、十八世紀のフランス語では別な意味、アメリカ人なら「あり合わせの料理（potluck）」と言うものにずっと近い意味だった。「ピクニック（*pique-nique*）」では、客は各々自分の皿を持ってくるか、自分の分を支払った。レストランで「ピクニック風に（*en manière de Pic-nic*）」食事をするとは、それぞれの客に自分の勘定を払わせる（"*chacun son écot*"）ということだった。今日では、レストランでは、いや一つのテーブルのなかでも、客のそれぞれが自分の分を支払い、自分の勘定書を手にするのはごくありふれた光景となっており、こうした振る舞いは「みんなに酒をおごる」とか、もてなしに対して費用を分担するといった論理からはほど遠いものだ。定食用テーブルにおいても、客は各々所定の金額を――「割り勘で」――支払ったのであり、最初に来て一番がつがつと焼き肉に襲いかかろうと、最後にテーブルについて残った付け合わせで済ますことを強いられようと問題ではなかったのだ。これとは対照的に、十八世紀のレストランのピクニック形式の食事では、一人で食べたのであり、食べ物を取り分けたり、慇懃にやり取りしたりせず、支払いも自分の分だけだった。「ピクニック」では、みながなにがしかを支払わなければならなかった。すなわち、田園的雰囲気を約束していながら、勘定は別々に支払うという精神的、経済的義務が組み入れられたのである。

一見したところ客扱いもよく快適なレストランという場にあって、友人と妻との食事という打ち解けた状況で、ルソーは他の誰とも同じように支払いをする（あるいは勘定書をうっちゃって逃げる）ほかなくなったのだ。(99) 都市生活、社会生活上の他のすべての装飾と同様に、『夢想』のなかのレストランは嘘と欺瞞の場として立ち現れる。ルソーに倣って言えば、支払いを導入したことでお祭り騒ぎは興ざめだし、すべての快楽は台無しになる。

レストランは、彼以外の人々にはその簡素さと誠実さでアピールしていたが、ルソーにはその虚構と欺瞞が不快だった。レストランの鏡張りの壁のおかげで、客たちは自らの姿を見ることができる、誰もがそう言った。だが、ルソーならまず間違いなくこう答えたに違いない。鏡は、水銀や錫を裏に張った板ガラスの前でポーズを取る卑屈なしゃれ者がそうであるように、必ずしも「ありのまま」の姿を見るようにしむけるとはかぎらないと。

レストランのもてなし、主人の不在(レストラトゥールは部屋を見渡してはいても、一般に「客」と一緒に食事することはなかった)を前提とするこの幻想は、客の欲望がそれを生み出す時間だけ(鏡の前で過ごす時間だけ)持続するのだった。もっとも、ルソーの話においては、ヴァコサン夫人とその娘たちという同席者、すなわち、レストラトゥールの妻という無媒介的な存在が、支払うべき勘定書を食事が終わってしまう前に持ってくる。レストランにおけるルソーが、彼の子どもをめぐる真相について同席者たちに借りがあると思ったかどうかはともかく、食事については借りを作ったのはたしかだろう――そして、前者については第四の散歩を書くことである意味で清算したが、自分の食事代を支払ったかどうかは依然不明である。

彼が自分の分を支払ったかどうかが判然としないのは驚くべきことではないのかもしれない。普通レストランをめぐる話で、このような詳細にまで触れることは滅多にないからである。ただ、勘定書を持ってこられて驚いたり困惑したりしたというのであれば話は別だ。フランス語ではこんな瞬間のことを言う特別な語句がある。持ち合わせがないことがしばしばだった『ガルガンチュア』の著者と勘定書を持ってきたリヨンの宿屋主人とをめぐる伝説に因んで、「ラブレーの十五分（le quart d'heure de Rabelais）」と呼ばれるのがそれだ。パリに戻らなければならないが路銀に事欠くようなとき、手元不如意のラブレーは窮すれば通ずで、「国王用の毒」と「王太子用の毒」と紙を貼った小包を脇に置いた。すると、宿屋の主人はそれを見つけて、この見え見えの陰謀者を捕らえてパリに送還する――そこではフランソワ一世が心から歓迎してくれ、ことの顚末に呵々大笑するという寸法だ。ルソーにとって、ヴァコサンの店での常ならぬ食事ははるかに不愉快な「十五分」だった。このピクニック形式の支払いには、太っ腹で冗談好きな王様も結局現れないのだから。

ルソーの十五分は、王の大笑を引き出すことはなく、むしろアンリエット・ソフィーのせせら笑いと直面させられることとなった。自分の食事代を払ってしまえば（少なくとも、支払うと思われたなら）アンリエット・ソフィーに対して借りはない。彼女の問いのおかげで、第四の散歩も書けたわけだが、そのなかで告白しないと、つまり、彼女に借りはないと告白しながらも、結局は告白しているのだ。レストランは都会的環境のなかで田舎の自然の善性を約束していたが、ルソーに対しては、写譜師の収入で五人の子どもを育てるという、より世俗的な厄介事を耐え忍ぶことなく、告白をめぐって苦しむ、そんな得も言われぬ快楽を可能にした。要するに、犠牲なしで感性を、支払い無しでピクニックを楽しませてくれたのである。

レストランの食事は、他の者たちがルソーと同じようになることも可能にした。人目に付かない部屋、邪魔の入らないテーブル、個別のサービスによって、レストランは外界から隔絶された場を万人に提供した。十八世紀の感性信仰は、何も家族劇にすすり泣いたり、カナリヤの死に直面した場合にのみ姿を現したのではない。感性信仰とは、身体的な現れを伴う感情的、知的状態を指し、独自の空間を現出させた。マリー＝アントワネットが乳搾りの女を演じた農場しかり、ルソーの墓しかり、レストランしかりであった。レストランは、ルソーの欲望――彼が理想とする、逆説的に洗練された簡素な食事のみならず、同じく面食らうばかりの彼の私生活の公表――を市場に導入したのである。

第3章　公共の空間における私的な食欲

食事室に入るなり、夥しい数のテーブルが並んでいるのを見て驚いた。これから大人数の一団が来ようというのか、あるいはわれわれは定食用テーブルで食べることになるのか、そんな気にさせられた。しかし、私の驚きが頂点に達したのは、人々が互いに挨拶を交わすでもなく、また知り合いという風でもなく、部屋に入ってくるのを見たときだった。たがいに顔を合わせることなく席に着き、言葉も交わさず、食べ物を分け合おうとも言い出さずに別々に食べるのだった。

——アントワーヌ・ジョゼフ・ニコラ・ロニー『パリのペルー人』（一八〇一年）

レストランは、「普通、日に二度もしっかりした食事を食べない、あるいは夕食を食べない」人々のための都会的保養施設から、第一義的に膨大な量の夕食を食べる場所となった後でさえ、どうして独特な制度として生き残ったのか。多くのレストラトゥールがすぐにもそうしたように、コンソメをはじめ刺激が弱く回復力のある食べ物から、塩鱈や羊肉のカツレツやカリフラワーへと品数を増やしていったのに、どうして「レストラトゥール」なる語はそのまま用いられたのか。カフェの店主たちが、飲み物を取らない者や胸の弱い者の要望を受け入れてミルクで煮た米を出し始めたとき、レストラトゥールはどうやって顧客離れを防いだのか。(1) その「回復力をつける」という機能が、仕出し屋やカフェの事業のうちにそのまま吸収されることなく、海亀のスープの専門商や後の「オランダ産乳製品」への一時的な熱狂と同様に、長続きしないその時限りの衝動であったのはどうしてか。(2) 数々の産地でしか手に入らない食べ物や飲み物がますます相まみえるようになるなかで、何がレストランをパリ生活に特有の不朽の名所に変えたのか。

十九世紀に入ってからもしばらくは、少なくとも何人かのレストラトゥールはその起源に忠実で、店のメニューに回復力のあるブイヨンを載せ続けた。マドレーヌ通りに大店舗を構えていたレストラトゥールにして菓子職人のヴェルジュスは、一七九九年に出した広告に「最新のあらゆる味付けで〈レストラン〉」を出すと書いている。それから何年も経って、有名なパレ・ロワイヤルの店舗〈グラン・ヴェフール〉(一八一七年にようやく開業)の日付なしのメニューにも「〈レストラン〉とスープは何時でもお召し上がりいただけます」と特記されている。(3) 一八一五年にオノレ・ブランの『食事案内』が調査した二十一軒のレストランは、幅広い種類のスープとともに「コンソメ」もメニューに載せている。多くの店で「ポタージュ・ド・サンテ」(文字通り「健康のスープ」の意)を出し、「スープのみ」を注文する客に特別な品々を出すレストランも二軒あった。また、新鮮な卵、果物、バター(もっとも、今やこれらの品はブラッドソーセージ、詰め物をした豚足、ツナのマリネなどとともに前菜という趣だったが)は大半の店で出していた。(4)とはいえ、つとに多くのレストラトゥールが、肉、魚、野菜を使った料理を幅広く取り入れ、レパートリーに工夫を凝らしていた。一七七三年のローズ・ド・シャントワゾーの年鑑でさえ、「最初のレストラトゥール」は、回復力があるという機能を持った料理に加えて、期待通りに繊細と清潔に注意を払った完全なる食事を出すと告知している。(5)レストラトゥールは、医学や料理の論争に熱心に関わる人種のうちにさまざまな嗜好を嗅ぎつけ、単に「胸の弱い者」だけでなく、自らの食事に最新の注意を払ってくれるという可能性に心躍らせる、ありとあらゆる人々に気に入られようと、すぐさま事業を拡大したのだった。

一七八〇年代の初め頃(おそらくは、そのずっと前から)、ジャン・フランソワ・ヴァコサンは、依然として人気のあった「米のポタージュ(*potage au riz*)」に加えて、魚のシチュー、シャコのソース煮、エイの黒バターソース煮、アーティチョーク、ほうれん草などを出していた。彼の店の会計簿によれば、一七八〇年八月二十日の昼食に、ホテル・ロワイヤルに住む客が、スープ二皿、鶏肉のフリカッセ二皿、羊肉のカツレツ六枚、ローストチキン一羽、付け合わせのアーティチョークとパンとワインを注文したかと思えば、別の持ち帰り客は、倹約からか、体力回復の必要からか（あるいは単に肉は余所《よそ》で買おうという気だったのか）、きゅうりのサラダ一皿とサヤインゲン一皿とパンしか注文していない。これと同じ日、常連客のショーヌ公爵は、種類は不明ながら何らかの鳥の肉（*volaille*）とバーミセリ（鳥の種類はヴァコサンの会計簿には特定されていないが、公爵は指定していたのかもしれない）の昼食を取り、鳥肉とコンソメで夕食を取っている。(6) たしかに公爵の夕食なら、当時の医学文献にある食餌療法の指針に沿うものと思われるが、その一方で、ある氏名不詳の客の食事は羊肉のローストと子牛の耳のフライであり、指針に反することは明らかだった。(7) 多様な食事を生み出しつつ、ラテン語の約束はさまざまなやり方で維持するなど、ヴァコサンは回復力を与えるという機能と、もっと徹底的に滋養を与えるという機能との間を動き回り、当初はその商売の基盤であった特異性が減じているように思われた。

この特異性は、業界の向こうからも崩壊の危機にさらされていた。いかなる〈仕出し屋〉も、にわか仕込みで難なくブイヨンの大鍋をしつらえて「レストラトゥール」と名乗ることができたからだ。料理店の慣行とレストランの革新を組み合わせた多様な形態を試みていた「仕出し屋兼レストラトゥール」という漠とした職種にあって、繊細で健康的な食べ物だけを出すレストラトゥールと詰め物をした子牛の頭を出す〈仕出し屋〉とが、急速に重なり合ってきたのである。例えば、ヴァコサンのレストランと同じ通りに位置するオテル・ド・ランプルールの〈仕出し屋〉ダヴィッドが、近隣同士での競合が必要、いや有利と思っていたことは明らかである。一七八一年三月、彼は二つの定食用テーブル（一つは一人三十スー、もう一つは一人四十スー）の広告を出し、いかなるレストランとも「料理に関しては同じ好条件」を提供するとしている。十月になると、レストラトゥールと質では負けない食べ物を出しても、従来の定食用テーブル形式では新たな顧客を集めるには十分ではないと悟ったようで、「お手ごろ価格で」かつ「お望みの時間に食べられる」新しい「レストラトゥールの部屋」の開店を告知した。翌年四月には、新たな業種にどっぷり浸かっており、最早「仕出し屋、ダヴィッド」ではなく、「レストラトゥール、ダヴィッド」（とはいえ、相変わらず一人三十スーで三十人受け入れる定食用テーブルを提供していた）と名乗っていた。しかしながら、その八カ月後、境界を踏み越えたために以前の顧客が離反していくのではないかと恐れたのだろう、「仕出し屋兼レストラトゥール」という名で妥協し、昼二回の定食用テーブル（一時半と二時、いずれも一人二十六スー）を提供するかたわら、レストラン業務も続けたのだった。(8)

事実、一七八〇年代から九〇年代にかけて、店主たちが献立の幅を広げていくにつれ、一軒の店舗で「通常の」サービスと「レストラン」としてのサービスの両方を提供することと——そして、いささか面食らう言い方だが、いずれにおいても同じ食べ物を出し、同じ上品さが認められると主張することは、ますます当たり前のこととなった。ある「仕出し屋兼レストラトゥール」が「一人につき二・五リーヴルか、あるいはレストラン形式で」食事を出していたのに対し、その数年後には、同業者の一人が一人につき二フランか、あるいは「レストラン形式で」食事を出している[9]。ある者が同じ住所で（しばしば同じ食べ物を出すことにより）二つの機能を果たしていたとするなら、こうした相も変わらぬ区分の基盤は何だったのか。一七九三年、ヴニュアなるレストラトゥールは、とくに「あらゆる種類の十分な食事および夕食」を提供すると広告を出しており、レストランの初期の定義と全く矛盾している[10]。それでも彼のレストランを、いや他のどのレストランをも「レストラン」たらしめていたのは何だったのか。

レストランをすでに存在していた他の公共食堂の類と区別していたのは、ブイヨンとライスクリームの載ったメニューであったと同時に、そのサービス様式であった。レストランでは、新形式を取り入れて個別に接客したのであり、これはそれまでに（あったとしても）滅多にお目にかかったことのないものだったので、レストランが完全な食事を出すようになってからでも、実際、宿屋や居酒屋や料理屋の等価物となることはなかったのである。そのかわりに、レストランは、個人の感情、言説、行動に新たな意味を付与し、社交性と会食趣味について全く新しい論理を練り上げたのだ。健康によい料理を出すことがレストランの当初の存在理由《レゾン・デートル》だったが、レストランの愛好者たちはそこで享受する多くの他の楽しみについても同様に熱狂的に語った。例えばディドロが、初めてレストラトゥールの店を訪れてからほんの二、三カ月後に、ソフィー・ヴォランに当てた手紙で激賞しているのは、回復力のあるブイヨンや清澄な氷水ではなく、快適な個別の接客と「美しい女主人」だった[11]。

「健康的な食べ物」と、それらの新たな給仕形態は不可分だということが明らかになった。というのも、「胸の弱い者」は、少なくとも、ある種の伝染病の犠牲者であると同時に一種の社会文化的人種でもあったからだし、レストラトゥールのブイヨンは、その健康的な特質の多くをそれが給仕されるコンテクストに負うていたからだ。レストラトゥールは、長い間ブイヨンとライスクリームだけに限っていたわけではなく、メニューの使用、自由な食事時間、女性のブイヨン愛好家の存在といった点で、絶えず〈仕出し屋〉と差別化を図っていた。繊細で健康的なブイヨンを提供するとは、実際、新たな都会の大広場《フォーラム》、新たな社会的な場、新種の公共の空間を必要とするように思われた。レストランを訪れる疲弊した客には、宿屋や料理屋の定食用テーブルでは見たこともないような心配りをしてくれる店主が必要だったし、こうした新たな形態の相互作用は、それを生んだ大元の不健康という流行よりも長く生き延びることとなろう。

一七七七年、ローズ・ド・シャントワゾーは「創始者の意図」を明言するにあたり、最初のレストラトゥールの目的は「繊細で健康的な食べ物」を提供することであったと繰り返し述べ、これらの食べ物は「定食用テーブルではなく、何時であっても、料理単位で、また一定の価格で」出されるべきだと明記している。(12)彼の記述では、店で出すメニューだけでなく、給仕様式の点からも、レストラトゥールの店は〈仕出し屋〉や宿屋からすぐさま区別されている。レストラトゥールは、胸の弱い者を対象とし、敏感な者に仕出しをすると同時に、定食用テーブルの、運任せで気詰まりな雰囲気からの猶予を――何時でも店を開け、メニューを印刷することで（これにより欲望を刺激するとともに価格も「一定になった」）――約束したのである。

初期のレストランについての記述――レストラトゥールの宣伝文であれ、驚いた旅行者の記録であれ――を見ると、みな一様に、レストランは「何時でも」開業しており、あたかも宿屋の食卓の厳格な食事時間からのこうした好都合な逸脱こそ最も顕著な特徴であるかのように強調している。しかしながら、ローズ・ド・シャントワゾーやヴァコサンをはじめとするレストラトゥールは、どうして回復力ある食べ物を午後二時に定食用テーブルで出さなかったのか。滋養の多いコンソメ、鶏のシチュー、美味な砂糖漬けを提供すれば必然的に標準的な食事時間を拒否することになるとは、いったいどういうことだったのか。

レストランの営業時間は、おそらく、カフェ――飲み物だけしか出さないため準備時間はごくわずかですんだ――の営業形態に倣ったものだろうが、同時に、治療的機能を担い虚弱な客を相手にしていることに連動していた。というのも、パリの繊細な人々がみな特定の時間に衰弱するとはかぎらないからだ。食事時間なら広く行き渡った社会的慣例で定まろうというものだが、体力回復の欲求はこれとは違い、それほど習慣化されはしまい。普通の〈仕出し屋〉なら定食の時間を毎日同時刻に設定したかもしれないが、レストラトゥールは客の充足感にこれほど深入りする以上、その並はずれたブイヨンやライス・プディングをいつ何時でも出さなければならないのだった。パリの脆弱な者たちや疲れ果てた旅人が、上品な雰囲気のなかでいつもの〈レストラン〉を飲む必要をいつ何時感じるともかぎらないからである。

事実、回復力のあるブイヨンは、いついかなる時でも用意しておくことができた。事前に調理しておいて湯煎に掛けておけば、一杯のコーヒーやカラフのワインと同じく最後の仕上げは不要だった（例えば、ヴァコサンの妻の死後、ストックの一覧を書き出した際、店内に「十六リーヴル相当のスープとブイヨン」が備蓄してあったと公証人が記している[13]）。回復力があると宣伝されたその他の飲み物についても、随時出せる状態にしておくことは同様に容易だった。「鶏の岩塩包み（*chapon au gros sel*）」は、「万年鍋（*marmite perpétuelle*）」――鶏の強壮力のある肉汁が次に足された鶏にその都度しみ込んでいく――から出せばよかった[14]。半熟卵は数分でできただろうし、果物や乳製品と同様、「最も名の通った製造業者の保存食品」に調理は不要だった。傷む心配があったのはライスクリームだけだろう。初期のレストラトゥールが出していた食べ物は、人員や空間を大々的に拡大しなくとも時間的に融通を利かせることが物理的に可能だった。だが同時に、当時の医学の学説によればまさしくこれらの食べ物だけを出すべしとされ、他のものは許されなかった。もし、十八世紀の生理学モデルが回復力をつけるものとしてスフレを選んでいたら、レストランはこのような形態を取ることはなかったであろう。もし、ローズ・ド・シャントワゾー、ヴァコサンをはじめとする同業者たちが、メニューについて半ば医学的であったと同時に、その様式において革新的でなかったら、レストランは海亀のスープ業者と同様、文化的制度となることはなかったかもしれない。物理的条件と科学的発展が交錯しているのだ。ただし、一方が他方を生み出したわけではなかった。

定食用テーブルに見られる毎日の規則正しいパターンは、〈仕出し屋〉や宿屋の地元客にこそ相応《ふさわ》しいものであったが、その規則正しさのおかげで、定食用テーブルは新参者にはすげない場合もあった。何かことがあると、嫌疑は真っ先に一番の新参者に向けられたし、たとえ銀食器が消えたり口論が起こったりしなくとも、定食用テーブルはパリの訪問者にとって必ずしも温かく和やかな体験とはならなかったのである。ルイ・セバスティアン・メルシエは、独特の比喩を用いて、定食用テーブルは「耐え難い」とし、「鵜」や「禿鷹」(15)のような常連客の一群に挟まれた内気な外国人の悲運を、いかにも楽しげに描いている。ドイツ人の旅行者ヨハン・フォルクマンは、定食用テーブルにおける地元の人々との出会いの可能性を評価しつつも、定時(普通は午後一時か二時)に着いていなければならないのは当然のこととしているし、混み合ったテーブルで空席を見つけるまでには何軒か回らなければならないときもあるとしている。[16] イギリスの農学者アーサー・ヤングも、フランス人の風俗の一端を見る機会を定食用テーブルが与えてくれると好意を示しつつも、フランス人は粗野だし、食事も不十分、出された「鴨肉はあっという間にきれいさっぱりなくなってしまい、食事の半分も食べないで食卓を後にした」と（典型的なイギリス人風に）不平を言っている。[17]（ヤングは、彼自身レストランの発明者だけあって、それに相応しい論法で、フランス経済がイギリス経済に遅れを取ってしまうのは宿屋をはじめとする旅行者向け宿泊施設の質の低さによるとまで言っている）。[18]

定食用テーブルでの食事とは、詰まる所、必然的に相席の食事客との相互作用を伴い、その存在を意識せずにはいられないものであった。また、目の前で鴨が丸裸にされていくのをアーサー・ヤングのように眺めていたくないというのであれば、進んで乱闘に突進していくだけのなにがしかの覚悟が必要だった。たしかに、これらのとくに不機嫌な記述は、定食用テーブルを風刺的に描いており、長い間カトリックの国フランスと聞けば吝嗇と連想するようになっていたのをプロテスタントの外国人旅行者が目の当たりにしたというわけだ。しかし、たとえ料理が有り余るほどだったとしても、定食用テーブルの場合、客は指定された時間に来て、相席の者と少なくとも最小限の会話は交わさなければならなかった（したがって、しばしば定食用テーブルが外国語を学ぶには恰好の手段とされ、パリの外国語の教師が十九世紀になってからも定食用テーブル形式の寄宿学校を売り物にしたのも偶然ではない)。[19]

それゆえ、定食用テーブルは、規則的な食事時間を守れる頑健な客には快適なものだったが、食事時間も不規則で食欲も気まぐれになりがちな者にとっては相当不都合なものであった。不規則な時間の原因が、わがまま勝手な怠惰、疾病による体調の不安定、商売への傾倒などにあると思うかどうかは、その人のパリの都市社会の捉え方次第であったが、これらはいずれも身体的な苦痛に変わり、定食用テーブルの拘束に合わせることが現実に「不可能」となったのだった。怠惰からであれ、病弱からであれ、単に多忙からであれ、レストランの客は、いつでもブイヨンが入手できるようになっている必要があった(そして、ひとたびレストランが、必要とされる弾力的なサービスを提供し始めるや、より多くの人々が「怠惰」、「病弱」、「多忙」を装うことが可能になったのである)。食事時間は——決まり文句で言えば「職人は朝の九時、田舎者は正午、パリ市民は午後二時、商人は二時半、そして貴族は三時」というように——社会的序列におけるなにがしかの指標であり続けたが、レストランは、個人が自分の食事時間(および自分自身)をさらに差異化すること、いや家族や一族の習慣に構うことなくそうすることを可能にしたのである。[20]

しかし、パリの通りの照明が不十分で、労働時間がおおむね自然光の時間で規定されていた時代にあって、「いつでも」ブイヨンを提供するとはレストラトゥールにとって実際にどのようなことを意味していたのか。一七七〇、八〇年代に、一連の警察の法令により、レストラトゥールの営業時間の制限が試みられたが、結果としてレストラトゥールたちはパリ高等法院に訴えることになった。一七七五年のそれのように、パリ警察の布告ではレストラトゥールを他のワインや食料の販売業者と同一視していた。後者は、すべて夏場は午後十一時（冬場は十時）に閉店するよう要請されていたし、警視総監ではなく夜警（*la garde*）の管轄下にあった。これは、レストラン（依然として「健康の館《メゾン・ド・サンテ》（*maison de santé*）」として知られていた）に閉店時間規則を遵守させようという初めての試みであり、これに対しては、料理屋、宿屋、酒場、居酒屋の類と同列に扱うのは屈辱的な誤称であるとして、レストラトゥールの間ですぐさま反対の声が上がった。一七七七年の裁定は、他の形式のどの店舗に対しても一七七五年の閉店時間規定を繰り返すものだったが、ことレストランについての言及はなく、彼らは喜びに沸いた。とはいえ、問題が完全に解決したわけではなかった。一七八四年春の警察の布告では、またしてもこの裁定の枠内に入れられてしまったからだ。(21) 店主たちはすぐに気づいたことだが、この論争には、酒場や料理屋とは異なる商売としてレストランがこのまま生き延びられるかどうかがかかっていた。こうした措置の提案に反対を唱えたレストラトゥールとその弁護士たちは、薬効がある云々という暗示的意味合いから、政治的序列や社会的階層の理論へと重心を移すことで、パリ生活におけるレストランの地位を拡充していったのである。

一七八四年、レストランを夜警の管轄部門に戻す布告が出るや、八人のレストラトゥールが結束し、この決定を不服として裁判に訴えた（結果として、二千リーヴル以上の法定費用がかかった）[22]。客ともども「夜警」には執拗に干渉されてきたことを不満に思っていたサン・トノレ通りのワイン小売商兼レストラトゥール、ニコラ・ベルジェは、同業者とともに、レストランは飲食物を出す他の場所と同等のものではないと立証するために法廷闘争に打って出た。警察側は、ベルジェとその仲間たちは単に普通の仕出し屋か、よくあるキャバレーの店主であるにすぎず、「レストラトゥールという偽りの肩書きのもとで」不正に商売をしていると言い張った[23]。それは違う、とレストラトゥールに雇われた弁護士は声を挙げた。曰く、レストランは、「虚弱ゆえに、あるいは健康を害しているがゆえに健康的な料理のみを食べることを強いられている人々」のために「いつでも対応できるように援助の手」を差し伸べているにすぎないと[24]。

深夜営業のレストラトゥールたちの公判を受けて、当時の訴訟の常として訴訟覚書が作成され、訴訟事件摘要書や趣意書が出版され広く流布した[25]。訴訟趣意書は、そもそもは裁判官のためだけに書かれたものであるが、十八世紀後半には文献として桁外れの人気を得ていた。趣意書は当時としては異例なほどの部数が出版されていた――「首飾り事件」（ロアン枢機卿、何人かの不良芸術家、マリー＝アントワネットに変装した売春婦などが関わった）のように、とくに卑劣で話題の案件に関する趣意書の場合、二万部を下らなかった[26]。これと比較して、レストラトゥール側の趣意書は、旧体制の一大絵巻といった類いのものではなかった。主役は手練手管に長ずる放蕩者でもなければ、いわれなき宗教弾圧の犠牲者でもなく、商売の一部門全体である場合、いったいどんなものだったかは想像しがたい。それでも、氏名不詳ながら、担当した弁護士は、その種の駆け引きに長けており、話を個人攻撃にもっていくべく最善を尽くした。ある晩、客足が途絶えたので早めに店を閉めたら、「夜警」がドアをどんどんと否応なく叩く音で眠りを破られる、そんな名もなきレストラトゥールに読者は同情せずにいられようかという具合だ。レストラトゥールは、不意に叩き起こされ、着るものもとりあえず戸口に急ぐ――すると、最初のノックでドアを開けなかったかどで召喚され、罰金を科されるのだった。[27]

ベルジェとその仲間たちを弁護するにあたり、弁護士はこうした類いの記述を多く取り入れている。資料としては、営業時間の規制という特定の問題と関連はないが、レストランが他のいかなる「酒場（*maison publique*）」とも断じて全く異なることを示すという大きなテーマとは密接に結びついている。[28] ヴァコサン、ミネ、ローズ・ド・シャントワゾーらが回復力のあるブイヨンをはじめ健康によい料理を初めて売り出してから二十年と経っていなかったにもかかわらず、弁護士が力説したのは、調理された食べ物ではなく、給仕方式の方だった。レストランがパリ生活にもたらした利益を詳述するにあたり、次のように書いている。

食事を注文する、あるいは食事について掛け合うというのは、多くの人にとって厄介な日課（文字通り〈きつい仕事（*corvée*）〉、すなわち〈強制労働〉）だろう。レストランはその面倒を省いてくれる。

メニューには価格と多様な料理名が提示してあるので、一文も払わないうちから出費をどこまでと決めることができる。定食用テーブルとは違い、一定数の相席客を待つことも、決まった時間に来ることを強要されることも、せめてこちらに分けてくれたらと思っていたその一口を二人の大食漢が我先にひっつかむのを目にすることもない。[29]

もしレストランに行くことが、少数の放蕩者のパリ市民が耽溺している「贅沢」であるなら、居酒屋や野外ダンスホール《ガンゲット》や宿屋などに適用された規制からレストラトゥールを除外しようという申し立てはまさしく説得力に欠けることになろう。[30]ベルジェとその仲間たちの弁護士もそれは認めていた。だがしかし、レストランは軽薄な贅沢品などではなく、都市住民に共通する生活様式の「革命」が要請した明らかな必要物であると弁護士は主張する。[31]ちょうど世紀中葉の〈新料理〉の支持者たちが、〈新料理〉は常軌を逸した堕落ではなく健康的な浄化であると説いたように、弁護士は、レストランを現代の都市住民の幸福にとって有益かつ必要なものとして述べている。曰く、「単に快楽を供給するだけならば法律の条文に字義通りに従わなければなるまいが、レストラトゥールをこの部類に位置づけるのは誤りとなろう」[32]と。

趣意書の著者が、レストランは「大半の仕出し屋が出す食べ物を健康的理由から受け付けない敏感な者や病弱な者に対し、出会いの場」を提供していると強調するとき、同時に胸が弱い者たちの社会経済的位置づけをも求めているのである。健康を回復させるという料理の特性を保証するためには、レストラトゥールは上等の素材を用い、最も有能なシェフを雇うことを余儀なくされているとする。このような制約の結果、価格は他のいかなる飲酒施設や料理店より一般的に高めになるが、そのために、「そこで出会う客は、まず間違いなく、善良な社会の構成員間でなされるあらゆる議論や行動を定めた、しかるべき都市の通則を遵守する者に限られるのだ」[33]。さらに論証は続き、レストランに入るに足るほど裕福な者なら、そこにとどまっていても問題ないほど礼節をわきまえ、また虚弱であることは明らかだとする。それにもかかわらず、「夜警」の報告書のなかでは、ベルジェの繊細な常連客たちのことを、「あたかも大酒を食らう乱暴者」の一群であるかのように「十五人の酒飲み」と臆断しているのだ[34]。

レストラトゥール側の弁護士は、医学的ないし身体的必要性という問題から、社会的差異化という問題へとあっさりと移行している。最初は一般的な調子で始めている。曰く、レストラトゥールは「真の必要」に応じたのだ——レストラトゥールは全世界の有益な友であり、ブイヨンのカップと鎮静効果のある煮出し汁は危機に備えて待機しているのである。しかし、彼の文書は、すぐさまはるかに特殊なシナリオへと滑り込んでいく。レストランを必要物に変えた「生活様式の革命」が関係するのは、一部の住民だけだったように思われる。夜警に追い立てられるまで「放蕩の現場からなかなか離れようとしない」と趣意書に書かれているキャバレーや居酒屋の客には、見たところ、何ら影響を与えなかった。これらの地元の荒くれ者たちを適当な時間に「夜警」が閉め出すということは、むしろ労働者たちのためであったと訴訟覚書では言う。さもなければ一週間分の賃金をまるごと飲み干してしまい、翌日の仕事もままならないだろうから。たしかに、戯曲『レストラトゥールのアルルカン』の登場人物が指摘しているように、「大酒のみと農民は健康回復など必要ないのだ」(35)。

しかしながら、趣意書の言辞によれば、社会のなかには健康回復を必要とする者が確実にいたし、警察にとやかく言われる筋合いはないのも明らかだった。レストラトゥール側の趣意書では、生活様式のある種劇的な変容について暗示した後、「いわゆる尊敬すべき善良な人々 (*gens honnêtes*) にとって、キャバレーは流行遅れのものとなって久しいし、〈仕出し屋〉は彼らに食事を出すにはまるで相応しくない」と説明している(36)。摘要書が言及している習慣の「革命」とは、健康的な食餌法や、都市の社会化現象の発展に注目が集まりだしたことを物語っていると言えるかもしれないが、さらに重要なことに、「善良な人々」は最早宿屋や居酒屋や料理店などには進んで通ったりしない（言外には、身体的、精神的、審美的「繊細さ」の結果として通うことができない）という意味で社会階層化のプロセスを明示しているのだ。

こうした主張にあっては、レストランは現代の都市生活の欠くべからざる部分となっているかのようであるが、万人のものだったわけではない。趣意書に記されている平均的なレストランの客は、自室での食事には飽いたが「場違いな感じを味わうであろう宿屋では食べたくない」裕福な外国人、あるいは仕事の都合で食事時間に家に帰れない金融業者、またあるいは、夕食に呼ばれるものと期待して「大邸宅」で夕方の時間を過ごしていたのに、時間が来てみれば食器の数より客のほうが多いのに気づき、そそくさと抜けてきた、そんな輩もいたかもしれない。(37) こうした人々は、レストランに行くのでなければ、いったいどこへ行けというのだろう。数人の金融業者や著名人の家の招待客らが、ベッドでぬくぬくと眠る代わりにレストランで夕食を食べているからといって、パリの街路の治安にどれほどの相違が生まれようか。(38) 定義上、レストランは公的な秩序に対して脅威とはなり得ず、むしろ、私的で生理学的な無秩序を癒したのであった。

真夜中までの営業時間維持の訴えに加えて、レストラトゥールは、「夜警」の管轄下ではなく警察署の管轄下に置いてくれるよう求めた。警察は呼んだときしか来ないが、「夜警」は夜の（そして、レストラトゥールや常連客たちから見れば招かれざる）巡回をする。さらに、「夜警」は、不適切に放置されたゴミの山について報告を上げるほか、居酒屋や売春宿から人を追い出すという芳しくない仕事に責任を負っていた。どのような論法をもってすれば、レストランの平和的で上品で遵法精神にあふれた顧客が、居酒屋に通い詰める無骨な客と同列視できるのかと弁護士は問うた。「夜警」にレストランの管轄権を与えるということは、「善良な人々」を「浮浪者や酔っぱらいや荒くれ者」と混同しているという意味で、これを侮辱することに他ならない。(39) レストランは、別種の店舗として独自の（かつ重要な）常連客を相手にしているのだから、およそ考えられる治安妨害の取り締まりにあたる夜警ではなく、それなりの機関が対応してしかるべきだということもある。レストラトゥール側の弁護士が言うには、「秩序とは、必ずしもすべてを同じ場所に押し込めることではなく、それぞれをそれに相応しい場所に配置することなのである」(40)。

これは状況の一面にすぎなかったのは言うまでもない。趣意書の著者は、あくまでもベルジェと他のレストラトゥールに雇われていたのだった。この訴訟に勝ちたかった。だから、上品で無害というレストランの客の特性を誇張しすぎたということは大いにあり得る。相手側の報告書では、夜警の警官たちはしばしば、レストラトゥールたちのとても礼儀正しいとは言えない、あからさまな敵意の標的となったと記している。レストラトゥールの一人のデプレは、通報係の警官を自分のレストランに閉じこめ、警察署に引き渡すと言って脅したという。(41) ベルジェも同様の脅しをかけ、レストランに「入る権利を誰が彼（〈夜警〉の警官）に与えたのか」を問いつめた。夜警の報告書は、その場にいた客の名を挙げることは稀だったが、レストランの常連客たちはレストラトゥールともども「夜警」による闖入やレストランの取り締まりに抗議した——必ずしも「善良な社会」の上品な言葉遣いではなかった——と指摘している。ド・サン・ルイ騎士（名誉騎士）は、グルネル通りにあるデプレのレストランで深夜十一時にいるところを見られ、夜警の警官に向かって、貴様にはここに入る権利はない、「糞して寝ろ」と言っている。ダソン伯爵も、イタリアン大通りにあるレストランで五人の客の一人として夕食を取っていたとき夜警を脅しつけているし、レストラトゥールの妻は、自分には「友人」がいることを遠回しにほのめかしている。(42)

レストラトゥールの趣意書と「夜警」の報告書は、ほとんどあらゆる点で全く正反対の文書でありながら、レストランで出されている食べ物ではなく、そこにいる客の方を強調している点で共通している。夜警の報告書がパリのレストラトゥールとその他の閉店時間規制の違反者とを区別する根拠は、出されているブイヨンにではなく、ブイヨンを注文する深夜の客にあるのだった。レストラトゥールを弁護する訴訟摘要書によれば、後者は前者から生じたのだった——健康回復を求めているのは最高の部類の人々のみであって、彼らはそれを手にすることが許されてしかるべきだという。食餌法上の必要と社会文化的アイデンティティは全く同一のものであることが明らかになろう。

一七八六年六月、パリ高等法院はこの論法を受け入れて、レストラトゥールとその有力な「友人」たちに有利な判決を下し、他のいかなる飲食業者よりも一時間遅くまで営業することを認めた[43]。建前上、レストランはすべての虚弱な者や衰弱した者に食を提供したということになるが、しかし、厳密な定義からしてでなくとも、慣例として、多くの者がこれらの範疇からは除外されていた。十八世紀のレストラトゥールは「万人の友」であったかもしれないが、万人がこの世界の住人だったわけではないのだ。

公共空間、個々の味覚

第一号が開店してから二十年ほどで、レストランの専門とするところは、最早上品ぶった胸の弱い客に対して手の込んだ健康的なスープを提供することではなくなり、個々人の味覚に対応した料理を出すことへと変わった。〈仕出し屋〉が大人数の集団に食べ物を出すのに対し、レストラトゥールは個々の料理を、相席知らずの小さなテーブルに出した。ディドロが、開店して数カ月しか経っていないローズのレストランについて書いているように、「そこでは誰もが一人で、各自それぞれの小部屋で食べる（……）まさしく驚くべきことであり、誰もがそれを褒めそやしているように思われる」[44]。「レストラン形式での（*au restaurant*）」サービスと言って思い浮かぶのは、デミタスカップ一杯のブイヨンではなくて、一人で来た客が何時《いつ》でもありつける個人別の食事のことだった。〈仕出し屋〉兼レストラトゥールという混合型、あるいは中間型の店舗には、仕切られたアルコーヴや小部屋の他に大きな宴会室があったが、ことレストランに関するかぎり、そのサービスは個人をもてなすためであり、個人によって規定されたのであって、個人を創出する装置だったと言ってもよいかもしれない。(45) レストラトゥールは、客たちに対して「自身の」テーブルにつき、「自身の」必要と欲望に照らして、最もはかなく最も一般化しにくい感覚、すなわち味覚に集中するよう促したのだった。

得も言われぬ備品の数々、(46) 多様なメニュー、融通の利く営業時間によって、レストラトゥールは客に「精神の気晴らし」と、従来の料理店や宿屋の滋味豊かな仲間意識とは似ても似つかない、消化機能に対する慰めを提供した。仕出し屋業が常連客や地元の生活のリズムに大いに依存していたのに対し、レストランは繊細さ、意外性、個別化を強調していた。〈仕出し屋〉兼レストラトゥールのブヴランは、一七九七年に出した広告で、ワイン抜きで一人四十スーにて定食用テーブルで食事ができるという「利便性」と、「最高の心配りと清潔さ」のなか、個々の部屋あるいはテーブルで食事ができるという「心地よさ」とを提供するとしている。(47) 伝統的な定食用テーブルでは来る客を皆一つの大きなテーブルにつかせたが、レストランは小さなテーブルと個別の部屋を使用した点で革新的だった。計算高い定食用テーブルの客は作戦としてロースト肉やグリンピースの脇に陣取らねばと思っただろうが、レストラン客はと言えば、視線をテーブルから近くの鏡へと移すたびに相席の者が皿から一口かすめ取るのではないかと心配することもなく、自らの心の平静と安逸を心ゆくまで味わえる、そんなところがお定まりの姿だった。

レストランは、少なくとも見かけ上、客に選択の余地を与えていた。八十八種類とまでいかなくとも、ブイヨン、ヴァーミセリ、鶏料理、ウェハース、ライス・プディングなど、レストランは――定食用テーブルの心配が無用なほど「焼きすぎた牛肉、いわゆるシチュー、子牛のカツレツ、何種かの野菜」と比べて――膨大な選択肢を提供しているように思われた(48)。レストランは多様性を考慮し、個別性を強調した。その点で、この時代の医学が患者それぞれで治療法は微妙に異なると説いたのと同じだ。デュ・ボス神父の相対主義的美学のように、レストランは、味覚は個別なもので互いに相容れないということを認めたわけだが、かといって社会を無意味な細分化や文化的混乱へと追い込もうというのではなかった(49)。

さらに、食べる側としても、自らの繊細な体質(および手引書)の求めに応じて何を食べるかはっきりと選ぶことができた。一七七〇年代の初めからは、印刷されたメニュー(すなわち*carte*《カルト》)がレストランに導入され(50)、客は各々の回復食を選ぶことが可能になったが、これもまた特徴的な業務革新となった。レストランの出現以前は、メニューと言えば、特定の食事で(例えばその日の宴会で)出てくるすべての食べ物のリストのことと決まっていた。料理本がそれらの食べ物を薦め、裕福な家のシェフがそれを組み合わせるのだったが、メニューにあるすべての品が食事の間に運ばれてきたのだった。定食用テーブルにはメニューはなかった。客（それが誰であれ）と食べ物（それが何であれ）は同時に食卓についた。しかしながら、個人の虚弱さを誇示し、かつ治療する場としてのレストランの役割からして、新たなメニュー観とでもいうものが必要となった。すなわち、それぞれの客がその中から適宜好き勝手に選べるような店で、出せる料理のリストの作成が必要になったのだ。レストランでは、各々の客＝患者の気まぐれな病状に合わせるため、さまざまな食餌療法が要請された。精神も神経組織も、「敏感さ加減」は一つとして同じではなかったのだ。したがって、レストランの客がメニューから注文するとき、自分自身（そして自分の身体的な不調）は、他の客とも、その健康状態とも異なるものとして、極めて個人主義的な声明を発しているのだった。レストランのサービス様式は、メニューがあるだけで、いささかの自己確認や個人的な味覚の認識および修練——宿屋や料理店には無用のものだった——を強いるものとなったのである。

一七八〇年代の〈仕出し屋〉が看板に「レストラトゥール」なる語を付け足したとき、おそらく何らかのブイヨンを出し始めたのだろう。だが同時に、もしできたとしての話だが、より個別化された食事のために、アラカルト（*à la carte*）での注文形式に向けて準備をしたのだ。レストランは初めて、実際に料理を分け合うことなく他人と食事を共にすることを可能にした。一七九四年、一人の自称レストラトゥールが、一人前の食事を出すことは類い稀なる新たな才能であるとし、かくして「アラカルトでの注文向けに料理を小分けにし」、一人前ごとに値付けをすることができる料理人のことをことさら宣伝している。(51) しかし、レストラトゥールとその厨房スタッフがレストランのサービスとは個人向けのものであることを承知していたとしても、未熟な客たちはそうはいかなかったかもしれない。そこで、一七九〇年代のメニューには、リストにある値段は「一人前」のものに限ると大きな太字で但し書きが付いていた。(52) 料理のみならず形式をも変えたレストランはそのちょっとしたテクノロジーに頼っていたのであり、これによりレストランで働く者のみならず客の生活も一変したのだった。

レストランがメニューを印刷したのは、見えざる料理の選択を客に許したからだった。定食用テーブルは個人的な選択を許さなかったし、魚屋やソーセージ屋の場合、あらゆる商品が、店に入る誰にも見えていた(し、匂いでわかった)のに対し、レストラン——厨房と食事室を隔て、後者からとくに声が掛かるまでは食べ物を前者に隠していた——は、多様な不可視のもの、未知のものを提供していた。レストランのメニューを印刷したことによって、客に対して自分で食事を構成するという「苦役」を強いることもなければ、予期せぬ勘定書で驚かせることもなく、大方の商店や市場では価格の印刷や支払額の固定化がまだ規範と言うにはほど遠いものだった時代において、商取引の規格化を可能にしたのだった。パリ市全域での部門別広告に打って出るほど革新的で、宣伝を重視していた商人なら、価格を列挙することもしばしばであったが、一七六〇、七〇年代の店の大部分はそうはしていなかった。そのかわりに、店主たちは大売り出しの時に口でいくらと言う方を好み、交渉の余地を匂わすこともしばしばだった。宿屋で横行していたこのような慣習は、旅行者たちにとってとりわけ野蛮なものと映った。フィリップ・シックネスは一七七八年の書で、ちょうど「ユダヤ人の行商人と金時計の値段を交渉する」ように、フランスの宿屋では食事の値段を値切る必要があると不安げに記している[53]。

レストランの食事は画一的ではなかったかもしれない（ある店で出す〈ハトのクラポディーヌ風〉が別の店より大きかったり、おいしかったりした）が、貨幣取引の点では画一的だった。ベルジェの弁護士が記しているように、レストランの客は印刷されたメニューのおかげで「一文も払わないうちから」勘定の計算が可能となった[54]。まさに目の前に印刷して並べられ、確定している以上、レストランの客には値段と料理名、調合具合と勘定が見て取れた。最早定食用テーブルに出される料理の一つ一つを分け合う必要もなくなり、自分が直接注文した料理に集中することが可能となり、味覚の問題のみならず懐具合の問題も優先させたのだった。レストラトゥールのデュクロが広告で言っているように、「それぞれの料理に妥当な値段が付いており、誰でも資力に応じて出費を調整できる[55]」。レストランでは、気まぐれ《バロック》な出費という衒示的ポトラッチが、合理的に計算された、同様に顕示的かつ示差的な倹約に取って代わられたのである。

自分の料理店やキャバレーをレストランに造り替えようという〈仕出し屋〉は、ブイヨンのレシピをマスターし、メニューを印刷した後は、しばしば店舗の大規模な改築に乗り出した。例えば、一七七五年、ジャン・バティスト・エヌヴーは、父の後を受けて〈カドラン・ブルー〉という看板のもとタンプル大通りとシャルロ通りの角に居酒屋（ワイン商兼仕出し屋〔*marchand de vin-traiteur*〕）を開き、大繁盛していた。店舗は、二十七のテーブルと七十八の椅子を配した相当大きな部屋が一つと、いくらか小さめな二つの部屋（それぞれ四十人近く収容）からなっていた。彼はそこに、より小人数の酒宴用に二部屋――おそらく十席ほどの「部屋《シャンブル》」と「小部屋《キャビネ》」もしつらえた。(56) 一七九二年までには、エヌヴー（ローズ・ド・シャントワゾーの遠縁にあたる）は、自ら「仕出し屋兼レストラトゥール」を名乗っていた。商売上の物理的な間取りの変更は、こうした肩書の変更の一つの現れであった。一番大きな食事室には、当時まだ〈仕出し屋〉業の中心を占めていた定食用テーブルのための大きなテーブルがあったが、それが今や贅沢に装飾され、木枠の付いた作りつけの鏡が二枚と精巧な時計が一つ掛かっていた。だが、主たる変更は、小テーブル、鏡、二脚から六脚の椅子をそれぞれ配した十八の「小部屋《キャビネ》」すなわち個室を増設したことだった。レストラトゥールが造りだした新たな空間は、開放的な社交の場というよりも親密な差し向かい（*tête-à-tête*）にこそ相応しく、私的性格、内密性、潜在的な秘密性を強調するものであった。(57)

定食用テーブルの伝統を廃するということは、食事時間の弾力化や、大皿料理をやめることよりもはるかに多くのことを意味していた。レストランは、供給する側を背景に押しやる一方、客の気嫌をとるなど、両者の関係を一変させたのだった。定食用テーブルとは文字通り「主人のテーブル」だったし、少なくとも語義上は、〈仕出し屋〉は地元の仲間の主人役を務め、宿屋の主人は疲れ果てた客たちを歓迎していた。レストラトゥールはこれとは異なるもてなしを提供した。つまり、それぞれの客、もしくは団体客に、彼の、彼女の、彼らの（代名詞のレベルでも相違は増す）テーブルを提供することを約束したのだ。ベルジェの弁護士によれば、レストランは、家庭の居心地の良さを約束し、それぞれのレストランのテーブルや個室は、束の間、客が「自宅（*chez soi*）」にいるようにもてなしてくれたのだ。レストラトゥールのデュクロが一七六九年に広告で言っているように、彼のレストランの部屋は「人前ではまず食べたがらない人のために手筈を整えて」あった。同業のデュジャルダンも、一七九六年に、「小さな個室ではあたかも自宅にいるような（*comme chez soi*）もてなしを受けられる」と保証している。[58]

ディドロは、プーリ通りのレストランの女主人は、客のだれそれを探そうとか、客を会話に引き込もうとかしなかったと（暗に彼女の振る舞いと宿屋や〈仕出し屋〉のそれとを比較しながら）評している。女主人はそのかわりに、客をそのまま放っておき、客の「注意が取り留めなくさまよう」に任せていたという。[59] 同じレストランの屋根の下、あるいは食事室にいるすべての客が、お互いに（おそらくお互いを媒介としてにせよ）関わり合うためにそこにいるわけではない。隣り合わせのテーブルについたとしても、それぞれ「自分の」テーブルについているのだ。実際、レストランにいるすべての人に当てはまるような関係を表す語は、通常の英語にもフランス語にもないし、十八世紀にもなかった（レストラトゥールにとっては「常連客（patrons）」であり、「顧客（customers）」ということになろうし、唯物論者にとっては単に「食べる者（caters）」ということになろうが、これらの人々同士ではどうだったのか、どうなのか。思うに社会学者なら、「提携者（consociates）」と呼ぶところだろうが、この語は慣用とは言い難い）。「個人的な」必要と「私的な」欲望がレストランの神話と修辞学を支配していた。これこそ、レストランを他の外食形態と区別する点であった。

独立した空間の創出によって、レストランの業務形態と社交の場としての性格は、料理店のそれともカフェのそれとも大いに異なるものとなった。一七八九年、皆が革命の楽観主義に酔っているとき、新たに開業した〈シルク・ド・パレ・ロワイヤル〉（パリの中心にあった啓蒙と気晴らしの大人気の施設）は、広大な店舗にはカフェもレストランも入っていると広告している。[60] カフェは、いつでも一度に五百人までなら対応でき、軽食と飲み物を出していた。当時の大部分のカフェがそうだったように、新聞や他の読みものも提供していた。レストランでは、さらに二百人分の席があった。しかしながら、カフェが一つの巨大なオープンスペースだったのとは異なり、レストランは「二名、四名、六名ないし八名の宴会に対応すべく、二十四の小部屋からなっていたので、グループ間でのいかなるやりとりも必要とされなかった」。「レストラン」のサービス——定食用テーブルとはかけ離れ、カフェとも異なる——は、共同体ではなく区分化、すなわち仕切りを設けて個々に分離された世界を特徴としていた。カフェの客は新聞を読み、身の回りの世界について考えるが、レストランの顧客はメニューを読み、自分自身の体調を考えたのだった。

医学的に性別を分析すれば、レストランで見られるのは、カフェや定食用テーブルよりもはるかに女性の方が多かった。ローズ・ド・シャントワゾーの年鑑では、レストラトゥールの店では女性が気軽に食事を注文できるとしているし、また、レストラトゥールの別名の「万人の友」には、ミラボーの、あの粋で有名な『人間の友（*L'Ami des hommes*）』にあるような性別の含みは一切なかった。ヴァコサンは次のようにあからさまに女性を店へと誘った。「ご婦人方は、ご自身の良識にも人前での礼儀にも背くことなく、ひとえに女性のために設えた、装飾も素晴らしい続き部屋にお越しいただけます」(61)。ヴァコサンが婦人向けに用意した部屋には、二体の女性の胸像と二体のキューピッド像（およびルイ十五世像）が飾られており、そこでは胸の弱い「毒気」の犠牲者も、緋色のビロードが張られた六脚ある「女王様のような肘掛け椅子（*fauteuils à la reine*）」のどれにでも腰掛けて、可愛げな陶製のカップから自分の「レストラン」を啜ってよいのだった。中庭に面したもう一方の部屋は、椅子は青で、壁は流行の新発明——すなわち壁紙で覆われていた。勿論、二部屋ともマントルピースの上には鏡が掛かっていたし、その下には暖炉用の道具一式があって、部屋が「冬季もとても暖かく」繊細な体質を保護してくれることを保証していた。[62]
本来の目的は体力の回復だったかもしれないが、流行の装飾と繊細な調度品で飾られたレストランの階上の部屋では、いったいどんな食欲が回復されようとしていたのか。一七六〇年代以降、レストラトゥールは女性専用の特別な「続き部屋」を宣伝することはなくなったが、たちまち内輪だけの食事用に個室を提供するようになった。こうしたにわか仕立ての都会的ピクニックは田園の楽しみをもたらしたが、それにもかかわらず、体力回復のための食餌という概念には、必然的に、何かが失われ、その結果何かが回復されなければならないという含みがあった。さらに言えば、初期のレストラトゥールが取り揃えた乳製品、卵、野菜からなる簡素な食餌法は、『鞭およびその性愛への影響、あるいは外用媚薬に関する論文』（一七八八年）が放蕩の末にもたらされた食欲減退の治療法として薦めているメニューと著しく類似している。[63] 個人的な疾病を救い、それぞれの食欲を刺激するという考えには、怠惰や誘惑という言外の意味がまとわりついているのだった。
レストランに潜在する放縦な官能性については、扇情的な挿し絵画家として、またショデルロ・ド・ラクロの『危険な関係』の挿し絵画家として有名なスウェーデン人画家ニコラ・ラヴランスの水彩画を基にした、一七八二年の版画に露骨に暗示されている。[64] すぐさま好評を博した『レストラン』という作品（一人の評論家は、「この版画ほど微妙にきわどいものはなかろう」と褒めちぎっている）[65] には、これでもかと言わんばかりの織物がかかり、布張りした繊細な椅子などが並んだ小部屋、贅を尽くした生け花、どことなく「古代風の」壺が描かれている（図2）。胸も露わなネグリジェをまとった豊満な女性が小さなソファにもたれ、傍らにはそれにじゃれつく求婚者が座り、腰に手を回し、膝をスカートに押しつけ、思い入れ一杯に彼女の目を見つめている。第三の人物は、婦人の女中で、二人に面と向かい、小さな碗をのせた小さな——実際、カップの受皿ほどの——トレーを手にしている。この総体が、十八世紀の半ば猥褻な、いや「官能的な《ギャラント》」芸術、すなわち、上品なほど礼節をわきまえている反面、そそられるほど際どい誘惑の場面を描いたものとしては標準的なものだった[66]。二人の中心人物のポーズは、見る者の嗜好を満たすほど露わなものではないが、よくよく見れば、画面左下には騎士の剣が雄々しく屹立し、彼の股のあたりにぶら下がった時計の鎖がきらめいているのがわかる。恋人の方は、ちっちゃなデミタスカップを手にして、その中身をスプーンでかき回しているが、そのスプーンが胸の谷間へと視線を引き寄せる。光線も後ろの窓から長椅子の方へと当たっており、われわれの目をこの若い女性の真っ白な露わな胸元《デコルタージュ》へと向けさせるのだ。

　題名の基となった「レストラン」とは、一見するとそう思われないかもしれないが、この場面の背景ないし枠組みのことではない。むしろ、この絵が枠内に収めているもの、すなわち、女中が差し出し、若いご婦人がかき回す〈レストラン〉という細部こそ、この場面の表題の基であり、似たような人物が手紙や子猫や花束を手にした様を描く、他の無数

図2：ニコラ・ラヴランス『レストラン』（1782年）。表題は、その背景にではなく、女中が恋人たちのために運んできた、小さな皿に入った回復力のあるブイヨンに由来する。

の絵と異なる所以である。性欲と食欲の混交と混同という点で、〈レストラン〉は官能的絵画にうってつけの細部となったのだ。自慰行為に関するティソの著作に魅せられた教養ある文化人たちにとって、繊細な食餌法が欲望の経済学へと因数分解されるのも当然の成り行きだった。生命力の諸相の総体は有限で比較可能とするティソの仮説によれば、性的エネルギーの消費は、人を衰弱させ、食べたものも消化できにくくなるという。(67)〈レストラン〉の湯煎は、放蕩が過ぎてそうでもしなければものを食べられない人々のために、予め肉を消化し、吸収しやすい流動食にする手段なのであった。〈レストラン〉を飲む者は、消化のための労力を行使せずとも、濃縮された肉の強い香りに刺激を受けて精力が蘇り、再びさまざまな欲望とその欲望を追求するエネルギーを授かるのだ。

批判者たちによれば、〈レストラン〉や同種の薬効がある贅沢品は、実際五感を過剰に刺激し、ちょうどポルノグラフィーや淫らな妄想が危険な自慰行為へと向かわせるように、食欲もないのに食べるという危険を引き起こすという。道徳主義的な批判者は、プラトンの『ゴルギアス』に端を発する伝統を援用して、料理の技巧を、絵画や彫刻の熟達にではなく、過度の雄弁と女性の服飾になぞらえている。(68)彼らは、これらの濃縮された煮出し汁が刺激的効果を与えるのは消化器官にとどまらないとし、その悪影響を糾弾している。さながら、身なりもよく化粧も魅力的でありながら往々にして梅毒を抱えた売春婦がいるものだと警告を発する医者のような言い方（「誘惑的で人を引きつける装いのもとに秘密の毒を隠し持つこれら詐欺まがいの料理〕」で、この〈新料理〉の産物を形容している者もいた。[69] 食べ物にせよ、女にせよ、魅惑的に偽装された誘惑は、必要とは無縁の欲望を引き起こし、性欲であれ、食欲であれ、欲望はあまりに急激に鼓舞され、五感はいとも簡単に惑わされるのだった。薬効あるブイヨンの消費は、急速に誘惑の場面へと移行した。

ブイヨンとしても、また店舗としても、レストランは、その個室の存在と遅い閉店時間と相俟って、単なる美食の快楽以上のものを約束し、さまざまな欲望の——満足とは言えなくとも——喚起を暗示していると思われた。さてそこで、レストランは女性にうってつけの場であるから（ヴァコサンは女性を誘い、そして女性たちはやってきた）、ともかくもいほど危険で性欲のみなぎった場所だったのか。それとも、劇場や売春宿にひけをとらな（居酒屋やカフェと異なり）「上品」であったのか。一七八八年の、パレ・ロワイヤルのレストランについての記述に、「身持ちのよい女性、そして評判のよい女性は決してそこには行かない」とあるが、一八〇三年の旅行案内には、「ご婦人とカフェで昼食を取ってはならないが、レストランで夕食を取るのは差し支えない」と読者に教えている。[70] この場合のレストランにいる女性とは誰だったのか。そして、どうすれば確実に知り得たのか。その女性たちが誰であったにせよ、とりもなおさずその存在こそがレストランを定食用テーブルやカフェと区別するものであった。一七八〇年代の政治的風刺文書家は、カフェに集まる客たちの議論を代弁すると称していたが、レストランの名の下に同様の攻撃文書を書く者はいなかった。[71] 改革計画や口角泡を飛ばす議論のかわりに、レストランは田園風の誘惑と不貞を約束したのだ。

圏と空間

これまで十八世紀のレストランは、学問的研究対象の焦点となることがあったとしても、ごく稀だった。歴史家や政治理論家は、この時代のカフェの方に殺到し、そこに「ブルジョワ的公共圏」の幕開けと近代政治文化の発展にとって中心的役割を果たした論争の舞台を見ていた。しばしば学者たちは、「カフェ社会」を芸術の展示会やフリーメーソンの集会と同様に特異な社会形態としてきたが、それは三者とも「公益」などの諸概念が初めて定式化される、そんな情況をもたらしたことによる。医師ローリーによれば十八世紀フランス社会を実に繊細に「飾った」文人たちも、この頃には便秘や不眠に悩む姿よりもアカデミーやカフェに集まる姿がよく描かれるようになっていた（後者のような活動が原因で前者のような体調になったのではないかと思われるが）。[72]

十八世紀の社交施設に関する最近の研究の多くは、ドイツ人政治哲学者ユルゲン・ハバーマスの著作に直接影響を受けている。ハバーマスは、一九六二年の書『公共性の構造転換』（一九八九年英訳）[73]のなかで、近代初期から近代への移行期における公共生活の変遷について議論している。それによれば、旧体制下の絶対王政（例えばルイ十四世治下のフランス）にあって「公共のもの」とは、見せ物の舞台であって、君主が登場し、その権力（および能力）を国民に誇示するための空間であった。そこでハバーマスは、十七世紀末に教養ある都市ブルジョワジーが規模、重要度ともに拡大したことにより、別種の公共性の発展に火を付けたと断定する。いわゆる「ブルジョワ」公共圏がそれで、対話と議論を特徴とし、すべての「私的な」（つまり、独立した）良識ある個人に開かれていると見なされていた。公共性は、最早ひとり支配者の属性ではなくなったのだ。代わりに生まれた新種の公共生活は、「公的な言説で一般的利害ないし公共の利害を語る自律的で概ね対等な人々」全員によって構成されるものであった。(74) ハバーマスによれば、こうした新奇な公共生活への参画は、読書や家族内での経験によって形成された個人的、主観的な意見に基づくのであり、生まれつき与えられた社会的階級や地位によるのではなかった。(75) 今後は、見せ物を編成することではなく、諸思想について考えることが公共生活への関与の基盤となろう。

ハバーマスは、新たに出現したブルジョワの公共圏は、物理的に地方のアカデミー、都会のカフェ、フリーメーソンの支部《ロッジ》、貴族のサロンを基盤としたと見ている。(76) これらの革新的な半公共施設は、社会経済的背景を異にしながら、その良識ある対話能力により結束した人々の集会所として使われていた。カフェやアカデミーやサロンといった新たな物理的空間は、いくつかの新たな論証と言論の「圏」の発展をも可能にした。ハバーマスの説によれば、これらの新たな相互作用の情況《コンテクスト》においては、人は、以前、市場の広場、教会、宮廷などでしていたのとは違った風に考え行動するようになったという。カフェや支部《ロッジ》、はたまた新聞のコラムでも起こる思想のやりとりは、議論の内容から言っても、また公開性や合理性を形式上重視するという点からも、新たな「市民公共圏」を構成し、政治的コミットや行動に一つの枠組みを提供した。(77)「ブルジョワ公共圏」で意見が衝突すると、不和は国家権力の誇示によってではなく、良識ある相互理解の平等主義的プロセスを経て解決されることとなっていた。公共性の支配的なモデルは、十八世紀末までには劇場から法廷へ、開陳から参加へと移っていたのだった。(78)

すこぶるハバーマス的な枠組みのなかにあって、パリのカフェが賞揚され重要度を増してきたのは、現実の公共「空間」としての役割ゆえというより、比喩的な意味における公共「圏」の一部としての機能ゆえであった。新形態の相互作用の場をこのように重視することで、多くの興味深い効果が生まれてきた。ディーナ・グッドマンは、彼女の定義する「公共圏」のなかに貴族女性が主宰するサロンも含めることができたし――たしかにデファン夫人の客間は、まったき公開性という意味では決して「公共」空間とは言えなかったが――、レストランにしても、公共圏の具体的な場の特定に関して一般に通用している定義からは排除されるようになった。(79)というのも、受け入れ方針の点から言えば、レストランは少なくともカフェと同様に公共のものだった（あからさまに女性を誘っていたのだから、それ以上だったとさえ言える）が、一方、支配する気風の点から言えば、レストランは明らかに別種の場所であった。そして、それなればこそ、その発展の歴史が旧体制末期と完全に一致し、歴史家たちもそれを決定的と見なしているにもかかわらず、依然としてレストランは十九世紀の一つの象徴であり、またもっぱら食通や熱心な旅行者や旅行案内作家の研究テーマとされてきたのだ。レストランは、十八世紀を公共圏と世論とが融合した時代としてとらえれば、それにはあまりに「私的なもの」だったが、十九世紀を「私的生活の黄金時代であって、私的生活の語彙や実体が形成された時代」とすれば、それにはあまりに「公的」であって、大半の歴史家にとっては公的でも私的でもなく、ほとんど不可視のものだったように思われる。(80)

しかしながら、ひとたびレストランが十八世紀のフランスをめぐる議論に組み入れられれば、近代生活の「公的な」諸相の、はるかに錯綜した微妙な光景が浮かび上がる。というのも、レストランにおける新種の公共性は、対話や議論のみならず、消費や誇示や見せ物に関するものでもあったからだ。公共「空間」における近代的な革新は、必ずしも公共「圏」の拡大と同時に起きたわけではない。都市の地誌学と政治的コミットメントはそれほどぴったりとは合致しなかったのである。カフェにおける議論は、ほかのいかなる言論の場における意見衝突と同様、物質的かつ不合理だったのだろう。一七六七年一月、〈カフェ・ド・ラペ〉の店主は、見習いの一人と、彼が出したコーヒーに「まったくなってない」とくってかかった客との悶着を受けて、警察を呼んでいる。(81)たしかにコーヒー店という理想化された集会所については、アディソンやスティール、そしてその亜流の著作に盛んに言及されているが、フォブール＝モンマルトル通りでは、「美味いコーヒー」の定義をめぐる個人的な好みや意見の相違のせいで、場違いな名の〈カフェ・ド・ラペ〉（「平和のカフェ」）におけるカフェ社会が、哲学や観想とはほど遠いものに変わってしまった。

ハバーマスや彼のモデルを継ぐ多くの歴史家によれば、ブルジョワジーの「受容志向型の私的生活」がもとにあり、それが、共有している共通利害の発見、すなわち、政治論争の武器としての「世論」の出現につながったという。教養人集団にせよ、カフェ仲間にせよ、広く流通している訴訟摘要書にせよ、皆が皆、少なくとも広い層に関わる「公益」のために発言していると称していた。事実、歴史家たちは、フリーメーソンの支部や地方のアカデミーへの出入りが性別や社会階層によって明確に制限されていたことを認めつつ、その反面、構成員を支配する形式的な平等主義の意義や、その構成員の発話の特徴と考えられる普遍性を強調している。しかし、新たな公共空間における交流が、共有されるべき意見や啓蒙的な普遍性の発見に必ずしも直結するというわけではなかった（「美味いコーヒー」の定義をめぐって暴力沙汰が起きたことでも明らかなように）。レストランが反証を提示するのはこうした点である。というのも、レストランは、個人的なもの、特異なものによって公益に取り組む、それに尽きるからだ。表向き万人に開かれているという限りにおいて、レストランは十八世紀の新たな公的生活の施設に含まれるものだった。しかし、一連の私的なテーブル（さらには個室）を抱える公共施設という点から言えば、レストランは今や基準となった「公共圏」の概念を混乱させると思われたかもしれない。というのも、レストランのドアが万人（ただし、敏感に見える者に限る）に開かれているといっても、個室のドアや特定のテーブルの椅子がそうではないのは同様に明らかだった。共有する社会的コード、すなわち共通認識があれば、レストランへの出入りは可能だったが、ひとたびテーブルにつけば、人は自分自身の感性と対峙するほかはなかった。

レストランは、個々の関心を個人的な嗜好に向かわせるという点で、十八世紀の公共圏に新たに生まれた多くの施設とは著しく異なっていた。フリーメーソンの支部やアカデミーでは、私人（階級や地位は不問とされていた）として発言していた構成員は結局は共有すべき公益を見いだしたかもしれない。だがしかし、レストランでは、あるテーブルでブイヨンを啜る客が、チキンとヴァーミセリを注文した隣のテーブルの見ず知らずの者としかつめらしい論争を始めたりはしないのだった。レストランの客たちが合意に達するとか、合意のために奮闘するといったことは望むべくもないことだし、牛肉を食べる者と鶏肉を食べる者とが、公益という点で同意して、子牛の肉で妥協するなど思いもよらぬことだ。むしろ、レストランの客は、まわりの客の注文などお構いなしに自分の選択をするものとされているのだ。

レストランは、この際、概念的なレンズのようなもので、可視のものという意味での

「公共性」、接近可能という意味での「公共性」、共有するという意味での「公共性」が、どこでどのように一致し、また一致しないのかという問題に焦点を合わせている。レストランは公に私的な場所だった。ミネは、胸の弱い者にとって、レストランは「自身のコンソメを飲みに行ける公共の場所」だと確言していたが、別のレストラトゥールは（同様に確信をこめて）自分の店は「人前であまり食べたくない人々」に最適だと宣伝している。[82]レストランは、「公的」なものと広義に解すべきものでも、「私的」なものと狭義に解すべきものでもなく、むしろ、私的な自己陶酔を公開する可能性を提供したのだ。十八世紀末に発展した公共生活は、公益をめぐるものだったと同時に、他人を（その存在に気づきながらも）無視する能力に関わるものでもあった（し、今もそうなのである）。

第4章　道徳、平等、もてなし！

ものを食べたいという欲求は、万人を結束させ、一種の絆を造る。古代人の一人が言っているように、食事の時は、すべての客が一つの体、一つの命を形成するように思われる。

——アベ・プリュケ『社交性について』（一七七〇年）

一七八三年二月、裕福な徴税請負人の息子で、ルイ十六世の大臣マルゼルブの甥、時には弁護士として働くかたわら、後に『食通年鑑（*Almanach des gourmands*）』を著すアレクサンドル・バルタザール・ロラン・グリモ・ド・ラ・レニエールは、ある晩餐会を主催し、これが一夜にしてパリ中の噂となって長年にわたる名声を確立した。(1) この食事への招待状は豪華な葬儀通知の体裁をとっていたし、「パリ全体」が、テーブル中央には禍々しい飾りとして黒い布で覆われた棺が置かれていたという噂で持ち切りだった。豚肉料理だけのコースが終わると、グリモは、この料理は父の従弟で有能な豚肉商より仕入れたものだと告げた。次のコースはすべての料理がオリーブオイルを使ったものだったが、それが終わると再び、オイルは父の親戚の一人で裕福な食料品商から仕入れたものであると告げた。会席者のまわりに、避けられぬ死を喚起する物を配し、高貴な家柄の商人の生まれである証拠を会席者に文字通り詰め込むことにより、グリモは「空の空《ヴァニタス》」と「死を忘れるな《メメント・モリ》」というメッセージを演出した。そしてそれは、何カ月もの間パリ中の噂になった。[2]

グリモの晩餐は、同時代人が考えたようにフリーメーソンの宴会に似ており、秘儀や、半ば劇的なはったりを多用した。[3] ちょうどフリーメーソンがその神秘的な寺院にあって物理的に「世俗」と隔絶されていたように、グリモの客たちは、薄暗い控えの間を過ぎ、最後に宴席のある内なる聖所に辿り着くまでに、玄関広間を通り、いくつかの部屋を通り抜けなければならなかった。ある部屋では、ローマ風の寛衣をまとった伝令が客の招待状を吟味する。次の部屋では、甲冑で身を固めた「奇妙で恐ろしげな修道士」が客たちをさらに穿鑿する。もう一人、調書を取る弁護士のような身なりをした者が、二十二人の客を迎え入れ、一つの問いを発すると、男たちは(あるいは女たちは——客のなかには男装した女性が二人含まれていた)それぞれ「民衆の擁護者グリモ・ド・ラ・レニエール氏」を探していると答えるのだった。加入儀礼の最終段階では、聖歌隊の少年のような服を着た小姓が、客に香を焚き込めた。しかしながら、秘密主義のフリーメーソンと異なるのは、グリモは、何も食べない見物人に対してもこの晩餐会の特異性をいやと言うほど見せつけ、自

ら主催した晩餐の奥義をさらした点だった。隠密たるべき晩餐を、容易に見られる見せ物

に変えることで、グリモは、何百人もの見物人に部屋のまわりの回廊から進行具合を垣間

見ることを許した。結局は、今か今かと待っている他の見物人たちに場所を譲れと次々と

押し流されるのが関の山だったが。

グリモ・ド・ラ・レニエールの晩餐会は、しばしば主人の突飛な嗜好と食卓への妄執の証明として引用される。[4] そのいずれにも異論を唱えるものではないが、ここでは観客に、すなわち回廊をだらだら歩いて、そこで見たグリモの晩餐会の話をパリ中に広めた三百人もの民衆に焦点を当てたい。[5] 何も食べない見物人をも晩餐会に招待するとは、そして、もてなしを見せ物に転化するとは、一七八三年当時には、いったい何を意味し得たのか。彼の同時代人は、何と比較し、相当奇妙なこの身振りをどのように評価したのだろうか。客の一人はその意味を確信していた。ボニエールの若い弁護士がそれで、彼はグリモに、見物人は、主人と招待客全員が完全にすさまじく気が狂っていることをはっきりさせるために打ってつけの、最後の仕上げだと語った。[6]

旧体制下のものの考え方からすると、食事の際に見物人がいると言えば、より一般的には王の、あるいは市民の儀式を連想したことだろう。十八世紀のパリ市民シメオン・プロスペル・アルディはその日記のなかで、将来のルイ十六世とその若い花嫁マリー＝アントワネットがチュイルリー宮殿で正式な晩餐をとるのを見物したと記している。[7] こうした催

し は至って普通のことだった。聖ロクスの祝日〔八月一六日〕には恒例の祝宴が催され、見物人たちが市庁舎に集まり、新たに選出されたパリ市参事会員の晩餐を眺めた。ヴェルサイユでは、「国王の大膳式（*grand couvert*）」、すなわち王家の公開晩餐会という、何世紀も続いた習わしに立ち会うことが日常的に許されていた。(8) 後者の場合、国王とその家族は、堂々たる、また公然たる豪華さで晩餐を取ったのであり、切符を手にした見物人たちを喜ばせた。立ち入りは身なりさえ整っていれば誰でも許されたが、一七八〇年代には、クルティウスのパレ・ロワイヤルの蠟人形館が生き写しの複製で人気を博しており、みすぼらしい恰好の者やごてごてした恰好の者もパリの真ん中で同様の喜びを得ることができた。(9) 晩餐会に見物人を入れることにより、グリモ（「民衆の擁護者」）は宮廷の見せ物を茶化し、大胆にもいかなるパリ市民の食事もこれと同様に見物や主人の演出に値するとほのめかしたのである。グリモの晩餐会の見物人たちや、この晩餐に対するあからさまな注目が言外に物語るのは、みなが「国王の大膳式」のように食事する権利を持っており、誰の夕食も見物するに値し、万人が国王たりえるということだった。

万人が国王たりえた――もちろん、見物人は除いての話だが、そのような演者としてではなく観客としての（国王としてではなく臣下としての）存在は、ちょうど豚肉だけからなるコースや秘儀に照らして決められた食卓のろうそくの数がそうであったように、晩餐会の意義にとって不可欠なものだった。バルコニーにこうした三百人あまりの人々がいなければ、グリモの晩餐会は単なるカーニバルの笑劇のごときものになっていただろうし、フィッツジェームズ伯爵の近々の婚礼を記念してシャルトル公爵が催した「寡婦の晩餐」やブリュノワ侯爵が両親の葬儀に際して孝行心から催した大袈裟な見せ物などに劣らず、興味深く忘れがたい、貴族の悪趣味な道楽のようなものになっていただろう。(10) グリモの晩餐会は、新種の公開性を、社会的政治的な論評をする新たな力を招来した。グリモ・ド・ラ・レニエールの晩餐会が提示したモデル――実際、曲がりなりにもモデルと言えるもので、それというのも、敢えて自分もやろうという者はいなかったが、皆が論じたし、一七八〇年代初めから第一帝政(一八〇四~一五年)にかけて、グリモはタルマ、ボーマルシエ、サドらの著名人に衝撃を与えたからである――は、見せ物的要素と特異性を喧伝し、同時に、批判的に積極的にコミットするやり方で、裕福な徴税請負人のエリート層を断罪しているのである。

グリモは、貴族の放蕩ぶりに対する、さして独創的でもない批判(多くの者は、ほかならぬ頽廃の証拠と見た)に、新たに強力な厭世主義的なメッセージを付加した。晩餐会をあのように演出したとき、グリモは、「国王の大膳式」や、啓蒙主義的な、より普遍的な大望のうちにも内在する排除の論理を、二つながらに告発する機会を造りだしたのである。フリーメーソンの秘儀も、アカデミーの図書館も、グリモの葬儀めかした晩餐会と同様、来る者みなに開かれていたわけではなかった。グリモの晩餐会――見物人の前で繰り広げられる一連のわけのわからぬ疑似民主主義的な祭式――は、絶対王政の儀式と、儀式の廃止と友愛の確立を訴える新たな諸制度とを、同時に論《あげつら》うものだった。両者とも穿鑿の対象になる。誰もグリモの風刺の射程から逃げられないのだった。

グリモは、切符を見物人に配ることにより、「公的生活」の領域を広く目に見えるものととらえるか、簡単に接近できるものととらえるか、その緊張関係を際だたせることとなった。見物人は食事を見ることはできたが、わずかに垣間見ただけで移動を余儀なくされ、その晩の中心的な秘儀（食事）を禁じられ、それを理解することも許されなかった。グリモ・ド・ラ・レニエールの晩餐の祭式は、有名な幅広い受け入れ方針（フリードリッヒ・グリムは客のことを「巧妙な斑模様」と呼んでいる[11]）にもかかわらず、見る側の無知なる者と、食べる側の鑑定家との間に明確な一線を引いたのだ。見ることは許されても、理解することは保証されぬまま、見物人たちは、まさにその存在（そして無知）によって、グリモの葬儀めかした晩餐会には解釈を要するという説を裏付けることとなった。この晩の催しは、これといった明確な教訓を提示してはいないが、じかに見た者から次の者へ、それがまた次の者へとすぐさま噂が噂を呼び、パリ中が何かとても重大なことがシャンゼリゼの邸宅で起きたのだと考えるようになった。

グリモ・ド・ラ・レニエールの禍々しい晩餐会が、十八世紀の最後の何十年間で、注目を浴びたり評判を呼んだ食事の最後というわけではなかった。この期間をとおして、ほとんどきりがないほど多種多様な国家主催の食事会や、常軌を逸した晩餐会、いじらしいほど慎ましい食事会などが、傑出したレストランの厨房のみならず、人気誌やパリ警察をも賑わせた。国家も個人――革命家であるなしを問わず――も、多彩な食事会を提案した。一七九〇年の友愛の祭典から、有名なレストランでの食事という祭式化された快楽に至るまで、また一七九四年の共和派による食事会から、ボナパルトの壮麗な祝勝の宴に至るまで、さらにはナポレオンを食事に招きたいとの執念から警察の公文書保管所に職を得た小柄の老婦人から、繊細な料理の終焉を告げるものとしての、グリモによる儀式の拒絶(『食通年鑑』における)に至るまで、[12]まさしく、全国三部会の招集からワーテルローの戦いまでの間、パリは「晩餐熱」に取り憑かれていたように思われる。

大革命の十年間は、これらすべての会席は、とくに政治的な重要性を帯びていた。革命家たちが没頭していた多種多様な問題――公正と平等をめぐる論争、財政と食料をめぐる議論、友愛とフランス国民という問題――は、夕食の食卓に容易に転化され得た(し、実際にそうだった)。食卓に基礎を置く社交性の新たなモデルの発展と流布、味覚と美徳の関連をめぐる新たな議論、個人の食欲と社会的結合の関係に関する新たな概念など、これらすべてが、食事を共有することの意味や機能や位置づけについて根本的な問いかけを発したのだ。質素な食事であれ、退廃的な饗宴であれ、食卓は、具体的かつ象徴的な背景となったのであり、通りの名称や祭典や三色の愛国的な花形記章などと同様に重要なものとなった。

したがって、歴史家たちがレストランの出現の説明として美食学や料理法を超えて、より幅広い社会的文化的要因を求めるとき、一七八九年のフランス大革命の果たした顕著な役割を強調するのも不思議なことではない。ほぼ二百年間にわたって、レストランの発展はこの革命の偶発的な思いも寄らぬ結果として引き合いに出されるのが歴史的にお決まりのことだったからだ。一八〇〇年の旅行案内の著者から革命二百年祭を取材したアメリカのジャーナリストに至るまで、フランス人審美家のジュールとエドモンのゴンクール兄弟からイギリスのマルクス主義者エリック・ホブズボームに至るまで、レストランの起源は、噂や通説によって一七八九年の政治的、経済的、文化的大変動と分かちがたく結びつけられたのである(13)。

十九世紀初頭のフランスの、政治的に非常にぴりぴりした雰囲気のなかでも、イデオロギー的には各人各様でありながら、レストランの増殖の説明には革命の余波を引き合いに出すのが常であった。レストランは、反革命主義者の分析でも、急進主義者の分析でも、同様に重要な役割を果たしている。貴族のジャンリス夫人(ルイ十六世の従弟で後のルイ・フィリップの元家庭教師)は、レストランの広がりと美食文学の発展を、革命の野蛮性のさらなるしるしと見ている。共和派としての熱情が恐怖政治の警察国家のもとで投獄されるまで冷めることはなかった作家のルイ・セバスティアン・メルシエは、革命の偉大なる友愛的瞬間を特徴づけた家族の食事（現実のもの、および想像されたもの）を破綻させるものとして、レストランを断罪している。[14]より楽観的な見通しを概略するのは第一帝政期に名を馳せた弁護士ピエール・ジュアールで、ナポレオン時代のパリのレストランは、共和派の理想を民主化された料理という形で推進したと断言している。[15]それぞれ革命からの影響の受け方は異なるが、これらのどの論者も、レストランをともかくも革命の派生物の一つと見る点では一致していた。革命が実際に改めて時間と空間を創始しようとしたという確信に基づき、王党派も共和派も同様に、レストランを革命による日常リズムの断絶のある種の証拠と見ていたのである。[16]皆が皆、真の革命は生活のあらゆる面で――食習慣や食事時間を含めて――徹底した激変を必要とするというジャコバンの見解を受け入れたと言えるかもしれない。

これらの論者たちがとにかくも見過ごそう（あるいは、無関係として拒絶しようということかもしれないが）としたことは、もちろん、レストランが実際に出現したのは一七六〇年代だったということだ。疲れを知らぬ企業家マチュラン・ローズ・ド・シャントワゾーによって創出され、博識な哲学者ドニ・ディドロから喝采を浴び、通俗的なブールヴァール劇の劇作家によってパロディー化され、パリ高等法院（フランスの最高裁判所）によって認可されたレストランは、パリ生活に定着するのに革命は必要としなかったのである。もし、いかにしてレストランが、商業的、医学的意味づけがなされた旧体制の感性の産物ではなく、動乱の革命期の創造物のごとく見えるようになったかを理解しようというなら、この十年間に創出された多くの他の選択肢と関連させて吟味しなければならない。レストランと関連した行動様式や消費様式に関して、何が独自の（革命的とさえ言ってもいい）ものだったかを理解するためには、政治的祝宴や友愛的晩餐をも考慮しなければならない。一七九〇年代にあって、人前での食事行為に注目を集めるのに最も貢献したのはこれらの形態の方だったからである。

概して、これらの革命期の食卓は、すでに初期のレストランの特徴であった個別の給仕法や、様式への配慮とは著しく対照をなしていた。提案したのが哲学的精神を持った貴族（ヴィレット侯爵）であれ、怒れるサン・キュロットの一群であれ、恐怖政治の公安委員会の一員である弁護士（ベルトラン・バレール）であれ、革命の理想的な食卓は、連帯と一様性の空間として機能していたのであって、特異性や嗜好の空間としてではなかった。また、平等と生命維持を約束したのであって、差異や体力回復を約束したわけではなかった。それまで旧体制下のレストランが請け負っていた社会的文化的差異化の様態に真っ向から挑むかのように、革命期の共同体的食事は、食卓に基礎を置いたあらゆる社交形態に必然的に注意を集中させることとなった。

これら公開の食卓の急増により、レストランは、さらに拡大された、明白に政治的な一連の情況《コンテクスト》のなかに位置づけられることとなったが、同時にその役割も、医学的なレトリックの革命への転用――差異や個性というあの言い回しをしばしば新奇に、そして対照的に展開する――という点で強調されることとなった。一七八八年八月、全国三部会（フランスの議会で、一六一四年以来招集されていなかった）の招集に関するルイ十六世の下問に対して、フランスの健康状態は衰弱しているとの風刺文書家たちの評価が氾濫した。王国の状態についての診断は、ヴォルテールやルソーの健康報告書がそうであったように、広く行きわたった。[17] 統治体《ボディー・ポリティック》の状態をめぐる何十もの政治的小冊子において、健康や安寧に関する論説がすぐれて国家的な意義を帯びることとなった。というのも、これらの論者たちが医学用語を人間から社会全体に転用するにつれて、医学用語は身体的症状を規定する手段というより、社会的不正を糾弾する道具に変わったのだ。それまでは個人の健康回復の問題であったものが、政治論争の論題となり、改革を求める怒号の核をなすに至った。「百二歳の小さな老婦人マルゴーから三部会への手紙」と題する匿名の攻撃文書は、フランスの貴族は皆が皆「何でも飲み込むが、何も消化できない胃袋」のようだと糾弾している。[18] 国家の財政困難を身体的疾病と見なし、膨張する国費を均衡のとれた歳入の配分によって癒すべき病苦と見なす論者が増えてくるにつれて、かつてはレストランを繁栄させる一助となった「繊細さ」という謳い文句が裏目に出て、今やレストランは、イデオロギー的に怪しく、政治的に胡散臭い連中のものと見られかねなくなった。レストランの客が風味豊かな煮出し汁とクリーミーなプディングに癒しを求めていたのに対し、これらの論者はいっそう徹底した荒療治を提案していたからである。例えば先の「小さな老婦人」の攻撃文書は、「このような胃袋は、いつものクッキーやらコンソメやら砂糖やら凝った料理にしか向いておらず」、手術をして国家から摘出すべきだと忠告している。

国民の「大膳式」

「友愛的な」宴会は、相変わらずフランス革命の不朽のイメージの一つである。[19] 一七九〇年七月、連盟祭のためにシャン・ド・マルスに何千人もが集まったときであれ、共和暦二年メシドール（一七九三年十一月に導入された新しい共和暦では「一七九四年六月末」のことはこう名付けられた）、質素な共同食事会のために街路の長テーブルに並んだときであれ、革命の象徴としてのパリ市民は、一塊のパンと一瓶のワインでその連帯を確認したのである。一七八九年八月の沸き立つ興奮のなかで、ルイ十六世は「フランスの自由の回復者」という形容詞を得て、この異名（*Restaurateur de la liberté française*）はメダルにも大衆誌にも現れ、国中に知れわたった。[20] たしかにルイは全世界の友であったし、全フランスも回復され得たであろう。後に王政の評判が急落し、ヴェリー兄弟のような有名なレストラトゥールでさえも単なる〈仕出し屋〉と名乗るようになると、市当局は、「最高存在の祭典」の誠実、献身、不屈の心意気を「最も正しく特徴づける」のは、依然として、質実剛健な（スパルタ風の）友愛的晩餐であると主張した。[21]

過去二十年間に多くの歴史家たちが論じてきたように、フランス革命とは、主として、意味の定義をめぐる格闘であり、新たな象徴の秩序（そしてそれゆえに新たな政治的秩序）を創造しようという奮闘であったとするなら、共同食事会もこの論争から免れることはできなかったはずだ。[22] しかし、食卓は、単に象徴であっただけではない。いやむしろ、実際上、象徴としては「自由」のような抽象的な善も、また出版の自由のような政治的権利も表象することはなかった。かわりに、現実の差し迫った物質的必要へと執拗に注意を促したのだ。他の歴史家たちが論じているように、フランス革命は、破産、食糧不足、凶作、他国の侵略の脅威など、一連の現にある物質的危機によっても突き動かされていたからである。[23] 政治生活を定義しようという努力の果たした役割は、「フランス革命」と呼ばれるあの時期にあって決して小さくはなかったし、またそうした奮闘こそ意味の付与のやり直しを強いるものではあったが、食卓は、まさしくその実体の、議論の余地無い物質性ゆえに、完全に、また十分に象徴化されることに抵抗したのである。食べ物は、万人に共通な消費の範疇に属するものとして、何であれ一つの党派や集団が権利を主張したり独占したりできるような象徴ではない。食べ物は、描写されるとともに摂取されるものであり、また考えるべきものであるとともに食べるべきものであって、純粋に隠喩的たりえなかった。隠喩的であるとともに換喩的であり、また作るべき象徴であるとともに象徴を作る者の身体の一部であって、食べ物は日常的な関心事をより壮大な野望と合体させたのである。

私はここで、物質的条件が、同様に不可欠な社会の論理より、ある種「卑俗な」レベルでともかくも優先するなどと言っているのではない。むしろ、人々は衣食住と、かつ何らかの一貫した信仰体系の両者を必要としていたのだ。[24] だがしかし、信仰体系と物質的条件とが真っ向から対立する場合（例えば、共同食事会は平等を生むと言いながら、その食事を用意する責務を負うべき奉仕者の存在にたじろいでしまうような場合）、衝突や対決や意味の動揺が生じてしまう。食卓は簡単な理論化を拒むのだった——何らかの試みがなされるや、決まって左派や右派（通常は左派）に対して、誰が食べ物を出すのか、誰が皿を洗うのかという批判が起こった。さらに、これと同時に、共同食事会はフランス人にとってあまりに強力なイコンで、あまりに大切な夢でもあったので、単なる専制政治の空虚な迷信の一つとして排斥することもできなかったのである。

人々が食事を共にするとき、いったい何が起こったのかを理解するために、哲学者やジャーナリストはしばしば古代との類似を持ち出した。[25] 古代ギリシャ・ローマの「日常生活」に対する関心とその知識は、幾多の考古学上の発見に刺激を受け、幅広い情況《コンテクスト》で普及したため、既に十八世紀を通じて広がっていた。こうした動きの中心にあったのは、古代の料理の魅力と古代の討論における礼儀の賞揚であった。十八世紀中葉のヘルクラネウムとポンペイの考古学発掘調査では、キリスト教以前のパイの皮が出土しており、一七八二年発刊のル・グラン・ドッシーの三巻本『フランス人の私生活の歴史』はフランス人の食餌法の起源をガリアの時代にまで遡っている。また一七八八年には、ジャン＝ジャック・バルテルミーの長大な空想旅行記『若きアナカルシスのギリシャ旅行記』が、ページをめくる書籍の体裁で古代歴史と古代考古学の研究成果を紹介し、以後版を重ねたが、これには食餌法についての章がいくつも含まれていた。同年、宮廷肖像画家のエリザベート・ヴィジェ・ルブランは、バルテルミーの小説に触発されて、有名な食事会を催し、彼女なりの質実剛健な食事を客たちにふるまった。一七八九年の出来事のうち、それほど知られていないものの一つだが、ルフェーブル・ド・ヴィルブリューヌが金縁の豪華な二折判で、アテナイオスが著した古代の食卓に関する知識の類い稀なる集成『食通大全』を初めてフランス語完訳版として刊行し始めた。[26] しかし、一七八〇年代や九〇年代の男女が霊感を求めて古代に目を向ける場合しばしばそうであったように、彼らを待ち受けているのは（上記のいくつかのリストだけでも窺えるように）有り余るほどの模範であって、一つの模範が次の模範の足下をすくいかねないのだった。革命期の共同食事会は「スパルタ風の簡素さともてなしへの回帰」を意味するという者もいた――他方、こうした食事会を批判する者は、カエサルが自らの独裁をより口当たりのよいものとするために「ローマ国民に施した饗宴」の模倣と見ていた。[27] この時期の食卓をめぐる暗示的意味は一つの対をなしており、何十年にもわたる「私生活」の歴史と「新旧論争」における料理法の展開とが二重の遺産を残していたのである。最小限の食べ物を平等に分けるという、ある意味で古代風の「友愛的な」モデルは、豪奢、放蕩、道徳的堕落の、最初の――そしてそれほど無邪気とは言えない――徴候としての食卓という対抗モデルと必然的に衝突することとなった。ある説によれば、質素な食事を公正に分け合うことにより、新たな絆が生まれ、現実参加《コミットメント》の分担意識も深まり、社会は強固になろう。これは、文献学者アンヌ・ダシエをはじめ、その他多くの古代賛美者たちによれば、古代ギリシャの習慣であった[28]。したがって、共和国の三つの主要な美徳のうち、宴席で最もよく引き合いに出されるのが「平等」でも「自由」でもなく、絶えず無定形で法制化しがたい「友愛」であったのも驚くには当たらない。一七八九年七月の興奮のさ中にあって（バスティーユ襲撃からわずか数日後）、シャルル・ド・ヴィレット侯爵は、パリの住民のすべてが街路で夕食をともにするだけで友愛は達成されると提案している。自分たちの食卓を持つ集団や「何時でも」入手可能なサービスについては不問に付して、この改革志向の侯爵はユートピア的な光景を描いているのであって、この瞬間のことを次のように記している。「そのとき、富める者も貧しい者も一つになり、すべての階級が交わるだろう。（……）首都は端から端まで一つの巨大な家族となり、百万もの人々がみな同じテーブルに腰を下ろすのが見られるだろう。教会の鐘の音と百発もの砲声に合わせて乾杯の酒が飲み干されることだろう。その日こそ、国民が〈大膳式〉を催すことになるのだ」[29]。歴史家のモナ・オズーフが論じているように、ヴィレットは、このように理想化された食事会を、一つの催しの祝賀や記念として見ていたのではなく、それ自体で革命的な行為として、また脚光を浴びる場所で食事を共にすることによる統一の劇的な法制化としてとらえていたのである。(30) 国王の儀式としての食事と同様に、こうした愛国主義的な宴席も、いかなる付随的栄養効果をもはるかに超えた象徴的効果があるということになろう。

「大膳式」という名の、見物人に公開したしきたりずくめの食事は、何世紀にもわたって、見る者に対し国王と自分を隔てる距離を印象づけてきた。王は金銀の皿からものを食べ、三人の男が、それぞれわずかに異なる仕事を受け持ち、王の杯を満たすこととなっていた。絶対主義の宮廷における他の儀式と同様に、「大膳式」は、王の最も卑俗的な身体行為を、飾り立てた、そして間近に見られる祭儀へと変えたのだった。(31) だがしかし、十八世紀末までには、「大膳式」は他の宮廷儀式とともに、多くの者にとって形骸と化してしまっていた。最早畏敬の念を抱かせることはなく、むしろいささかの困惑を引き起こしていた。アーサー・ヤングは、「壮麗というより異様」と形容しているし、あるフランス人作家は、国王の公開の食事などという古い風習が残っているのはフランスだけだと論じている。しかも誰も理由が分かっていないのだ。「見て嬉しいと思う者もいる」と、この匿名の論者は続ける。「しかし、なぜかは分かっていない。無関心の者もいるが、彼らとて無意識に足を運ぶ。(……)そして、これら豪華な食卓の光景を後にするとき、そのうちの何人が、昼食や夕食に何を食べようか何も考えないでいられようか」。(32)

もしこうした空腹の見物人がおらず、王と臣下の区分や参加者と見物人との区分に依存するものでなかったら、「大膳式」はどのような形式になっていただろう。どうすれば、フランス全体が「大膳式で」食事することができただろうか。これらの問いはそれまで何十年にもわたって絶対主義国家の批判者たちを困惑させてきたが、少なくとも一つの有名な「哲学的」（すなわち不法な、あるいは反体制の）文学作品に独創的な解答を提示するよう促した。ルイ・セバスティアン・メルシエは、一七七〇年にベストセラーになったユートピア小説『二四四〇年』で、その十八世紀の語り手もほとんど生まれ故郷とは分からないほどの空想上の未来のパリを描いている。(33) メルシエの語り手が（相当細かく）「夢見た」世界においては、信用は廃止され、教会からは装飾が剝ぎ取られ、アナクレオンやホラティウスやボシュエの作品は焚書にあう。少数者の豪奢と多数者の貧困と最早対照されることはなく、人の代わりに法が支配する。未来においては、空腹と飽食はともに廃されている――というのも、富者が貪欲でなければ、貧者は空腹にはならないからだ。旅行者はみな、年輩者や妊婦や孤児と同様に、その国の王たちが賑やかに整えてくれる開かれた食卓で食べ物にありつけることを知っている。美味なスープ、野菜、果物、わずかな肉を共にするよう誘われて、この時間旅行者は、メルシエが「宿屋の王（*le prince aubergiste*）」と呼ぶ者の富の公正な分配に与り、「上品で活発な会話」に加わるのである。(34)

その「簡素な」食事の間に、語り手は十八世紀フランスの生活状況や料理の特徴を述べて、未来の人々を仰天させる。当時は、三百人の料理人で十二人の食事の準備をしたほどで、また狩りは有閑階級の高価な娯楽だったと彼は話す。彼の案内人には、変質したワイン、腐った穀類、収穫の不手際――彼はこれらの罪業を怠惰な富者の寄生ぶりと〈仕出し屋〉やワイン商の貪欲さに帰している――の話をして聞かせる。これらを十八世紀の食糧事情の主たる問題と認め、また政府の介入を問題改善の基礎と思うとき、メルシエは、彼の同時代人の多くと同じように想定していたのだ。多くの者と同様に、メルシエは、利益に飢えた商人や店主たちを非難し、太っ腹の国王が事態を解決してくれるよう請うていた。作品に出てくる二十五世紀の宿屋の王は、「国民の父にして扶養者たる王」という昔からの神話が、地元の街角の簡単に目に付く現象のうちに現実化されたものにすぎないのだった(35)。

一七八九年までには、何万という読者がメルシエの「宿屋の王」に慣れ親しんでいた。国民の「大膳式」に空想をめぐらすとき、ヴィレットの頭には個人の貪欲さと公の寛大さという同様の二分論があったが、メルシエの、どちらかと言えばまだ近視眼的な展望に比べれば一歩踏み込んでいた。メルシエの描く未来のパリには相変わらず王が必要であり、豊富で滋養あふれる食事を提供するに紋章で飾られた入り口と壮麗な接見の間を要したが、ヴィレットの描く街は、その饗宴をほとんど自発的に生み出すことができるように思われるからである。彼が国民の「大膳式」に思いめぐらすなかで、貴族が出てきてこうした街路での食卓に何を用意すべきか言及したり、その食べ物がどこから調達されるのか暗示することもない――それでも、それはそこにあり、社交的相互作用の体裁を整えるだろう。ヴィレットは、第一に食卓の持つ力によって社会的な絆が生み出されることを求めて、見物人も、演出も、また往々にして食べ物すらもないような儀式的な食事を夢想するようになっていた。すなわち、ルソーの言う理想化された、見物人いらずの祭典をそのまま食事に当てはめたものだ。(36) ヴィレットが描いているように、彼の考える「大膳式」では、観客も礼儀作法も前面に出てこないだろう。このような食事を共有することは、示威行為や存在の誇示以上のことを生むだろう。王の食事ならいかなる細部も社会的な差異を強調するであろうが、この愛国的宴席ではこれとは異なり、富者と貧者を一つの巨大な家族に融合して連帯を生み出すこととなろう。(37)

ヴィレットは、生物学的な家族モデルを用いて、比喩的な家族モデルを構築している。後に彼は、冬は「結婚の季節」であるがゆえに友愛的食事に適した季節であると断言している。結婚式のお祭り騒ぎについてほっとするような説明を加えている。すなわち、彼の言う「大膳式」は、社会的政治的秩序を根本から再構築するものであると同時に、伝統的な暦を尊重し、日常生活の慣れ親しんだ行動様式を保持するというものであった。ちょうど〈仕出し屋〉における日々の定食用テーブルや婚礼の祝宴がそうであったように、ヴィレットの考える宴席も基本的な日常の社交様式を是認するものであった。曰く、「かかる市民的宴席では、諸家族の結集、憎悪の忘却が見られるであろう（……）かかる周期的な饗宴は、われわれに人の人生行路を思い起こさせるだろう[38]」。彼の描く世界では、革命は社会秩序を転倒させることはない。ただ、失われた家族的無垢の状態へと回帰させるだけだろう。

第一回連盟祭（一七九〇年七月十四日）の祝賀に際して催された食事会こそ、ヴィレットの計画にもっとも近似するものであったかもしれない[39]。連盟祭については多くのことが書かれてきた。当時も、その後の何年間も、また現在の歴史記述の伝統においても、共和主義者と歴史家たちは連盟祭を革命期の楽観主義の絶頂、高潔な共同社会的労働の頂点として引き合いに出してきた。バスティーユ陥落一周年記念の喜ばしい調和のひとときに、フランス全土から声が挙がり、等しく国家への忠誠を誓い、何千もの口が奇跡的にも同じ言葉を発した[40]。夥しい数の大衆紙、扇動的な記述、記念の芝居などが伝えているように、今や立憲君主であるルイ十六世もこの騒ぎに加わり、シャン・ド・マルス練兵場を一つの円形競技場に変え、国家への忠信を宣誓した。何万もの地方民や軍人の参加者が、この見せ物に加わろうとフランスを横断した。女性も子供も、貴族も職人も、皆が皆歓喜のうちに、また愛国心から自発的に、手押し車を押して祖国のぬかるみの中を通っていったのだった[41]。二週間以上の間、パリは愛国的な歌と歓喜のダンス、そして友愛的な宴席に酔いしれた。七月の後半には国民軍は「全区で食事」を約束した[42]。連盟祭の前日に当たる七月十三日には、「新奇な光景に惹かれた」二千人以上の観客が国民議会のメンバーとしてパレ・ロワイヤルの「円形競技場」で「愛国的な」食事を共有している――かくして「大膳式」は万人にとは言えないまでも、少なくともその代表者にまで拡大されたのだった。[43] 別のめでたい席としては、ラファイエット将軍が地方からの参加者を、ラ・ミュエット公園の森の下に設えた「終わり無き食卓」での饗宴に招いている。公式の食事の後、パリの貧者たち(一説には優に五千人はいた)が入場を許され、食べ残しのお相伴に与ることができた。[44] これよりわずかばかり早く催された愛国的食事会(「球戯場の誓い」の一周年を記念するもの)では、ヴェルサイユ市民が何人もの代議員を歓喜の食事会に招いた。この食事会の最後には、「幼く可愛い子どもが〈自由〉の精のような衣装を着て」厚紙でできたバスティーユの廃墟から現れ出たという。[45]

食事の場での自発的な一体化を描いた芝居が、この時期の劇場にもあふれた。七月中旬、〈パレ・ロワイヤル座〉ではロンサンの『愛国者の晩餐』を上演し、〈フランス抒情劇場〉では同時期に『シャン・ド・マルスの夕餉』をやっていた。[46] 劇作家ジャン゠マリー・コロー・デルボワ(後に恐怖政治の無情な公安委員会の一員として名を馳せる)は、市民連盟に捧げた作品のなかで、ちょうどヴィレットがしたように、市民的な意味での家族を援用して、政治的な意味での家族の意味を理解しようとしている。というのも、彼の戯曲『愛国的な家族、あるいは市民連盟』(一七九〇年)のなかで、女性主人公は誠実で勤勉なフィアンセと七月十四日の早朝に結婚し、そうすることで悪い叔父が仕組んだ貴族との見合い結婚から解放されるのだ。彼女の父親がシャン・ド・マルスの荘重な儀式から戻るとき、一緒に四人の連盟祭参加代表（*fédérés*　地方代表三人と在郷軍人一人）を連れてきて、娘の婚礼の祝宴に招待する――ここの描写では、〈仕出し屋〉による婚礼の祝宴が、市民連盟の主張するフランスの連帯を文字通り立証しているのだ。(47)市民連盟そのものは舞台に乗せることができないので、コロー・デルボワは、芝居を締めくくるに華々しさには欠けるものの、より親しみのある婚礼の祝宴というイメージを選んだのである。(48)

しかし、連盟祭のこの瞬間こそ比類無き「高揚」の瞬間であり、共同食事会こそかかる高尚な感情のとくに好都合な便法であったとしても、催し物全体としては、いずれの立案者にとっても悪夢ともなった。フランス全土から、さらには外国からも集結した五万人もの参加者が、どこへ行くとも何をするとも定かでないまま首都に殺到するのだ。(49)今日、連盟祭そのもののイメージはわれわれにとって馴染みのものとなっている。ラファイエット将軍とタレーラン司教が（一日中雨だったので二人ともずぶ濡れで）「祖国の祭壇」に立ち、参加者たちは「確固たる友愛の絆により全フランス国民と一体であり続ける」ことを誓い、ルイ十六世は憲法の支持と法の施行を誓うというものだ。(50)しかし、こうした神秘的な一体化の瞬間も何週間もの重労働の末にやってきたのである。というのも、かつては平坦だったシャン・ド・マルスも改めて平坦にしなければならず、堂々たる三重のアーチも（やっつけ仕事ではあったが）ゼロから建設しなければならず、これに関わるすべての者に家と食料を準備しなければならなかったからだ。

会場整備のための何千人もの労苦は、画家ユベール・ロベールや版画家デュプレシス＝ベルトーやスヴェバック＝デフォンテーヌに祝典にうってつけの題材を提供したが、他の兵站術上の難題はすべての岩塊の移動より解決しがたく、象徴的に解消するのも容易ではなかった(51)。例えば、憲法制定議会は軍隊の代表をどうやって選出するか――選挙か、くじ引きか、年功か――について何時間も論争している。結果的には年功によることにしたが、その理由は、代議員オベルジョン・ド・ミュリネーの言葉によれば、それこそ「自然」の巡り合わせであるからだ(52)。また別の厄介な問題としては、連盟祭への地方代表は旅費は自腹とされていた以上、故郷の共同体では裕福な市民に属するようだが、はたしてパリでの食費や滞在費まで自腹と考えてよいのかというものだった(53)。たしかに、多くの商人はそうすべきだと考え、連盟祭の高揚した精神は金儲けのための雰囲気作りにもなると期待していたのだ。ビュット＝デ＝ムーラン地方の代表が地方人の流入で一儲けを企む宿屋やレストラトゥールを公然と非難するや、カフェの店主兼レストラトゥールで祭典の主催者でもあったガエタン・ヴェロニーは、自分の店で食事をする五十名以上のいかなる団体にも無料で軍楽隊を聴かせるとして客を誘った(54)。シャン・ド・マルス付近の土地所有者は、その地所をレストラトゥールやカフェの店主に貸そうと試みたし、菓子職人ルサージュは店の多様なパテやアーモンドケーキは「シャン・ド・マルスをはじめとする祭典」に最適のピクニック用食べ物だと宣伝した(55)。

それでも、こうした商業活動の隆盛にもかかわらず、パリ市が行った「地方」会合で出された提案からは、生まれ変わった国家には、いずれ宿屋もレストラトゥールも必要でなくなるだろうということが読みとれる。「もてなしは革命の最初の祝福の一つである以上、善良なる市民は誰でも、連盟祭のためにやってきた代議員に自宅を提供しようと殺到している」と、ある愛国主義者は主張している(56)。別の者は、十人の代議員に対して喜んで宿と食とを提供すると喧伝している(生まれ故郷のロクロワ出身者を明らかに優先しているところを見ると、その「友愛」意識も文字通りのものでしかないように思われるが)(57)。英国女性のヘレン・マリア・ウィリアムズは英国人の文通相手に宛てた手紙で、連盟祭は「名状しがたい」と形容しているが、それにもかかわらず、地方からの全参加者をパリで待ち受けている「この上なく真心のこもったもてなし」に敬意を表するだけの言葉は見いだしている(58)。急進的なジャーナリストであるルイ・プリュドムは、ウィリアムズに比べれば目眩の度合いはやや軽いが、連盟祭を計画した市や国の当局者に情け容赦ない言葉を発する反面、大衆は粗野で無秩序に歓迎するだろうという予想に反して、「個人としての礼儀と極めて丁重なもてなしぶり」を示した純真なパリ市民に賞賛を浴びせてもいる(59)。

フランスの一大晩餐会について風評は数知れないが、その中には、プリュドムや急進的なジャーナリスト仲間であるカミーユ・デムーランなど、一七九〇年七月の記念食事会をそれほど好意的には見ていない者もいた。デムーランは、ラファイエット将軍が催したラ・ミュエット公園の晩餐会で食べ残しを食べることを許されたパリ市民について、彼らは連盟祭の公式晩餐に着ていくだけの「礼服」（すなわち、国民軍の制服）を持ち合わせなかったと言っている。国民の「大膳式」には、国王によるものと同様、服装の決まりがあったのだ。デムーランは、これらの晩餐会をラファイエット将軍の自己満悦にすぎぬとし、次のような明白な難題を指摘している。「大勢を夕食に招こうと思い立ったら、第一の関心事は誰か料理を給仕してくれる者を見つけることであるにちがいない[60]」。楽しい饗宴に集うフランス国民の話をするのは全く結構なことだが、誰が給仕をするのかとデムーランは書く。最も重要なこととして、誰が勘定を払うのか。この晩餐会では、誰が主人で、誰が客だったのか。友愛的な食事会は、「ローマの貴族たちが民衆を堕落させた」あのパンとサーカスの焼き直しへと簡単に姿を変えうると彼は暗示している[61]。

むろん当初は、ラファイエット将軍に対するデムーランの変わらぬ不信、また、将軍は国民の利益を念頭に置くにはあまりにも緊密に宮廷と結びついているのではないかという疑念に駆り立てられて、友愛的晩餐会の愉悦には懐疑的な記述に傾いたのだろう。それでも彼は、ただ食卓の向こう、友愛的な共感の瞬間の向こうに目を向けることにより、こうした先入主をあっさりと決定的なものとし、そもそも食べ物とワインがどのようにして食卓までやってきたのかを問うた。事実、デムーランの批判は、あのラブレーの十五分の亡霊を呼び起こした。勘定を支払う段になったとき——そうなるのは避け難いと彼は言う——ウェイターは勘定書を誰に渡せばよいのか。国民の愛国的な宴席についてヴィレットやラファイエットが描く理想においては、食べ物は収穫も調理も給仕も支払いも必要がないものだった。ただ公正で上品な賜物として現れて、人々をある一点に結集する機会を提供したのだ。彼らの国家モデルには「大膳式」は含まれていたかもしれないが、それに付随する「食事係（*Service de Bouche*）」も、厨房一杯の有能なシェフも、食料準備室や通路に溢れかえる大皿を抱えた、儀式としては重要な貴族の姿も念頭になかった。

事実、連盟祭をめぐる記述の大半は、何であれ友愛的なもてなしの実際的状況について、いかなる議論も避けていた。例えば、「一七九〇年七月十八日以来催された愛国的祭典、照明、宴席などについての詳細」を述べるとした小冊子でも、実際、宴席についてはただの一つも触れられていない。プリュドムの『パリの革命』紙も、民衆が主人となった最初の祭典として連盟祭を長々と讃えるばかりで、「宿屋や仕出し屋が用意したいくつかのテーブル」があったと、ごく短く暗示するだけだ(62)。これらの文献はみな、国中の宴会気分を共有しているが、あまりにも理想化されており、その具体的な形態についてはほとんど何も残していない。コロー・デルボワの『愛国的な家族』においてさえも、台本によれば婚礼の祝宴は「隣室で」催されたとある（つまりは、舞台の上には現れず、結局は実在しない）。

饗宴を舞台にのせたら、連盟祭は、誰かが食べるのを観客が見るという、絶対王政の儀式の論理をある意味で更新するような情景を呈してしまっただろうからだ。芝居の道徳的教訓(実際、革命期の演劇は高圧的な教訓に傾いていた)としては、国家のすべての支持者を(従僕や在郷軍人、そして連盟祭参加代表をも)もてなすように観客を促すことにあった。しかし、こうした教訓的な点を舞台にのせることは、かなり逆説的なことだが、絶対王政の宮廷の「冷淡で空疎な礼儀作法」(63)を引き合いに出すこととともなってしまう。婚礼の祝宴は、ここでは連盟祭をより直接的で親密で私的にしたものとして作用しているが、それでも舞台からは排除されなければならなかったのだ。コロー・デルボワは、革命に相応《ふさわ》しい食事をどう描くかという問題に対処するに、地方民やパリ市民に食を提供するという現実の兵站術は脇に置いて、実際に示すことなく、ただ暗示するだけにとどめている。この三文劇作家にして将来のテロリストは、支払いを受ける〈仕出し屋〉やチップをもらうウェイターについては度外視して、この気前のいい饗宴を舞台の枠組みの埒外に置いたのだった。

連盟祭の理想から言えば、もてなしは、一人あたり五ないし十五リーヴルで買うサービスではなく、尊重すべき基本的な美徳であった。すでに学説となっているように、連盟祭は、ヴィレットの「大膳式」と同様、絆を生み国家を創出するものだった。主催者側は、この重要な任務を軍楽やレストラトゥールの食卓や愛国的な花火など、ばらばらに繁栄していた商売に任せるのではなく、特定の団結の瞬間に友愛を国家レベルで制度化しようと試みたのであった。新たな国家においては、もてなしの売買はないことになっていた。革命という理想に燃えた時期には——おそらく、原初の人間が共有していた模範的なもてなしに関するモンテスキューやルソーの教訓を想起してだろう——飲食や宿の供給を堕落した商売の支配から遠ざけようと試みたのである。(64) 兄弟愛と友情の確固たる絆がすべてのフランス人を結びつけている以上、そして、すべての夕餉の食卓は小規模の友愛的食事である以上、国家はどうしてレストランの個室を必要とするであろうか。

各家庭が門戸を開放して炉の準備をし、しかるべく実践すれば、もてなしは、家庭生活と公共生活との区別をほとんど時代遅れのものとするだろう。連盟祭の一年後に法制化されたフランスの新しい刑法は、まさしくその実践まであと一歩まで来ていた。見たところもてなしが介在する相互作用なら、場所を問わず何でも神聖なものとして見境無く重視したからである。この一七九一年の刑法は、この年の夏の間に討議され九月に可決されたもので、憲法制定議会の定めた最後の法の一つだが、いくつもの注目すべき点——有名無名の差はあれ——で過去との訣別をはかっている。まず、同一基準からなる刑法を確立したことであり、犯人の階級や地位は不問に付した。異端、呪い、妖術などの「想像上の」罪を撤廃する一方、フランスに対して武器を取ることは死刑に値する罪とされた。また、この刑法では、議会でなんらの討議も議論も経ぬまま、窃盗を二つの部類に分けているが、これももてなしに関連づけられる。大抵の場合、窃盗の有罪判決には一般的に四年の強制労働が科されたが、下僕が主人から（あるいは主人が下僕から）、来客が主人から、また主人が客から物を盗んだ場合は、刑期は倍になった。後者は、旧体制下の刑法では下僕が主人からものを盗んだ場合最高刑は死刑だった（もっとも十八世紀末には実際の死刑になることは稀だったが）ことを考えれば、家という聖域を守り、すでに定着していた伝統に基づくものであった[65]。だがしかし、一七九一年の刑法が行ったこの種の窃盗罪の適用範囲の拡大には目を瞠るものがある。保護目的で厳罰化したこの刑罰の適用を拡張して、「ホテル、宿屋、キャバレー、料理店（「仕出し屋の家 *maison de traiteurs*」）、家具付きの貸間（*logeurs*）、カフェ、公衆浴場で犯した窃盗」もこれに含めることとし、その一方で、「劇場、商店およびその他の公共建築物」はこの部類からことさら除外している[66]。

革命期の刑法は、世界を、何であれ今日われわれが考えているような私的圏や公的圏といったものに分割することはなかった。「公共の」建築物と「公共の」浴場とを切り離し、商店と「公共建築物」を同一視する一方で、より警戒怠りないキャバレーや料理店、あるいはレストランをもう一方の部類に置いたままであった。こうした分割には、いくつかの実際的な理由が幅を利かせている。つまり、犯罪者から見れば、織物屋から布地を一反盗むより宿屋の食卓からフォークをかすめ取る方が、どうしたってはるかに簡単なことだったし、また、手先の器用な連中には、劇場よりもレストラン（普通はそれぞれのテーブルに塩入れ、銀食器類、ナプキンが用意されていた）の方がずっと誘惑が大きかったにちがいない。しかし、このような単なる現実的な問題だけでこの刑法の論理を十全に説明することはできない。というのも、盗まれた品物の価値によって判決の厳しさが決まるわけではないのは明らかだったからだ。サントノレ通りの仕出し屋兼レストラトゥールであったジラルダンの店からナプキン三枚を盗んだ元修道士には、八年間の重労働の刑が科せられたのに、宝石店からはるかに高価な時計を盗んだ中古品業者のベルトーは四年の判決だった[67]。この法律の制定は、ことさらに「公共道徳」を守ろうとしたのではなかった。というのも、十八世紀の公共生活についての理論家（過去、現在を問わず）が商店よりもカフェの方がずっと公共的――共有し、広く知れわたり、富や地位と無関係に入れるという意味で公共的――としているとしても、こと劇場となると、刑法ではカフェとは反対に商店と同類とされながら、革命期の十年の典型的な「公共」空間の一つとみなす傾向がある。

要するに、この刑法は、物理的な空間や理想化された「圏」と同時に倫理的な要件にも関わるものだったのである。その重要概念は、「公共性」でも「私生活」でもなく、より無定形で古典的な美徳である「もてなし」なのであった。もてなしとは、パリ市民が地方の同胞に示したものであり、あの老夫婦ピレモンとバウキスがゼウスとヘルメスに提供したものであり、ネストルがテレマコスに示したものであった。その昔、友人、親戚、さらには町同士でも、別れに際して貨幣を二つに割るという風習があったが、それはその二つが再び合わさったとき、互いに、そして後世の者であっても、両者を結びつけたもてなしの関係を想起させるためであった。[68] バルテルミー神父の作品の主人公である若きアナカルシスは、小説の上で古代ギリシャをあのように旅して回り、これが一七八八年の読者から大いに感動を呼んだが、彼は宿屋に泊まり、レストランで食べ、カフェで腰を下ろしただろうか。勿論そんなことはなかった。古代の歴史や考古学に関する読書からバルテルミー自身「知って」いたように、「もてなし」は、古代世界では「普通の慣習」だったのである。古代ゲルマン人の社会も、厳格な平等性、勇気、質素、もてなしぶりなどに基づくものだったとしばしば讃えられてきた。ジャーナリストのプリュドムによれば、これらが生まれ変わったフランスに着想を与えることになるのだった。[69]

議会は、宿屋、居酒屋、料理店、レストランを、保護されたもてなしの空間という範疇に含めることにより、金よりも形式を重んじるものとして経済におけるそれらの店舗の地位を再定義したのである。『法の精神』を書いたモンテスキューや、『百科全書』の「もてなし」の項を書いたジョクールによれば、このような変遷は想像もできないことだった。事実、交易と商業の産物であるこれらの店舗こそ、もてなしの撤廃の大元だったからで、近代社会では、王国の顔無き通貨と悪銭の流れが二つに割った護符に取って代わっていたからである。[70] しかし、刑法の執筆者たちは、生まれ変わった徳高きフランスを支配すべき法を起草するにあたり、これからはこれらの店舗も温かくもてなすべしと簡単に決めてしまった。ちょうど、ヴィレットが食べ物がどのようにして食卓までやってくるのか一度も触れずに国民による「大膳式」を描いたように、一七九一年の法律も、レストランの客がその「主人」の顔を見ることはめったにないことに触れぬまま、レストランからの窃盗を「客として迎えられた」家からの窃盗と同等のものと簡単に見なしてしまったのだ。カフェやレストランのドアが万人に開かれ、したがってある意味ではたしかに典型的なもてなしを見せてくれるが、レストランやカフェから帰る条件として支払いが必要であるという事実をこの法律は見落としている。憲法制定議会は、一七九一年の刑法において、レストランと食卓を、商店や劇場とは異なるものとして、市場から公民道徳の領域へと移して法制化しようと試みたのである。

友愛と質素について

パリの興行師クルティウスは、一七八〇年、入念に彫り上げた蠟人形で、ルイ十六世、マリー＝アントワネット、女王を訪ねてきた兄君でハプスブルク家の皇帝ヨーゼフ二世らが食卓を囲む様子を展示することにより、実際にヴェルサイユで食事の儀を目撃した者よりもはるかに多い見物人に対して「大膳式」を公開していた。その数年後、革命の精神にのっとり、この晩餐の客のリストを少し広げて、パリ国民軍司令官ラファイエット将軍と最初の革命派のパリ市長ジャン＝シルヴァン・バイイの人形を加えた。クルティウスは、現実に対応するように、政治的に意義深い食事の光景を拡大して、王の親族のみならず革命の名士をも含めたのだ。(71)だが、さらに何年か後には、蠟人形館では幸福な食事の光景よりも個人の犠牲の光景が展示されるようになった。クルティウスは、王の処刑問題で「賛成」票を投じたためレストランで暗殺されたジャコバン派の議員ル・ペルチエの人形を取り上げたのだった。急進的なジャーナリストのプリュドムは、その『パリの革命』紙のなかで、この蠟人形を使った新たな書き割りを賞賛しつつ、この場所はさらに高揚させる光景、すなわち、一七九三年一月のギロチンによるルイ十六世の斬首の光景を見せるために使われるべきだと述べている。(72)礼節の継続よりも一瞬の断絶から政権に就いた国民公会は、いかなる「大膳式」も持たないであろう。

連盟祭開催から、クルティウスが革命の殉教者たちを展示するに至るまでの年月は、王政の崩壊、戦争の勃発、共和政の宣言、ジャコバンクラブの政権奪取、その結果として国民政府の急進化などを目の当たりにすることとなった。一時は、食料の価格が跳ね上がった。農民が植えた作物は、その農民が共和国の軍隊に徴兵されたため、収穫されないままにおかれた。革命期の紙幣であるアシニャは、あまりにも大量に発行されたため、必然的にインフレーションを引き起こした。食糧配給計画によって友愛的な連帯を強要しようと試みるかたわら、一人ならずの革命家が、パン屋に対して、通常の品々を調理することをやめ、黒小麦粉、白小麦粉、ライ麦粉を混ぜ合わせてただ一つ「平等パン」を作るように要請した。(73)一七九二年二月、首都では食糧不足から街頭で民衆の抗議運動が起きた。だが、ウィリアム・スーエルが指摘しているように、パリの住人が暴動を起こしたのは、生命の糧の象徴であるパンのためではなく、砂糖や石鹸やロウソクを求めてのことだった。[74] スーエルの指摘は特に正しいと考えられる。というのも、「生存」をめぐる急進的革命派のレトリックにより、歴史家たちは長い間、飢饉の危機こそが国民公会の多くの経済政策を生んだ陰の推進力だったと信じてきた。たしかに、国民公会は、一七九三年の九月に「最高価格法」を制定し、戦時努力として「主要生活必需品」の価格統制を行うために、多岐にわたって賃金および物価を決定する一連の法令を発令した。しかしながら、これらの「生活必需品」のなかには、パンやワインの他に、チーズ、バター、蜂蜜、ソーセージなども含まれていた。[75] パリ地区では、政令によって、シャルトル近郊のバターは一ポンドあたり十四スーに決められたが、ロンジュモー産のバターは一ポンドあたり二十二スーとされ、イジニー（乳製品の主要名産地であるノルマンディーにあってバター生産では最も有名な村の一つ）産のものは二十八スー八ドゥニエで販売してよいとされた。「最高価格法」の起草者が微妙な差異について食通ぶりを発揮しているのは、ひとりバターの扱いだけではなかった。蜂蜜にしても、一ポンドあたりの価格は「並の蜂蜜」の場合の十二スー五ドゥニエから、珍重されるナルボンヌ産の場合の二リーヴル十八スー一ドゥニエに至るまで一律ではなかった。[76] たしかに「生存」は革命派のレトリックの中心を占めるものであったとはいえ、革命はパンのみで生存していたのではないのだ。[77]

「最高価格法」の執行に続く数カ月間で、「恐怖政治」が急進的な警察国家という形態の下で制度化されていき、共和暦（日々は聖人にではなく、果物や野菜をはじめとする自然の産物に割り当てられた）も導入された。新聞各紙は、花壇が根こそぎにされ菜園のための空間が割かれていると厳粛に伝えているし、ある闘士は、中心的市場であるレ・アールは「共和国質素広場」と名付けるべきだと訴えている。(78) 国民公会の指導的メンバーは、食卓をめぐって無限に広がるユートピア的な空想に代えて、過酷なまでに退屈な平穏で質素な家庭生活を推進したのであって、演劇での食事の場面さえ消えていった。ロンサンによる『愛国者の晩餐』（亡命貴族のフランスへの帰還をめぐる、精神の高揚をねらった戯曲）の一七九〇年の初版には、主役の公爵が祝宴の出費をもっと抑えることができたかどうか執事に向かって尋ね、それに対して、真に奢侈な食事を出してこそ疑り深い人々にも主君の善意を信用させることができると執事が返答する件がある。一七九二年の末になって、軽薄さが薄れ、以前より厳格な政治風土のなかで上演される段になると、このやり取りは完全に削除された。(79) タイトルのなかの食事は、今やきっぱりとその象徴性に限定され、何であれ具体的な基盤は最早必要ではなくなったのである。

食事はより質素になったとはいえ、もてなし――ある種のもてなし――は美徳であり続けた。共和国の敵（国内外を問わず）との戦いに没頭する革命家たちは、もてなしの支持者たちを同じように頑として歓迎した。画家にしてジャコバン派だったジャック＝ルイ・

ダヴィッド（「革命の舞台監督」と呼ばれてきた）は、ドイツ諸州との国境のどこかに「王を食う者、民衆」と題する巨大な影像を建立するよう提案したし、プリュドムの『パリの革命』紙ではこの着想を支持して、その巨像の台座には「自由人にもてなしを、暴君とその奴隷に死を」と刻むべきだと言っている。[80] 同じ年の冬（共和暦二年、すなわち一七九三年から一七九四年）の間に、「山岳」という革命セクション（国民公会における最も急進的な党派に因んで命名。そのせいぜい五年前にはこの地区はパレ・ロワイヤル地区と呼ばれていた）の市民は、「メゾン・エガリテ」（「平等館」の意。共和主義化したパレ・ロワイヤルはそう呼ばれていた）付近のレストラトゥールたちをもっと愛想良くさせ、価格も最高価格法の設定した範囲に収めるような法令の制定を求めて運動を起こしたのだった。最高価格法は、厳密に言うとパン以外の調理食品にまで及ぶものではなかったが、実際は、革命的言説にあれほどまで幅を利かせていた支払いや勘定についての比喩に対し、行政面、司法面、市場面での強制力を与えることにより、物価を定め、品目を列挙したのだった。このセクションの闘士たちは、価格統制法の条項に守られて（いると思って）おり、繁盛するレストランは共和国に対する侮辱であって、厳密な意味での平等主義的もてなしの精神を公然と愚弄するものと見なしていた。[81] サン・キュロット派は、ほとんど日常的なレベルから、レストランの虚飾に満ちた飽食ぶりを糾弾し、レストラトゥールたちに通常出している高価格のさまざまな料理をやめさせ、例えば「一人あたり二リーヴルの夕食」程度の規格化された食事を提供させるよう取り締まりを要求した。「病弱な妻を抱えた正直者のサン・キュロット」が先祖伝来の簡素な煮込み《ポトフ》の肉にも事欠いているときに、レストラトゥールが雌牛の半身や、子牛、羊の脇腹肉などを買い付けるのは容認できないスキャンダルであると毒づいたのである。「もし彼らが食べ物を供給したいのなら、芋や豆を出すがいい。これこそ今や大部分の良識のある人々が食べることを強いられているのだから」とある男が警察の情報屋に告げている。道徳的な経済とでも言うべきものが、レストラトゥールの店の戸口を叩き、市場から離れて真の愛国的なもてなしを提供するか、それともその反革命的な傲慢さの対価を支払うかと迫ったのだ(82)。

レストラトゥールが食料の買いだめという反逆罪(「国民を餓死させる」こともあるため反逆と定義された)に着せられたときでさえ、経済的のみならず象徴的な動因も働いていた。個々人への給仕、個室、病弱な胸、繊細な胃袋といったレストラン特有のしるしも、革命の主眼たる象徴体系の再評価を簡単に免れることはできなかった。かつての「国王の庭」の地区のレストランは、恐怖政治のあいだじゅう、パリの革命家たちの心を占有していた。一七九四年の夏のはじめ、急進的で強力なジャコバン・クラブの面々は、同志の一人が「平等館」付近のレストラトゥールたちをちょっと糾弾したのを聞いて動揺した。油断怠りないその同志が最近目にした店の看板のことに話が及ぶと、彼ら革命派の憤りはさらに高まった。ヴェリー兄弟のレストランは、「当店では〈最良の人々〉を歓迎します」とスペイン語で喧伝しているというのだ。(83) さらに数軒先では、ポスタルのレストランがラテン語の諂い文句を掲げていた。十八世紀の多くのレストラン客には馴染みのものであったが、報告に当たった監視委員はこれを「胃袋の疲れし者は皆我の元に来れよ。我汝を回復せしめん」と言い換えており、胡散臭いものと見ていた。(84)

ジャコバン派、さらにはこれらのレストランを管轄地区に置いていた「山岳セクション」の革命委員会は、こうした明らかに反革命的な表記を調査すべく監視委員を送ることを決議した。その週末、監視委員のフルテとブーボンは、ヴェリー兄弟の経営するレストランは数カ国語で自由と平等を侮辱する言辞を弄しているとセクションに報告している。スペイン語による諂い文句やラテン語による通例の挨拶文とともに、この店の看板にはドイツ語とイタリア語でも物議を醸すような声明を前面に出しており、どちらも大胆にも本レストランでは「高貴な人々」に仕出しをし「最も繊細な料理」を提供すると告げていた。ヴェリー兄弟の一人は、七、八年前、店が〈四カ国〉という国際的な名で呼ばれていたときにこれらの看板を書いてもらったことを認めてさえいた。しかし、相当前からこうした愚考を悔いており、外国人貴族（その内の多くは前年に共和国と戦闘状態に入っていた）向けに書かれたこのような扇動的な広告を看板屋に頼んで消してもらったと力説している。自分は同志たる愛国者たちに食を提供する任を負う、単なるしがない〈仕出し屋〉であり、孤児となった姪や甥を養子にした男やもめにすぎないと抗議までしている。(85) それにもかかわらず、また、ジャン・フランソワ・ヴェリーの称賛に値する軍歴――バスティーユが襲撃された一七八九年七月と王政が廃止されようとしていた一七九二年八月に武器を手にしたことに加え、店の二人のウェイターを共和国軍に送り込んでいた――にもかかわらず、かつては気の利いたものだった自らの広告のせいで恐怖政治の監獄に収監された。

ヴェリーが監獄のなかでやきもきし、闘士たちが貴族相手の他の商人たちを狩り出している間、パリじゅうの通りはテーブルで一杯になり、善良なサン・キュロットはこぞって「家族的食事」というささやかな楽しみを享受していた。いや、少なくとも歌や版画、回想録、そして十九世紀の歴史文献を見るかぎりそのように思ってしまう。一七九四年の春から夏にかけて、パリ全市にある四十八のセクションの多くでそれぞれの市民食事会の開催を宣言した。(86) これは通りでの即席の祝祭であり、各家庭はできるだけのものを持ち寄ったのだった。ある新聞の記事によれば、こうした祝宴はヴィレット侯爵が期待していたような効果を持っていた。「そこでは、すべての区分が完全に消え去っている。そこでは、富者と貧者が入り交じり、また簡素な食事を食べながら平等についてのさまざまな教訓を学ぶのだ(87)」。これらの食事会について伝えられる描写を見ると、人々は誰彼無くワイングラスをかかげ、自由の木のまわりで楽しげに踊り、熱狂的に旗を打ち振っている。花飾りが家々を飾り、犬も唸り声も上げずに一つの料理の分け前にあずかる。近隣の委員会も開催を宣言するにおよんで、現実にはこうした一部地域での食事会は出席を強要するようになり、人々は通りで食事をしなければ非友愛的な利己主義や邪悪な孤立を糾弾されかねないようになった。街の全住民は、友愛的に行動するという公認の目的に叶うよう、テーブルをはじめ、なんであれ供出できる飲食物を持ち寄るよう要請されていた。こうした動機があまりに明瞭だったので、年配の「年金生活者（*rentier*）」セレスタン・ギタール・ド・フロリバンは日記にこの食事会のことを書くにあたり、自分や隣人たちがやっていることを記述するには他の語が見あたらないとでもいうように、「友愛的に交わる《フラテルニゼ》（*fraterniser*）」という動詞を繰り返し用いている。[88]

強制的な友愛と統一の訓練として、こうした愛国的な宴席では、最も基本的な差異や利欲の様態もなくすべきだとされた。すべての食べ物は分け合うべきものとされていたし、すべての財産も平等に分配されることとなろう。パリ国民軍の司令官フランソワ・アンリオは、共和国での乾杯は各人の健康にではなく「すべての有徳な人士に」捧げられると「戦友」たちに念を押している。[89]食器類はほとんど手に入らなかった。というのも、銀食器の類は、教会の装飾や歴代君主のこれ見よがしの装飾品と同様、遥か昔に鋳直されるか秘匿されていたからであって、パリ市民はさながら「自然児」のように手づかみで食べるよう求められていたのである。[90]当時の絵（図3）には、地面に座り込んだ子どもがワインの瓶をラッパ飲みしている様子が見える。その左側には、さらに二人の子どもが一片の食べ物をつかみ合っており、テーブルでは、男があんぐりと開けた女の口の上にソーセージ

図3：フランス革命の理想的な友愛的食事会の一つ。そこでは犬さえも一片の食べ物を穏やかに分け合い、自然の恵みはすべての善良な市民たちの手に入る。

を丸々一本挑発的にぶら下げている。女の脇には、元気旺盛なサン・キュロットが大きな肉の塊に齧りついている。またある男はフィドルを弾き、少年はブリキの笛を吹き鳴らしている。

こうした食事は、さながら持ち寄りパーティー（potluck）や「ピクニック」のように、主人不在の会合と映っていたし、またそういうものとして人心に訴えていた。皆が皆、何であれ都合できるものを持ち寄ることになっており、ある者が肉を持ってくれば他の者の野菜を都合するというわけだ。一人のイギリス人（当時十二歳）の話では、何を差し出すかには注意が必要だったという。「もし贅沢な品を差し出せば、民衆が飢えているときに美食を楽しんでいるとして貴族呼ばわりされるし、逆に持ち出し品が粗末な場合は隣人の赤貧を嗤う独占主義者として非難されてしまうのだった(91)」。実際、一七九四年七月に通りを満たしたらしいこうした市民食事会について歴史家たちが最も頼る文献は、ベルトラン・バレールの食事会糾弾の弁である。この公安委員会のスポークスマンが攻撃しているがゆえに、十九世紀の共和派の作家たちはこの食事会を、民衆の持っていた本物の、つまり国民公会の警察国家とは対極にある友愛精神のあかしと見なした(92)。一七九四年七月の宴席は、万人に開かれ、衆目にさらされ、隣人間の絆を深める目的で（そして隣人がローストチキンを持ってくれば少しばかりいただいてよいと保証する目的で）催された、通りでの強制的な食事会であって、およそ想像しうる最も公的な食事であると思われよう。しかし、バレールは、それはセクションから強制されているがゆえにあまりに個人的かつ私的であるとして糾弾するし、ロベスピエールは、食事会は民衆を個々人に還元して別個のテーブルに着かせ、いざこざも起きないとも限らないとしてこれを拒絶している[93]。

バレールは、国民公会への報告のなかで、彼が友愛的な宴席という「疫病」と呼ぶものによってもたらされる多くの危険について明瞭に概説している[94]。すべてのこうした共同食事会の光景を見て喜ぶのではなく、料理を欺瞞的な異化作用であるとする積年の批判を採り、正面から政治問題化しているのだ[95]。彼の報告の中心には、食卓で見られる親睦など、その場限りで束の間の皮相なものだという考えがある。反動派はいつでも革命的な様相を呈することができるのだ。これはとりわけ食卓に当てはまるとバレールは示唆している。見かけは魅力的でありながらその中に毒を含んでいることがあるからだという。貴族にすれば通りに腰掛け、うっとりするような高価なワインを飲み、ときおり「共和国万歳」という言葉に口だけ合わせることなど痛くも痒くもないとも評している。こんなことは革命の熱狂を物語るうわべのしるしでしかなく、変幻自在の反革命派はやすやすと装ってしまうからだという[96]。

国民公会を弁護するために、バレールはまず手始めに過去何週間かの「伝染性の」食事会と真に共和国的なもてなしとを比較している。後者においては、せいぜい二、三家族で質素な食事を穏やかに楽しむか、あるいは母親と何人かの老齢の市民がテーブルのまわりに集い、その母親の五歳ほどの息子に愛国的な歌の歌詞を根気よく教え、その子のうちに「自らの家族と祖国の希望」を見て取るのだ。[97] しかし、このような子どもが都合よく居合わせなくとも、本当の愛国的食事と、それで通っている大衆イベントとを明確に区別するものには事欠かなかった。革命が「完遂される」までは、共和主義的な食事がなされるのは本来の家族の枠内でなければならず、両性が気ままに交わる危険な街頭の「乱痴気騒ぎ」においてではないとバレールは力説している。共和主義的な道徳は、「ワインと、極めて節度を欠いた歓喜とが支配する食事の後に（……）繰り広げられるあの奇妙な市民の混交、雰囲気次第の両性の交わりからは」再生され得ないのだ。[98] もし女性が同席することになっても、祝賀は実際の家族という安全な枠内で行うべきだとバレールは示唆している。さもなければ、食卓のさまざまな快楽への耽溺は、容易に他の欲望の喚起につながり得るからだ。バレールによれば、「レストラン」が消化能力と同時に色恋の能力も回復したように、趣向を凝らした貴族の食卓は愛国者を祖国愛から遠ざけ、触知可能な愛の対象の追求へと向かわせかねないという。[99]（友愛的食事会に際して書かれたある歌がちょうどこのテーマを掘り下げており、次のように「若い夫たち」に命じることで、昔からある酒飲みの下品な歌を愛国的な目的に仕立て直している。「ここにいるおのおのの男たちよ、愛する者を包囲せよ／そして彼女と甘く口論せよ／みながまさに今宵作れるように／国家のための今一人の市民を」[100]）。バレールの定義によれば、「質素」こそ、何であれ真の友愛的な食事を特徴づけるものだった。[101]彼が質素を強調するのはある面で実際的だった。二月には、飼育している家畜が涸渇するのを恐れてしばらくの間肉食をやめるよう訴えているのだ。[102]しかし、それは同時にすぐれて道徳主義的――禁欲の平等主義的な分配を目指していた――にして、かつスパルタや古代ガリアの古典的料理に見られる美徳を喚起するという意味で象徴的なものであった。[103]革命を象徴する食べ物は、ラケダイモン風、ルソー風、アメリカ風の食べ物――パン、チーズ、果物、野菜――、すなわち料理人たちの甘言に汚れていない品々であった。[104]地方の革命家たちは、自らの愛国的食事会を描くにあたり、「飾らずに（*sans apprêts*）」という言葉を用いてしばしばこうした特徴を強調しており、フランス革命下の市民は生野菜と殻を剝いただけの木の実で祝うべきだと提案している。[105]バレールは、いわゆる友愛的な食事会で供される幻想的な美食は「貴族たちのシェフ」が反革命をでっち上げる機会にすぎぬとして糾弾し、節制と「倹約」こそ「すべての美徳の源泉」であるとして賞揚した。[106]

このような質素や家族を重視する傾向の根底には、狭義の「友愛」や「もてなし」の精神があった。恐怖政治の世界観においては、友愛は生得のものでも普遍的なものでもなかった。万人が兄弟であった時代は去ってしまったのだ。かわりに、フランス人は一連の特別な手続きのなかで、愛国者が愛国者と――愛国者のみと――交わることを通して友愛を学ばなければならないのだ。[107]バレールは、ヴィレットとは異なり、共同食事会のことを、参加者を団結させ純化する可能性を秘めた体験とは見ていない。そのかわりにスパルタ風の食事によってのみ、すでに確立された革命の価値を確認することができるのだし、もし反革命分子が宴席に忍び込みでもしたらそれすら危うくなりかねないという。というのも、バレールは、食卓には貴族をサン・キュロットに宗旨変えさせる力はないと思っていたし、他方、この種の食事会が個人的、身体的な欲求に訴えることでいともたやすく愛国者を堕落させてしまうのは明々白々のことと見ていたからである。(108) 古代において、食卓は「〈友愛〉の神殿」であったけれども、今では同じ目的を果たすことはない。繊細なご馳走と強いワインとで武装した共和国の敵たちが、食卓を「〈不和〉の神殿」に変えてしまったからである。食べ物の差異のせいで、近代のもてなしは、有徳の古代人たちに見られたそれとは比肩すべくも無い。かつては寛大な恵みであったものが危険な交換に堕してしまっており、友愛的とされる宴席も単なる有害な贈り物にすぎないのだった。(109)

バレールはこうした点から、公共の食事を主催すべきなのはひとり国民公会のみであると結論づけた。ある党派に固有の欲望ではなく、国民全体の意志を代表するのは、ひとり国民公会だけだからだ。セクションなり委員会なりが饗宴を命じるとき、少数者の利己的な興味のために全体の安寧を犠牲にしている。バレールによれば、共和国の勝利を祝う本当の祝祭(fêtes)が、詩や、音楽という「至高の芸術」を前面に出していたのに対し、欺瞞的な食事会は、かわりに不摂生と食べ物の浪費を特徴としていた。後者は〈一般意志〉にではなく、腹を空かし喉の渇いた個人に訴えるものだった——どうしてそんなものが攻囲された国民に相応しい祝賀となり得ようか。地区ごとの市民食事会など、公式の恐怖政治からすると、実際の食事という点では過剰なものだったし、共有された一つの信条の表出にはまるで関わりのないものだった。実体を伴わない〈意志〉は、神饌《アンブロシアー》や〈レストラン〉にではなく、人心を動かす演説や思考のための食べ物に存するべきものであり、かつては賑やかだった街路に個々のテーブルをきっちりと並べられたところで無益なのであった。(10) 国民は実際にはその「大膳式」で食事することはできなかった。たとえ恐怖政治が〈一般意志〉を代弁するには特異性の絶えざる排除が必要とされると悟ったとしても、〈一般意志〉のために食べることなど明らかに不可能なのは分かりきったことだからだ。愛国的な賛歌を歌う際も、国民的な誓いを立てる際にも、多くの口から同じ言葉が一斉に出てくることはあったが、ある者の口に入った食べ物が別の者の口に入ることなどありえなかった(ルソーは、『告白』における逸話のなかで、例外を示してくれている。最愛の「お母さん」、すなわちヴァランス夫人が食べ物を少し口に入れたとき、彼はそこに髪の毛が付いていたと言い張った。彼女が吐き出すと、彼女が触れたものなら何にでものぼせ上がってしまう彼は、それをつまみ上げて一気に食べ尽くしてしまった。(11) しかし、肥大化したルソー的な感応の世界でありうること、いや必要で望ましくさえあることは、未だ終結しない革命下にあってはありえないことだった)。表象としての食事では、よく言っても不十分、悪く言えば反革命的だということが明らかになった。国民は口を一つにして語ることはあっても、口を一つにして食べることはなかったのである。

　ヴィレット侯爵はすべての国民に街路に集結するように求めた——しかし、食卓の食べ物はどこから調達されるのか明示しなかったのだから、誰が食卓を仕切るのか、誰が集まりの主人となるのか、どうやって万人が一度に食事をするのかといった問題を避けていたのだった。彼のユートピア的構想では、国王と臣下という役割のみならず、主人と客という役割も廃しており、したがって交易や相互依存といった回路も遮断していたのである。誰も見返りにもてなしを提供する必要はない。そのかわりに、国民の「大膳式」が、時間が止まった恒久の瞬間に催される。そのときには、現実の交易網における個人の位置づけなど最早通用しないのだ。そんな見事なイメージにあっては、〈自然〉が〈自由〉の子らの主人役を果たすのであって、勘定書が出る幕はない。(112)

　これとは対照的にカミーユ・デムーランの構想は、歴史性や連続性にしっかりとつなぎとめられていた。彼は、単に一つの時期のみならずその前後も視野に入れていたのだ。ラファイエット式の宴席について記述するにあたり、無数の木々の許に集まる何千人もの「連盟祭参加代表（*fédérés*）」のみならず、彼らの雨中の行進や祝典の食べ残しの処理法についてまで取り上げている。そうすることで、必然的に、誰が集まりの主人であるのか、またそれはなぜなのかという問題を提起しているのだ。バレールは、こうしたより広範な光景を目にしながら、恐怖政治独特の注意深い眼差しでそこに策略や陰謀はないかと睨んでいる。彼らしく細部に留意しながら、次のように問題の輪郭を明らかにしていく。

友愛という、心と精神の輝ける統合のしるしは、疑いなく、共和国の貴重な通貨である。しかし、譲渡可能な手形（*effet de commerce*）へと突然切り替えられては、その価値は低下し失われてしまう。友愛はあまりに頻繁にやり取りされるうちに大きく目減りしてしまうのだ。われわれの精神的な富のこうしたしるしは、市民の間で目に見えぬ形で流通してこそその価値を獲得するものだからである。[113]

バレールにとって友愛とは、一個の通貨、「すべての共和国のなかで最も貴重な通貨（la monnaie la plus précieuse des républiques）」であった。他のいかなる通貨とも同様に、友愛は一つの利器であって便法であり、他の実質的なさまざまな富（金の備蓄であれ道徳的信条の蓄えであれ）を裏打ちするものであった。だがしかし、友愛は自由に流通すべきものでも、頻繁にやり取りされるべきものでもない。というのも――さながら、人手に渡るたびに一パーセントずつ価値が目減りし、しまいには全く価値を失ってしまうという、あのローズ・ド・シャントワゾーが考案した驚くべき銀行券を当てこするかのように――友愛は、交換されるにつれて価値を減ずるものだからだ。したがって、街路における公共の宴席は、友愛を小銭のように誰彼の見境無しに消費することになるがゆえに、不適切で危険なものであった。真の愛国者が偽装した貴族に友愛の情のこもったもてなしを施しても見返りは何もない（そして、このような経済は、施しをめぐるいかなるユダヤ・キリスト教的概念からもほど遠く、無償の贈与はいかなる目的にも叶うものではなかった）。バレールの友愛のモデルは、相互的同等性、完全に平等な交換の可能性に依存するものであった。革命が完結するまで、友愛は、さながら金儲け主義者が金をそうするように、家の中に秘蔵すべきものとなったのだった。

バレールは、市民食事会への善良な参加者それぞれを、一人の主人、それも、そのもてなしが欺瞞的な反革命家によって犯されかねない主人へと変えてしまった。こうした反革命家は、利己心と無節操な市場との奴隷であって、もてなしについての義務感などまるでなく、サン・キュロットの寛大さから何ものも学び取ることがないのだ。しかし、バレールは、商業や交易を〈自然〉の運行に反するものと位置づけていたのとまさに同じように、友愛についての彼の見解を説明するために他ならぬこの比喩に訴えた。バレールは友愛の「不足説」を用いていた。一七九四年の夏、友愛的感情は、肉や野菜と同じように供給不足にあったと彼は断言している。

人道的感情は、地球上に広がっていくにつれて霧散し、弱体化する。世界の友は、祖国愛（*amour de la patrie*）の甘美な喜びを決して味わったことはない。同じことは友愛にも当てはまる。友愛が有益な機能（*activité utile*）を持つためには、これを制限し、締め付け（*comprimer* これには「腰をきつく抱き締める」の意もある）なければならない。（……）革命のあいだじゅう、〈友愛〉は共通の利害によって団結した愛国者たちのあいだに凝集されなければならない。（……）我らが敵は我らが兄弟たり得ない。(114)

バレールは、自らおよび公安委員会が友愛の売買と見なしていたものを非難しながら、レストランの論理、すなわち代価を払って「chez soi《シエ・ソワ》」（つまり、自宅に、家族の中に）いるような快楽を約束するという論理を遠回しに批判している。真のもてなしは市場機構の枠内では不可能だと彼は主張する。一七九一年制定の刑法は楽観的で、もてなしが売買の対象となっても市場における「公共性」の状況には無関係であると、実際ほとんど正反対の主張をしていたのだった。バレールが友愛的食事会を糾弾するとき、近代社会は、人をもてなすブイヨンをはじめ、何であれ家庭的な安逸を提供するのに市場をあてにしているという自由主義的な認識を否認しているのだ。

バレールは、愛国者は人類との兄弟意識という優しい感情を維持する必要があると説く。友愛は、あまりに自由に配分されると、まるであまりに少ないバターをあまりに多くのパンに塗り広げたようになってしまう。バレールによれば、「世界の友」（「万人の友」とさえ言ったかも知れない）は、「祖国愛の甘美な喜びを決して味わったことはない」という――

マチュラン・ローズ・ド・シャントワゾーが自らの銀行計画を公安委員会に提案する書簡を送った際、もはや「全世界の友、ローズ・ド・シャントワゾー」とは書かずに「善良にして真実の人々の友、ローズ・ド・シャントワゾー」と署名していたのもさほど不思議なことではないのだ(115)。

革命期の友愛的な食事会は、共同食事会が意見や感情の差異の消去を目指していたように、個人的な味覚や私的な嗜好というレストラン独特の世界とはほとんど接点がないように思われよう。友愛的食事会をめぐるバレールの偏執狂的な記述も、ヴィレットの牧歌的な記述も、レストランには一軒も言及していない。全人類という家族も、真の共和国の兄弟の中核グループでさえも、パリのレストランのどんなに大きな宴会室にも（レストランの第一の呼び物だった「小さな個室（*cabinet particulier*）」は言うに及ばず）収まりはしなかっただろう。それでもやはり、革命の祝祭は、食卓を団結の空間として、万人に、あるいは特定の限られた名士に開かれた空間として仕上げることによって、どれほど異なる共同食事会であれ、食事会に新たな意味を付与し、またフランス文化に対する強力な共同体主義的衝撃――レストランが絶えず張り合っていくことになる――を体現していたのだ。

レストランが革命の産物と映るのは、連帯の場、堕落の場、あるいは最後の勘定の場としての食卓に対する関心が、この十年あまりの間に広まったせいであるのはほぼ間違いない。もしそうなら、レストランは、混乱したこの時代の周縁的な、偶然の、あるいは純粋に功利的な派生物ではなくなる。むしろ、象徴と文化形態の再評価の時代にあって、単に政治文化のみならずレストラン文化も、特有の近代的形態を結局は帯びることになるであろう。質素な共和派の衣装ダンスを詳述しようという試みで有名であった革命家たちが、日常生活の各面を一つの政治声明として読み込むとき、食料貯蔵庫をも油断無く見つめていたのだった[116]。一七九〇年代初頭、ジャコバン主義が、『新エロイーズ』に見られる穏和な前ロマン主義的なルソーと、『社会契約論』に見られる、より政治的な啓蒙的分析とを突き合わせるにおよんで、「繊細さ」を楽しむという洗練された都会人の快楽は救いようのないほどの衰退に追い込まれた。かつてルソーは流行を追うすべての教養人の基準であったが、今や、そのルソーを鑑と仰ぐこうした声は、明確な革命派で陰気なアンチシックな者たちによって、いよいよ退けられていった。恐怖政治の間、単なる外面的な感性の現れは、まさしくバレールをはじめとする多くの者たちが、隠れ反革命派の代名詞と見ていた二枚舌の実践にほかならなかったのだ。

ヴィレットとバレールの相反する立場を今一度子細に眺めれば、二人の議論のいずれもが、後にレストランをめぐって、そして近代生活における食卓の位置づけをめぐってなされるであろう主張と共鳴していることに気づく。ヴィレットは、ブリア＝サヴァランが一八二五年に『味覚の生理学』〔訳注：邦題『美味礼讃』〕でするように、食卓は差異を消し団結を生む手段であると論じている。彼の言う万人に開かれた食卓、すなわち国民の「大膳式」は、宮廷の儀式を公共のもの、共有されるもの、参加可能なものに変えた。十九世紀になると、初期のレストラトゥールのなかには亡命貴族の元シェフたちがいたという通説にのっとって、こうした食卓のイメージが文字通りに受け取られ、料理の民主化の物語のなかでレストランが愛国的な食事会に取って代わることとなろう。他方、バレールの言う食卓は、連帯を生むことも、かつては排他的特権であったものを大衆化したりすることもなかった。しかし、そのかわりに、旧体制下のレストランを偲ばせるやり方で、食卓に相応しいかどうかを試験していた。ただし、一つ重要な相違がある。革命家が真の感性を誇示するのは、夕食を食べられないのは虚弱すぎるという点においてではなく、頑健すぎるという点においてなのである。ちょうど、ヴィレットの言う国民の祝宴を、ブリア＝サヴァランの言う美食上の自由主義の先駆と読むことができるように、バレールの偏執狂的なけち臭さは、思いもよらないことかもしれぬが、グリモ・ド・ラ・レニエールの、差異を求める極端なまでの戦略の化身と見てもよいかもしれない（グリモによる『食通年鑑』の理想的な読者であるかのように、バレールは彼の客は全員が真の信奉者であること、また女性は食卓から放逐されるべきことを求めていた）。

一七九四年七月に国民公会で行われたバレールの演説では、食卓に着くあの素晴らしい瞬間のことも、他人が料理してくれた食べ物で食事をとる快楽のことも長々とは論じていない。かわりに、浪費されゆく友愛について経済面から説明する段になって、いかなるレストランの食事であっても今ひとつある重要な瞬間――「ラブレーの十五分」、すなわち、勘定を払わなければならない瞬間のことを強調している。こうした点に関心を奪われるのは彼一人ではなかったはずだ。革命の記号体系のほとんどは、次のような疑問についての熟考を敷衍したものと読みとれるかもしれないからだ。すなわち、「誰が勘定を受け持つのか」。

第5章　定価――大食とフランス革命

良識にあふれたモンルージュ出身の百姓は、フランス革命を、食う者と食われる者の戦いと呼んだ。

――ルイ・セバスティアン・メルシエ『新語辞典』（一八〇一年）

一七八九年の春から夏にかけて、百七十五年ぶりに全国三部会の招集が準備されるにつれて――その後、実際に議員たちが招集され、最も人数が多いながらも何ら特権を与えられていない第三身分が、一身分につき一票ではなく議員一人につき一票を投じる投票方法を迫るにつれて――カフェやレストランでの勘定の支払いという構図は新たな重要性を帯びるに至った。当時人気の新聞に、各身分一人ずつ計三人の男が優雅なカフェに腰をおろしている様子が描かれた（図4）。説明文には、おそらく三人のうちの誰かがカフェの女主人に言った言葉であろう、「A la bonne heure ... Chacun son écot」（「よろしい……勘定は別々に」）と読める。(1)

図4:「よろしい……勘定は別々に」と、全国三部会の代議員の1人が言う。

この言葉は見たところ勘定を求めるだけの何でもないものだが、その政治的意味を推し量るのは困難ではない。第一、第二の身分である特権階級の聖職者と貴族は、長い間、その高い地位ゆえの恩典の一つとして大半の税を免除されてきた。その結果、はるかに大勢の第三身分（その中には極貧の百姓から裕福極まりない商人まで、それ以外のすべての者が含まれていた）は、人頭税（*taille*）や塩税（*gabelle*）をはじめ幾多の税を支払うという耐え難い負担を強いられ不当に課税されていると感じていた。先のカフェにいる三人の代表にとって、勘定を別々にするということは、つまるところ聖職者と貴族にとっては自分の分の支払いに同意することであった。フランス社会は、最早第三身分の「おごり」に頼ることはできなくなったのである。

勘定を払う場面の描写は、公共教育と情報伝達のもう一つの一大公共広場《フォーラム》である劇場でも繰り広げられた。ドゥヴェリテの『議員の夕食』（一七八九年）のなかに、三つの階級の代表がヴェルサイユの議会の道すがら沿道の宿屋に立ち寄る場面がある。(2) 陽気な宿屋の主人は彼ら全員を歓待し——事実、ヴィレット侯爵を思わせる口調で、一緒の食事はお互いの不和を解消する最善の方法だとほのめかしている——、何なりとご所望のものをお出しすると約束する。劇中、登場人物たちはほとんど常に「陳情書（*cahiers de doléances*）」（各々の地元の選挙区集会で上位二身分の代表によって作成された不平不満のリスト）や、当時の主要問題について、相当に風刺的かつ教訓的に議論し続ける。最後に、彼らが旅を続ける支度をしていると、宿屋の主人が勘定書を見せる。優しいもてなしが「一人あたり六リーヴル」で売られる商品であることが明らかにされるわけだ。「一人あたりだと！」、貴族の一人が叫ぶ。「われわれはこのまま〈階級〉ごとでやりたいと考えている。頭数では何もするつもりはない！」(3)（この場合、階級ないし身分ごとに支払っても、経済的に見て実際は特権階級の利益にはなるまい。もし各身分が食事に対して一律の金額を払うというなら、数的に少ない第一、第二の身分のメンバーは各々相対的に高額を支払うこととなろう）。さらにいくらかの議論を経て、身分ごとに食事することが難しいことにも一部触れたあとで、これらの代表者たちはそれぞれ自分の分を支払うことに決める。しかしながら、この劇の結末は幸福な和解の場面ではなく、次のようないささかどぎつい口調で幕を閉じる。ある弁護士いわく、「心配ご無用。第三身分がすべて支払っているんだ」(4)と。

実際、一七八八年の全国三部会の招集は国家財政の事実上の破綻が引き金になったことを考えれば、一七八九年から九〇年の政治的画像において勘定を要求する（そしてそれを受ける）場面が広く流布した定型であったとしても別段驚くにはあたらない。むしろ、こうした場面がこれほど頻繁にカフェ、居酒屋、宿屋、レストランなどに設定されていることの方が興味深い。というのも提供された商品やサービスに対して支払い義務を負うという状況は、十八世紀においては何もこうした施設に限らなかったからである。仕立屋、大工、製本屋にもやはり支払いをしなければならなかったのであるし、家具職人や絨毯屋にとって品物を掛け売りで据え付けたり、支払期限を数カ月後とする勘定書を提示することもごく普通のことだった[5]。当時のように、フランスが、まだ国家的な裏付けのある銀行も公的な信用機構も持ち合わせない時代にあっては、私的な信用（多くは公証人が仲立ちし、手配した）が個人間の関係に浸透していた[6]。経済のかくも多くの分野で信用がいかに重要だったかを考えただけでも、先のような支払いの場面が、かくもしばしばレストラン、宿屋、カフェ、居酒屋などに設定されているのはことのほか奇異に映る。他にも信用取引を拡大させていた商人が数多いたなかで、なぜレストランやカフェの店主という設定が金銭的債務を具現するものとしてこれほど定型化してしまったのか。勘定をめぐる図像なら、倉庫や賭博室、あるいは市場や商店の勘定台などでもよかったはずだが、場面としては、公共の飲食店に――さながら、勘定書を手にすることが食事をとることよりもこの種の店の特徴であるかのように――しばしば設定されたのだった。

当時、十年間で食卓をめぐる象徴表現に手を出したもののうち、多くは、簡素だが楽しい食事のまわりに集う家族像を喚起するものだったが、その他の多くは、いやその大部分だろうが、勘定書を支払う場面を描くものであった。後者の部類の図像を見れば、金額と分量を注視し、正確に計算してみなければならないことが分かる。「サン・キュロット的な生活のレトリック」（ウィリアム・スーエルからの引用）によれば、商人や仲買人はみな潜在的な悪党か買い占め屋扱いされていたとはいえ、飲食物を売る者ほど憎悪や疑惑の対象とされた者はいなかった。一七九一年の風刺文書では次のように罵られている。「日々われわれの金を飲み込むこれら貪欲な輩ほどひどい敵はいない。(……) われわれは生活必需品を手に入れようというだけなのに」[7]。供給制限モデルの枠内でことが動いている(実際、一七九〇年以降、不安定な収穫と外国との戦争に直面してほとんどの革命家は賢明にもそうしていた)ので、ある男が食べ過ぎ、ある女が砂糖を求め、ある農民がガチョウを木の実で肥育すれば、必然的に他の誰かの空腹、場合によっては飢餓を引き起こすことになろう。

革命期に描かれた図像は、食卓に対して多様な機能を付与していた。理想郷《ユートピア》的な友愛と平等の場であったり、地獄郷《ディストピア》的な吝嗇と利己心の場であったりしたのである。しかし、社会的に中立な個人としての嗜好を表現する場となることは、合法的にはありえないことだった。食習慣は、繊細さに対する退廃的な貴族的妄執としてであれ、「血を飲んでいた」ような混迷期の野蛮な屠殺としてであれ、あくまで自分の帰属する社会集団を示すものであった。バレールが、どこかの貴族の酒蔵に残っていたワインで共和国に乾杯する卑劣な王党派を糾弾しながら言うには、敵がその正体をさらすのは、公的な、公然たる政治的態度によるのではなく、むしろ私的な振る舞い(亡命者と連絡をとる、暴動を扇動する、赤子を食べる、血を飲む、シャコを焼くなど何でもよいが)によるのである。かくして、強健な共和派は、市民に向かって、旧体制時代の感受性豊かな精神には大切なものだった、あの

「食欲の繊細さ」などは気障ったらしい頽廃と非愛国的な利己心のしるしだとして排斥するように求めた。『デュシェーヌおじさん』紙（急進的な新聞で、発刊者である大衆主義者のジャック＝ルネ・エベールのペンネームでもあった）は、夜はあさましく昼は憔悴している放蕩の日々を過ごし、「最早美味なコンソメで体力を回復する（*se restaurent*）ことができないがゆえに毒づいたり悪態をついたりしている利己的な貴族たち」に対して、お決まりの多彩で毒舌に満ちた寸鉄を浴びせている。(8) 子どもや体の弱い者のために自分の分の肉を「寛大にも差し出す」兵士を市民として顕彰する布告が、国民公会の議場でも、日刊紙の紙面でも繰り返し出された。(9) 質素なサン・キュロットは、パンとフランスのワインと革命にかける情熱だけで生きていると主張し、それに反するような事実はいかなるものでも周到に包み隠した。例えば、ある革命セクションは、日々の会合のために仕出しを頼んだ料理人兼レストラトゥールからの細目別の勘定書を前にして、勘定書という本質を認めるかわりに、その費用二千五百三十九リーヴルを国庫から「機密費」として支払う命令を出すよう公安委員会に求めているのだ。(10)

さらに、共和暦二年、革命家たちが、胃袋を礼賛するとして貴族や聖職者を糾弾する一方で、反革命的なレトリックでは風刺の矛先を反転させ、動物的なサン・キュロットたちの「生き血を吸う食人習慣」を罵倒していた。(11) 反共和派的な説によれば、バスティーユの陥落もどんちゃん騒ぎの口実にすぎなかったし、一七八九年八月の最も重要な出来事は人権宣言の採択ではなく、狩猟法の廃止であった。ある貴族の替え歌によれば、『ラ・マルセイエーズ』の元々の歌詞は、フランス国民に「祖国」の防衛を呼びかけるものではなく、次のように食への熱狂へと誘うものであったという。「さあ、酒場の子らよ、飲む時が来た(Allons, enfants de la courtille, / Le jour du boire est arrivé)」。[12]

当時広く考えられていた説によれば、人は必然的に何を食べたかで決まるのであり、さらに重要なことは、人は肉の食べ方が(ブイヨンに濃縮したにせよ、串焼きにしたにせよ)同じなら誰とでも代わりうるのだった。[13] 食べる側と食べられる側、肥満と痩身をめぐる革命期のレトリックは、実際、明確に特定化された政治目的にしたがって展開された、ゆるやかな社会経済的分類に基づいており、個々人の個人的な好悪の入り込む余地もなければ、味覚の才を発揮する機会が与えられることもなかった。美食や料理に関する革命派の定義は、個人的あるいは相対的な味覚といった概念を排斥し、かわりに負債と債務と支払いという概念によって、個々人を共同体に結びつけたのであった。

踏み倒しと精算

歓喜溢れる連盟祭から一年も経ぬうちに、国王一家があの有名なフランス脱出の企てを謀ったとき、反国王派の多くは国王は勘定の踏み倒しを謀ったのだと主張した。反国王派の風刺文書や風刺画では、ルイ十六世はこの一件全体を「ピクニックの食事(*repas cham-*

pètre)」くらいに考えていたと断じる。というのも、国王は豚足を食べるために小休止をとり、ヴァレンヌで逮捕されても、もう一回食事する機会を得たとばかりにこれを歓迎するほどで、このように風刺されていた国王は、さながら浅はかで近視眼的な過食症を患っているように描かれており、誠実で禁欲的、かつ責任ある憲法制定議会にはまったくもって相応《ふさわ》しくないとされたからである。この時点で、国王はその食道楽により――マリー＝アントワネットがその伝説的な放埒ぶりによってそうであったように――支配者として不適格の烙印を押されることとなった。(14) おそらくそれまでの数世紀なら、王権は神授のものとして、中世史研究家エルンスト・カントーロヴィチが言う「〈国王の二つの身体〉の神秘的機能」の上に確固として立脚していて、この二つの身体（国王が誰になろうと、その肉体としての通常の身体と、「けっして死ぬことのない」公職上、神学上の身体）が合体していたため、国王の目に見える身体が肥え太れば肥え太るほど、それだけ国家は富み、統治体《ボディー・ポリティック》も満たされたことだろう。(15) しかしながら、ルイ十六世は、一七九一年の春までには非神聖化され、世俗化されてしまっており、すべてのフランス人と同様にただ一つの身体に還元され、適正な分け前以上に食べることは禁じられていた。

一七九一年六月二十一日の夕方遅く、影がチュイルリー宮殿の中庭を覆う頃、ルイ十六世とマリー＝アントワネットは、子どもたち、国王の妹君、子どもたちの養育係とともに、ドイツ人男爵夫人とその従者の一行に変装してパリからこっそり抜け出した。ベルリーヌという名で知られる四輪馬車でフランスを脱出し、女王の兄君でオーストリア皇帝のレオポルト二世が有する地での君主らしい安逸を求めて逃亡を謀ったのである。歴史家たちは、この「ヴァレンヌへの逃亡」——この数奇な国境への逃避行のことは（国王一家が逮捕された町の名を取って）こう呼ばれている——をフランス革命にあって人心を左右する重要な転換点と見る点では一致している。ルイとその家族がフランス脱出を謀ったことにより、彼らが真に共鳴しているのは連盟祭や人権宣言のフランスではなく、貴族の反革命勢力やフランス国境に集結する外国軍の圧力に対してであることを証明しているように思われたのだった。国王一家がパリを離れた翌日、王党派のロワイユー兄弟からして、その新聞名を『国王の友（*L'Ami du roi*）』から『フランス人の友（*L'Ami des français*）』に変えたほどである。[16]

国境の駐屯地で軍隊と合流するという綿密な計画の顚末——その詳細は本計画の破綻後、数週間のうちに明らかになり、相当数の元高官が連座した——については、古物研究史家、軍事史研究家、王党派の歴史家の各方面から緻密な研究がなされてきた。要するに、国王一家は、ある面では聖職者たちの市民よりの体質に怒り、ある面では外国の支援の約束に誘い出され、またある意味ではパリ市民たちが次にとるかもしれない行動を恐れて、スウェーデン人貴族アクセル・フェルセンの助力のもと、国境への逃走を謀ったのである。さすがに、方法論的かつ政治的な忠義いかんにより、この企みをめぐる歴史家たちの記述は多岐に及んだ(いやむしろ、多様な語り口のうちに自らのイデオロギー上の立場を開陳したと言うべきだろう)。王党派やその支持者たちによるとりわけ思い入れたっぷりの記述においては、ルイの尊厳と決断力、マリー=アントワネットの王家に相応しい沈着ぶり、そして、わけの分からぬ恐怖を浮かべた眠たげな王子たちの顔つきなどが強調される。(17)十九世紀のロマン派で共和主義者の偉大な歴史家ジュール・ミシュレは、子どもたちをおもしろがって変装させた王妃の馬鹿げた少女趣味や、支持者たち(ラファイエット、バイイ、モンモランシ)を見限った国王の背信を非難し、それがパリの群衆の怒りを買ったとする。マルクス主義者のアルベール・ソブールは、多彩な物語的詳細を自説からほとんど排除した。ブルジョワ革命と貴族の反動との闘争を力説し、登場人物をめぐる展開や筋立てレベルの潤色にはほとんど力を注がなかったからである。(18)

そうではありながら、ほとんどすべての記述において見方が一致する事柄もないわけではない。マリー=アントワネットの颯爽たるスウェーデン人の「友人」、アクセル・フェルセン伯爵が重大な役割を果たしたという点では語り手たちも口を揃えるし(もっとも、彼を北欧における騎士道の最後の砦と描くか、王妃の放蕩の相手と描くかはもちろん別問題である)、逃走用の馬車をどうやって秘密裏に建造したかについて、詳細を長々と論じることもしばしばである。(19)くわえて、十九世紀および二十世紀の歴史家たちによって裏付けられていることだが、今日では、国王一家はヴァレンヌで制止された後、ちょっとした軽食を取ったとする記述が多い（何かひどい粗食を出されたのかもしれないし、とびきりの夜食を所望したのかもしれないが）。事実、詳細をめぐるこのような独特な編み目、特異な意味論的な布置は、不思議なほど画一的で、外国との謀議や背信をめぐる幾多の話のなかにあって奇妙なほど平凡な響きがする。[20]

すぐさま印刷された風刺文書や、新聞が読者に向けて訳述しているように、国王一家を乗せた四輪馬車は、まず、通りかかったシャンパーニュ地方の小さな町サント・ムヌーの宿駅長ジャン＝バティスト・ドルエの目に留まった。ドルエは、怪しいと思いつつも確信が持てず、荷物を満載したこのベルリーヌ型馬車に旅程の続行を許した。しかし、すぐさま自らの直観と、国民に対する自らの愛国的義務感の正しさを確信するにいたって、友人を叩き起こし、国王一行に先回りして馬車の次の停車予定地であるヴァレンヌまで急行した。その地で、ドルエは、食料品雑貨商兼ロウソク製造業者で土地の代訴人（選出された検察官）のソースなる人物に対してこの馬車の通行を拒否するように求めた。馬車が到着して、携行する書類を吟味する。書類に問題はなかったが、ドルエは留め置くように迫った。時間も遅かったこと（真夜中に近かった）、また道中の不安を考えても、ソースは旅人たちを翌朝まで留め置くのが最善と判断した。そこで——そしてこれが問題の一件の舞台となるのだが——彼は「コルフ男爵夫人」一行を自らの店舗兼住宅の二階の部屋に招いた。外には怒った町民たちが三叉を手に押し寄せていたが、プリュドムの『パリの革命』紙によれば、ソースは「何か軽く食べたいというこれらの旅人たちをもてなした」という。[21]

風刺文書を見ても、また国王の逮捕をめぐって十九世紀に語り継がれた話を見ても、国王の動機や計画失敗の経緯については記述がまちまちであるが、ソースのもてなしの一件は皆が皆取り上げている。ある風刺文書には、地元住民の目撃談として、ルイがこのロウソク製造業者のチーズを食べ、ブルゴーニュワインで彼に乾杯をする姿が描かれている。国立印刷局作成の公式な記述によれば、国王は逮捕されてパリに送還されるまでに何回か食事をとったとある。ピエール・フランソワ・パロワは、バスティーユ牢獄の破片をフランス全土に頒布することを発案した企業家として有名であるが、その彼が自前でヴァレンヌまで駆けつけたとした上で、自分もまた食べ残しが散乱するテーブルのまわりを国王が行ったり来たりしているのを見たと報告している。[22]ショワズール公爵は、逃亡の最終行程で国王一家の護送の任に当たることになっており（しかし、森のなかで道に迷って実行できなかったが）、ようやくヴァレンヌに着くや、国王一家は殺風景な小部屋に拘束されており、テーブルにパンと数個のグラスが載っているのを目にしたという。後世の王党派は、一八二二年に出版された公爵の回想録に、ソースが国王に供したのは「実に貧弱な食事」だったとあるのを信じこんだ。[23]ラルースの『十九世紀世界大辞典』にある「ヴァレンヌ」という比較的短い項目においても、国王はソースと食事をともにし、グラスを合わせたと記してある。[24]

話の筋にほとんど関係のないこうした詳細が執拗に反復されるのをどう説明すればいいのか。革命の最も有名な出来事の一つを記述しようと言う者にとって、ヴァレンヌで国王が夜遅くとった夜食が、どうして重要な事項、見たところ不可欠な事項となったのか。語り手によって、この詳細の意味は、貪欲か簡素、大食か吝嗇のいずれを強調するかで相当変わってこよう。例えば、王党派の回想録では、パンと地元のワインという、ソースによる「貧弱な」もてなしを強調して、王に対する町民たちの敬意の欠如を特記しているのに対し、共和派の記述では、同じ詳細に触れながらも、これを検察官の実直で、しかも礼を失しない簡素さの証としている。それでもやはり、この食べ残しの載ったテーブルはその後も消えずに残った。あたかも物語はこの食事休憩を抜きにしては成立しないかのようであった。一八三〇年代の王室画家アリ・シェフェールがこの光景を描くに及んで、逮捕時の図柄としてはじめて文机とインク壺がパン屑に覆われたテーブルに取って代わったのである。(25)

駐屯地のある町まで行くのに最短で最も安全な道をとると、国王一家はシャンパーニュ地方を横切らねばならなかったことから、一行の旅程が美食案内のように読めてしまうのも致し方ないことかもしれない。まずはモー。ここはブリーチーズで有名。次にサント・ムヌーを抜ける。出所は怪しいが、ある記述によれば、ここでルイはこの町の名を高めた豚足料理を一口食べたいから小休止せよと言ってきかなかったという。逮捕された家の主の名が、よくできたことにソース氏。パリに送還されるときは、シャンパン生産の中心地エペルネーを通る――これらすべてが、〈桃源郷〉を行く巡礼行の舞台を設定しているように思われるのだ。いくつかの文献の記述では、実際、最終的に国王を国王と見破ったのは、ヴァレンヌの町の外科医で、寓意として出来過ぎの感のあるマンジャン（Mangin）という名の男であったという（「食べる」という意味の「マンジョン（mangeant）」と音節が一つ同じ）。当時のある絵では、ルイがパリを脱出するとき、コックの身なりで、腰に巻いた白いエプロンからはナイフが突き出て、腕には子豚を抱えているし、ほかの図像ではチュイルリー宮殿を出るときそのように変装したのはマリー＝アントワネットになっている。[26]実際は、問題のベルリーヌ型馬車の乗客のうちシェフの白衣を着けていた者など一人もいなかったのだが、当時はこうした美食や料理をめぐるテーマ群が蔓延していたため、それが誤認や幻影――誰もいないのにコックの姿を見たと言い張るなど――の形で噴出したとしても別段驚くにはあたらない。

　コックの姿が頻出したように、ルイを筆頭に、食べる者の姿も頻出した。国王が、国境へ疾走する前にのんびりと一休みしてサント・ムヌーで豚足を食べている数々の図柄は、国王の大食ぶりを強調するものであり、「自由の回復者《レストラトゥール》」を放蕩好きのレストランの客に一変させることとなった。[27]要するに、ルイは一匹の豚となったのだ。チュイルリー庭園には、いたずら者が「迷い豚」の掲示を出したし、パリの版画店では、十を超える風刺画が国王一家をものすごい豚の顔で描いていた。[28]ゆえに、豚足を食べるとき、国王は共食いをしているのだった。何ものも王の食欲を妨げることはできなかったし、食べられるものなら何ものも拒絶されることはなかった。しかし、こうした風刺にあって、大食という大罪以上に作用しているものがあった。これらの文献でルイが非難されているのは、単に暴飲暴食のみならず、勘定を払わないということであった。国王の罪は道徳上のものであると同時に、ある意味で経済上のものでもあったのだ。

このテーマは、文献によって露骨な場合もあれば、やんわりと仄めかしたり匂わせたりしている場合もあるが、なかでも急進派の言辞のうちに十二分に展開されている。そこでは、貪り食う、呑み込む、消化するといった比喩が、支払いや精算といった議論と絡められて語られるのだ。非常に幅広く流布していた『パリの革命』紙では、ルイの首都からの逃亡を論じるにあたり、以下のように言及している。「王家の人食いがわれわれの富のすべてを貪り食ってしまった。そして、国民のパンを自分の黄金に変えてしまい、おかげでわれわれは金に飢えっぱなしだ(……)ルイ十六世の逃亡の報に接した国民の反応は、〈国王の姿を渇望する〉(強調は原文)どころではなく、君主など〈もう沢山〉[強調は著者。フランス語では〈*saoul*〉で、たいてい〈腹一杯〉ないし〈ぐでんぐでんに酔った〉と訳される]といったところで、そのツケを払わされるのにうんざりしていたことが分かる。[29]こうした記述では、食欲が変調を来し錯乱しており、必要分と消費分の比率が逆転している。国王は、人を食い、金を食い、パンを食いながら、それでも貪欲に食い続ける。しかし、「腹一杯」と言われるのは、君主ではなく、黄金と日々の食べ物を奪われ貪り食われた国民の方なのであった。プリュドムは同紙次号で自説を続けて、パリ市民が国王の通り道に人垣を造り、皆が皆パンを突き刺した槍をかかげた様子を描き、そうすることでルイの一時的な不在は人々に辛苦ではなく充溢をもたらしたことを論証している(30)。

パリ市民には、パンを刺した旗を手に通りに集結した者もいたろうし、そうでない者もいたろう。本当に重要なのは、かかるイメージがどれほど遍在するものとなっていたかである。『フランス通信』紙によれば、例の四輪馬車を実際に停止させたのは、ドルエの通報でもソースの執拗さでもなく、国王の大食のせいだった(「彼が何か軽食を求めた」から)という(31)。ソースをはじめ何人かの官吏がルイをルイと明確に認めたまさにその瞬間を描いた図像は、暴飲暴食と最後の支払いとの関連づけを鮮明に物語っており、これは、やがて捕らわれる国王をしばしばテーブルに、少なくともいくらかのパンと一、二本の酒瓶の近くに配する画家たちとは意見を異にしている。ルイの逮捕を描いた版画のうちもっともよく引用されるものの一つ(原画はデムーランの『フランスとブラバンの革命』紙に掲載)では、ルイの逮捕は実際、サント・ムヌーで起きており、ルイはレストランか宿屋かに(「〈逃亡者〉という看板のある店で」)腰をおろし、のんびりと豚足にかじり付いている(32)(図5)。彼はうっとりと遠くを眺めており、急ぐように手招きする王妃も、彼を逮捕しに来た品よく

Le Roi Mangeant des Pieds A. La Sainte Menehould
Le Maitre de poste Con fronte un Assignat Et Reconnoit
Le Roi.

図５：食事中に逮捕されるルイ16世を描く多くの民衆画の１枚。この絵では、王は〈サント・ムヌー風〉の豚足を食べるのに夢中で、他のことは何も眼中にないかのようだ。

こざっぱりした男も、自分の傍らに奇妙なことに幽霊のように描き込まれた豚さえも見えていないかのようだ。片手にはワイングラスを、もう一方の手にはペニスを思わせるような豚足を握っており、国王の食道楽が同等に勝手気ままなマスターベーションか、同様に倒錯したフェラチオかなにかに一変したかのようである。このときルイは、勘定のことなど失念しており、多くのレストラン客がそうであるように、快楽を引き延ばし、さらに食べ物を注文することにより出発を遅らせたいと思っている。この風刺画は、官吏がアシニャ（革命期の紙幣）にある国王の肖像と目の前に座っているずんぐりした男とを見比べた、あの顕現の瞬間を描いている。問題をよりはっきりさせるならば、このとき官吏は紙幣を差し出して、ルイに手で合図をしているが、まるで類似点を照合するというより、国王に豚足の勘定書を渡しているかのように見えるではないか。本人特定の場が、勘定の場にもなっているのである。官吏が手にするアシニャは、支払い形態から支払われるべき勘定書へと変貌するのだ。その勘定書には金額は書いておらず、ただ食べた者が描かれているだけだ。国王は、自分が食べた豚足の代金を自らをもって支払わなければならないのである。

逮捕の場面を描いた他の絵では、ルイをテーブルに座らせ、家族もそこに配しており、ベルリーヌ馬車の存在を窺わせるものも、そのほか逃亡を暗示するいかなるものも割愛されている（図6）。プリウールとベルトーは、部屋を殺風景で暗くしてみせ、突き立てた槍や松明の渦巻く煙からは全く疑似ダヴィッド的な舞台場面が暗示されているが、それでもテーブルは依然として残り、その上には肉とパテが乗せてある。別の絵は、十人あまりの官吏が部屋に乱入してきたときの様子であり、ルイはテーブルに腰掛け、片手にワインの瓶を持ち、腹を強調するように白いナプキンをかけている（図7）。手前にいる剣を脇に下げた謹厳な男は、アシニャに描かれたルイの肖像を指さしている。だが、その左手にいて最も目立つ人物は、白いフリジア帽とエプロンから善良な職人と見て取れる人物だが、この出で立ちからまるでシェフのようにも見えるのだ。逮捕する側の官吏たちは、どう見ても、名うての詐欺師である客が勘定を踏み倒すのを防ごうとしてかけつけたレストランの全従業員のように見えてしまう。

一七九一年六月の最終週、国王一家が捕らわれてパリに送還されているころ、憲法制定議会は国王の処遇について討論し、最終的には、フランスの敵によって悪意から「王さらい」にあったルイの帰還に際し「大いなる歓喜」を告げる声明を発することで、この一件からの立ち直りをはかった。やり方は拙劣であったが、国家を見限ったという非難からルイを守ったとはいえ、大食の罪の赦免については誰も力が及ばなかった。まるで逮捕劇の情景を描いた絵をすべて集めてもまだ足りないとでもいうように、カペー王家のパリ帰還に関する報告のなかにも、一家が軽食のために小休止したことに触れている（二十世紀に王党派的視点から書くアンドレ・カストロなどは、パリへの帰還が全くもって質素に行われたことを論証するためにはメニューのコピーを添付するに如くはなしと考えたほどである）。プリュ

図6：『大食漢、あるいは大きな鳥はゆっくり飛ぶ』。ヴァレンヌの逮捕劇をとくに意地悪く描いた1枚。バスティーユの襲撃を描いた絵の真下に腰掛け、食べるのに忙しいルイは、ことの重大さに気づいていないように見え、逮捕しに来た役人が見せる令状に「そんなことは知ったことじゃない。ほっといてくれ」と言って応じている。王位継承者は食事を終え、おまるに腰掛けて顔を歪めている。

図7：ヴァレンヌにおける大食と精算の様子を描いたもう1つの場面。どうやらシェフのように見える白衣の男に注目。

ドムとデムーランは、二人ともルイは逮捕で動揺することはなかったと記している。〈クレール〉で腹一杯食べ、〈パンタン〉で今一度軽食を取ったくらいだ。(33) この二人のジャーナリストのうち後者は、国王の腹具合がどうであったかを追い続け、王たちの四輪馬車に積まれていた封印されたトランク――王家の宝石であるとか国家機密であると想像する向きもあったが――について、実際は移動用トイレであったと主張しているほどだ。(34) ルイはパリの中心部にあるチュイルリー宮殿に戻るや、まるで一日狩りをして疲れて帰ってきたかのように何の気兼ねもなく、夜食にいつものローストチキンを食べたと言われている。(35)

これらの逸話や図像において大食と支払いとが結びつけられたため、ルイの逮捕現場はレストランへと変えられることがしばしばだった――レストランをおいて、過食が招く財政的結末がかくも明確となる場所が他にあろうか。単に大食だけなら貴族の放蕩を物語る事例が一つ増えただけということになろうし、勘定の場面ならどこと言わず商店なり、市場なり、会計事務所なりいくらでも起こり得ただろうが、両者同時となるとレストランしかなく、ヴァレンヌは君主にとって「ラブレーの十五分」として浮上してくるのだった。ブルボン家の十五分は、かつての「大膳式」の著しい転倒であった。かつては食卓につく王は王としての神のごとき尊厳を発散していたのに、今では卑しい大食漢以外何も発しない。「膳」は今や単なる食器一式にすぎず、場面も支出の場となったのだった。

もちろん、ルイが実際に取り押さえられたのは宿屋でもレストランでもなかったが、それは問題ではなかった。彼を食卓におくことで、彼の罪は直截的かつ具体的なものとなったのであり、馬車の停止や書類の吟味について歴史的により厳密に描いていたらそれは叶わなかっただろう。これらの図像は、ルイをベルリーヌ型馬車から食卓へ移すことにより、しばしば君主に付き物とされてきた貪欲さという属性を一つの肉体的特性に変えてしまったのだ。もっとも、アシニャを用いて本人確認をすることにより、革命の公開性と君主制の二枚舌との対決を一つの財政問題として扱うことが可能になったのだが。これらの描写のいずれにおいても、ルイは勘定書を手にしているが、伝票がどれほどの長さになっているかは与り知らず、また王国にとって、ただ飯の時代は終わったことも弁えていない。それどころか、こうした幻想上のレストランの場面では、国王は勘定書を前にすっかり驚いてしまい、物語としては暗黙の因果論的帰結に困惑しているように見える。一七八〇年代には、新しい給仕方式をする者がすでにおり、メニューのおかげで客は懐具合に合わせて食事をとることができる旨を記しているが、ルイは、むしろ哀れにもルソーのように、メニューとも勘定書とも相談しない間抜けな客となっている。どうやらルイは、値段が決まっていない世界、食事の値段がそれを食べる者の身元や「地位」によって高くも安くも、ただにもなる世界、要するに、ある者の「膳」が他の者のそれよりも文字通り豪勢にも、またそれなりに公的なものともなるような世界に、依然として住んでいるようなのだ。ルイはヴァレンヌで逮捕されたとき、レストランでしてはならないことの一例を示したのに対し、レストランで暗殺された革命の最初の殉死者ミッシェル・ル・ペルチエ・ド・サン＝ファルジョーはその反対の例を示している。フランスで最も富裕な者の一人であり、パリ高等法院の裁判官であったル・ペルチエは、一七八九年、ヨンヌ県の代表として三部会に選出されていた。その後すぐに「愛国者」に転向し、次いでジャコバン派に属した。一七九一年の刑法の審査報告書を起草し、議会の事務局長の任に就いた。そして、ジャコバン・クラブのすべてのメンバーがそうしたように、元国王の死刑判決に賛成票を投じた。一七九三年一月二十日の運命の投票から間もなく、またルイがギロチンにかけられるまであと二十四時間もないというときに、近衛隊の元隊員でパリスという名の激高した王党派によって、あるレストランで刺し殺されたのだった。

ル・ペルチエの死が歴史家たちの興味を引いてきたのは、ひとえにジャック＝ルイ・ダヴィッドによって再構成された入念な葬儀の絵と、同じくこのジャコバン派の画家が描いた死の床の肖像による。(36) しかしながら、ル・ペルチエ刺殺の描写は、神格化された彼の描写と同様に啓示的である。というのも、舞台をレストランに置いたことで、この暗殺は、ヴァレンヌにおける国王の逮捕の場面と対になるものとして、いやその反証として読むように促している。国王の大食のかわりに、ル・ペルチエの節制が見て取れるし、またすでに見たとおり、ルイ十六世の食事の詳細が一七九一年六月末の風刺文書や新聞で思いもかけず突出した役割を果たしているのに対し、レストランにおける暗殺の後日談にはメニューやパン屑や塩漬けの豚足などはけっして前面に出てこない。この二つの事件は、食卓という設定でつながっているほか、経済的な共鳴の広がりという点でも共通している。ヴァレンヌにおける国王の逮捕を描いた風刺画では、国王の食事と、自分が食べた物に対する支払い能力の欠如とを云々しているわけだが、ル・ペルチエを扱った絵の多くは、進んで支払いをしようという彼の姿勢を強調している——前者の乱費癖と対照的に、後者は死ぬ前に急いですべての勘定をすませようとする。

ル・ペルチエが暗殺されたパレ・ロワイヤルのレストランの主人ドミニック・フェヴリエは、彼（フェヴリエ）が勘定台の後ろに立ち通常取り仕切っている部屋とは別の部屋に、代議士は席を取っていたと公安委員会に報告している。ルイの処遇をめぐる何時間もの討論のため、ル・ペルチエが夕食をとりに来店したのはいつもよりも遅く、またフェヴリエは、彼に挨拶に行くことなく、すでに食事を終えた他の客から支払いを受けるのに勘定台にいた。そこへ突然叫び声が響き渡り、フェヴリエの言によれば「尋常ならざる動きで」次の間に駆けつけ、今まさに見知らぬ男が「サン＝ファルジョー氏の胸元」に剣を突き立てるのを目にした。自身の説明によれば、この勇敢なレストラトゥールは、犯人と格闘になったが、無駄であったという。パリスは逃走し、フェヴリエは苦しげな代議士に注意を向け、店の「ウェイター（*garçons*）」に医師と警察本部長を呼びにやらせたのだった。(37)レストランの二人のウェイターは、役人の尋問に対して、ほぼ同様の話をした。次の間にいたウェイターのルピーヌは、夕飯をそのレストランで食べるのを常にしていたル・ペルチエとは懇意にしてもらっていた旨を語った。ルピーヌによれば、代議士はもう一人の男性客とテーブルに差し向かいに座っており、ちょうど一皿目が終わったので次の料理を取りに厨房に行ったところだったという。ほんの一、二分その場を離れた後、裏の部屋に戻ったのだが、そのとき今まさにフェヴリエがパリスと格闘しているのを目にしたのだった。表の部屋の「ウェイター」のデュランは、襲撃については何も見ていないが鋭い叫び声を耳にして、フェヴリエに呼びつけられるや加勢に駆けつけたという。(38) これらの目撃談のすべてを総合すると、犯人が最初に夕食に割って入ったときには、ル・ペルチエはまだテーブルについていたのは確かだし、その後すぐに犯人は代議士の息の根を止め、巧妙に逃走をはかったのだった。

後の図像や政治文書では、葬儀の際の演説と同様に、ル・ペルチエの最期について異説を提示し、できるだけ愛国的効果を高めようと、暗殺を美化し、純化している。最も有名なのは、ダヴィッドによる死者の肖像で(今日では損壊しているが、当時は、一七九三年夏に浴槽で暗殺されたもう一人の殉死者で人民主義のジャーナリスト、マラーの同じく有名な肖像画とともに、国民公会の議場正面に恐怖政治のあいだじゅう掛けられていた)、およそ魅力的とは言い難いル・ペルチエの顔が若いギリシャの神の顔に変わっているのだった。(39) これと同様にル・ペルチエの最期の言葉も相当改変されており、国民公会での代議士モールの最初の報告では「寒い」という悲しげな言葉だったのが、葬列の幟では「我安んじて国のために我が血を流さん。その血が自由と平等を確固たるものとし、その敵の姿を暴露するのに役立たんことを」という英雄的で、より大袈裟なものに変わっているのだ。(40) さらに、死後のル・ペルチエは、フェヴリエのレストランのなかをあちこち動きもしたのだ――ジャーナリストや回想録の執筆者や画家たちがこの英雄をその小さなテーブルからフェヴリエの勘定台へと移動させたのであって、それほどこの場面の意味づけは変わったのだった。ル・ペルチエの暗殺についての最初の公式報告では大部分がレストラトゥールとその従業員の説明を反復するものであったが、二十四時間も経たぬ間に、革命の殉死者列伝の性格に合わせるために、細部の修正が始まった。フェリックス・ル・ペルチエ（殺害された代議士の兄弟）の著した弔辞では、ル・ペルチエはいつもの「質素な食事」をしにフェヴリエのレストランにいったとある。じめじめした「一段下がった地下室」に一人で（ということは、ウェイターの話にあったように誰かとテーブルに差し向かいにではなく）座っているときに、パリスに襲われたのであって、この男はその前にフェヴリエ夫人に長口上を垂れていたという。(41) この暗殺について国民公会に最初に説明したオセール選出の代議士ニコラ＝シルヴェストル・モールも、ル・ペルチエが一人で座っていたとしてこう言っている。「彼が夕食を取り始めるやいなや、六人のものどもが隣の〈小部屋《キャビネ》〉を離れて彼の前に姿を現した(42)」。

そして、プリュドムによる挿し絵入りの『パリの革命』紙一月十九〜二十六日号では以下のようになっていた。ル・ペルチエはその威厳をたたえた落ち着きと愛国者の帽章とから本人とわかる。アルコーヴにあるテーブルに一人腰を下ろしていると、パリスが、雇った殺し屋の一群を伴って彼の前に立ちはだかる。刺客たちは入口をふさぎ、ル・ペルチエをその部屋の他の客から巧みに隠したので、彼は死の直前でもすでに孤立し、全く一人だった。ブリオンによる相当詳細な版画においては、いっそう立派な身なりをしたル・ペルチエ(ナプキンはボタンホールからポケットまで掛かっており、標的として好都合となっている)が、田園風景を描いた、元気を回復させるような壁紙で飾られた部屋に全く一人で座っている(図8)。アーチとなっている通路の向こうに見えるのはフェヴリエではなく、勘定台に立って穏やかに他の客の精算をしている彼の妻である。ここでは、ル・ペルチエを囲む環境やその身なりは格別質素というわけではないが、それでも浅黒い犯人の渋面と暗色の衣服を見ると、殺風景なテーブルの上で演じられる善と悪の戦いを連想してしまう。

法務大臣ドミニック＝ジョゼフ・ガラは、国民公会への正式な報告のなかで、次のようなさらに別の説を報じている。「ル・ペルチエは、パレ・ロワイヤルのフェヴリエのレストランで夕食を取った。勘定台で、食べた夕食の支払いをしているとパリスが入ってきた」[43]。これは二の次の問題と思われるかもしれないが、この細部の改変は、少なくとも葬列における殉死者の最期の言葉に加えられた変更と同じくらい意味深いものだった。というのも、ル・ペルチエをルイの犯罪と有罪宣告の場である食卓から、支払いの場へと移しているからである。(44)常連の信頼の置ける客（ウェイターによれば、ル・ペルチエは過去に「四回の食事」しか欠かしていない）であってみれば、代議士は毎食後ではなくて週末ごと、あるいは月末ごとに支払っていたのかもしれないが、暗殺の公式な報告では、彼は急いで精算しようとしている。何人かの画家の解釈もこれと同様で、おそらくガラの説を基にしているのだろうが、ル・ペルチエとフェヴリエを勘定台に並べて見せ、パリスが息の根を止めようというのに、前者は後者に勘定を払っている（図9）。死の時にあっても、真の愛国者は負担すべき伝票を国民に残していくことはできないのだった。

かくして、逃亡した国王と暗殺されたジャコバン派をめぐるさまざまな物語は、現実のレストランの基本的な経済的論理を執拗に強調することにより、もてなしと社会変革の作用に関する一連の教訓的な絵画群を提示することとなった。そのレストランの論理とは、客は商品を消費し、しかる後にその分を支払うというものだ。これら多様な描写は、国王をあざけり、殉死者を讃える。だが同時に、レストランを、定式化した支払いと当然目に見える形でなされるべき交換との真のイコンに変えたのである。見境無しの友愛化の危険についてバレールが発した警告と同じように、テーブルでの勘定の場面を描いた革命期の図像は、レストラトゥールが食べる側の望んだものを喜んで提供するといっても、そこに内在する寛大さは市場原理に基づいていること、すなわち——もてなしをめぐる一七九一

図８：ブリオンの『ル・ペルチエの暗殺』では、議員を比較的豪華なアルコーヴにある食卓に置いている。出口では他の客たちがフェヴリエ夫人に勘定を払っているのが見えるが、ル・ペルチエはその機会を持たないであろう。

図9：ここでは、ル・ペルチエの暗殺の場面が改変され、議員は勘定台で支払いをしようというときに刺されている。テーブルは相席で壁は剝き出しとなり、背景はずっと質実剛健になって、ジャコバン派のレトリックに添うものとなった。

年の定義は脇に置くとしても——「Chacun son goût《シャッカン・ソン・グー》」とはいえ、それは「Chacun son écot《シャッカン・ソン・ネコー》」が前提だということを思い起こさせるものであった(45)。

「以前より食べる物に口うるさくなった」

テルミドール九日(一七九四年七月二七日、バレールが友愛的夕食を糾弾してから二週間も経たぬ間に)、革命の最も急進的な局面も終結に向かっていた。テルミドール十日、パリ全体がまとまって安堵の溜息をもらしたとはよく指摘されるところだ。こうした安堵感の一つの現れとして広く認められているのが、娯楽に対する関心の高まり、ファッションをはじめとする身体的な喜びの重視である。かつての王党派で、劇作家のA・V・アルノーは一八三三年の回想録に当時のことをこう書いている。「快楽は万人が必要とする(……)飽くことなく必要とするものだった(……)われわれは未来から借り入れては過去に対して弁済した(……)快楽に関するかぎり、われわれの支払いは大いに滞っていた」。そして、このように査定するのは彼一人とは言えなかった。他にも、イデオロギー的には異なるものの、亡命貴族のダロンヴィル伯爵や共和派の作家ルイ・セバスティアン・メルシエ、英国人のジョン・ミレンジェンなどが自らの回想録のなかでこうした現象を強調しており、透けて見えるドレスの乱舞、愛玩用の小型犬、パイナップルの氷菓などと同様に、一七九〇年代後半のパリのイメージを形作るにさらに寄与することとなった(46)。

こうした疲れを知らぬ快楽への欲求と軌を一にするように、テルミドール派の国民公会（一七九四年八月から一七九五年十月）と総裁政府（一七九五年十一月から一七九九年十一月）の時代は、レストランが初めて途轍もなく輝かしい繁栄を迎えた時期として考えられてきたし、この時期を扱う歴史研究家はパリを政治の首都ではなく、遊興の首都として位置づけてきた。(47) 高いカラーをパリッと糊付けし柄付き眼鏡を手にした「アンクロワイアブル（*incroyable*）」といった連中や、その女性版で肌も露わの服を着た「メルヴェイユーズ（*merveilleuse*）」といった人物像に体現されるこの時代は、まるで、国民全体が一七九四年秋に突然揺り起こされ、シャンパンを飲み、牡蠣を食らい、装いを変えること以外何も考えることができなくなったかのように、無為な軽佻浮薄さと奔放な快楽追求の側に立つに至ったのである。一般的な歴史記述から言えば、この点について最も雄弁なのはおそらく十九世紀であろう――トーマス・カーライルはテルミドール反動に当てた一章で読者に対し「ともかく服の裁ち方を見よ」と教示を垂れ、ゴンクール兄弟はその典型的な息もつかせぬ散文で「そしてレストランがある。どれほど多くの新しい驚異があることか！」と喘ぎながら語った――が、話の基本は変わらなかった。(48) 政治的には保守的な「日常生活の歴史」シリーズに寄稿していたジャン・ロビケは、道楽者《リベルタン》は数千人で、それを除けば人々は「完全にブルジョワ的な生活」を送れることを喜んでいたと読者に断言することにより、総裁政府時代の悪評を払いのけようとした。(49) しかし、彼は負け戦を戦っていたのだ。民衆史を扱った『革命期の愛』という際どい作品のこの著者は、テルミドール以降の官能的放縦の風潮《エートス》は周知の事実であるから、この点について長々と論じる理由がないのは認めざるを得ないのだった。(50)

一見めくるめく年月のように思われるこの時期は、少なくとも革命のトレードマークである熱意と熱狂と比べれば、あるいはナポレオン帝国の雄々しい軍事的威光と対照しても、歴史家たちにとってしばしば扱いにくいものであった。一般に革命の継続というよりも革命の終焉と見られている一七九四年の夏から一七九九年までの歳月について、歴史家たちは何世代にもわたって略式裁判のように簡略に扱い、ほとんどあからさまな嫌悪感を露わにしてきた。(51)二十世紀初頭、ロベスピエールを評価していたアルベール・マティエが、テルミドール以降の時期を「今や国民公会が陥った剝き出しの下水溝」と断言しているのも驚くにはあたらない。また、より多血質なアメリカ人歴史家R・R・パーマーさえもその数十年後に擁護を試みながら、しまいには「総裁政府は政体のように見え、実際一つの政体であった(……)しかし、最初からある種の実体の欠落があった」と書いている。(52)最近、歴史家たちは歩を一にして再評価の努力を重ねているが、テルミドールの国民公会と総裁政府を極めて軽佻浮薄な時代とする支配的なイメージに対して何であれ真っ向から取り組もうという動きはまだない。(53)実際はインフレや戦争や絶え間ないイデオロギー的衝突を特徴とする時代なのに、どうして「快楽」がそんな時代の象徴となったのか。そして、パリが提供しなければならなかった快楽が数多あるなかで、どうしてレストランがその快楽の主たるイコンの一つとなったのだろうか。

当時からこのかた、逸話史のレベルでは、この時期のレストランの繁栄を説明するに、以前個人宅で働いていたシェフたちが一般の市場に参入したからだとしてきた。この主張によれば、フランスから逃れた貴族たちがその雇い人を後に残していった。突然職を失ったシェフたちはその経験を役立てようと——しばしば、かつては貴族の私邸として使われた建物に——レストランを開業したということになる。(54)ゴンクール兄弟は十九世紀中頃にこうした説明を展開しており、それによれば革命の到来により状況が一変して、「大貴族や教会付きのシェフたちは路頭に迷い、そこで主人のためだけに料理を作るのではなく、民衆をもてなそうと決めた(55)」と説いている。また別の十九世紀中頃の論者は、これら初期のレストラトゥールを「新たな貴族的かつ民主的な社会組織への第一歩」として賞揚しているし、二十世紀の作家ジャン＝ポール・アロンは私邸からレストランの厨房へのシェフの移動を「美食学の新たな体制のキックオフ」と呼んでいる。(56)

十九世紀初頭では断然有名なレストラトゥールの一人であったアントワーヌ・ボーヴィリエは、実際、貴族が私的に所有した厨房の出身だが、パレ・ロワイヤルのアーケードにレストランを開業するために、王弟（将来のルイ十八世）付きのケーキ部門のシェフという職を離れた。ボーヴィリエは、ブリア＝サヴァランの『味覚の生理学』では幾多の客たちに対し裕福なホスト役を演じたと記されているし、マルクス主義者のホブズボームには一八〇〇年代初頭のブルジョワジーの勝利の証として引用されており、かつては貴族の特権だったものを民主化したという点から見れば、レストラトゥールとしては最初にして最も明瞭な例である。[57]とはいえ、ボーヴィリエが公共の領域に身を転じたのは、なにも前の主人である王族がアルプスの彼方に移住してしまい、路頭に迷ったからではない。むしろ、開業したのは一七八〇年代中頃で、明らかに革命の勃発以前のことであった。まず豪奢なサン＝タンヌ通りにある家具付きの下宿屋で開業し、次いで一七八七年、前の主人の従兄弟にあたるオルレアン家が財政的に逼迫したのを期にパレ・ロワイヤルが賃貸用の店舗に分割されるや、かの王邸に店を移したのだった。[58]彼がブルボン家での勤めを離れたのは、事業への衝動に駆られたからかもしれないし、ブルボン家が（他のすべての家系と同じく）すでに人員を削減していたからかもしれない。しかしながら、いずれの場合であれ、ボーヴィリエは革命を待ってレストラン業に参入したのではなかったのである。

彼ほど有名ではなくとも、以前個人宅で雇われていた者がレストランを開くケース[59]は他にもあった。それでも、多くは革命勃発前に自分から事業に身を投じたのである。例えば、ジャン＝バティスト・ラバリエールは、一七七九年に個人宅での職を離れ、サン＝トノレ通りに〈仕出し屋〉として開業した。[60]一七八二年には近所のパレ・ロワイヤルのアーケード街に場所を借りて、すぐさまレストランに衣替えし、当時最も幅広い喝采を浴びたレストランとなった(61)。その五年後、凝った飾りを施した〈カフェ・ミリテール〉を入手してカフェ経営に参入し（いとも簡単に食品小売業に参入している点に注目されたい）、そしてパレ・ロワイヤルのレストランの方は以前の使用人で最近〈ムーズ〉から移ってきたジャン＝バティスト・ヴェリーとジャン＝フランソワ・ヴェリーの兄弟に売却したのだった(62)。総裁政府時代および帝政時代にあって、ヴェリー兄弟の二つのレストランが首都の美食の呼び物としては最も有名なものの一つだったのはたしかだが、しかしそれが貴族の特権を継承するものと呼べるとしても、単に立地——一つはパレ・ロワイヤルに、もう一つはチュイルリー庭園にあった——くらいのものだった。

一七八九年以降は、だいたいの場合、旧体制下に貴族付きのシェフであったという肩書きをもってしても、レストランを確実に大成功に導くようなお墨付きとはまずならないであろう。王政の崩壊とともに、このような経歴など自らの属する団体の共和派的性格を証明するものでも、当然望まれる料理の質を保証するものでもなくなったのだ。ヴェルサイユ生まれのガブリエル・マルセル・ドワイヤンのケースを考えてみよう。彼は王妃宅の厨房で十年間働き、一七八九年十月、国王一家がヴェルサイユからチュイルリー宮殿に移るとドワイヤン自身もパリに移り住んでパレ・ロワイヤルにある〈ロベール〉の有名なレストランで一年間働いた。しかし、特権の民主化、そして個人付き従僕の大衆向け厨房への移動という点では絵に描いたような例ではあっても、ちょっとした些事で瓦解してしまう。

一七九四年五月、ドワイヤンは逮捕され、慌しく裁判にかけられ、「旧体制を熱望し、かつての主人を懐かしんだ」かどでギロチンに送られたのである。[63] 彼を告発した者たちや、有罪判決を下した法廷の裁判長であったフキエ＝タンヴィルの目から見れば、ドワイヤン――自らの職業を「流し場の小僧」であると陳述していた――は、マリー＝アントワネットの「料理長」であり、その個人的な従僕であり、有力で危険な取り巻きと映っていたのである。従僕を反革命の支持者と見たり、その主人の言いなりで操りやすい「手下」と見たりする体制の手に掛かったかつての厨房の使用人は彼一人ではなかった。[64] 貴族たちは家僕たちが怪しまれることは承知していた。極端な王党派であったオーギュスト・フランソワ・フレニイは、一七九二年八月、チュイルリー宮殿の襲撃を受けてパリを逃れるとき、シェフや家令をはじめ家僕たちも必要な旅券を入手できるように手段を講じたほどであった。[65]

レストランはかつて貴族付きのシェフだった者たちが開業したと語ることは、レストランは一種の文化的民主化の産物にして帰結であるという説を手短に言う好都合な便法となった。ブリア＝サヴァランが『味覚の生理学』で書いているように、「誰でも、十五フランか二十フランを使うことができ、一流のレストランに腰を下ろしさえすれば、少なくとも王侯の食卓に見まごうばかりの扱いを受けること必定である」[66]。しかし、作家のルイ・セバスティアン・メルシエ（ゴンクール兄弟、アロン、エロン・ド・ヴィルフォスをはじめ、おそらく他にも多くの作家が引用している）が、「王侯の、〈高等法院派〉の、枢機卿や司教座聖堂参事会員の料理人」は皆レストラトゥールになったと他に先駆けて断言したとき、これは革命によって料理をめぐる階級差が解消されたことを賞賛してのことではなかった。むしろ、彼は「以前より食べる物に口うるさくなった国民」と題する章で、パリの庶民たちは、かつては（案の定、連盟祭の栄光の瞬間には）立派で善良だったが、貴族的な遊惰と上流階級の悪徳のせいで堕落してしまったと断じている。「洗練された食べ物が彼「労働者」を傲慢に、怠惰に、無軌道に、貪欲に、食い道楽に変えてしまった」という一節でメルシエの記事は始まっている。[67] メルシエ――革命を熱狂的に支持し、しまいには恐怖政治の時代に告発され投獄された――にとって、貴族付きの元シェフがパリ市民全体を相手にした食の提供に手を染めるという考え方は、ある意味で革命の欠点を断罪することになるのだった。要するに、メルシエはバレールの提起した論点を論じていたのである。すなわち、貴族的な繊細さが共和派の慎み深さに悪影響を与え、善良な市民を汚染したというのである。メルシエが革命後の料理術の大きな進歩を力説するとき、それは賛辞としてではないし、政治とは無縁の社会時評としてですらなかった。むしろ、すぐれて政治的な批判形式であり、少なくとも食卓に関するかぎり既にしてポスト革命期に入りつつあった時代にあって、デブと痩せという革命特有のレトリックを用いたものであった。レストランが提供する個人別テーブルや夢のような自己陶酔的性格を取り上げるとき、メルシエは前ロマン派的内省の美点を謳歌しているのではなく、自分本位の悪徳を断罪しているのであった。しばしば引用され、過大評価されている向きもある記述のなかで、遊覧馬車から降りてボン＝ザンファン通りにあるレストラン〈メオ〉の食事室に入る女神の姿に触れるとき、これは一七九八年のパリ市民はオリンポスの山で食事をしていたと言いたいのではなく、パレ・ロワイヤルの娼婦でさえ「古代の」愛称をもらい、新古典主義的な装いをしていたと言いたいのであった(68)。

若いときのユートピア小説『二四四〇年』において、メルシエは未来のフランスの君主は、いつの日か、無料で、万人に開かれた永遠の定食用テーブルの主人となるかもしれないと考えていた(69)。ほぼ三十年後に『新パリ情景』を書いたとき、メルシエは革命によってもたらされたフランスのテーブルマナーの変化について非常に異なる描写を提示している。一七七〇年代初めに心に浮かんだ可能性は、二つ——当時の風潮であった個人的な営利目的の私的経営体制と見えるものと、公的な国家の介入と宿屋の主人＝君主という理想化された構図——だったのに対し、一七九七年には実際にレストラトゥールの支配という、第三の思いがけない事態になってしまったのだった。宿屋の主人＝君主を見たいと思っていた宮殿のなかに、そのかわりにかつては貴族や司教の腹心だったレストラトゥールを見ることになったのだ。メオのレストランの客間では、「料理は注文されるやたちどころにテーブルに現れ、そして、その場で食事をする者は皆黄金をため込んだ連中だから、彼らは国王、王族、外交官などと同じように扱われ、饗応されたのだった」[70]。革命は、宿屋の主人＝君主の御代の到来を告げるかわりに、レストラトゥール＝王を権力につかせたのだ。

したがって、レストランがメルシエの興味を引いたのは、ポスト恐怖政治時代の公共圏の理想化された出会いの場としてでも、特権の民主化の証明としてでもなかった。レストランが人の心を引くのは、牡蠣、トリュフ、ヒラメをはじめ多くの外来の珍味を供するからではない。また放縦の悪名高き総裁政治時代にあって、レストランの小さな個室が情婦をもてなすのに打ってつけの場所だったからでさえない。むしろ、レストランがメルシエをはじめ多くのジャーナリストを魅了したのは、端的に言って、途方もなく高価だったからである[71]。レストランを貪欲なまでの消費の場として特別視したのは、何もメルシエだけではなかった。ジャン＝バティスト・ピュジューは、〈カフェ・アルディ〉で流行の「フォークで食べる朝食」をとっているのは「現代のクロイソス王」だけだと読者に断言しているし、『外国人のためのパリ案内』では、ポスト革命期に発展した料理術は新興成金が喜ぶべきものだと示唆している[72]。新聞や警察の密偵は、そうした記事の読者に対して、七面鳥のローストの描写や詰め物入り舌平目のレシピを持ち出すのではなく、伝票や勘定や支払いの話で盛り上げた。首都のレストラトゥールについてのある匿名の記述では、「身代を成す者もいれば失う者もいる。概して、これらの店は非常に高い（……）メニューに記された値段を下げれば儲けも上がるのだろうに、料理の大半をとても手が出せない値段にしておきたいようだ」[73]。偉大なるパリのレストランは、十九世紀初頭には光輝と気前の良さの象徴となったかもしれないが、一七九〇年代後半のパリ市民には貪欲さの象徴であった。

普通言われているところによれば、総裁政府時代のパリ市民に見られた一見奔放な文化生活と抑制のない食い道楽は、一七九三年から九四年の不安が去った後に予想通りの享楽主義が到来したということ、すなわち、新たな共和暦では順序が逆になり、恐怖政治という世俗の四旬節に続いて一種の政治的な謝肉祭が訪れたと理解すべきだとされる。しかし、レストラン評論や旅行者の回想録が〈メオ〉の豪華な食事室や〈コルセレ〉の惜しげないショーウィンドーの噂をフランスの隅々まで、さらには国外にまで広めるはるか前から、窮乏の噂が町中で囁かれていたのだった。共和暦三年、警察の密偵の報告には、「食べ物を買うことができぬと万人が訴えている」、「われわれにはすべてが不足しているのに、金持ちだけは何でも持っている」とあり、恐怖政治の終焉の後に来たのは歓喜の大爆発ではなく、飢え、欠乏、飢餓に近い状況であったという。人々は、母親たちはパン一つも手に入れられないのに、レストラトゥールと「仕出し屋《トレトゥール》」は十五個も買っていると不平を言う。警察の密偵には、レストランの夕食の贅沢さに嫌悪感を覚えると報告する者もいた[74]。インフレと物不足と復讐の恐るべき年（一七九四年から九五年、共和暦三年）のレストランの常連客――たしかに当時のレストランの常連客は、ちょうど当時の有名な「ダンス気違い（*dansomanes*）」たちがペローニやビュテやモデュイ（これも皆レストラトゥールであった）

の舞踏場に殺到したように、ボーヴィリエ、ノーデ、ロベール、メオ、ヴェリー兄弟などの店をいっぱいにしていたのだから——は、丁寧で上品な口調で囁いたり、自分の敏感な胃腸についてそれとなく仄めかしたりはしなかった[75]。むしろ、夕食を大いに食べ、その贅沢ぶりを怪しまれて警察の密偵の記録に書き込まれるのはかえって嬉しいことであるようで、自分の食欲を誇示し、空腹を得意がっているように思われた[76]。物不足と厳しいインフレの時期にあって、市場から真っ先に消えたのは贅沢品ではなく必需品であった。共和暦三年、パンは非常に入手しにくくなっていたかもしれないが、店のウィンドーはチーズやケーキで溢れているようだった[77]。

「快楽追求」は、テルミドール九日以降の何年かは、緊張からの無邪気な解放というよりは、政治に関わる批判的色彩の強い活動であった。いわゆる「金ぴか族《ジュネス・ドレ》」、すなわちジャン＝ポール・マラー（革命期のジャーナリストにして革命の殉死者）やミッシェル・ル・ペルチエの胸元を刺した小綺麗な身なりの若いダンディーの一群は、とくに政治的な攻撃部隊として名を馳せていた。これは一種の立派な服を着た私設軍であり、地元の政治で最も軍事的で過激な活動をしていたパリ市民を押さえ込むために、新聞の編集発行人にして政治屋のルイ＝スタニスラス・フレロンが徴用したものであった[78]。この時期、身なりがよく、緑か黒の襟を着け、「パレ・エガリテ」（平等宮）のレストランに足繁く通うのは、軽佻浮薄なしるしではなく、善良さのしるしだったのであり、一七九二年ないしは九三年に自由

帽と三色の花形帽章を身につけることと同じくらい真剣なことだったのである。(79)

逸話史のレベルでは、総裁政府時代のパリ生活は一つの大きなパーティーであったかのように見えるが、こうしたイメージの源泉の多くは、その場に立ち会えなかった者たちの記述によっている。食い道楽も貧しく哀れな連中も同じで、自分は何を食べたか（あるいは食べなかったか）を語って毎日何時間も過ごしたのだ。(80)自分自身はパーティーに行かず、総裁政府時代の新興成金の浪費ぶりや肥え太る胴回りに啞然とするばかりで我が身は苦しく寒いとする者の日記には、レストランの栄華など別に何の価値もなかった。一七九六年当時、パレ・ロワイヤルのレストランやそこで食べる金持ちたちを忌み嫌ったのは、財産を巻き上げられたかつての貴族であり、サン・キュロットたちであった。ある警察の報告書には、ジャコバン派と王党派を次のような一節にまとめている。「ロベスピエールを望む者もいれば、王を望むものもいるが、食べることのできる体制を望む点では皆同じだ」。(81)

一七九五年から九九年のレストラン評論は、依然として政治モードの食卓談義であり、痛烈にして辛辣、褒めるにしてもただ長いだけで辟易するほかないし、あまりの豊饒さにじりじりするほどだった。政治に直接関与するものであり、厳しい風刺であった。食べる側であれ、食べられる側であれ、パイナップルが市場に出回り一個三十六フランで売られるとき――そしてそのパイナップルを入手できる裕福な者たちの話が大衆紙をにぎわすとき――革命が約束した平等な恩恵の分配という原則は目標からはるかに逸れてしまったこと、また今や「平等《エガリテ》」は宮殿に付けられた流行の異名にすぎないことを認めずにはいられなかった。(82) 他の誰かが自分よりうまい物を食べているのではないかという疑いや、自分もそれを食べたいという欲望といった、美食をめぐる噂が、この時期、すぐれて政治的な批判形式として、革命期にあった食べる側と食べられる側の軋轢の焼き直しとして生まれたのである。一七九〇年代初めから中頃までの短い期間だが、パリ生活におけるレストランの位置づけをめぐる議論のテーマは、かつて感性や健康状態に集中したように、今や正義と平等に集中していた。しかし、デブと痩せといった言い回しも、法律上、司法上のいかなる強制力も奪われて無効となったのだ。最早「最高価格統制法」はなく、あるのは自由な市場世界だけであった。最早革命セクションはなく、あるのは歌唱団体だけであり、毎月の発表会では明らかに政治的な話題を禁じ、その会員も作詞の才能を、ロベスピエールや山岳派から、真夜中、靴下止め、シャンパンへと向けていたのだった。(83) 一七九五年五月、ジルベール・ロームは国民公会の同僚議員たちにむかって「平等パン」政策を復活させ、ブリオッシュ製造を禁止する必要性について熱く語った。しかし彼は、誰をも説得することができず、その後すぐ、危険で性懲りないテロリストとして逮捕され、ギロチンにかけられる矢先に自殺を遂げた。(84) 利己主義に対する共同体主義的批判はすでに力をそがれてしまっていた。内務大臣ウデイエの言葉によれば、パレ・エガリテのレストランから漏れ出る「料理の湯気さえ、飢え、苦しむ者たちは吸うことができず」、頼みの綱は羨望くらいしかないのだった。(85)一七九〇年代後半のレストランからは光が放たれていたが、それは不正で得た黄金のぎらついたきらめきであって、民主化された高級料理《オート・キュジーヌ》のバラ色の輝きではなかったのである。

第6章　美食狂から美食学へ

おお、私が提示した法則に無縁な者たちよ、
その迷える味覚を捨て去って、
〈習慣〉に〈食欲〉を支配させ、
わが学識ある〈術〉を学べよ。
選択と方法なのだ、親愛なる食事者よ。
わが弟子たちよ、それについて聞きに来るがよい。
――ジョゼフ・ベルシュー『美食学』（一八〇一年）

「パリは全くもって平穏である。今や人々は楽しい時間を過ごすことにしか関心がない」。「友愛的」とされていた夕食会を軽佻浮薄な浪費と断じたベルトラン・バレールの弾劾に比べれば、そのわずか七年後に書かれたこの満足げな警察の報告書の一節ほど、語調がかけ離れた断言はそうそうなかっただろう。(1)周知の通り、一七九三年九月五日の法律で、恐

怖政治が「時代の基調」であることが宣せられていた。パリ警察の長に任命されて間もないデュボワとピイスが一八〇〇年三月に発したこの公報は、直截さには欠けるかもしれないが、同じように意義深いものだった。曰く、「宗教の、身なりの、快楽の自由。政府の意向は人をあるがままの自由人として扱うこと以外にないことを、皆が皆納得しなければならない」(2)。道徳的なもてなし、強制的な花形帽章、「最高存在の祭典」――統領政府の新たな政治体制はこれらすべてにとどめの一撃を加え、公式に「君主政から共和政への移行期に重くのしかかっていた格式張った規制から、すべての忠実な市民を解放した」のだった(3)。

快楽の首都、〈光の都〉――シャンパン・パーティーとショーガール、ドレスメーカーとカフェの本場――としてのパリとは、現代生活の決まり文句の一つになっている。デュボワとピイスの宣言で強調されている治安維持の対象から「快楽」を除外することこそ、統領政府、すなわちナポレオン・ボナパルトが共和暦八年ブリュメール十八日(一七九九年十一月)に軍事クーデタで政権を奪取した後、新体制が打ち出した戦略的政治手法だった。嫌疑をかけられた王党派や外国の支持者、かつてのジャコバン派などは皆厳重な監視と取り締まりが必要であるとしても、今後国家は善良な市民にはその望むままに行動させるというのが公式な方針となった。誰でも私的な、精神的な快楽を味わってよい。われわれは、公共の秩序を維持し、「陰謀者を逮捕し、謀議を阻止する」ことにしか関心はないと警察は事実上言っていたも同然だった。(4) 伝えられるところによれば、第一統領のボナパルトは、ゴシップ好きやジャーナリストや鉄棒引きについてこう洩らしていたという。「奴らは楽しませておけばよいし、踊らせておけばよい。だが、政治の話には嘴を突っ込ませてならぬ」。(5) ゆえに、政府は治安維持から快楽を、イデオロギーから流行を、共同体としての真理から個人的な嗜好を分離したのだ。その結果、それ以前の革命政府との違いも際だたせることとなった。一七九〇年代の数々の政府の元では、かかる区分はほとんど想像もできないことだったからである。(6) しかし、一八〇〇年、共和国としては、その「最終的な」恒久的形態(すなわち、ボナパルトとあと二人の統領であるカンバセレス、ルブランに率いられた統領政府そのもの)となるべく統領たちが企図したものを成し遂げたのである以上、日常生活についてこれ以上の規制は不要であろうし、一七八九年以来なされてきた日常生活をめぐる抜本的な諸改革(新しい暦、新しい教会、新しい地名)は終結させてもよかろうということになったのだ。

「快楽の自由」を約束する警察令に署名した二人のうちの一人がアントワーヌ・オギュスタン・ピイスであり、それまでは極めて多作な作曲家として知られていた人物であった。(7) 当時の彼の名声は、その無尽蔵の音楽的才能にとどまっていたのに対し、今日ピイスが得ている評判はいずれも、一七八〇年から一八一五年にかけてフランスを支配したどの体制下でも生き延び、成功を収めた、同様に非凡なその才能に由来する。職歴としては、ルイ十六世の弟（後のブルボン家の王シャルル十世）の秘書から始まったが、共和暦二年の春には、各革命セクションでは印刷物の恩恵を扱ったピイス作の流行歌《ヴォードヴィル》を歌っていたし、しごく教育的な演劇集団では養子縁組、質素な暮らし、もてなしの喜びなどを扱った彼の真面目な戯曲を上演していた。(8) その昔は宮廷の家臣であり、ついで大衆劇団の主宰者にして革命賛歌の作者となるこの「風見鶏《ジルエット》（*girouettes*）」（社会風刺家たちはそのときどきに優勢な政治動向になびく者のことをこう呼んだ）のなかでも最も変わり身の早い男は、統領政府から第一帝政にかけてパリ警察の事務局長として官庁で勤めを終える。(9)

この四十年間というもの、彼は戯れ歌をひねり続け、その名は傑出した音楽家や著名な俳優、そして二流のアカデミー会員の名前としばしば結びつけられた。一七九〇年代後半には、ヴィヴィエンヌ通りのレストラン〈ジュリエ〉で、毎月集まっては食べ、飲み、明らかに政治色のない短い歌を作曲した「ヴォードヴィルの晩餐会」という歌唱団体の中心人物だった。新聞では、その機知に富んだ即興曲（牡蠣の失意の生涯を扱った歌はとくに有名だった）や、心からの乾杯の挨拶がもてはやされた。(10) 一八〇七年、アカデミー・フランセーズが彼の歌仲間であるピエール・ロージョンの入会選挙を行った際、ピイスは賛辞を詩にして「警察はすべてを知っているのだから」この名誉がロージョンの手に入るのは何の不思議もないと訴えた。(11) それでも一八一三年、『ガゼット・ド・フランス』紙が『カヴォー・モデルヌ』誌（当時の傑出した「快楽主義的」歌唱団体の月刊誌）の最新号に載ったピイスの歌に言及するや、これを否認する手紙を一気に書き上げ、『ガゼット』紙をはじめパリの各紙に送りつけた。彼の忠言は以下のようなものだった。「お聞きください。人の気を引こうと出版社が私の何年か前の曲を掲載したからといって、私の現在の職務「パリ警察のトップ」がミューズに捧げ物をする時間をいくらかでも残してくれていると結論づけるのは間違いです(12)」。

ピイスの公的な役割の変化――共和派の作詞家から謹厳な警察の役人へ――は、十九世紀初頭の何十年かにあって、快楽と警察、消費と共同体の間の移ろいゆく関係を示す好例である。国家的な理由をもってしても、若いときの手慰みはしまい込み、彼の、より文学的な友人や賛歌作りに熱心《ポリヒムニアック》な友人からも遠ざかれとは、アントワーヌ・A・ピイス自身が実際に要請されることはなかったかもしれない。しかし、パリ秘密警察のナンバー2と目される人物が、歌やシャンパンや貝類の世界から縁を切ったように「見える」こと、そしてその旨を公に告知することはたしかに必要だった。統領政府から第一帝政にわたる十五年間を通して、公式に、また断固として、娯楽と政治とはますます区分されるようになっていった。快楽の自由地帯の創設は、実際、フリーメーソンの内偵や外国人の尋問と同様に計算された統制手段であったのに対し、快楽の世界は、公式の定義により、取り締まりの対象にはならないもの、忠実な一般市民のあいだで自然発生的に生まれるものとされた。それでも、快楽と政治活動の分離が公認のものであることを保証するために、前者も後者と同じくらい注意深く調査せずにはいられなかった。そこで、内務大臣や皇帝ナポレオンに提出される秘密警察の報告日誌は、ちょうどパンの価格変動を追うのとほとんど同じくらい細心の注意を払って安楽の度合いの進展ぶりを追跡した。一八〇五年四月十四日、警察本部長デュボワはその報告日誌において、軍の第十七師団がイタリア国境に派遣されるという噂に言及する前に、「贅沢品売買のいくつかの分野、とくに人工真珠製造業が若干減退している」と記している。[13] 警察の関心事の順番からいえば、人を扇動するカフェでの演説や皇帝暗殺の企ての方がレースの売り上げの暴落よりも確かに優先順位は上だろうが、それでもこの時期に書かれた警察の密偵の備忘録は、ガイドブックの文章（「外国人はパリが提供する娯楽に引きつけられている」）や、ファッションのコラムニストの文章（「ドレスに彩りを添える羽根とダイヤモンドの飾り」）に著しく類似している。[14] 公共生活がますますもって私事から分断されるようになるにつれて、レストランに関する意味や価値は、ピイスが辿った軌跡とは逆の軌跡を辿るようになった。一七九三年から九四年にかけて、革命の過激さが頂点を極めていたとき、音楽家もレストラトゥールも（好むと好まざるとに関わらず）あからさまに政治的立場を表明していた。ピイスの歌は革命の支持を公言していたし、それと同じようにレストラトゥールの食料貯蔵室や看板は正反対のことを暗示していたのだ。だが、その二十年後には、ピイスは一人の「真面目な」統治者（職務に余念無く、レストランで浮かれ騒ぐ暇がない）と目されるに至ったのに対し、当時のレストランは「軽佻浮薄」な（愉快すぎていかなる社会的、政治的意味も持ち得ない）階級にあてがわれていたのだった。警察とレストランは、政治活動の枠組みのなかで張り合う位置を占めるのではなくて、今や、仕事／遊び、政府／民間、公的／私的という二分法の二項として対峙することとなったのである。ル・ペルチエが暗殺されたレストランの持ち主ドミニック・フェヴリエは、彼自身の経歴が同様のパターンを辿ったのだからたしかに得をしたといえる。つまり、暗殺から一年して、フェヴリエは反革命に同調したかどで逮捕され、何カ月か投獄された(15)。しかし、一七九七年末には、自由主義的な共和国は、レストランで犯された犯罪やそこで食事をした者たちの政治的姿勢の責任を彼に負わせることは最早できないと考えるようになり、かわりに、一新されて間もない五百人会の議会ホールの域内に軽食店を経営する免許を付与するにいたった(16)。かつては共和国の最初の殉死者を助けるために突進した勇敢な英雄だった者が、次には危険な反革命分子の嫌疑をかけられ、一七九七年になると、フェヴリエは再び一介のレストラトゥールとなり、彼の活動を束縛するのは自らのメニューだけとなったのだった。

レストランをフランスでの生活の、誰もが知る呼び物とするためには、上層部での陰謀は必要ではなかったし、十九世紀前半におけるパリのレストランの賞揚が、ナポレオン版のパンとサーカスであったわけでもない――つまるところ、第一帝政はレストランの客たちを普通は裏切るようなことはしなかったのである。しかし、食卓の使用に対する政府の態度は、一七八九年から一八一五年の間に劇的に変わったといえる。自然で穏やかな感情の自然発生的な発露としての民衆の宴席というヴィレットの主張や、革命の敵たちがわずかに残った社交心から友愛をかすめ取っているというバレールの疑念に始まって、それから十年と経ぬ間に、祝いの席など、ある指定した場については公式に手を出さずにおくという決断に至ったのだった。十九世紀初頭、警察国家の「快楽」という拘束のなかでの話だが、美食文学は、牡蠣、キジ、シャンパン、ヒラメなどを舞台中央に持ち込むことにより、それまでの十年間のレストランに関する議論にさらに変更を加えることとなった。レストラトゥールが客を公平に遇するかどうかや、客がこれ見よがしの共和国の美徳に見合う振る舞いをしているかどうかなどは、最早問題ではなくなるだろう。

食べることが生物学的な要請ではない世界、食べ物が農場や畑からではなく華麗に飾り付けられた店から来るような世界を描くことにより、美食学は、生存をめぐる扇動的な問題から免れ、食卓を文学的あるいは芸術的論争の領域に真っ向から位置づけたのである。一八〇一年から、警察省は検閲官に対して穀物取引に関するすべての言及を出版物から削除するよう通告したが、その一方で、現体制下の「快楽」と宗教の自由を賛美する記事なら熱心に支持した。(17) 検閲官は、芸術や科学に関する新聞報道を厳密に制限することはせず、むしろ一種の気晴らしを作り出し、出版物を政府官報の『モニトゥール』紙の単調な反復ではなく「論争」で満たすために、演劇や音楽についての白熱した議論を奨励(こう言ってよければ扇動すら）したのだった。ある検閲官は、この目的のためには生存に関わる新たな危機が迫りつつあると上役に警告している。「文学および演劇に関するゴシップ」の「欠乏」（まさしく「飢饉（*disette*）」）がそれで、この種のゴシップは無為な日々を過ごしているパリ市民には「最善の食餌（*le meilleur aliment*）」だとしている。検閲官ルモンテーは、もし、怒れる群衆と不満を抱えた市民たちが、ライバル女優の才能の比較や、イタリア音楽とフランス音楽ではどちらが優れているかという議論の蒸し返しに没頭するのをやめでもしたら、彼らはきっと街路に集結するだろうと政府に警告している。職場の上司に提出した彼の記録のなかでは、文化に関する口喧嘩がなくなれば、パリ市民は政治や軍事行動に関心を向けるようになり、「スペインがコメディー・フランセーズに取って代わり、ロシアが音楽の肩代わりをし、政府はあらゆる会話の焦点となるだろう」と予測している。(18)

美食学——アカデミー・フランセーズの辞書には「おいしく食べる術」と定義されている——は、十九世紀の最初の十年間に、審美的論争に常に飢えている人心を満足させる一つの手段として出現した。美食文学は、グリモ・ド・ラ・レニエールの『食通年鑑』を筆頭に、レストラトゥールやケーキ職人のシェフが劇場経営者や劇作家と同等の位置にある世界、そして、ただボンボンの新製品を見るために飴職人が入場料を取る世界を喚起したのだった。(19) 十九世紀初頭の七年間にわたって、グリモは、堂々たるシャコや花火を施した作り菓子からなる、ボッシュにも似た夢のような絵を毎年写生し続けたのであり、そこでは海から上がったヴィーナスのようなバラ色をしたイワシと新鮮なグリンピースが「筆舌に尽くしがたい歓喜」を見せてくれる幻想の世界が描かれた。[20]『食通年鑑』は、食べ物と料理法を日常的必要性という領域から、常軌を逸した幻想の領域へと繰り返し駆り立てることにより、晩餐は日常生活のいかなるものとも異なる魔術的な活動であると宣言したのである。

第一帝政期の美食文学は、既存のカテゴリーやジャンルを否定し、後世の食に関する記述の基準を設定し、あのナポレオンが心血を注いだことであまりにも有名な法典のどれとも同じように不朽の「美食法典（*code gourmand*）」を確立した。『食通年鑑』は、食べた（あるいは食べ損ねた）食事についての逸話に有益な助言、大袈裟な描写、レストラン評論、また随時手の込んだレシピなどをちりばめ、饗宴という古代ならびにルネサンスの伝統と、ガイドブックや年鑑というますます流行していた形態とを合体させたのだ。レストランは、こうしたテクストの内部で、そしてこれらのテクストを生みかつそれによって鼓舞されもした日常的慣行のコード化が促進されるなかで、一つの真の文化的社会的制度、容易に特定される一つの目印となったのだ。美食文学は、もっぱら食べ物と食事に傾注することにより、レストランに新たな卓越性を付与し、スキャンダルの場であったレストランを賛美の場に変えたからである。十九世紀初頭のレストランをめぐる議論は、言説をめぐる二つの重要な新制度――グリモが創始した特別に「美食学的な」文学と、彼の名前が関連づけられることもあった「快楽主義的な」歌唱団体――の枠内に限られており、焦点はその途轍もない浪費ぶりでも物資の不公平な分配でもなく、何であれ欲望を刺激し満足させる高級レストランの能力、すなわち、ナポレオンのパリという見せ物におけるその典型的な位置づけに当てられていた。これらの美食＝快楽主義的な冒険的出版の試みが商業的に成功したことにならって、旅行者、ガイドブック作家、そしてパリ生活にすっかりうんざりした評論家さえ、首都の驚異の説明には皆が皆レストランに言及した。しかし、革命直後のレストランについての論評とは異なり、帝政期や王政復古期の新しい美食学やガイドブックは、食卓を自律した領域として、社会生活の他の各面を支配する規則とは別個の規則によって組織された領域として明確に位置づけていた。このように新たに画定された状況にあって、作家たちは、貴族の側であれ、共和派の側であれ、明白に政治的な事柄に触れることなく食事を解説することができた。美食学の発展に伴い、レストランの食卓は、宮廷社会の「大膳式」からも革命期の友愛的食事会からも独立し、それ自体で意味のあるものとなったのである。

グリモ・ド・ラ・レニエールの美食の新世界

アレクサンドル・バルタザール・ロラン・グリモ・ド・ラ・レニエールは、レストラン評論を発明し、近代の美食をめぐる言説の創始者の一人として広く認められている。[21] レストラトゥールでも、レストランの常連客でもないが、それでもグリモ・ド・ラ・レニエールは、第一帝政期における唯一の最も有名な美食家であることは疑いなく、レストランをめぐるいかなる歴史においても中央に位置することになる。外国からパリを訪れた者も、都市生活を描く地元のコラムニストも、さながら批評家とレストランを理解するにはいずれを欠くわけにもいかないとでもいうように、グリモとレストランを同じ一つの段落に――口で言う場合はおそらく一息のうちにだろうが――書き入れるのが常だった。グリモ(一時、『演劇検閲官』なる演劇週刊誌を発行していた)は、『食通年鑑』によって、劇評という確立された形式を拡張し、もう一つの束の間の芸術、しかしちゃんと食べられる芸術に応用できるジャンルに変えたのだった。彼はいささか自惚れて「食卓はいまだかつて失敗作のない舞台である」と書いている。(22)

グリモの『食通年鑑』は、当時の文学的出版物で最も大成功を収めたものの一つであり、その常軌を逸した著者をパリの名士たちに最も馴染みの者の一人として位置づけることとなった。発刊六年目には、したり顔で自らを「口大臣(Ministre de la Gueule)」と称している。この称号については、名誉としては実際は大したことがないとする向きもあるが、(23)彼と争える者はまずいなかったろう。人気の軽喜劇ではグリモになぞらえた人物を前面に登場させていた。例えば、「グルマンダン氏」はフランスの主たる三つの都市として、ストラスブール(極上のフォワグラのパテの産地)とマイヤンス[マインツ](ハムで有名)とピチヴィエ（ヒバリを詰めたペストリーが名物料理）を挙げている。[24]『婦人流行新聞』によれば、芝居の客は何であれ「雄鶏やシャコ、あるいは大食一般」さえ話に出てくれば拍手喝采するものと思われていたという。[25]グリモの推薦の言葉を宣伝に使うチョコレート業者もいたし、ドイツの劇作家アウグスト・コツェブーは、『年鑑』の何ページかを（作者を出さぬまま）自分のパリ訪問記に組み入れている。スコットランドの古物愛好家ピンカートンもグリモの著作から長々といくつかの項を引用し、この著者の味覚全般における卓越性を考えればこれ以上の探究や言及は不要だと言い添えている。[26]

グリモはただ単にレストランや奇抜な料理を記述したというにとどまらない。もちろんそんなことはそれまでにも行われていた。しかし、それまでの作家たちはこうした話題を経済状況や首都内部の社会関係を表す徴候として扱っていたのに対し、グリモは今現在営業中のレストランをただ「味覚」だけの問題に変えたのである。『年鑑』は、過去十年の美食批評に審美的言説のパロディーやゴシック的奇想の迸りを合体させ、ひとり食道楽の国のために、錯綜し、しばしば自己矛盾した政体――ある意味では立憲君主制であり、神権政治であり、特異政体であった――を描きあげたのだった。斜に構えて自らの『食通年鑑』を自己検閲、自己風刺しながら、グリモは得も言われぬ食事を描写し、新しい発明品を称賛し、ときどき医学や家事についての助言を挟み込む。ある項目ではテーブル掛けのしみ抜きを教え、別の項では化学者のアペールが野菜の瓶詰めに成功したことを讃え、また別の項目では真面目な人には自分の食事室に時計を買いおくように勧めている。[27] 網の製造業者は、その発明品によって魚や鳥が捕らえられることからすべての美食家に感謝されるに値するとし、他方、速乾性塗料製造業者には、そのおかげで朝のうちに塗り替えればその晩には同じ部屋で夕食をとることが可能になったとして祝辞を呈する。[28]『年鑑』の全体を通して、食卓は、解釈されるべき「食卓」、すなわち読者に世界全体の意味を了解させることができるような地図となるのであった。

それどころか、グリモは一つの新しい世界全体の地図を作ったように見える。この世界には、行動、性差、味覚の序列から見てナポレオンのフランスとは無縁の、独自の聖人、暦、地理が備わっているのだった。『食通年鑑』は独自のアカデミー（「食味審査委員会」）を設立し、独自に月桂冠や殉難者賞を授与した。美食学は、十七世紀中頃の給仕長フランソワ・ヴァテルを筆頭に、新しい聖人暦――カトリックのものでも革命のものでもない――を作り出した。ヴァテルは、まず財務卿ニコラ・フーケ（ヴォー＝ル＝ヴィコント城は彼のために建造された）に、ついでブルボン家のコンデ公に仕え、海産物の到着が遅れたせいで公がルイ十四世のために計画した晩餐会が台無しになると思い自殺したことで有名となった。[29] グリモにとって、ヴァテルの話は、象徴や聖像や英雄の探索は厨房の外まで広げる必要などないことを立証するものだった。ヴァテルが列福されたのはただその勇気ゆえであり、彼は美食家にとってジャンヌ・ダルクであり、ル・ペルチエ・ド・サン＝ファルジョーであったのだ。

自分で書いているように、グリモは自らの万神殿《パンテオン》のみならず自らのパリ、すなわち他の者たちが慣れ親しんでいる街とは著しく異なる都市をも創造した。旅行者たちは長い間ガイドブックに頼ってきたが、第一帝政期のレストランや食料品販売業の隆盛が一種の住人向けガイドブックを生んだ（ある意味では、そのガイドブックによって前者が隆盛を迎えたとも言える）のだ。グリモは、ある作家から「彼のルーヴル宮における君主」と呼ばれているほどで、その有名な「滋養になる散策」によって飴屋、肉屋、レストラトゥールなどに自らの統治権を行使するうちにレストラン評論を発明し、一文のもとに名声を与えたり打ち砕いたりしたのである。[30] 第一回目の滋養になる散歩において、『食通年鑑』の「編集者」は連れとして一人の「食通」がいることを告げる。二人は街中やパリ近郊を散歩するわけだが、食通の「鋭い嗅覚」に導かれているのではずれることがない。歩きながら、通り過ぎる店の構えを論評し、立ち止まってはとりわけ楽しげな見本を吟味する。「食通」はさながらビーグル犬のようで、その嗅覚を頼りにしている限り、どんなに嗅覚が劣っている者でも、ちょうど〈食通の国〉にいるのと同様に、パリにおいても行きたいところに行けると、十分人間的で教養のある「編集者」は保証している。この初期の回では、食通の地図はパリの地図学の目に見える輪郭に沿っている。初心者（パリの地勢図にも、ルージェの菓子がもたらす喜びにも馴染みのない者）でも、トラヴェルシエール通りをリシュリュー通りまで（サン＝ギヨーム広場を経由して）進み右に回れと教えられれば、簡単に道を辿れるだろう。(31) この徒歩旅行は、首都の料理がもたらす喜びを誰でも味わえるものとしたように思われる――これを読めば、どんなに貧しい者でも、語り手の行った道を辿れば、道々肉の焼ける匂いを嗅ぎ、砂糖をかけた菓子を指をくわえて見ることもできるのだ。(32)

しかしながら、年鑑も四年目になると、グリモは街路を歩くという形態をやめにして、案内役＝食通と編集者＝解説者という二人の人物を一人の全知の語り手に統合する。「楽しさよりも役立つことを優先する」という新たな組織的戦略は、すべての菓子専門店、すべてのワイン商、すべての焼き肉屋を次々と列挙していくというように、地理的図式ではなく、分野別図式によるものであった。(33)「漫歩者《フラヌール》（*flâneur*）」のあてどない道行きは、最早『食通年鑑』の読者の歩みを左右することはなくなったのだ。新しい行程はパリの街路の論理を退け、そのかわりに、食事をする者の最も差し迫った関心事に基づく論理に沿うこととなった。グリモは、『年鑑』の読者層は新たな構成のガイドブックを強要していたのであり、その構成のためにパリの地理がごちゃ混ぜになり、いっそう美食家の街は地図作成者のそれと懸け離れることとなったと弁解している。例えば、グリモはタンプル大通りの料理人兼仕出し屋を挙げたかと思うと、そのすぐ後にヴュー・コロンビエ通りの別の店に触れているが、これは街の北東部の境界あたりからセーヌ左岸のリュクサンブール宮付近にある通りまで一瞬にして飛び越えているのだ。彼自身しばしば言っているように、このときグリモは発明しているわけでも想像しているわけでもない、文字に置き換えて報告しているのだと言い張っている。タンプル大通りとセーヌ左岸を隔てる距離がないとしたら、それは彼の街は最早他のどの人の地図にもある「パリ」ではないからにほかならない。むしろ、グリモのパリは新しい街、すなわち十九世紀の美食の都だったのである。

グリモが新たに打ち立てた独特の基準と改変された都市の地形図は、パリの景観から一七九〇年代の容易ならざる出来事と、食卓をめぐる革命期の政治的理解とを一掃してしまった。注意深い食事客がパリの街でともにする相手は、都会の群衆でも、悪事を企む陰謀者でも、斬首された貴族の亡霊でもなく、滋味深い子豚やガルガンチュアのように巨大な牡蠣や見事なまでに足を縛り付けたウサギなのだった。食通が旅の先々できまって土地の名物料理を味見するのは勿論だが、マカロニと「プディング」、ザウァークラウトとブイヤベース——要するに地球上のすべての恵みが一カ所に集められているのを見ることができるのはパリをおいて他にはないのだった。[34]『年鑑』によれば、パリはヨーロッパの首都としての名声を「その記念建造物の壮麗さ」や、そこに住む者の洗練された趣味のみならず、「その食べ物の高い品質」にも負うているという。永遠に豊饒な都パリという神話はあまりに支配的であり、グリモも、新鮮なイワシを食べるためには地中海まで行かねばならぬと言いながら、パリ市民だけはこの勧告の対象から外したほどだった。[35]フランス最高の牛肉はポワトゥー地方産やオーヴェルニュ地方産だが、パリに到着したときにちょうど完璧な状態になると読者に知らせるのも、同じ発想からだ。肉は旅をする間に計り知れないほど上質になる。「ちょうど馬鹿な若者の心が旅をしてはじめて成長するように、滋味深い食肉牛はその真価を十分に発揮する前にパリまで旅をしなければならないのだ」(36)。フランスの肉牛はパリの屠殺場へ、そしてグリモの食卓へと馳せ参じ、彼が待ち受ける洞穴のような口の中に喜んで身を投じるのである。美食家は全世界の友などと称したりしない。全世界の産物が彼のものなのである。

こうした新世界では、どれほど甘美なご馳走も半ば奇跡のように完全に仕上げられて、グリモが贔屓にしている菓子専門シェフのボヘミアングラス製陳列ケースの中に現れる。パリは美食の都であることは疑いないが、それでも一片の食べ物も「生産」しない。「そこでは一本の麦も生えず、一頭の仔羊も生まれず、一個のカリフラワーも収穫されないのだ」(37)。〈桃源郷〉がそうであるように、収穫と同様、料理することも求められないのであり、羊の足（ソースのかかった）はしかるべき値段をつけられて一散にパリじゅうを駆け回るのだ(38)。美食文学――食通志望の者たちにバターは「〈トゥルロー〉で」、マカロニは「〈コロッザ〉か〈マガザン・ディタリー〉で」買うように言うが、「カメラニ風スープ」をこしらえるのに用いるこれらの食材の分量については仄めかしもしない――は、購入について教えを垂れるのであって、調理についてではないのだ(39)。

たしかに、料理人の技術が純粋、適切、簡潔なため厨房を離れて食事室に移っても（料理本を離れ『食通年鑑』に移っても）よさそうな場合は、グリモはレシピについての説明を禍々しい暗示で覆われたゴチック風の怪談に変えてしまうのが常だった。一つの簡単な料理、例えばキジやヤマシギのサルミを紹介するときは、主人自らが食事室の卓上コンロで調理するのには最適のものだと言っておきながら、レシピの最後には次のような不気味な警告を付け加えるのだ。「この場合、フォークの使用は必要不可欠である。この得も言われぬソースで覆われたら自分の指でも食べてしまいかねないからである」[40]。料理人と食事客の区分の崩壊、厨房と食事室の敷居を跨ぐこと、もしこれが起これば、食べる側と食べられる側との境界線の撤廃は容易に拍車が掛かることとなろう。料理術は、多くの点で進歩と改善が見られたとはいえ、私的で半ば錬金術的な奥義の領域にとどまる必要があった。夏場にも牡蠣を出せるというあるレストランの手腕についてグリモが書いているように、「こうした驚くべき神秘を見抜こう、その秘密を見破ろうと試みれば、畢竟それを破壊することとなるかもしれないのだ」[41]。

調理された料理の栄光と品位を高めるためには、調理する側は視界から隠れている必要があるのだった。隠し事と内緒事は、恋人たちにとってと同じように、食事客の心をかき立てる[42]。グリモによれば、パリの菓子専門店は、革命以来二十年間に黒くなったオーヴンと「料理人の何人かいる小僧たち」を奥の部屋に追い払い、他の芸術や科学の進歩を凌ぐ進歩を立証して見せた。彼は、仮面を被せたり偽装を施した料理は軽蔑していたというものの、菓子専門店の様子を一新し不快な仕事場を隠すとして、大理石の勘定台や優美な照明装置は称賛した。(43) この議論によれば、「オーヴンの芸術」は、オーヴンを隠して「芸術」を舞台中央に持ってくることにより明らかに向上した。『食通年鑑』によれば、第一帝政にあって菓子の一大革新を促したのは、生産技術の発展や植民地からの原材料の導入というよりも女優だったのであって、菓子専門シェフのルージェは、霊感を受けた肖像画家として、軽喜劇の女優たちの繊細で甘ったるい魅力に突き動かされ、女性そのものではなく彼女らが舞台で演じた役柄の名前を付けた小型ケーキを発明した者として登場したほどだった。(44)『年鑑』のなかでたびたび繰り返される劇場と料理、女性の魅力と食の誘惑の対比により、食卓はすぐにも必要な栄養摂取の場としてではなく、屈託のない都会の軽佻浮薄ぶりと多様な欲望の融合の場として確立されたのである。

グリモが何人かの創造的な技術者に対し奥の間や舞台裏から現れ出るのを認めるとしても、それは広告用の年鑑のページに長々とリストが載るような仕出し屋やレストラトゥールでも、毎年言及している多くの名の一覧表でもなかった。『年鑑』の実際の登場人物は、菓子職人のなかでも真のワットーと言うべきルージェや、妖術で七月に牡蠣を生み出す海産物の魔術師バレーヌといった称賛に値するわずかな人物から構成されていた。グリモは、ほとんど死者を賛美しているかのように、ごく一握りの理想的な料理芸術家には賛辞を惜しまなかった。彼らの天才を長々と熱烈な賛辞で讃え、バレーヌをグルメたちのパルナッソス山における真の「アポロン」と呼び、ルージェのことは次のように結ばれる詩句でフランスの「黄金時代」の劇作家に喩えている。曰く「狂喜せずして二つの名前を言えようか／その詩句あってのラシーヌと、菓子あってのルージェ！」と。(45) これらの一流の人物は、軍事司令官や一国の長に求められるような穏やかで道理に適った才能の持ち主であり、自らの力で花形となったのだった。(46) グリモ・ド・ラ・レニエール自身と同様に、この一握りの人物は、都会人の美食をめぐる空想において図像学上の基準点となったのだ。美食文学は一個の神話体系を形成していて、まことしやかな説明を（すべての神話と同様に）装い、反復されコード化されることにより一連の意味深長な手本となったのである。例えば、リヨンにあった快楽主義的な歌唱集団は、主宰するレストラトゥールを讃えるにギリシャの神ではなく既に神格化されていたバレーヌに喩えたし、また、一八一三年の四旬節、折しも魚介類の人気がピークを迎える頃、『ガゼット・ド・フランス』紙は、モントルグイユにある魚介類で有名な彼のレストラン〈ロシェ・ド・カンカル〉に通じる通りに上品な四輪馬車が押し寄せたと報じるのを忘れていない。(47) それからの三十年間、〈ロシェ〉は画期的なレストランであり続けた。一八三〇年代には、ロシアの貴族が自らの召使いをこの店に見習いに出しているし、その後店が消えるときには諸々の新聞に涙まじりの論説が載ったほどだった。(48) そして、グリモがずっと前から褒めそやしていたシェフが亡くなり、メニューが消えた後でも、その評価の手段となった制度――滋養になる散策、食味審査委員会、論評の出版――は残った。[49]

しかし、『年鑑』のなかで最も有名な人物にして最も長続きしている創造物は、おそらく「食通氏」その人であったろう。グリモの描く主人公（グリモ自身を描いたものと一様に受け取られていた）は有名であると同時に悪名高く、目立つと同時に札付きでもあった。この食通にとって、神聖なものなど何もない――食事以外には。グリモの『年鑑』では女性を食べ物になぞらえているが、前者は欠落しているものが多いとしている。小さなツグミの無垢な魅力を書くときも、それは単に食べるように促すためであった。ナポレオンが成した多くの征服については全く論評しないが、〈フィデル・ベルジェ（Fidèle Berger）〉（「忠実な羊飼い」という意の有名な飴屋）が発明した不思議な新種の砂糖細工の「大砲」には驚嘆している。[50]グリモの描く食通氏、あるいは「美食家」は、その執念深さと炯眼において、さまざまな属性を備え持ったまさしく新しい形態であり、旧体制の医学や一七九〇年代の政治で通用した類型学では分類できない人物像であった。というのも、十九世紀の食事客を定義するに際し、「空腹」は卑俗でありふれた感覚であるとして退け、同時に食欲の「繊細さ」も「女性的な」属性としてはねつけたからである。[51]その結果、彼は旧体制下の二つの標準的イメージ（貴族的で繊細で頼りない病弱者と、動物のようで下卑て粗野な大食漢）から距離を取り、「食通」を「大いなる繊細さを賦与されているが体は強健でなければならぬ」というように特徴づけている。[52]グリモの描く美食家の関心は、単に空腹を満足させることではなく、修練を積んだ食欲をいかに挑発するかにあり、新しい世界の新しい人物像――男性的で健康で審美眼を備えた食事客であった。

旧体制下の医学的用語では類別不可能なこの食通は、決然として社会的特徴分類の外側に立っており、その彼独自の世界では、身分や階級といった、より世俗的ないかなる体系にもうまく合致しない地位を賦与されているのだった。美食家を、おいしく調理されたものなら、その出所がいかに卑しいものであっても評価する者と定義するとき、グリモ・ド・ラ・レニエールは、「美食術（savoir-manger）」の鋭敏さと、容易に計算できてしまう資力ずくの卑俗さとを明白に区別している。[53] 美食の感性は社会的地位に左右されないと彼は断言する。金だけでは、いくら新興成金の武器商人でも良質な食事は約束されないだろう。最高級のレストランは真の通人が「多くの優れた食事」を享受するところであって、単に裕福なだけでは消化不良を起こすだけであろう。[54] 食通たちの実力主義の国には、金で動く官吏も世襲の称号も存在するはずがないのだった。

グリモは食卓の演劇的性質をしばしば強調しているが、近代の美食学に対して彼が果たした貢献のなかでおそらく最も重要なのは、こうした見せ物を明確に非政治的な（あるいは、大抵はやらずもがなの）ものとして定義したことである。食事は、単に個人の満足のための見せ物であって、いかなる儀式的な機能も、国家や君主への奉仕といういかなる思想も伴わない。食通は独自の世界に住んでいる以上、彼が授ける称号はほかの国で得られる称号とはほとんど関係ないものであろうし、一方の世界で授与された名誉は他方の世界では失われ、それによって均衡が保たれることになろう。『年鑑』は、グリモが長い間贔屓にしていて新しく皇帝の焼き肉係になった男を取り上げているが、それはこの男を祝うためではなく、称号を得るとともに横暴なほど傲慢になったことを論じるためであった。[55]

グリモは、私的な洗練された嗜好を「公共の問題」から切り離す空間であるとして、真剣勝負の食卓から、政治家や政治談義を断固として閉め出した。入念に作られたキジのパテやトリュフ入りの七面鳥のローストに対峙するとき、真の通人はしばしば自らの食行為すら制御できなくなる――それでどうして他の者たちを支配しようなどと企てることができようかとグリモは問う。[56] 自分本位なこと（食通はこう非難されるのが常だ）さえ、『年鑑』では罪業や犯罪としてではなく、ひたむきに食べるあまり他者の活動のことなどほとんど考える暇もないことの証として扱われている。「マヨネーズ」の語源を探究し、味覚の邪魔になる不純なものを料理人から一掃し、名声を求めてレストラトゥールたちが送ってくる見本を評価することなどで忙しく、美食家はスパイや探偵の真似や、政治活動への口出しには何ら興味がないのだった。

一七八三年の有名な晩餐会で葬儀通知を用いたとき、さらにそれに続く評判の珍事――法律文書のパロディがそれで、このためにパリを追放の身となり弁護士資格も剝奪された――において、グリモ・ド・ラ・レニエールは旧体制下で検閲を免れたごくわずかな文書形態のうちの二つを活用していた。[57] 彼の最も有名な業績である『食通年鑑』において、彼はナポレオンの検閲制度という厚い壁に壁龕《へきがん》を穿ち、食事とそれに付随する会話を、フーシェの手になる警察の密偵から免れている場と定めたのだ。これは逆説的と思われるかもしれない。というのも、想像上の国の政治を概説するということは最もありふれた政治的風刺の一つ(『ガリヴァー旅行記』や『ユートピア』を想起されたい)であるし、また、美食学の立場からグリモが書き直したフランス像は、さらに広範な政治的論評であり、一七八三年の葬儀形式の晩餐会に端を発する批判をさらに練り上げたものではないかと考えたとしても無理はないからだ。なるほど、グリモの『年鑑』は、これを読む術を心得ている者にとっては社会批判が盛り沢山なのだが、「心臓が胃袋に変えられてしまっているほとんどのパリ市民」というような言及は、サーロインを女性よりも好ましいものとしてもてはやす文章にあっては、ほとんど賛辞とみなせるものであった。[58] バレーヌを称賛する際には、このレストラトゥールは「自らのレストランを統括するように国をも統治することができたであろう」と記している――こうした簡潔な言葉は、多忙極まりない店舗の業務一般を統括するシェフに対する賛辞だったのか、それとも今やフランス国民の皇帝となったどこの馬の骨ともしれぬコルシカ人を茶化して愚弄するものだったのか。[59] かくして、多形倒錯的な『食通年鑑』は、たしかに社会的、政治的論評として読むことができたはずだが、評論家たちはそうした視点から評価することは稀であった。グリモの新たな世界を、同じく新たな帝国に対する巧妙な風刺と見るのではなく――つまるところ、ナポレオン戦争の時代にあって、日常的に新たな「カルト（*cartes*）」（「地図」の意も「メニュー」の意もある）を書き上げていたのはレストラトゥールや美食家に限らなかったし、法典の著者はグリモに限らなかったのだ――、むしろ、グリモを批判する者たちは、その新世界を錯乱した精神と抑制のはずれた食欲の産物と見ていた。(60)

かかる多価的テクストがこれほど一方的な読まれ方をするのも、風刺がこれほど闇雲に無視されるのも稀である。グリモを批判するジャーナリストたち（実際沢山いた）は、彼が生き全盛を謳歌している世界を叱責するのではなく、彼らが唯一の大食家の頭目と睨んでいるその人物自身を攻撃したのだった。グリモに肉を供給する肉屋、さらには彼のいかなる発言もそのまま吹聴する外国人に比べても、輪をかけてひどいグリモの「俗悪ぶり」を力説したのだ。食道楽は、共和暦二年には外国人や貴族による陰謀の存在の証であったが、今や再び個人の罪業（あるいは、おそらく単なる独身男の特異性）となったのである。

今日知られているような美食文学――すなわち、その昔の食卓の座談をめぐるラブレー的な混乱や過剰とは一線を画したもの――が、レストランを解釈する支配的な様式となるためには、グリモの特異質のテクストが読まれ、批判され、殺菌されなければならなかった。美食学を一つの自律した領域として、すなわち富や社会的地位などは、食べる者の肥えた舌には何の影響もないとされるような場（ハバーマスの言う「ブルジョワ公共圏」と似ていなくもない）として画定するには、グリモのテクストの突飛な身振りだけでなく、その身振りが実際に読まれること――『年鑑』の批判者はそう差し向け、ナポレオンの検閲官も是認した――が必要であった。『年鑑』があるだけで、読まれることも注目されることも論評されることもなければ、レストランや料理をめぐる（コン）テクスト化は、はるかに効果のないものとなっていただろう。テクストも魅力的かもしれないが、グリモの『年鑑』がことのほか有名になったは、十九世紀初頭のパリにおいて様々な形で引用され流通したことによる部分が大きい。ナポレオンによる厳しい統制下にあった新聞雑誌は、『食通年鑑』の最新号に――つまり、ランフォード伯考案の様式で開設されたいくつかの困窮者用給食施設にでもなければ、「かわいそうな連中」が賢明にも匿名で書いた『年鑑』への実に辛辣な返答にでもなく――注目してやまなかったが、そのとき、いかなる読者にも、首都が抱える最大の食物危機の原因は主要産物の潜在的な不足ではなく、目の前のご馳走の氾濫だという印象を与えた(61)。

『芸術科学文学誌』の編集発行人の一人であるジョゼフ・フランソワ・ニコラ・デュゾルショワ（一七六〇～一八三五）は、いくつかの情け容赦ない批判記事を書いており、グリモとその同種の輩すべてに対し「公然たる戦争」をしかけた。デュゾルショワは、毎月のコラムでこうした危険な「暴食の信奉者」には近寄らないようにと読者に警告している。ひとたび大食の神聖化を成し遂げてしまった彼らは、次にはどんな罪業に目を向けようというのかとデュゾルショワは問う。「この上なく低俗な食欲とこの上なく下劣な情熱」の称賛に、賭博、盗み、口にするのも憚られる他の悪徳が続くのは間違いない。[62] デュゾルショワは、「味覚と公共道徳」の名において自らの十字軍を起こし、「自らの私生活の弱体ぶりを教義に変え、公開の討論の場にさらした」として食通を糾弾するのだ。[63] 繰り返し出される彼の評論では、変わらぬ汚染の心配、正常な食欲がどんどん堕落していく恐怖を表明している。美食家の「私生活」の弱体ぶりは、ひとたび印刷媒体によって公になるや、国家全体にとってますます大きな問題であり続けると彼は示唆している。要するに、デュゾルショワは、美食学に対して一連の別個の指導原理となる権利を認めないのである。

頽廃の前兆に対するその独りよがりの憤りや警告にもかかわらず、デュゾルショワは、見せ物の根っからの敵、質素な生活の模範、質実剛健な美徳の信奉者というわけでもなかった。清教徒的に聞こえるこうした批判の著者でありながら、一方でナポレオンの戴冠式について熱烈な報告を書いてもいるからである。この報告では、新たな皇帝家に贈られた贅沢な進物品（とりわけ金と朱の食器類）に賛辞を惜しまないし、さまざまな公的な祝典を心を込めて記述している。[64] おそらくもっとよく彼の人となりを物語ることだが、彼は、印刷物の検閲（しばらくの間、彼自身その部署で働いていた）に携わる者を含め、第一帝政の官僚や役人と親しい友人であり知り合いであった。[65] もし彼が『食通年鑑』の差し止めを望んだら、もしグリモ・ド・ラ・レニエールの口を永遠に塞ごうと思ったら、『芸術誌』に定期的に酷評を載せるより、フーシェなりデュボワなりに私信を送った方が、デュゾルショワの目的を達するにははるかに効果的だったろう。それでも彼は『年鑑』や『食通と美女通信』を定期的に罵る方を選び、極めて大袈裟で耳障りな口調で警告を発したのだった。デュゾルショワは、グリモによる一八〇八年刊の『食事招待主の心得』を評するに、この本の著者はパリ市民に「食卓の用意のし方とそこへの腰掛け方」を教えた後でもまだ何か言うべきことがあると考えているとして物笑いの種にしているが、反面、「この奇妙な人物の美食をめぐる仰々しい労作」を評する二本の長いコラムを書き上げているのだ。(66)『年鑑』が出る度にその都度数ページを割いてくれるデュゾルショワのような評論家は、その名声を高めるのに相当寄与し、人々の注目を集め、その著者を花形にしたのだった。個人崇拝――この時期はナポレオン・ボナパルトという人物像を重ね合わされることがしばしばだった――は、独りでに生まれた現象ではなかった。むしろ、読者や作家、観察者や論客がいたればこそで、マレンゴの戦いでの勝利や、あるいはフランス人を大食の国民に変えた手柄を、進んで何らかの個人的な天才に帰したからである。美食家が身の回りの都市を解釈するとき否応なく食卓に焦点を絞れば、彼の批判者の方も同じくらい執念深く『年鑑』を自伝として読むことに傾倒した。警句と助言欄と興味深い逸話とのパッチワークに接して、評者たちは「奇妙な人物」の唯一の作り手の声と解されるのがいったい誰の声なのか分かっていた。しかし、『年鑑』を単にねじ曲がった孤独な魂の産物として読むのは誤りだろう。というのも、グリモの長年にわたる死への心酔――彼はあるケーキをキジの石棺に見立てて愛おしそうに描いており、その中にある毛の房のついた鳥の頭は「まるで風見鶏（*girouettes*）のようで（……）この滋養のある霊廟の飾りにも標識にもなっている」と記している[(67)]――は、読者に対しゴチック風文学を弁護するものだし、彼の味覚に関する瞑想はカントやカバニスの最新の著作に精通した読者に向けられたものだった。彼の著作の中の語り手――この上ない通人にして、自らの芸術のためならすべてを投げ出し、夕食のためなら家族も国も昼食さえも喜んで犠牲にするほどの鋭敏な舌を持つ者として――は、まさしくやや気違いじみている。しかし、グリモ・ド・ラ・レニエールがその語り手自身であったか否かはまた別の問題である。彼が異常なことや気味の悪いことを大いに喜んだこと、「ブルジョワジー」の快楽を明示する役を買ってでながら、彼らに衝撃を与えたこと、料理評論家としてのみならず風刺家としても記念するに値すること、これはみな明らかだ。しかしながら、『年鑑』の最終巻の発刊後、二十三年間印刷媒体では沈黙を保ったグリモと、「食通氏」との関係となると、それほど明白ではない。

多声音楽のようで、遊びのようで、またしばしば全く人騒がせでもあるグリモのテクストが、ルネサンス期や古典主義時代の食卓の座談に見られる異書記法的、誇張法的特徴と常に戯れているのに、評者の方はグリモ本人に専心するあまり、こうしたジャンル独特の慣習を見落としていた。彼らは、グリモと同様に、ものを食べる者の十九世紀的な理想像を発明したと言うことができる。[68]『年鑑』をグリモのあらゆる欲望、倒錯、気まぐれを書き写したものと見る読みは多いが、その場合、著者とテクストの間、『年鑑』で明かされる「食通氏」の人となりと日常生活におけるグリモ・ド・ラ・レニエールの実際の振る舞いの間の一切の区別が消えてしまっているのだった。『年鑑』をメニッポス風の（つまりは様々なジャンルの）風刺作品としてではなく、ルソー的告白の作品として読むことによって、グリモを容赦なく批判する者たちも実際は美食の勝利を後押ししたのであった。[69]というのも、『年鑑』は一人の著者の存在に責任を帰すべきだと主張することによって、「美食学」という概念をその典型とする個人的選択や私的嗜好の崇拝に拍車をかけることになったからである。グリモとその批判者たちは、ポスト革命期の個人主義的言語活動、政治性や社会性よりも個別性を重視する傾向を共有していた。食べ物や食事をめぐる十八世紀の著作は、その市民生活上の有益性を論証することにより自らの妥当性を主張したのに対し、十九世紀の美食学はそれ自身の自律性を主張するのであり、古典期の資料から話を引くにしても教訓的な理由ではなく古物研究的な理由からそうするのだった。何ら古代人の道徳を求めるわけではなく、ドミティアヌスがローマ人セネカに対してヒラメの料理法を尋ねたとか、クレオパトラが真珠を飲んでいたとか、およそ模範的とは言えぬ逸話を再利用するだけだった――これはデュゾルショワの嫌悪感を大いにかき立てた。[70]『年鑑』とその批判者は、重要な問題になるといつでも、全く同一の動機とは言わないまでも、奇妙なことに似たような結果をもたらす主張を展開した。グリモの視点から見ても、またその「節制した」敵対者の視点から見ても、美食家の食卓は、良かれ悪しかれ、別個に隔てられている必要があった。『年鑑』が学問的アカデミーの創造物として描いたものが、その反対者には一種の欠くべからざる幽閉を意味した。前者が女性を回避したいと望み、美食家なら食卓の喜び以外の喜びはすべて打ち捨てるように（「この上なく甘美な女性よりもこの上なく愚かな鵞鳥」に全精力を集中した方がよいと）求めれば、後者は女性は気を悪くしたり、さらにひどい場合は堕落させられる（あるいは食べられさえする！）ことがないように美食家を避けるべきだと力説するのだ。[71] 両者の主張の間で論争が続くうちに、美食学はその論争自体の論点として、見かけ上は自律した一つの探究すべき分野として立ち現れることとなる。美食学はおそらく特異な、それでいて明白に非政治的な情熱だとする定義を共有することにより当局の介入から保護されたため、次代のパリ市民たちは、逆説的にも、公共生活や政治生活に介入するには最も実り多く最も利用しやすい道具立ての一つに高級レストランの食事室を数えることとなろう。

味覚の法

美食学をめぐる言説は、十年あまりにわたるグリモ・ド・ラ・レニエールの指示や断言を通して恰好がまとまってきて、調理と消費の間、厨房と食事室の間の欠くべからざる断絶についてしきりに繰り返すようになった。「食べ物の場合、法律の場合と同様、それを見事と思うためにはそれが作られる過程を見てはならない」と、グリモは引用している。(72)こうした前提に立って視界から隠さなければならないのは、脳から、血から、挽いた肉から、中身を抜いた腸に詰めていくソーセージ屋だけではなく、驚くほどおいしい調合具合を味わう美食家もそうなのだ。自らの意思決定過程を不透明な秘密の層で幾重にも覆い隠すことにより、美食家の食卓を、悪影響を及ぼしかねない外界から遮断したのである。彼は、十七人の会員からなる「水曜会」、過去二十四年間にわたって「美食の法体系」を形成してきた週半ばに催す食事会を称賛し、『年鑑』の第四巻をメンバーに献じている。だが同時に、会員の名を挙げることは、この「会」が成功し続けるかどうかの鍵を握る匿名の原則を犯すことになろう、とも記している。「無名性」と味覚とが彼らの信条の中核を成している以上、これを称賛するにしてもそのどちらか一方を取り他方を捨てることなど彼にもできないことだった。会員のプライバシーを脅かすようなことはせず、個人名を挙げることは差し控え、「会」全体を讃えたのだ。(73)

物は定価で売られ、特権も廃止され、誰の金であれ、他の誰の金ともおそらく等価と見なされることになった近代的な体制下にあって、この料理評論家は有名人であった（し、今もそうだ）が、必ず普通の一顧客として扱われるように仕組むのだった。ある時はしがない文士、ある時は裕福な弁護士、またある時は気難しい旧体制の遺物といった出で立ちで、グリモはその知名度にもかかわらず、匿名のマントを羽織ってパリの街を行くことに固執した。[74] しかしながら、ひとたび『食通年鑑』の著者であることが知れ渡ると、グリモ・ド・ラ・レニエールは全く秘密裏に食事をするようになり、もう二度と一七八三年の葬儀形式の晩餐会のように人前に姿をさらすことはなくなった。時事評論家としては相変わらず機を見るに敏であったが、その一方で衆目を集める方法を若干変えて、人々の注意を自らの役柄から逸らし、自らが指摘する専門的意見の方に集中させようと試みたのであった。

グリモは、「われわれの案内記と食料業者との関係は、シャン・ド・マルスの共進会と実業家や製造業者との関係と同じようなものとなった」と主張するかもしれないが、後者は、過去一年間のフランス国内の産物や発明品を数週間公開する展示会であった。[75] こうした年次産業共進会(国家規模ではあるが、後の万国博覧会の先駆け)は、公開性と可視性という啓蒙主義的論理の流れを汲むものだが、これはグリモのあてどない散策には全く欠けていたものだった。というのも、共進会では万人が見に来られるような中心的な場所で品物が一堂に会したのに対し、グリモが描く食べ物はパリ中に拡散しており、自称鑑定家たちを練兵場の閲兵ではなく、いわばゴミ集め競争に巻き込む体のものだった。両者とも公開のものだったが、方法はかなり違った。共進会は、産業省と農業省がさまざまな賞を与え、あらゆる領域において「進歩」を助長するものであり、流通の改善というロース・

ド・シャントワゾーの世界に属するものであったのに対し、グリモの案内記は、これとは異なる、より謎めいた伝統に属し、醜聞を描いたレチフ・ド・ラ・ブルトンヌのパリの夜の見物記と十九世紀中頃のボードレールの「散歩者《フラヌール》」との間を橋渡しするものであった。『年鑑』発刊後二年目（一八〇四年）から、グリモは、今後は専門家の一団の審査に委ねるべく見本を送ってきた料理芸術家の作品に対してのみ判断を（「一種の紹介状であり、外交官がお互いを本人と認識し、合法と認めるためのそれと同じものとして」）下すと宣言する。[76]それ以降は、こうした「合法化」（彼はこう名付けた）から毎週の「食味審査委員会」に至る儀式的な大行進が、美食家によるパリの徒歩巡りを補い、次第にこれに取って代わった。審査委員会の会合——選り抜きの客の前に一回の食事分の長さに合わせて展示された——では、幸運なる少数者がパリの美食の小宇宙を主宰し、「合法化」したのである。既にそれ自体が食の惑星全体の縮小版となっていたこの都市において、栄誉ある委員会の会員は自らの世界の外側へ危険を冒して出ていく理由などほとんどないのだった。

この委員会は、外交、立法、司法の機能を合体させており、食道楽の政府において断然重要な制度となった。その働きについての言及は、『年鑑』各巻の随所に見られる。委員会の会員は、毎週火曜日に秘密主義かつ中立の立場で集合して、贈り物を受け取り、高位の人々に挨拶し、そしてもちろんその週の「合法化」の対象を試食するといった極めて重要な職務を果たす。[77]最も重要なのは、彼らはその所見を毎年出版するものとして準備していたということであり、したがって、委員会には他の、儀式上重要な役員（召使いを呼ぶ係の副会長など）もいたが、グリモは終身総裁という、鍵を握る役職を自らに割り当てていた。こうした立場から、彼は委員会の所見を書き取らせ、最後に手を入れた。委員会の会合の様子を取り上げた『年鑑』の口絵には、椅子に座ったグリモが振り返り、背後の別な机についている代書人兼法廷速記者に判決を伝える決定的瞬間が描かれている。

委員会でのグリモの役割は、より一般的に美食学全体のなかで彼が果たした役割と近似していた。彼は食べる者としては必ずしも最も貪欲ではなかったが、最も熱狂的な書き手であったのは確かだ。美食家は、この二人の人物、いや、初めて滋養になる散策に出かけていったあのグリモという人物の二つの面（嗅覚と味覚の才に恵まれた食通と、文学的な語りを構築する語り手）の主要な属性を合体させ、必然的に食べる側であると同時に書き手にもならなければならないのだった。ゆえに、『年鑑』に毎年載る八つの挿し絵のうち五つまでが、中心人物にフォークや七面鳥の脚ではなく、ペンとメニューという別の主要武器を持たせているのである。委員会の毎週の食事会も（重要なのは明らかだが）、味覚をめぐる諸活動と思慮に富んだ裁定の永遠の印刷記録である毎年の『年鑑』とは切り離して考えることはできないとグリモは主張する。(78) 味見の証拠は著作の中にあると言ってもいいかもしれない。

それでも、グリモ自身が認めているように、『年鑑』は、委員会が出した多くの所見を相当凝縮した概要、極めて簡潔な抄録でしかない。終身総裁の完全なる記録、「食通がその雄弁さを底の底まで開陳したまさに魅惑的なこれらのテクスト」は、委員会の会員だけに回覧されたのであり、会の掟からして極秘扱いで、いかなるレストランの厨房とも同じように謎のままにされていた。[79]さながら近代科学で実験室レベルの治験を扱う者の先例のようだが、[80]グリモとその仲間の食通たちは、半ば内々に実験を行い、最終結論のみを知らしめたのだった。

委員会の見解を理解する一つの方法は、『年鑑』という印刷物の中に、また、委員会の集まりの公開討論（対象は特定の人のみ）の中に、味覚を単に気まぐれな個人的な見解の問題とはしないようにという努力を見て取ることであろう。今後、味覚の問題は、美の問題と同様に、理性のある対等の公衆によって議論されるだろう（グリモ自身が書いているように、すべての美食家は共通の「舌」を共有するのだ）。この点から見れば、グリモの委員会は、ある意味でフリーメーソン的な試みだったのであり、目利きを食卓へと再び招き入れ、「ブルジョワ的」――潜在的には共和派的――論争の理想を第一帝政を通して保とうとしたのである。レストランのことを、かつては貴族の私的な会合用に限られていた高級料理を民主化させた一つの力として描く者もいるが、これと同様に、食味審査員が集う代表的食卓における裁定が、一般大衆の料理に関する意思の表明として機能したのかもしれない。[81]食味審査委員会は、その構成については「水曜会」と同様ほとんど推測の域を出ないが、秘密裏に決定にまで至ったのであって、その裁定は、過ち躓くこともある誰か一人の個人からではなく、「美食学」や味覚といった実体のない作業から発していたのだった。(82)しかし、委員会は厳粛にそれ自体の業務を遂行しているだけなのに、その形態そのものが他の意思決定組織を風刺することとなり、グリモ自身にも、一七八六年に弁護士資格を剥奪した旧体制の弁護士たちをさらに愚弄する機会をもたらしたのだった。(83)別の読み方によれば、委員会は手の込んだからかい半分の茶番で、グリモはその唯一のメンバーということにもなる。美食学の敵たちは、日頃から大食で詐欺師のグリモがパリの商人を騙して、ただで食事を出させるようにしたのだと好んで嫌みを言った。(84)『年鑑』に対する他の批判と同様に、ここで暗示されている「黒幕の男」という見方は利己的な人物が中心的役割を果たしていることを強調しているし、匿名が隠しているのは正義ではなく欺瞞であると示唆しているのだ。

グリモはしばしば美食学の「立法」の必要性を力説したが、他のほとんど誰もが従わないような突拍子もない法を提案し、可決させたりもした（何の反対も無いまま）のだった。七面鳥の鮮度を見極めるためなら鳥の肛門に深く突っ込んだ指を嬉々としてしゃぶる、そんな一にして唯一のひたむきな者であるとして、グリモは真の通人としての地位と、それと同時に天の邪鬼の奇人としての評判を持ち続けた。(85)卓上コンロ用レシピで調理された美味なソースの仕上げにある器具を使う必要があるという助言でもそうだが、家禽類の鮮度を見るグリモの方法は、この美食家独特の指の使い方に注目を集めることとなった。『年鑑』には何も言及がないが、バショーモンによるあの有名な葬儀風晩餐会の説明のなかに出てくるちょっとした伝記的事実から、この一見二次的な問題に鋭い光が投げかけられる。アレクサンドル・バルタザール・ロラン・グリモ・ド・ラ・レニエールは、衆目の見るところでは指がなかったというのだ。指やその使い方、ひいてはそれに起因する問題に関するこうした話のすべてから、グリモは——生まれながらにして手に水掻きがついていたか、幼年期に飢えた豚に手を食いちぎられたという——免れていることになろう。(86)グリモは、ここでは食道楽の世界にすっかり浸かっているどころではなく、その直言御免の愚者、道化、うるさいハエのようになろう。要するに、食道楽は、旧体制下の弁護士たちが彼に行った制裁をやり返したのであり、彼には、罰を受けることなく風刺を実践することを許したのだった。ことによると、『年鑑』全体が広大な悪ふざけにすぎなかったのか。グリモとその友人たちがかつて名を馳せた数々の韜晦趣味のうち、最も成功したものであったにすぎないのだろうか。

グリモを突き動かしていた相矛盾する衝動がどんなものであったにせよ、評論家も読者もそれらすべてについてどんどん忘れていくことになる。十九世紀を通じて、拡大する美食文学というジャンルが『年鑑』に描かれた通人の模範像を普及させるにつれて、新世代の食通たちは、グリモのテクストの体裁や明白な野心は保持しながらも、ともすると破壊的で辛辣な彼の機知は封じ込んだのだった。例えばオノレ・ブランは、一八一五年刊の『パリ食事案内』で、バレーヌの〈ロシェ・ド・カンカル〉を論じるところから始め、次の増補版ではさらに多くのレストランを「合法化」すると約束している。一八二〇年代には、オノレ・ド・バルザックとオラース・レッソンが共同でトリュフにちなんだ「ド・ペリゴール」[ペリゴール地方はトリュフの主産地]という筆名のもと四巻の『新食通年鑑』を書いたし、一八五〇年代にはシャルル・モンスレがさらに数巻を著している。それでも、これら後世の著作は、骨格はその原型たる『年鑑』によっていながら、その論調となるとジャン・アンテルム・ブリア＝サヴァランが一八二六年に出した人当たりの良い『味覚の生理学』を頼りにしたのだった。グリモのテクストはパリ全体を呑み込んでしまうものだったし、時計職人や仕立屋の才能をほとんど美食学の下位区分も同然なものと見ていたのに対し、ブリア＝サヴァランは、快楽と娯楽の連続体のうちに食事の喜びを置き直し、他の社会的美徳と大いに両立しうることが明らかな味覚について描いていたのだった。「美食」の追求は、生を体系化し世界を形成しようという強迫観念であることをやめ、慈愛に満ちた判事の楽しい趣味となったのだ。

『年鑑』の第一巻の序文で、グリモ・ド・ラ・レニエールは、食通のいかなる修業にも欠かせない要素として「食の地形図」という下位分野を紹介している。一八〇八年、最初の

『フランス美食地図』が印刷物として現れた。シャルル・ルイ・カデ・ド・ガシクールの『美食学講義』の口絵となったこの「美食地図《カルト・ガストロノミック》」(87)は、当時の軍事、外交上の出来事にはお構いなしにフランスの地図を書き直したのである。一八〇七年のティルジット条約や

図 10：『フランス美食地図』（部分）。シャルル・ルイ・カデ・ド・ガシクールの『美食学講義』（1809 年）の口絵。

一八〇八年のスペイン侵攻で他の地図製作者たちは大騒ぎだったかもしれないが、この新しい地図の作者がヴェルサイユを王宮ではなくウサギとキジで表示したのは、ひとえに食道楽の数々の革新のおかげだった。この美食地図上では、料理の区分が政治や国の境界線に取って代わった。美食学は、ヴァンデ地方の住人は反革命的分子ではなく牛だということを知り、シャルトルの目印である大聖堂をパテに変え、ランスの戴冠式で使われる聖油瓶の代わりに無宗派のシャンパンの瓶を用いた。フランスの地図のこうした構想は——パリを革命の街ではなくレストランの街とする記述と同様に——革命期にはその元で苦悶した幾多の政治的意味付けを食卓から取り除いたのである。この美食地図は、今日の文化省がフランスの「料理の遺産」と呼んでいるものを想起させるが、フランスを文字通り「桃源郷」として描いたのだ。(88) アランソンの鴨、ル・マンの若鶏、ボルドーのワイン——これらが皆、川や山のように、かくも多くの地勢的特徴のように、すぐにも利用してくれとばかりに地図に載っているのだ。

だが、美食地図で最も示唆的なのは、地図それ自体の上にある図像ではなく、地図の制作者や詩神たちを讃えた「エピクロスの洞窟」(図10)だ。入り口のまわりに、過去および現在の偉大なエピキュリアンを記念して名が刻されている。魚売り女の隠語で卑猥な喜劇を書いたファヴァール。十七世紀のエピクロス哲学復活に大いに寄与した、軍人にして批評家のサン=テヴルモン。そして、宗教戦争後フランスに平和をもたらし、すべての鍋に鶏一羽をつかわすと約束したアンリ四世。月桂樹の輪で飾られた竪琴は最も有名な歌劇団員の承認だったし、喜劇役者の仮面は劇作家アルマン・グーフェの貢献を立証するものだった。仮面の脇には、既にすし詰めになった絵の仕上げとして、さらに二つの象徴が書かれている。一つは時を知らせ治安を維持するために添えられた大きな軍隊用の太鼓があり、「ピイス」という名が付いている。今ひとつは鈴と、愚者のまだら服の付いた道化の笏で、そこには「グリモ」と刻まれている。グリモとピイス。フランスの美食地図は、放《サチ》蕩《ユロス》者と鼓手隊長の間、嘲りと治安の間の窮屈な相互作用——言動が予測できぬ自律した食通と順応性のあるおべっか使いの「風見鶏」との間の緊張した交わり——によって可能となったのだ。

第7章　パリをメニューに載せる

あらゆる場所のなかで、パリは安く暮らすにも向いているし、名所も多い。軽薄なものから堅いものまで娯楽も絶えず見て回れる。ここではほとんどただで暮らせるかもしれない。（……）しかし、堅実なイギリス人家族の場合、既にその地に知り合いでもできていない限り、パリは惨めな穴蔵であるに違いない。

――ジョン・H・コベット『フランスからの手紙』（一八二五年）

十九世紀前半を通じて、レストランを比喩で言うとしたら、まさしく「豊饒（copia）」――正確には「豊饒の角（cornucopia）」であった。万人が言うように、レストランは満員で入りきれないほどだった。人で満ち、話で満ち、食べ物で満ちていた。当惑する旅人と落ち着き払ったグルメ、いちゃつく新郎新婦と誇らしげな結婚披露パーティー、告解火曜《マルディ・》日《グラ》で馬鹿騒ぎをする者と改革志向の宴会列席者、銀食器泥棒と株の相場師――ありとあらゆる者がレストラトゥールの華やかな部屋を満たした。上品な老紳士、黒い巻き毛にシャンパン片手のダンディー、子連れの夫婦、「代議士に、企業主に、上流社会の紳士に、婦人や若者たちに、ドイツ人やイタリア人までいた。玉石混淆の群で千差万別だが、二つの点で共通していた——皆が皆空腹であり、皆が皆話好きなのだ[1]」。

この空腹を満足させるために、色鮮やかな豊饒の角から、その中身が、飾り立てた鏡の金の額縁を超え、縦四段からなるメニューの余白に沿って撒き散らされた。七面鳥のトリュフ詰め、ヒラメのケッパー添え、キジのロースト、鯉の煮込み、豚足のファルスなど、皆が、その後ろにエンドウ豆の甘煮、蒸したアーティチョーク、幾重にも層を成したケーキ、アンズのブランデー漬けを従えて、無尽蔵とも思える食料貯蔵室から駆けつけてくるのだった。祝宴の晩餐は、「一人あたり」四ダースの生牡蠣で始まり、数え切れないほどの本数のシャンパンで終わる。一八〇三年、イギリスの旅行者のフランシス・ブラッグドンも思わず息を呑み、こう書いている。「なんたることだ！（……）——牛肉は、様々な仕上げのソースが十一種類。——ペストリーは、魚や鶏肉が入っていて形が十一種類。鶏肉とジビエは、三十二種の多様なスタイル。——子牛は、それぞれ異なる二十二品に仕立て上げる。羊は、たった十七品だけ。魚は二十三種類[2]」。子牛と羊と魚のように見ればすぐそれとわかる食材も、スペイン風、プーレット風、メトル・ドテル風など、馴染みはないが心そそられるスタイルが生まれ料理の幅が広がっていった。病気療養のため大陸に来ていたフィラデルフィア出身のジョン・サンダーソンにとって、パリのレストランが次のような状況だったのは言うまでもないことだった。「豊饒の神ケレスがその豊かな至宝を開け放ち（……）余所では見られないほど惜しみなく振りまいたのだ。川魚あり海魚あり。本国産、外国産の稀少なワイン。そして、菓子類、甘味類、果物類、豚肉加工品類ときたら、その無限の多様性に五感は茫然とするばかりだ」(3)。レストランは永遠の謝肉祭の空間、「桃源郷」の領地である島、「グルメのエデンの園」であった(4)。

少なくとも、以上が、何世代にもわたる英米人旅行者や多くのフランスびいきの外国人、さらには料理史家たちに一致して見られる月並みな印象である(5)。十九世紀を通じて、パリのレストランには飽満感が漲り、真のレストランは何を出すのか、その描写として何を記すべきかについて骨格が定まっていった。その多様な趣向を逐一数え上げようとしても、レストランの充実ぶりは到底列挙できるものではなかった。レストランが無限の域に近づいていると示唆した作家は、何もジョン・サンダーソンに限らなかった。「無限の品数」とか「無限のニュアンス」と書く者もいたし、「高級レストランはあらかじめ何も指定しないものだ」と記す者もいた(6)。すでに一七九二年二月、全国三部会の会館のレストラトゥールであったジャック・ヴニュアは大胆にも「メインディッシュ、付け合わせ、そしてその後に続くすべてのものについても〈無数の〉品数」(7)を約束していた。それから何十年かして、『味覚の生理学』は、レストランは誰に対しても誰彼の差無く、「味覚が感じうるすべての喜びを、過つことなく、即座に——厄介と言えば欲望が止まらないことくらい——供給する」ことを可能にしたと断言したが、ブリア＝サヴァランの言葉を敷衍する快感から、こうした主張は十九世紀中、何冊もの書物のうちに展開されることになる。(8)

歴史家たちは総じてこのような構図を取り入れ、十九世紀当時のレストランがもたらす快楽を饒舌に語ってきた。ルネ・エロン・ド・ヴィルフォス、ジャン＝ポール・アロン、さらにはゴンクール兄弟など、イデオロギー的には異なる作家たちが、ガイドブック、旅行者の記述、そして『食通年鑑』などを基に、あたかも皆昔日の美食の都へ休日の遠出を計画しているかのように、住所や紹介文を積み重ねていったのだった。彼らが歴史を書くに際してつなぎ合わせていった数々の推薦の辞は、正確には初出ではなかったが——『年鑑』の創刊号は少なくとも一万二千部売れたことを想起されたい。またこれらの著者はリヨンやランスやディジョンでの食事については何も語ってはいないことに留意されたい——、彼らが集めた閑談風の断片《コラージュ》は内輪の暴露話や噂好きのタブロイド新聞のように読める。昔の作家たちのおこぼれを頂戴して幻想の食事を仕立て上げてみたり、消えて久しいレストランや菓子専門店を上機嫌で推薦してみたり、これら食べ歩きのような歴史書は、幽霊となったグルメたちの想念のうちに残されたテクストの食べかすを拾いながら進んでいく。(9)

このような説明だけを読む限りでは、まさしくパリは十九世紀の料理の都であり、〈バレーヌ〉や〈ボーヴィリエ〉や〈トロワ・プロヴァンソー〉などのレストランがあらゆる街角を占め、いかなる無為なグルメの渇望も満たしてくれるなどと、あっさり結論付けてしまうかもしれない。商業的な統計でも、パリはレストランについては傑出した都市として位置づけられている。一八一五年の国家規模の事業登録台帳には、ほとんどの都市に「主たるホテルやカフェ」のリストがあるが、パリ以外の都市のレストランとなるとほんの一握り（正確にはボルドーの四軒）しか記されていない。[10] その三十五年後、内務大臣の命により飲食物販売業者の全国調査が行われたときも、同様の結果が得られた。全国の各県総計で、カフェ経営者が何百人、バーテンダーが何千人という結果だった。ボルドーの東に位置するドルドーニュ県は、宿屋が八百二十八軒、居酒屋が二千六百六十一軒、カフェが四百四軒あり、フランス北部のソンム県には、宿屋が四百十一軒、キャバレーが七千八十九軒、カフェが百八十八軒あった。エロー県（モンペリエを中心とした地方）でも、宿屋が五百八十軒、居酒屋が一千二百八十九軒、カフェが八百八十一軒あった。したがって、これらの県では消費空間、大衆の社交の場、週末のけんか騒ぎまで事欠かなかったわけだが、フランスの他の五十五県と同様に一軒のレストランもなかった。[11] 内務省の調査の回答者の中には、「レストラトゥール」という範疇は削除すべきだとする者さえいた——例えば、この項目を太線で抹消したシャラント川下流地域（ラ・ロッシェルの近くの大西洋岸で、今日のシャラント・マリティム県にあたる）の地方役人は、この分類は彼のいる地方には該当するはずがないと踏んだのだ。というのも、十九世紀中頃に至っても、レストランは依然として圧倒的に都会の現象であり、首都で発明されたその快楽の象徴《イコン》だったからである。当時、レストランに関するしきたり、儀礼、語彙を知悉しているということは、骨の髄からパリ人であり極度に洗練されていることを意味した。一八七五年になっても、ある百科事典は「レストラン」は「何年間もパリ独自のもの」だったと自信ありげに断言し、「今日においても大都市にしか見受けられない」と付け加えている。(12) レストランは、地方に点在する多くの軽食堂や居酒屋とは明確に異なり――回想録作家、紀行作家、小説家、劇作家にとっては――近代的なパリ生活の真の象徴となったのだ。

首都のレストランがその「無限の」恵みゆえに有名になったように、同様の言い回しを用いれば、この都市は「一千もの」レストランの本拠地となったと言える。〈ロシェ・ド・カンカル〉と牡蠣の関係は、パリとレストランの関係に等しいのだった。ルイ・プリュドムが一八〇四年にガイドブックを書いたとき、かつての『パリの革命』紙発行人（今や以前ほど公然と論争をしかけることもない文章家に転じていた）は、パリは二千軒以上のレストランをかかえると大胆にも述べている――彼の計算がでたらめか驚くほど正確かはともかく、レストランはこの頃までには首都の生活の一部として定着していたことを物語っている。(13) プリュドムのこの主張には一も二もなく同意する作家が多いが、革命期の十年間でもっとも意義深い変化は、実際は何かと持ち出される「レストランの誕生」でもなければ、その幾何級数的な成長でさえないのだった。[14] というのも、言うまでもなくレストランは一七六〇年代に初めて登場し、一七八八年、『新パレ・ロワイヤル情景』は読者に対し「人々は〈レストラトゥール〉なる語に特異な意義を付与している」と説いているからだ。[15]一七九〇年代後半には、レストランの発生を目撃するというよりも、この語に付されていたかつての独特な定義の消滅を見ることとなった。すなわち、「レストラン」は、医療対象としての感受性という文化から舫い綱を解かれて、いかなるパリの軽食堂にも用いられる流行の言葉となったのだ。既に一七八〇年代には進取の精神に溢れる料理人兼仕出し屋や熱心な宿屋などには、店先の看板に「レストラトゥール」という語を書き加える者があり、したがって用語も混乱し始めていたが、それでも大多数は、これによって定食用テーブルおよび個人用テーブルの設定という二つの別個の給仕法を提供していると称するのだった。しかしながら、それ以降は、政治的、社会的混乱から名称がごちゃごちゃになり、肩書きも変わっていくにつれ、宿屋の主人たちもかつては重大なものと思っていた差異をはっきり区別しなくなっていった。自らの店舗にビリヤード台やダンスホールを付属させる者もいれば、[16]リヨン産のソーセージを出すと言ったり、個人用の食事室を備えた店舗に移転する者もいた。レストランを宿屋や食堂から隔てる属性が何であるかが次第に分からなくなるにつれ、範疇化も流動的かつ不確かになった。オノレ・ブエは、保安委員会の記録では〈仕出し屋《トレトゥール》〉に分類されていながら、自分では同委員会に対し、「ブエ、〈安食堂店《ガルゴチ》主《ェ》（gargotier）〉」と申告しており、他方、調査管理官は彼を「ブエ、宿屋主人」と記している（だがしかし、情け容赦ないジャコバン派の時代にあっては誰も「レストラトゥール」なる語を用いていない）[17]。パレ・ロワイヤルにあったアミーユ家は自らの職業名について明らかに躊躇があり、結果として身体性も鮮やかに、しかし職能は不明瞭に、家業を「メゾン・ド・コメルス・ド・ブーシュ（maison de commerce de bouche）」（文字通り、「口に関する商売の家」）と呼んだ[18]。食料品小売業の仲間たちは、およそ使える肩書きなら幅広く様々なものを使ったし、いくつかを組み合わせることもしばしばだった。一七九九年のラ・ティナによる商人目録はこの傾向を反映しており、この種の連中を〈仕出し屋兼レストラトゥール〉という特別でも何でもない二つを合体させただけの範疇に入れている（その十年後、編集者たちは〈レストラトゥール兼仕出し屋〉と呼び方を変えていた）[19]。

この時期、その辺の料理人兼仕出し屋も、〈レストラトゥール〉という名称を取り入れる理由には事欠かなかったろう。たしかに、かつてはレストランと単なる食堂とを明確に区別するものであった個室や個別テーブルや印刷されたメニューなどを導入し、給仕様式を抜本的に変えたところもあった。一七九六年三月、以前チュイルリー宮殿の近くで〈仕出し屋〉をしていたジャン＝バティスト・オドブールは、シャンゼリゼに新しい「レストラトゥールの家」を開業すると発表し、落ち着いた個別の食事室がもたらす利点を宣伝した[20]。オドブールの戦略は彼独自のものとは言えなかった。一七九〇年代後半から一八〇〇年代初頭にかけて、判断の基準としては、すなわち、他の食堂と比較して分類する際に基準とすべきキーワードとしては、定食用テーブルに代わってレストランが優勢になってきた。ある自称〈レストラトゥール〉は、緑の庭園、銀食器、三皿選べるメニューを宣伝し、同時にもっと定期的に食事を取る向きには月当たり四十フラン払うだけでよいとした。またある者は、「当店はアラカルト式のレストランでありながら」六つのコース料理を、大食事室なら一人につき二フラン二十サンチームで、個室なら一人につき三フランで提供するとした[21]。パリの食堂という食堂は、依然として——旧体制の最後の何年間かがそうだったように——実に様々な価格で多様極まりないサービスを提供していながら、かつては回復力のあるブイヨンを出す者のみに適用された肩書きを騙っていた。ジャン・フランソワ・ヴェリーが革命のさなかには警察に単なる熟練の〈仕出し屋〉であると申告していたのに、今やそのライバルたちが最新流行のレストラトゥールとしてパリ中に触れ回ったのも確かなのだ[22]。一八〇四年、『ガゼット・ド・フランス』紙は、パリには目下二千人のレストラトゥールがいるというプリュドムの説を支持している——まったく驚くべき数字だが、この街には一七八九年に千五百軒の「レストラン」があったとも同紙は報じているのを見るに及んではそれほど驚くにはあたるまい[23]。

食料品小売商の男たち（そして明らかに数は少ないが同業の女たち）がパリをレストランの都に変貌させるに一役買ったのは確かだが、客たちも同様に重要な役割を果したのだった。とくに、外国人旅行者の視点から見れば、定食用テーブルはいよいよ稀になり、レストランは不思議なことに遍在するかのように思われた。既に一七九二年、あるイギリス人旅行者は、フランスの首都の定食用テーブルは消え失せたも同然で、この種のものは道端の宿屋くらいにしか見ることはできないと断言している。それから十年後、『パリ・ロンドン旅行実用案内』の著者は、〈レストラトゥール〉という「近代的な呼称」が今では時代遅れの〈仕出し屋〉に完全に取って代わったと脚注に書き加えているが、これは同様の指摘をした何人かのイギリス人の一例にすぎない(24)。このような旅行者の印象やガイドブックの記述が現実を正確に書き写しているかどうかはともかく、認識と期待の変化は十分に証明している。たとえ十九世紀初頭のパリが何十軒もの昼食向け定食用テーブルと何百軒もの婚礼用の仕出し屋を抱えていたとしても、旅行者たちは、自分は間違いなく「レストラン」を目にしているのだと思ったのだし、それはつまり自分は何か新たなもの、奇妙なもの、特殊なものを目にしているということだった。

旅行談やガイドブックの著者は定食用テーブルは消え失せ、宿屋は破綻したと語ってはいるが、だからといってレストランのことを慣れ親しんだ、あるいは取り立てて言うこともない店舗形式と見なしていたわけではなく、むしろ政治的大変動の奇妙な副産物として、新時代を画す革命がもたらした不可逆的な変化のさらなる証拠として描いていた。十九世紀に入ってからも何十年かは、英語圏の作家や出版者たちは〈レストラン〉や〈レストラトゥール〉という語をイタリック体で書き続けた。これはこれらの語やその指示対象がただ単に異国的だというだけでなく、翻訳不可能なほど異国的であることを際だたせており、フランスでは地球上のどこでも生じたことがないことが起きたということの証左である。[25] フランシス・ブラッグドンは、〈ボーヴィリエ〉のメニューの品数を（「鶏肉とジビエは、三十二種の多様なスタイル。――子牛は、それぞれ異なる二十二品に仕立て上げる」などと）熱狂して数え上げたが、彼がそうしたのは、近年見られる大衆の奢侈の拡大を具体的に説明するためであり、実際彼はレストランのメニューについての記述を、表題からして示唆的な『パリの昔と今――革命の影響の実例』という本の中に組み入れている。ブラッグドンは、多くの同国人と同様に、十年あまり続いた戦争や革命の結果（「破壊の痕跡」とは彼の言だ）を見るために一八〇二年から一八〇三年までの束の間の平穏な時期にパリを訪れたのだ――そして何を見たのか。[26]「レストラン」だ。

十九世紀の最初の何十年かは、アメリカ人の、とりわけイギリス人の訪問者は、レストランを（たとえ、フランスの大部分の地域には一軒もなく、パリはパリでも周辺地区より、観光客の多い裕福な中心地に集中しているとはいえ）著しく「フランス的」なものと見ていた。これらの観察者が「フランス性」の神秘に迫りたいというのであれば――革命期からナポレオン時代にかけて変革が延々と続き、正体も摑みかねるものだったことを考えればそれはそれで喫緊事であった――レストランは他のどんな場所にも劣らず恰好の出発点となった。レストランは、美食学の規則や術語という不透明なヴェールに覆われた面食らうような不思議な世界でありながら、同時に公に開かれ誰もが利用も可能な空間、旅行者も容易に出入りできるフランス的「日常」生活の一こまであり、その意味では日頃慣れ親しんでいるものと異国風なもの、親近感を覚えるものと異質なものの見事な融合物であったのだ。一八一四年、イギリス人のスティーヴン・ウェストンは同国人に対して、たとえフランスの首都の芸術的、科学的、工業的成果にあまり興味が無くとも、レストランを訪ねれば快楽と利益を引き出せるかもしれぬと助言している。その数十年後、あるアメリカ人女性は、パリのレストランは、「さもなくばとても足を運びそうもない人にとっても、好奇心の問題として考えるに値する」と忠告している[27]。ガイドブックの作家たちは、高級レストランの魅力はその料理に限るものではないことを十分認識しており、そこに見てとるべき独特の国民性を強調している。例えば、エドワード・プランタの『新パリ情景』(二十版あまりを数え、まるまる一世代にわたりパリのガイドブックとして用いられた)は、旅行者に是非とも〈ヴェリー〉で一回食事するように勧めている。それはなにも、舌平目の調理法が格別優れているとかロブスタースープが絶妙な味わいだからではなく、「フランスの美食主義《エピキュリズム》」[28]のまさに極地と言うべきものに立ち会い、経験する機会を与えてくれるからである。この穿鑿好きの旅行者からすれば、「美食主義」は享受すべきものであると同時に偵察すべきものであり、身なりのいい女性や素面の労働者、あるいは月曜休日制や廃兵院と同じく、フランス特有の文化の一端であったのだ。[29] 旅行者たちは、植物園《ジャルダン・デ・プラント》やペール・ラシェーズ墓地にも押し掛けたが、象がものを食べるのを眺めたり、エロイーズが眠る墓を見たりする楽しみは、それなりに大きいとはいえ、フランスの「風俗と習慣」をそれほど露わにするものではないように思われたのだ。

何冊かのガイドブックには、長期滞在者は地元の料理人兼仕出し屋と懇意にする方がなにかと便利だと記されているが、首都のレストラトゥールは見逃してはならない見せ物であった。[30] これらの旅行者は、首都のレストランを一杯にして（少なくとも、自らの回想録のページを、これらのレストランについてどこからか剽窃した記述で一杯にして）、美食の驚異の噂を、この先けっしてそれを口にすることがない多くの人々に広めたのだ。はるか彼方のロンドンでは、パリの地下の厨房の火床から舞い上がる甘美な香りを嗅ぐことさえできるはずもないが、『ロンドン・マガジン』紙の言によれば「これら無数の旅行記」にすっかりいかれた読者たちは、それでもなおレディ・モーガンが慌しくまとめた『フランス』を四版まで、トーマス・ラッフルズの『一八一七年夏（……）フランス巡歴中の書簡集』を五版まで貪り読むだけの時間があったのであり、後者のある一章からはフランス人の「広告好き」と〈ヴェリー〉のメニューの「長大さ」を教わったのである。[31] 合衆国からの訪問者ははるかに少なかった（一八一五年から一八四八年まで年平均でパリに来たのは一千人だったのに対し、カレー港を通過したイギリス人は一八二〇年だけで一万二千人だった）が、彼らもまたフランスの首都に着くや度肝を抜かれたことには変わりなく、手には冗長で盛り沢山の駄文を何冊も携えていたのだった。(32)

パリのレストランは、フランス国外では旅行者の記述を通して知れわたり、国内では大衆演劇や新聞紙上で描き出されるにおよんで、十九世紀のこの街の描写では中心的存在になり、その過程で神話的広がりを呈するようになった。一八一五年にフランス各地を旅したイギリス人のジョン・バーンズは、パレ・ロワイヤルだけでも「無数のレストラトゥール」がいると軽はずみな発言をしている――この明確に限定された市の中心の庭園に「無数の」レストランが存在し得ただろうか。(33)だが、どれほど多くの（あるいはわずかの）レストランがパリ住民に食事の仕出しをしたかはともかく、小説、戯曲、新聞記事、旅行者の記述などにおけるレストランの勢力範囲は、ほとんど無限にまで拡大した。(34)首都の最も有名なレストランは、値段から見て人口のうちほんの一握りの者しか手の届かないものだったが、万人の視界と想像のうちに入っていた。

レストランが都市の基準点として設定されたのは、食料貯蔵室に裏打ちされた――ある意味で有限の――食の恵みのおかげであると同時に、上記のような豊富な文献のおかげでもあった。レストランはかくもしばしば描写、分析されたので、あるパリ生活の観察者は大胆不敵にもこう評するしかなかった。「レストランについて言うべきことはほとんどない。二流どころは、写実小説の策士たちがたびたび描いているし、高級レストランについては、誰もが他の誰よりもよく知っていると豪語しているからだ」[35]。レストランはとりわけ小説の中に現れ、大衆劇の舞台となることもしばしばだったし、不用心な者や小心者にレストランにおける適切な振る舞い方を教えるガイドブックや美食の手引書を生んだ。安価な定食を宣伝するポスターから、程度の差こそあれ専門的な多種多様の美食関連誌まで、写実小説のおざなりな言及から、七月王政（一八三〇年から一八四八年）をレストラトゥールの厨房に喩える新聞の社説まで、さらにはいわゆる快楽主義的歌唱団体が出版する書物からメニューそのものまで――レストランに関する記述は、いかなる形態であれ、少なくともレストラン自体と同様に人目に付くものであった。

レストランを比喩で言うとしたら、やはり「豊饒の角（cornucopia）」よりは「豊饒（copia）」の方が正しいのかもしれない。というのも、パリのレストラン界から豊富さと飽満感が欠けることはなかったが、それは必ずしも食べ物のせいではなかったからだ。パリの首都に溢れていたのは、食べ物ではなく（グリモが言ったように、パリは「何も生産しない」）、物語なのだ。つまり、レストランでは何があったのか、レストランでは何がありうるのか、レストランでは何があるかもしれないのか、これらをめぐる物語だ[36]。小説家や劇作家はしばしば舞台をレストランに設定したが、あたかも滋養、回復力、カロリーの点から見たレストランの機能はまるで取るに足らぬものであるかのように、何であれ食べ物に触れずじまいのことが多かった。バルザックは『イヴの娘』の三人の登場人物に〈ヴェリー〉で夜食を取らせているが、彼らが消費しているのはどうやらシャンパンだけのようだ。スタンダールの描くリュシアン・ルーヴェンは、威勢のいい人物であることをパリ中に印象づけろという父の命令に従うが、われわれが知っているのは夜な夜な〈ロシェ・ド・カンカル〉で「最低二百フラン」使ったということだけだ。[37]

パリ生活を描写するのに重きが置かれたので、レストランをパリ生活のより世俗的な現実に組み入れることは後回しになった。『ガゼット・デ・トリュビュノー』紙(一八二五年発刊の広く読まれた日刊紙で、センセーショナルな犯罪、法廷でのやり取り、判決内容などを熱烈な読者に報じた)の言によれば、「誰もが〈ヴェリー〉については知っていた」が、このレストランの内観を直接見て知っているとか、そのワイン貯蔵室の中身を味見したことがあるとなるとごくごく少数に限られた。[38] 一七八〇年代のバスティーユの監獄に囚人が何百人も収監されていたわけではない(一七八九年七月十四日、群衆が解放した囚人は七人だった)のと同じく、一八二〇年代のレストラン〈ヴェリー〉は何千人もの客をもてなしていたわけではないのだ。だがしかし、統計上は微々たるものであっても、有力な象徴となることを妨げるものではなかった。単なる訪問者ではなく実際に首都に住む小説家、ジャーナリスト、劇作家たちにとって、レストランはありきたりのものではなく、別格の存在だった。バルザックは実に多くの場面を〈ロシェ・ド・カンカル〉に設定しているが、これは何もそこでの夕食が、パリに住む平均的男性にとって普通の日常的な体験だからではなく、むしろ一大イベントだったからであり、まさにその舞台設定こそが、入念な記述を何段も長々と続けるよりはるかに多くの情報を伝えるのだった。(39)バルザックの記述のくどさは伝説的だが、その彼も華やかなレストランを微に入り細をうがって描くことはなかった。かわりに、〈シェ・ヴェリー〉なり〈ロシェ〉なりにさりげなく言及するだけで、舞台設定としては十分だったのだ。もし読者がこれらの語が何を指しているのか分からなければ、そのとき彼あるいは彼女は、バルザックが一掃すべきと考えるようなパリについてのいかなる幻想も持ち合わせていないのだ。パリの記念碑的存在としてはそれほど馴染みはないとはいえ何ページもの記述が許されるのは、セーヌ左岸の学生向けレストラン〈フリコトー〉だけなのだ。(40)

しかし、この小説家は、〈シェ・ヴェリー〉や〈ロシェ・ド・カンカル〉という語が一つの護符であり、さしたる粉飾をせずともその魔力をあてにできると知っていたが、彼より技量の落ちる作家たちはしばしば急所をはずしている。旅から得た戦利品を開陳しようとせっせと旅先から書簡を書き送る者たちのペン先には、レストランはとりわけ魅力的な標的だった。より専門的な他の好奇心の対象が問題なら古典の博識や技術的な知識が欠かせないだろうが、〈ヴェリー〉や〈トロワ・プロヴァンソー〉は、幸いにもそうしたものを必要としないパリの目印であると認められていたのである。軍隊のパレードやら科学の実験となればご婦人方は異議を唱えるかもしれないし、中世の遺跡の分析となれば医学者たちは自分の専門知識がほとんど役に立たないと思うかもしれない。だが、レストランを評するとなると気詰まりはない。たしかに、鏡を数えたり、ワインリストを見てぽかんと口を開けて見とれるのに、幅広い専門的な知識など必要となるはずがない。

一七八九年の革命に続く何十年かの間に、パリのレストランをめぐる噂、料理一般に関して新たに見出された魅力に関する噂は、急速に広まった。戦争や大陸封鎖のために、一八〇五年から一八一五年まで、大陸への観光はほとんど不可能となったが、ワーテルローでナポレオンが敗北しブルボン家の王が（驚くほど肥満であったルイ十六世の弟君がルイ十八世として）フランスの玉座に復位するや、外国人の訪問者たちがパリに押し寄せた。[41] 四カ国連合軍の軍人たちは街路をパレードしただろうし、美術の至宝を荷車に積み込んだことだろうが、その同僚や指揮官たちが、害にならずこの土地特有のものでパリ市民に残していってもかまわない一つの芸術、つまり美食学に対してどれほど貢いだかは特筆に値する。フランスからの戦利品で肥え太った連合国軍隊は、領土や古代の遺物と同時にパテやトリュフも取得したのであり、またサン・マルコ大聖堂の馬像を要求する一方で、食事や宴席の代価として通貨を与えた。[42] シャルル・ルーセが『パリ法典』で読者に言っているように、「〈ヴェリー〉、〈グリニョン〉、〈ボーヴィリエ〉のメニューは、それがなかったらこれらの戦士たちがそのまま運び去ってしまったであろう黄金を招き寄せたのだった[43]」。

しばしば転載される一組の風刺画（図11、12）からは、これら外国人侵入者の変貌ぶり

図 11：イギリスの訪問者がナポレオン以後のフランスに『到着』（「憂鬱に苦しむイギリス人がフランスに治療に来る」）。骨と皮のイギリス人が到着するや、背景にいる料理人がシチュー鍋に入れようと猫をひっつかんでいるのに注意。

図 12：『出発』（「フランス料理で脾臓が癒えて、イギリス人は肥え太ってロンドンに戻る」）。猫の珍味をたっぷり食べて、この外国人は出発する。だが、丸々太ったとはいえ健康的とは言えない——かつては微笑んでいた召使いも今は息を荒くして喉を詰まらせている。一見すると、この 2 枚の絵はフランス料理の優越性に対する単なる賛辞のように思われるかもしれないが、同時にイギリスの卑俗な大食ぶりに対する皮肉な批評ともなっている。

の一端が窺える。一枚目では、船に留まった平和の鳩の庇護のもと、一人の間抜けなイギリス人が岸に足を踏み出している。世話好きなシェフに付き添われ、近くの食堂に向けてひょろ長い脚を伸ばしている。それに対して、次の絵は出発間際のもので、ほとんど完全な球体と化し、手押し車の上に腹をのせて前に押し出している[44]。どんなに有名な軍司令官たちでさえ、自軍の勝利はフランス料理の勝利と密接に絡んでいると考えていた。レディ・モーガンがすぐさま出版した『フランス』には、パリの名所一覧にグリモ・ド・ラ・レニエールの邸宅が含まれていたが、それは名高い作家の家であると同時に、一時、勝利をもたらしたウェリントン公爵のパリの住まいでもあったからである[45]。

　これら圧倒的に裕福で、政治的には概して保守的な訪問者たちは、突き出した腹と痩せた財布とともに政治とは無縁の美食学上のパリを運び去り、何十年かの社会不安はもう終焉したと幸福そうに報告している。「フランス人」は以前とまったく同じように軽薄になったのであり、今や政体の変革ではなく縁なし帽《ボンネット》のスタイルや魚のソースの変革に取りかかっているのである。レストラトゥールは、新しいフランスの貴族（成り上がりのコルシカ人ではなく卑屈な料理人）のように（必ずしも好意的ではなく）描かれ、これらの描写の中心的存在となった。というのも、旅行者たちは、その食事室にあって、これがフランス生活の日常的な出来事と思って観察していたのだ。レストランは、この地ならではの存在だったことから、首都パリの指標ととらえられ、やがて――パリを地方とは劇的に異なるものに変えた他の多くの特徴（政治的急進性、あるいは後のエッフェル塔）と同様――十九世紀フランスを描く場合、お決まりの表象の一つとなるであろう。

メニューの基礎知識《リテラシー》

十九世紀初頭にパリを訪れた旅行者が自らを描くところによれば、〈ボーヴィリエ〉や〈ヴェリー〉兄弟の食事室に群がるときの恭しさと言ったら、植物園やルーヴル美術館の展示品の間に群がるときと同様であり、一方では鏡に驚嘆し、もう一方では神や人の造りしものの驚異に目を瞠ったという。外国人訪問者は、単に味わったり観察したりだけでは満足せず、自分なりのレストラン評に挑戦せずにはいられなくなった――たとえ、取って付けたようなそのテーマについてそれまで何度も書かれていたとしても（おそらく書かれているがゆえに）、またそれについて何を言うべきかまるで分かっていないとしてもである。一八二〇年の夏、フランスの首都から一巻の書簡を書き送ったアイルランド系イギリス人の法廷弁護士エドワード・フィッツシモンズは、明らかに期待が身にのしかかるのを感じていた。少なくとも四通の書簡で〈ヴェリー〉のことを書くと約束していながら、結局、そうした記述をするには時間も紙面の余白もないと末尾で弁解しているほどだからだ。(46) 待ちに待ったフィッツシモンズによるレストランの記述は、最後のほうの信書にようやく現れるが、実際はたった一節にすぎず、その中で取り急ぎ鏡やメニューや「崩すのがもったいないほどの味をした桃の山」に言及し、料理は一品（誰でも予測できるヒラメ料理）しか触れていないし、言うに事欠いて「これもまた安価である」などと言う。エドワード・フィッツシモンズは、明らかに〈ヴェリー〉がこの街の目印の一つであることを知っていたし〈シェ・ヴェリー〉は幾多の旅行記に長々と記されており、ジョン・ニクソンによるヴェリー夫人の風刺画や図13などの漫画によっても不朽の名声を与えられたのだった）、たとえ彼が自分なりの息せき切ったような文体をワーテルローの戦場や植物園の収集品のために取っておくといっても、最後にはパレ・ロワイヤルの食事室を組み入れなくてはならないことも弁えていた(47)。次の文を読めば、この法廷弁護士が思わず息をのんだのは、むしろ博物学関係の収集物の方だったことも肯けよう。「──そして何百もの魚、蛇、貝！──いまだかつてないことだ！──それでもこれで終わりではない──その次に来るのは貝、化石、蝶、──何たる色彩！──加えてあらゆる種類の鳥と四足獣！」。だが、リヴァプールの牧師トーマス・ラッフルズも〈ヴェリー〉について次のようにほとんど同じ言い方をしているのだ。「鳥、肉、家禽──ロースト──ゆで肉──フリカッセ──フリカンドー──スープ──ソース──思いもよらぬ組み合わせ──名状しがたい調合──発音できない名称──〈大地と空と海から盗み取った甘美〉（……）(48)」。

長い間先延ばしにされたエドワード・フィッツシモンズの〈ヴェリー〉の描写がこれだけ短いということは、食卓の芸術のような、かくも簡単に食べ尽くされてしまうものをパ

VERY FRÈRES.
N.° 1. Ché crois que le digestion il se fait........
N.° 2. Ché nai havé hété chamais pas dans in Pareille bonne viande !!!!!

図 13:『この上ない美味。レストラン・ヴェリー』。ナポレオン以後のパリが勝利したプロシア、ロシア、オーストリア、イギリスの軍隊に占領されていたことは、ともすると忘れられている。ここでは、2人の軍人が、パリの快楽の象徴であるレストラン〈ヴェリー〉から送り出される姿が描かれている。

リ生活に定着したものの一つとして論じようというとき、訪問者が直面する困難を物語っている。彼らは窮すると、しばしば目まぐるしく変わりゆく近代の万華鏡に背を向け、心強いほど確固として触知可能な古いものに焦点を絞った。すなわち、ポン・ヌフ（十六世紀末に建設された「新しい」橋）、カタコンベ、リュクサンブール宮殿に掛けられたルーベンスによるマリー・ド・メディシス一代記などである。[49] しばしば繰り返され、ほとんど定式化した〈ヴェリー〉（あるいは、後の〈ヴェフール〉）についての記述が、これから訪れようとする者の心に「レストラン」のイメージを植え付けるのに役立ったが、しかし、レストランの世界の神秘に分け入ろうと試みる旅行者は、どこであれレストランそのものが示す自己描写に頼ることもできたのだ。レストラン独自のあらゆる特徴のなかで、最も驚きを引き起こし、最も論評が——国内国外を問わず——集まるのは、おそらくメニューだろう。一七六九年、戯曲『レストラトゥールのアルルカン』で、当時は目新しかったメニューを読むという行動に焦点を当てた、長々しい場面を売り物にして以来、一八三五年、アカデミー・フランセーズの辞書で「レストラトゥール」の定義としてそのメニューを取り上げてからもなお、「レストラトゥールのメニュー（la carte de restaurateur）」は魅惑と驚異の源泉だった。[50]

レストラトゥールの勘定書が最後には対価が支払われるべき過ぎ去った快楽を象徴するものであるのに対し、メニュー——レストランの売り物についての小さ《ムニュ》くて（*menu*）手短な説明書きであるためにそう呼ばれた――は、レストランのもたらす歓喜と不安の手頃な換喩となっていた。メニューは、何を指しているのか不明の美食学上の語彙（「王妃風ポタージュ」は、王妃の冠を授けるわけでも、王位後継者を産むわけでもないのだから）で溢れかえり、無数の判じ物となるとともに、レストランを独自の言葉遣いや書記法を特徴とする空間として位置づけることとなった。イギリス人旅行者でトーマス・ジェソップなる人物が「エピクロス自身、〈ヴェリー〉の値段表を見たら当惑することだろう」と書くとき、決まり文句を表出しているにすぎない。別の物書きは、古代の不気味な比喩を選んで「ヘリオガバルス的な」多様性（太陽神崇拝を擁護し、自分の床屋を高官に据えたりした放蕩の悪名高き三世紀初めのローマ皇帝に因む）と名付けている。むしろ『フランドルおよびワーテルロー戦場探訪』の著者として知られているジェームズ・シンプソンが、パレ・ロワイヤルのレストランのメニューは「多様性に対する好奇心であり、われわれにとっては理解不能のもの」だと言うとき、同じことをごく簡単に言い換えただけなのかもしれない(51)。

当惑したり、しばしば理解できないこともあったとはいえ、多くの旅行記作家がメニューというこの新たなジャンルの出現を喜んだのも無理からぬところだった。それはレストランの豊かさを物語る不朽の証拠となったからである。関連はあるが同一とは言い難い二つのものが「メニュー」という名称を共有しているのだった。つまり、レストランが出す食べ物とその価格表のことである。前者は複製を拒み、記述しても不正確にならざるを得ないが、「メニュー（carte）」と呼ばれる即物的物質――刻々と変わりゆく厨房ではなく信頼できる印刷所の産物――は、無限に複製でき、容易に想起されるのだった。パリでの自分の冒険談を語ろうという十九世紀の旅行者は、十七種類の羊料理や二十二種類の子牛料理を出すという常軌を逸した食堂の話など鼻で笑ってしまうであろう読者を説得するために、往々にして単にレストランのメューを写し取り、何も略さずに自らの回想録の文中に採録したのだった。(52) フランシス・ブラッグドンは、ラヴィゴットソース添えフリカンドーや子羊のエピグラムをはじめとする珍味を読者に提供することができないため、その代わりに〈シェ・ボーヴィリエ〉のメニュー全体を、このレストランの豊かさの不朽の証拠として自著『パリの昔と今』（一八〇三年）のなかで九ページにわたって転載した。

メニューは確固たる存在であり、機械的に複製も可能であるが、さらに、いかなるレストランの一回の食事――いや何回かの食事であっても――よりも驚くべきものだという点でも勝っている。普通、一人の客は四品から五品注文するのであって、メニューに挙げられているものすべてを食べてみようという者などいない。その多様性は厨房のそれをはるかに上回っている。食事室では「それぞれ異なる二十二品に仕立て上げられた子牛」であったかもしれないが、厨房では何枚かのカツレツ、一枚のステーキ、二つの腎臓、三つの耳だったのだ。シェフは、有限の食材から何十種類もの料理をひねり出すのであって、その各々に名前がつき、各々がメニューの一行を占めることになる。頻度から言って、十九世紀初頭のメニューに使われた語彙で優位を占めていたのは、調理法や食材の名称であった。「スープ入りの」、「焼いた」、「ソテーした」料理が、「スービーズ風」や「フランドル風」で出されるいくつかの料理よりもはるかに広い面積を占めていた。そうではあるが、前者の名称も後者同様、客にすれば理解しがたいものであったかもしれない。なぜなら、こういうレストランの客は、しばしば自ら料理をしたり、料理本を読んだりする人ではなかったからである。仮にそういう類いの人であったとしても、おそらく感動は半分だっただろう。それまでの二世紀の間に出された料理本は、まずどれを取っても最も長いメニューより多くの品数を収めていたからである（例えば、ムノンの『料理人たる給仕長の知識』は、九十種類の魚料理をはじめ七百種類以上のレシピを紹介している）。レストランの改革は、このリストを料理人の前ではなく、食事客の目の前に置いたことにあった。[53]

まずその体裁からして食べる側の注意を引きつけるという意味では、レストランのメニューは印象的なものであり、見開きに印刷された文がしばしば革製のカバーや木枠に収まっていた。ベル・エポックの頃のような装飾的な字体で書かれたアール・ヌーヴォー調のメニュー（今日に至るまでレストラン経営者には一つの型として人気が高い）[54]とは異なり、これらの初期のメニューは細かな字体で何列もびっしりと書き込まれていた。十九世紀の最初の何十年かは、レストランのメニューは——大きさ、字体、レイアウトの点から見て——新聞と瓜二つだった。あるイギリス人旅行者が評しているように、「何ということだ！　価格表が見開き四ページに印刷されている。イギリスの新聞の大きさだ。この大部の目録に目を通すには少なくとも三十分は必要だろう(55)」。表面的には新聞と似ていても（「誰かが四段組の見開きの紙を持ってきた。はじめは『モニトゥール』紙と思ったが、実際はメニューだった(56)」）、新聞と異なり、メニューが適用されるのはそのレストラン一軒だけなのである。カフェに置かれた多くの様々な新聞（一七八九年九月、〈シルク・デュ・パレ・ロワイヤル〉のオーナーは百種以上あるパリの新聞のいずれとも購読契約をしていたらしい）は明らかに多様な視野を与えてくれたが、それに対し、レストランのテクストは、個別的、画一的なものであることも確かだった。およそ手に入る定期刊行物に対し、厳しい検閲によって制限を加えられていた体制下にあっても（一七八九年は、フランスの出版の自由という点で例外的な年だったことは確かだが）、カフェは、様々な文学関連の出版物や分類別広告を日常的に購読していた(57)。カフェの読者は、はるか彼方で起きた出来事や新たに出てきた魅力的な人々について、検閲された――少なくとも一つの――版から情報を得たわけだが、検閲を受けないメニューの方は、大きさも同様で、情報を与えるという点でも同じだが、読む者にはそのレストランのことしか語らないのだった。

表向き、メニューはレストランの売り物を列挙していることになっているが、その言葉に情報価値があると思う者はほとんどいなかった。十九世紀初頭の、裕福で教養があるフランス贔屓の旅行者も、自らの言語能力に苛立つことがしばしばだったが、フランス語を母語とする者でさえ、メニューが理解できる保証はなかった（図14）。レストランの客は読み書きができ、メニューに並んだ単語が何を「意味しているか」（ある意味で）知っていたかもしれないが、食卓で何を意味するかは知らなかった。字義通りの解釈や豊富な語彙だけではほとんど何の役にも立たない。「メニューのフランス語」は別個の言語のようになりつつあったからである。「クラポー（*crapaud*）」はヒキガエルで、「クラポディーヌ（*crapaudine*）」は羊の病気なのに、それでどうして「鳩のクラポディーヌ風（*pigeon à la crapaudine*）」となるのか。「エピグラム（*épigramme*）」は警句のことなのに、「子羊のエピグラム（*épigramme d'agneau*）」とは何のことだとコツェブーは問うている。「財政家《フィナンシェ》（*financier*）」は英語でもフランス語でも同じ意味だが、フランス語では十九世紀初頭に最もよく知られた一つのソースの名前でもあった。アメリカ人のジョン・サンダーソンは、「フランス料理のこうした難解な語彙」を解読しようとして「何回か空腹で死にかけた」と断言しているが、そんな誇張も許されるかもしれない。(58)

メニューで称号や名誉が与えられている場合、付け合わせや食材を指しているのであって、政治的な出来事を指しているわけではなかった。街路地図と同様、メニューには固有名詞が盛り沢山であったが（「ベシャメル風」、「バリグール風」、「ロベール・ソース」、「スービーズ風」「コンチ風」）、最早特定の人物を指すものではなくなっていた。メニューには異国の地名も多かったが、これも軍事作戦ではなく料理法を暗示するものだった。ナポレオン

図14：『人の心はさまざま』。客は、レストラン生活のややこしい特殊な用語を前にして、何とか好印象を与えようとして、失敗するか、奇妙にも自らの欲望に自信を深めるかのどちらかだ。彼は「インドゴム」と「ラカウ」（ドングリ、米、ジャガイモ澱粉などから作るチョコレート風味の粥状の飲み物）を注文する。彼の前のテーブルに伏せられた小冊子型のメニューに注意。

の収めた大勝利の一つに因んで名付けられた「若鶏のマレンゴ風」は、彼の失脚後もメニューから消えることはなかったし、ブルボン家の王政復古後も出し続けた多くのレストラトゥールに、ナポレオン支持者の嫌疑がかかることもなかった〈ナポレオンがワーテルローの大敗北を喫したのは一八一五年六月だが、〈ビリオット〉、〈シャンポー〉、〈シオン〉、〈ルドワイヤン〉、〈ルガック〉、〈アルディヴィリエ〉、〈トロワ・プロヴァンソー〉のいずれのメニューにも、その年の秋の何十とある若鶏の調理法の一つとして「マレンゴ風」が挙げられている。〈トロワ・プロヴァンソー〉には「若鶏アウステルリッツ風」という名称も見られる）(59)。レストラン〈ヴェフール〉が開店したのはナポレオンがセント・ヘレナ島に流された後のことだが、そのメニューにも「若鶏のマレンゴ風」が（「若鶏のエストラゴン風味」と「トリュフ入り若鶏のフリカッセ」の間に）出ている(60)。料理の名称には、一見暗示しているように見える歴史的瞬間とは直接に具体的な関係などないのだった。どんなに有能な砲兵隊士官がその戦術上の知識をひもといたところで、自分は「アウステルリッツ風」と「マレンゴ風」のどちらが好きかは決められないのだった。一八一五年の占領時代にパリに駐屯していたロシア人将校に若鶏のマレンゴ風がかくも受けたのは、ザリガニの付け合わせやトマトとトリュフのソースのせいだったのか、それともその名称のせいだったのか(61)。自らの食事にナポレオンの勝利に因んだ名称を付けることは、在位中ならば皇帝を讃えることになるかもしれないが、その失脚後に彼の勝利の一つを貪り食うということは、それを面と向かってあざけ笑うことでもあった。

錯綜してはいたが、どんどん規格化されていった美食の語彙は、レストランに特有のものだったかもしれないが、どこか一軒のレストラン独自のものではなかった。むしろ、レストランとは、こうした言語が話される（少なくとも読まれる）場所だったのだ。「特別料理」という考え方は既に広まり始めていた――三人のプロヴァンスの「兄弟」〔〈訳注：トロワ・プロヴァンソー〉のこと〕は正規のもの以外に、トマトソースと「ブランダード」（後者は塩鱈を牛乳とニンニクとオリーヴオイルでクリーム状に煮込んだ料理で、伝統的に聖金曜日に食した）を出すようになっていたが、よく知られたわずかな例（もう一つのおそらく最も有名な例は〈ロシェ・ド・カンカル〉の牡蠣料理だろう）を除けば、異常なまでの画一性こそがパリのレストランのメニュー（厨房ではないとしても）の特徴であった(62)。一八一五年、ナポレオンが最終的に敗北し、パリが占領軍や物見高い観光客で溢れていた頃、ちょっと名の知れたジャーナリストであったオノレ・ブランは、名声と金を得ようと、二十一軒の主要なレストランのメニューを集め、『食事客案内』という小冊子の形で出版した。ブランの説明によれば、「外国人」や「所帯を持たぬ人々」は毎晩家を出る前にこの案内を参照できようし、のんびりと食事の計画を練ることもできようと言う(63)。良い考えだったように思われるかもしれないが、いくつも版も重ねようというブランの目論見は水泡に帰した。おそらく、外国人も所帯を持たぬ者も、このような一群のメニューを読んでも実際あまり得るところがなかったからだろう。ブランはただ寄せ集めただけで、注釈も用語集も付けなかったのだ。ルイ・トロンシェは、その『パリ情景』（一八一七年）でブランの本を推薦しているが、彼自身はさらに一歩進めて、自分が言及するすべての料理の名称をいわば通訳し、「十分に理解できるような料理」だけを載せたのだった。(64) トロンシェの戦術は賢明なものだった。というのも、メニューは通り一遍の読み方では、レストラン間の差異についてあまり情報が得られないからだ。形も内容も、驚くほど似ており、どれも「スープ」（「ポタージュ *potages*」のこと）で始まっていた。〈ヴェリー〉では四フランのオマール海老のスープを売り物にしていたが、腹を空かせた自称食事客がそれを見つけるまでには、十九もの余所のメニュー（それぞれが何ページも続く）をめくらなければならなかった（異常さの点でこれに近いスープと言えば、〈ボーヴィリエ〉で一・五フランで出ていたザリガニのビスクだけだ。コンソメはもっと典型的なものであり、これらのうち二十軒のメニューに出ていた。大方のレストランでは八スーから十スーだったが、〈ヴェリー〉では十五スーもした）。

何時間も暇な時間があり、賢明な通訳と原始的と言ってもいいかもしれないデータベースがあれば、読者はブランからでも得るところが大きいだろう。しかし、それらが揃わなければ、『食事客案内』はさして参考にならなかった。一八一五年の時点で、メニューの語彙に無知な英語圏の観光客がレストランで実際どんな食べ物が出されるのか知りたいと思ったとしても、ブランはあまり役に立たなかったろう。しかし、もし読者がレストランの存在について全く知らないとしたら、『食事客案内』は極めて重要な情報をもたらすこととなった。それぞれのレストランのメニューは、そのレストランの特性を表明するものだが、そのもっと重要な任務はこの店舗が「アラカルトのレストラン」であることを示すことにあった。レストランがそれぞれの特徴を競うようになる前に、まず、あらゆる種類の他の食べ物屋と区別化を図らなくてはならなかったわけだが、高度に規格化されたメニュー構成はまさにその区別化を図ったのであり、これにより多くの店が一種独特の文化的施設に変貌したのである。レストランのメニューの型も外観も十九世紀中に相当変わったが、新しい型になるたびに、「レストラン」であればすべての店がこれを共有した。メニューのレイアウトも、この世紀に発明された印刷技術を一貫して取り入れていった。最初は大きな見開き一枚で、何段にもわたって隙間なく印刷されていた。次いで薄い小冊子となり、革のカバーがついて絹紐で綴じられた。その後、再び一枚の紙となり、物憂げな女神たちや様式化された花々の装飾が手で描き込まれた。このように、初期の頃のメニューは統領政府時代や第一帝政期の新聞のようだったが、十九世紀中頃のメニューは厚い写実小説のようになり、ベル・エポックの頃はポスターアートのようになった(65)。メニューは時代時代の文学作品と歩調を合わせてきた。というのもメニュー自体が一種の文学作品であり、レストランというジャンルに特有の革新のうち最も目立つもの——その革新を最も目立たせるもの——だったからである。市の役人が食べ物屋を営業目的別に分類するとき、アラカルトのレストランはその他すべての店と区別された[66]。

隙間なく印刷され明らかに大量生産された十九世紀前半のメニューは、個性化の素振りもなかった。どれもみなワインリストは下段の別枠に（新聞なら連載小説が置かれるところに）配してあったし、繰り返し出てくる細い仕切りには木の葉やブドウ、あるいは古典的な標章が用いられた。やや大きめの字体で「印刷ジレ」（か誰か、そのような名前）が記されているものも多かった。一八三〇年代と一八八〇年代の印刷技術革命（一九八〇年代のレーザープリンターは置くとしても）以前は、メニューは作るのも安くないし、変えるのも容易ではなかった[67]。そのかわりに、膨大な部数が刷られ、あたかも、考慮すべきカレンダーも制約を課してくる市場もないかのように、およそレストランで出せそうなものをすべて列挙していた。レストランのメニューは時間を消し去り、グリンピースと鹿肉、トリュフ、サクランボ、牡蠣などがいつでも手に入り、一度に旬を迎えるような、季節のない世界のようなのだ。グリモ・ド・ラ・レニエールは逆に自分なりのカレンダーを信頼していた。それによれば、一月はジビエがよく、三月は魚が最高、その反面、四月は最も過酷な（ハムの「気晴らし」とグリンピースへの「期待」でかろうじて耐えられる）月としている[68]。缶詰業の成長、冷凍設備の出現、鉄道網の発展を見るまでは、最も品物豊富で贅沢なグルメ専門店（*marchands de comestibles*）でさえそうであったように、市場にも市場なりのカレンダーがあった。レストランのメニューは——必ずしもレストランでないとしても——、断固としてカレンダーに異を唱えるものであり、一見すると〈歴史の終わり〉をしているように、いや少なくとも夕食のための時間は別物としているように思われる。

メニューの文法の前面に季節は出てこなくとも、場所の表現は実によく現れた。レストランがいかに地理学に依存しているかは、ワインリストのほとんどすべての行（「通常ワイン」を除く）に様々の異なる地名が載っているのを見れば一目瞭然かもしれないが、他の区分でも同様に地名が強調されている――カンカルやら、エトルタやら、オステンド産の牡蠣、ポントワーズ産の子牛、ルーアン産のカモ、チェスター、オランダ、グロスター、ブリー産のチーズ、「スペイン風」、「ドイツ風」、「プロヴァンス風」の多くの料理等々。メニューは時間と空間を崩壊させ、前者を廃し後者を具現化する形で、レストラン独自の夢の国に変えてしまうのだった。すべての時間、すべての空間が同時に現前するのだ――しかし、こうした同じような素振りが多種多様な効果を生んだ。「流通」という（レストランには実に多くの意味で重要な）論理のおかげで多くの様々な場所から食材を集めることが可能になったのに対し、時の経過についてだけでなく、様々な時期の物（鹿肉、木イチゴ、アスパラガス）が同時に現前することをうまく説明するには、せいぜい幽霊や亡霊といった、芯から薄気味悪い比喩を持ち出すしかなかったろう。(69)

メニューに付けられた地名は、時の経過の痕跡が除かれており、よほど腕利きの暗号解読者でもなければ誰にとっても「時間の埒外（＝季節はずれ）」で、永遠で、歴史を欠いているが――そこに書かれている子牛や鴨や牡蠣と同様――社会的に構築されたものではなく本来存在するものと考えられていた。「マレンゴ風」が、ピエモンテの住民の若鶏の食べ方を指しているわけではないことはほぼ間違いないが、美食学に通じていない者、すなわちこの料理の起源に関する話を聞いたことがない多くの食事客にとっては、若鶏のマレンゴ風という料理は、この村をしっかりと「地図上に（＝有名なものとして）」位置づけることになった（必ずしもこの村の所在を特定したというわけではなく、一つの場所として――トマト、トリュフ、マッシュルーム、ザリガニの地として――認めさせたのだ）。〈ボーヴィリエ〉のメニューにある「イタリア風ソース」という言葉は、それがイタリアで食べられていること以外はほとんど何も告げていないが、すべてのイタリア人が共有する*ある*種のソース（この場合、ハムとハーブとマッシュルームのソース）があるということを明らかに断言しているように思われる――また、食べる側がそう推断しても許されよう。こうした国際性豊かなメニューのおかげで、レストランの彼方に世界を視覚化し、フォンデュ、鱈のプロヴァンス風、「プラムプディング」などを人がちゃんと住んでいる世界の一部として受け入れることが可能となったのであり、そこに言及されていないものはすべて考えることも食べることもできない虚空へと追いやられた。

レストラトゥールは、実際に出せるものを表示するために、定期的にメニューの価格欄に値段を書き入れたが、この慎重にしてほとんど識別できない表示も、メニューが当初持っていた効果を減ずることはなかった。旅行者はまずわけの分からぬ言葉が並んだ多くの欄を見つめ、後になってからようやく目の前の欄にいくつか制限があることに気づくのだ。日々の変動が一様に示されているわけではないのである。旅行案内によっては、メニューに手書きの符号が付いていたらその料理は出てくると読者に確言するものもあれば、「a」という秘密の記号が付いているものは存在しない料理だと同じく自信ありげに断言するものもあった。(70) レストランが出しもしない料理のリストを客に提示することによって、およそ考えられるすべての料理を網羅した一覧表として、メニューはますます箔が付くこととなった。いかなる食べ物も「出てくる」か「出てこない」かという分類からは逃れることはできなかった。ほんの野菜一皿でも、このように容赦のない二項対立の論理を免れることができないのだ。十九世紀初頭のメニューはただ一枚の紙に全世界を提示したのであって、そこに収まらないのは奇怪な未知のものだけだった。欲しいもの（たとえ一時的に手に入らなくとも）と未だ名状しがたい欲望との一線を画していたのだ。一八四〇年代のあるメニューに「熊」という語を読んだだけで、あるジャーナリストはすぐさまもうそれを食べてしまったかのような感じがすると書いてしまうほどだった。語をメニューに載せただけで、熊は「食べ物」の範疇に、したがって「食べられる物」の部類に収まったのである。(71) ある特定の日に限れば、メニューに書き込まれた修正は豊饒感を減ずることになるかもしれないが、全体的な効果としては——食事が醸し出したかもしれない幻想としては

――拍車がかかるばかりだった。それが証拠に、一八四三年、ジャン＝アントワーヌ・アルノーは、レストラトゥールがメニューを日々変えられるような装置（板の片側に蝶番でカバーが付いている）の特許を得たが、これを使おうという者はほとんどいなかった。[72]

この印刷されたテクストと実際に出される物との関係には、食材の入手可能性、ある種の料理の人気度、さらにはメニュー自体の由来に至るまで、多くの様々な要因が影響していた。一八三〇年、借家でカフェを経営していたピックなる人物が、店のメニュー（百種以上の品数が列挙されていた）がカフェのそれではなく、レストランのそれであるとして訴訟を起こされた。弁論の際に、ピックは、レストラトゥールであった前の借家人の「メニュー（*cartes*）」をそのまま受け継いだのであり、そのメニューを客に出しはしたが実際は店が出せる物しか出していないと抗弁した。判事はこれをもっともな議論と考え、ピックは事業の継続が認められた。[73]

レストラトゥール（そしてカフェの店主）たちがメニューを写し、再利用していくにつれて、専門的な用語をますます幅広い客層に広めていった。全く同じ料理ではないにしろ、非常に類似したテクストが多種多様な食べ物屋で手に入る以上、様々な名称が、かつてはそれが指し示していたものから半ば独立して広まっていったのである。美食学の言葉が規格化されていくのに伴い、比較のための明らかな枠組みが出現した。例えば、ガイドブックを書く者は、〈ボーヴィリエ〉で出される「子牛のブランケット」と未亡人のエドンが調理する同名の料理とを比較することもできたのである。十七世紀には、廷臣たちが食べる「鳩のポプトン」と絹の職工たちが食べる茄でたカブを比較しようと考える者などいなかった。両者は明らかに異なる食べ物で、異なる身分の者が食べるものだったからである。しかし、比較可能な印刷されたテクストから「同一の物」が多くの様々なレストランで食べられるということが分かるようになった以上、メニューの書式や言葉が広まるにつれて、美食学的には別個の階級があるとするこういう認識も改まった。「子牛のブランケット」という言葉は、多くの多様なレシピに当てはまるかもしれないが、その各々をある種プラトン的なイデアと比べて評価することが可能となるのだった。メニューは、名称と題名を定めることによって、空想をかき立てるとともに不変性と画一性の期待もさらに募らせることとなった。食べる側が画一的というわけではなく、食べられる側が画一化されているのであり、もしそうでなくとも、その差異は、理解でき、明白で、分類学にまで格上げできるほどのものでなければならない。

レストランに行くことが日常茶飯事になる以前は、料理やその名称の規格化は必要なかった。もちろん、ある程度の規則性はあった(「ビーフ・アラモード」が「アイスクリーム」が添えられたハンバーガー」を意味する所などどこにもなかった)し、料理本もレシピに題名を与えていたが、中世や近代初期の料理本では――少なくとも十九世紀や二十世紀の料理本と比べて――食材の量、調理温度、香辛料などについて曖昧だったのはよく知られている。

人々が定期的に多くの様々なレストランで食べるようになるまでは、概して来る日も来る日も同じ料理人――この彼、あるいは彼女が家僕であれ、近所の料理人兼仕出し屋であれ、あるいは家族の一員であれ――が相手だった。こうした状況では、食をめぐる言葉は極めて特異で、規格化もされておらず、地方の方言のようだと言ってもよかった。レストランは、その島嶼性にもかかわらず、地場のものではなく国際性豊かなものであり、かつての多様な私的な言葉遣いに終止符を打った。初期のレストランは、胸の弱い者たちにイル・ド・フランス地方の真ん中でイギリスのポリッジ〔訳注：一種の粥〕や本物のブルゴーニュワインを出していたわけだが、旅行者に関して言えば宿屋の予想だにできないような忌まわしい食事から救い出してくれたと言っていいかもしれない。だが同時に、その旅行者が好むポリッジはイギリス産で、その医者が勧めるワインはブルゴーニュ産であることを否が応でも知ることとなったのである。

国民性と国民的料理

「ラ・カルト（*la carte*）」はフランス語で、レストランのメニューだけでなく都市や国の地図という意味にもなる。複製も容易で、すぐそれと分かる地図が十九世紀に作成されたことにより、領土上の国民国家を視覚化することが容易になった（し、故に国民国家を実際に存在する現象として受け入れたり、六角形を「フランス」に、長靴を「イタリア」に変えたりすることをも促した）が、これとほとんど同じようにして、メニューによってレストランの限界、限度、境界が想像できるようになった。[74]レストランのメニューは——そのレイアウト、言葉遣い、記載事項によって——識別、複製が可能な象徴をレストランに提供した。メニューは大皿の上に世界の再現を約束するものであったが、心地よく制限され、容易に消費され、ほとんど察しが付くような形式で「無限」を送り返してくれるのだった。

十九世紀初頭の弁護士で社会評論家だったピエール・ジュアールは、レストランのメニューは、いかなる欲望も邪な物としてはねつけることがないとして、大いにこの存在を喜んだ。メニューは、ローストビーフから漏れ出る血の滴りへのイギリス人の愛好から、サーモンの切り身に対するより洗練されたフランス人の欲望に至るまで、いかなる気まぐれをも満足させることを約束しているとジュアールは説く。ジュアールが思い描くところによれば、レストラトゥールの「メニュー」はすべての客を運んでいき、気が付けば客は「自らの誕生を見届けた国におり、父祖たちの食卓に腰掛けている」という。[75]レストランが客のすべての欲望に応えようとしているのは確かだが、その欲望をコード化することにより、これを「教化」したことも同様に確かなことだ。ジュアールの描く国際性豊かなレストラン（第一帝政期の最も有名な店舗を継ぎ合わせて描いたもの）では、客たちはすべて各自の故郷料理を食べたがっていると彼は想像している。「あなたはインダス川が潤すあの灼けた土地でお生まれか」と彼は尋ねる。「それならば、〈カリック・ア・ランディエンヌ〉（インド風カレー）が供される。テージョ河畔の住民たちよ、かつてその質素な食欲を十分満たしてくれたあのささやかな食事を思い出したいのなら、〈ポム・ア・ラ・ポルチュゲーズ〉（ポルトガル風リンゴ）をいくつか注文されたい」[76]。ジュアールにとって、すこぶる多様なメニューの品数は、同様に本質的に異なる客たちに完全に一対一で対応しており、味覚によって境界線が消されることも一般化されることもないようにきちんと細分化されている。むしろ、食べ物は国家間の差異を不変の食の構造のうちに刻印することで、これを強調し、より具体的なものに変えるのだった。かくして、ジュアールはレストラン文化をめぐる論評のなかで、国家の地政学的な境界線の保持（あるいは創設かもしれない）と味覚の欲望の安定化および境界設定とを緊密に結びつけているのだ。イギリス人にはロースト肉があり、フランス人にはサーモンがある。両者とも満たされるし、また——同等に重要であり——何人か見分けられるのだった。

ジュアールが「馬鹿でかいローストビーフ」こそイギリス人なら誰もが選ぶ食べ物だと決めてかかるとき、彼は戯画や確立された図像学の領域で発言していることは疑いがない。十八世紀のほぼ全体を通して、イギリスの歌や決まり文句では、フランスは痩せこけた柔弱な貴族と憔悴して飢えた農民の住む専制的な国ということになっていたのに対し、大英帝国は自由民としての自由と、牛肉によって養われた繁栄の本拠地として描かれていた[77]。神話化は一方通行というわけではなかった。この時期のフランスの医療関係者は、イギリスの軍国主義や自殺傾向を、赤身の肉に依存しすぎた食餌法がどれだけ危険であるかという議論の証拠としてしばしば引用した。[78]十九世紀初頭にパリを訪れたイギリス人旅行者は、ほんの一切れの肉を見て憐れみ、ホワイトソースに対して予想通りの不平に明け暮れたかもしれない。だが、古きイギリスのローストビーフに忠実であり続けながらも、比較の項目を明らかに改めていったのだった。イギリス人は、フランスを窮乏する田舎者の国ではなくグルメの国と見るようになり、フランスのむら気とイギリスの安定性、ガリアの見せびらかしとイギリスの慎み深さを強調するようになった。『近代現代旅行記集成』（一八〇五年）の編者は、フランスの食事時間や食習慣に見られるすべての「馬鹿げた改変」の責任は「フランス革命」にあるとしており、その説明は多くのことを隠してはいるが、それでも重要な洞察を示している。[79]レストランを訪れる客たちは日々魅了され、面食らい、畏敬の念に打たれたけれども、フランス料理の発見は、フランスの日常生活に対する革命の影響を観察しようというしばしば明白に表明された彼らの計画から逸脱するものではなかった。かつては宮廷を形容するために用いられたこうした特徴——軽佻浮薄さ、自らを誇示しようという妄執、奢侈と怠惰への嗜好——を詳しく述べながら、旅行者たちは、かつてのそれに勝るとも劣らず風刺的な新しい「フランス」像を仕立て上げるのだった。

スコットランド人の著名な古物研究家にして歴史家のジョン・ピンカートンは、その『パリ回想、一八〇二年〜一八〇五年』の冒頭で、この街では「何世紀にもわたりそうな出来事がほんの数年の間に押し寄せてきた」と断言している。その彼がさらに、この地の料理が同じような「革新への強烈な性癖」に駆り立てられていると見なしているのも驚くに当たらない(80)。彼のこうした原因論――一七八九年の人々は単に心得違いの伝統廃棄の熱に浮かされていただけだとするエドマンド・バークの有名な結論と似てなくもない――からすれば、フランス革命はフランスのむら気を示す著しく破滅的だが決して珍しくもない一例ということになる。このような説を立証するために、ピンカートンは、無意味な変化に対するフランス特有の嗜好――流行や都市計画や半ば博覧強記の風聞を頼りに、すぐさま突き止めた傾向――のさらなる証拠が必要となるのだった。話が料理やレストランに転じると、彼の文章はとりわけ異様になり、まるでパッチワークのようになってしまう。〈ルガック〉のレストランで催される「水曜会」の会合、「グラン＝ゾーギュスタン通りの万年鍋」、エンドウ豆の塩漬け、ほうれん草の砂糖煮などが、ごたまぜになって一節に収まっており、まるでまわりの変化のスピードや多様性の度合いに合わせるには、これくらい急いで文体を変えるしかないかのようなのだ(81)。ピンカートンは当地の者たちについてこう結んでいる。「彼らは、どんなに些細な不便さにも我慢ならず、変化に対して極端な中毒になっている(82)」。

エンドウ豆やほうれん草、〈ルガック〉や鶏について書かれたピンカートンの一節は呆れるほど雑多であり、一見すれば国民的な「革新への強烈な性癖」とは、これら異質な要素を結びつける接着剤のようなものにちがいないと思われるだろう――だがそれとて、これらすべての話題が、引くのも容易な『食通年鑑』のなかで既に扱われていたと気づくまでの話だ。フランス人の移り気ぶりとしてピンカートンが挙げている証拠は――少なくとも「フランスの夕食」、「フランスの居酒屋」、「パリの豪華さ」に当てた何章かでは――事実、ほとんどもっぱらグリモの年鑑から引用している。しばしば冷笑的で、ときとして病的、かついつも空想的なこの風刺作品を、このスコットランドの古物研究家はフランスの批評家たちよりも真面目に読み、グリモが提起した異常な掟をあたかも平均的なフランス人の振る舞いの記述であるかのように扱ったのである。[83] ドイツ人劇作家アウグスト・フォン・コツェブー――当時、文学界のゴシップや報告の恰好の的だった――もまた、かなり浸透していた慣行に従い、パリの夕食の集いや午後の招待についての記述を直接グリモから引いている。それだけでなく、彼はさらにもう一歩進めて、読者に対し「高級なレストラトゥールの店のほうが食事がまずいなどと決して考えるべきではない」とまで断言している。グリモの誇張した説を一般的なフランス人の慣行の証拠としてまず受け入れたコツェブーは、この気まぐれな私生活をパリのレストランの世界と同一視するに何のためらいもなかった。コツェブーの『回想』を『近代現代旅行記集成』(一八〇五年)の第一巻に選んだイギリスの編者たちは、こうした見方をさらに一段進めて、グリモから剽窃した文章をそのまま載せただけでなく、ガリアの地の行動様式を熟知したこのドイツ人作家の筆によるものとしたのであった。[84]

編集者、ジャーナリスト、旅行者たちは、政変がフランス人の日常生活に及ぼした影響（彼らはそれが甚大なものと予想していた）について証拠を集めようと皆躍起になっていたのだが、彼らの紀行文は自らの体験や直接の見聞と同様、テクストの引用や文学的コラージュに半ば必然的に頼らざるを得なかった。旅行者の記述は、パリの「現実」を書き写すというよりも、しばしばフランス人のテクストを翻訳するといった体のものであり、全体としてはほとんど絵葉書のように画一的な光景を生み出していた。サウスカロライナの稲作農園主フランシス・キンロックはこのことを認める数少ない者の一人である。娘への手紙で、パリはこれほどあれこれ書かれている以上、「この街やその新奇なものを描写するのは、そこに一度も行ったことのない者のほうが上手いかもしれない」と極めて率直に書き、また、タンプル監獄をはじめ、わくわくするような名所について自ら説明を加えることはせず、ジョン・カーの『パリの異邦人』（一八〇三年）の何節かを参照するように娘に言い、広範な文学への精通ぶりも示している。[85] レストラトゥールがお互いのメニューを真似し合ったように、それに面食らい、魅了された客たちもお互いの洞察に大きく依存し合っていた。私信を書き送る訪問者や日記を認める旅行者は、他人の言及をそのまま盗用することなど少しも悪いと思っていなかったし、ガイドブック作家に至ってはなおさらであった。典型的な例として、一八〇二年の『ロンドン・パリ旅行実用案内』は、この行程をめぐる著者の個人的な感想と、フランスで出版されたガイドブックから盗用した資料とを――出典は明示しないまま――合体させている。例えば、その一年前に出たヴィリエの『旅行者便覧』もそのレストランの推薦リストが『実用案内』に取り入れられている。[86] とりわけ熱狂的な作家で、自分のガイドブックのページを増やそうとすれば、いくつもの過去のテクストから材料を借りてくるのも無理はない。実際、一八一四年の『パリのイギリス人必携』の著者は、相矛盾した記述のある『パリの数日』(一八〇二年)と『実用案内』から何節か盗用しているのだ。[87]

入手も容易で毎年新版が出されていた『食通年鑑』こそ、種本として最も人気が高かったが、他のテクストも、単なる描写である限りはほとんど同じように有益に活用された。一八〇二年にパリを訪れたヘンリー・レッドヘッド・ヨークは、パレ・ロワイヤルのレストランについて憤慨した口調で書いていて、そこでは宴席がまるでトリマルキオの饗宴のようであり、用意された個室の内張板が開いていて「女神のような出で立ちの女性たち」の姿がさらけ出されていた。[88] このような場所で助長されていった「むかつくような」振舞いに啞然としながら、ヨークは賢明にももう一人の既婚のイギリス人男性を伴って「この罪悪の殿堂」を歩いて回った――それでも、裸同然のヴィーナスたちが天から降りてくる、そんなレストランの描写についてはメルシエの『新パリ情景』に頼り切りだ。[89] ヨークの読は、不届きな作家たちがパレ・ロワイヤルの威光をめぐって様々な嘘で「イギリスの読者」を洗脳してきたともっともな懸念を表明しているが、その読者に逆方向に歪曲された展望を提供することはそれほど問題とは思っていなかったようだ。ピンカートンが、グリモ・ド・ラ・レニエールのことを特別の情報通でありながら同時に基本的にフランス人を代表する者として読んでいたように、ヨークはメルシエのことを彼なくしては著しく欠いたであろう「内部情報の源泉」と見ていた。ペトロニウスの風刺小説に言及したのは暗に文学的射程を認めるものだが、メルシエ自身の意図や備忘録についてヨークは疑問を挟んでいない。パレ・ロワイヤルがフランス人の顰蹙を買うのは、それが怪しからぬものであるからにちがいないと満足げに結んでいる〈メオ〉についてメルシエは書いているが、これはパレ・ロワイヤルに隣接してはいたが、その中にあったわけではなく、ヨークが訪ねた年に閉店した)。

ヨーク、ピンカートン、コツェブーらは（その編集者や他の旅行者ともども）、「フランス人」の歴史や行動様式について説明を試みるとき、フランス語で書かれている資料ならすべて正当で公平なものと見なす傾向があった。国民的差異の鍵となる特徴を——政治的、修辞的、個人的理由から——特定しようと奮闘しながら、極端なものを標準として受け入れるのが常であった。ナポレオンの検閲制度に対して、『食通年鑑』は独自の歪んだ精神の存在を明らかにしたが、外国からの訪問者にすれば、その出版はフランス人全体の魂《プシュケ》を物語るものであったのだ。レストランは、それについての著作と同様、一国の文化の重要な指標として解読された。ジェームズ・スコットは、さる「高級レストラン」の客間で夕食を取った後、食卓で「彼ら［「フランス人」］は比較的節度があるなどというイギリスでの通念ほど根拠のないものはない」と推断しても構わないと考えていた。トーマス・ラッフルズが、パレ・ロワイヤルを「不純なものの巣窟」として描いていながら〈ヴェリー〉で食事をするのは、そこでの食事が「国民性」についての彼の記述に実に多くの材料を添えてくれるからだった。アイザック・アップルトン・ジューエットは、その旅行記のなかで〈グラン・ヴァテル〉で魚のコースを注文して、それが「二十五分」後に〈グラタン〉で出てくるまでの間に、フランス人、イギリス人、アメリカ人の国民性について何ページかを割いている(90)。こうした例はいくらでも簡単に見つかるだろうが、要点は皆同じだ。すなわち、フランス人の「国民性」はパリのレストランの食事室で外国人の目に正体を現すということである。「どんなものを食べているか言ってみたまえ。君がどんな人であるか言ってみせよう」とブリア＝サヴァランは（「人は食なり」というドイツ語の古い諺をもじって）一八二六年に書いた。フランスの訪問者たちはパリの住民に何を食べているかを聞きはしなかったが、それでも彼らがどんな人であるか結論を下す妨げにはならなかったのである。

英米の旅行者――フランスではいかに安く暮らしていけるかについてしばしば言及していた――は定期的に足を運ぶことができた数少ない者たちの一人だったという事実はさて

おくとしても、首都の最も豪華なレストランは国家間の差異を熟考するには最高の場となったのである。(91) レストランは訪れる者に対して、肉体が必要とする栄養を供給すると同時に、感情が切望する異国の神秘という漠然とした雰囲気をも提供した。メニューを読むなり、客は奇妙な新しい世界に旅してきたことを実感するのだが、それには特別なビザなど必要としないのだった。美術館や図書館なら観光客には自国の領事の紹介状なしにはドアを開けてくれないが、レストランはこれとは異なり入るのは容易だ――〈ロシェ・ド・カンカル〉での夕食であっても、官僚的な形式的な手続きに左右されることもなければ、組織にありがちなようにぐずぐず待たされることもない。グリモ・ド・ラ・レニエールは、ナポレオンの戴冠式のためにパリを訪れた外国人がパレ・ロワイヤルのレストランを一杯にしたと記しているし、一八一五年の占領軍も同様の状況だったが、この猛烈に忙しかった二つの時期を除けば、予約が普通必要だとか、テーブルが空くのを待たされるといったことさえ、どの資料にも出てこない。(92) 人々はパリに着くやいなや有名なレストランに向かい、夕食会に招かれたりホテルから貸間に移り住むまでの最初の数週間、足繁く通うことになる。フィラデルフィア出身のある図書館員は、街路図を頭に入れ「興味ある対象の適切な分類」をすますまで観光を先延ばしにしたいと思いながら、その実、パリ到着後、最初の晩には迷うことなく〈トロワ・フレール・プロヴァンソー〉で夕食をとっているのだ。(93)

レストランの食事をめぐる慣行と舞台装置――メニューを前にした困惑、食べ物が運ばれてくるまでの待ち時間、壁の二面、あるいは三面、四面にも掛けられた鏡――は、あれこれ憶測を呼ぶものだ。旅行者は、有名なレストランに行って食事をしたいと躍起になってはいるが、実際に自分が食べた食事については、それがどんなものであれほとんど語ることがない。グリモの美食学などを一例とする十九世紀のレストラン文化は、料理をはるか冥府の彼方まで追いやろうとしていたので、〈ヴェリー〉〈なりどこなり〉での夕べといっても、料理が出てくるまでになされた観察として語られるのが通例だった（「今や、評決を下した［すなわち夕食を注文した］ので、することは何もなく、（……）心穏やかに辺りを見回すという贅沢を楽しんだ」とは、フランシス・ヘッド卿が〈カフェ・ド・パリ〉の黒髭のフランス人男性の話を切り出す際の枕である）(94)。パリの訪問者は、メニューを振りかざして記述したり、ぽかんと口を開けるほどの驚きに駄弁を労することによって、制度化されたレストラン像を確立するのに手を貸したのである。だが、美食学というジャンルのしきたりを受け入れることはしばしばこれを拒否した。つまり、鋭い批評眼は仲間の食事客に任せ、自分が現に食べた食事については論評されないでいいようにした。ボストン出身のサミュエル・トップリフはその典型と言ってよく、もっぱら部屋の調度品にばかり言及し、料理の方は等閑に付す。パリのレストランを論評するにあたり、まず「相当大きい姿見が天井からほとんど床面まで並んでいる大規模な貸間」と定義する一方、テーブル（天板は大理石）や客（鏡のせいで多く見えるが実際はそれほどでもない）については論評を続けながら、食べ物については一言も触れていない(95)。

観光客が訪れ感想を書き残す場所は他にもあるが、レストランはその多くと異なり、囲いで仕切られた空間に一杯の人がいるという点で好都合だった。「フランス人の」風俗は動物園や墓地でも観察することができるかもしれないが、植物園やペール・ラシェーズ墓地にいる人々は――それはそれで興味深いとはいえ――ただぶらぶら歩いて立ち去ってしまうのが落ちだ（死んだ者や籠に入ったものは、移動がずっと限られているので一般的にテーマとしては楽ではあった）。美術館、教会、劇場は、空間が限られていて助かるが、それでも地元の住民たちのほかにも、旅行者の注意を引きつけるべき何か――彫像なり、祭壇なり、オペラなり――が必ずある。レストランでは、これとは対照的に、判読すべき古代の碑銘も、嘆くべきローマ・カトリックの盲信のしるしも（目を瞠るべき中世の人々の帰依の痕跡も）、辿るべき筋書きの紆余曲折もないのだった。食事が来るまでの間、レストランの客には「することが何も」ないのだし、また、来てからも食事に注意を傾けすぎれば、大食の汚名を着せられるのを覚悟しなければならなかった。

ラッフルズ、サンダーソン、ジューエット、コツェブー、ピンカートン、スコットをはじめ、他にも何十人もの者たちが、アントレの品数を数えたり専門用語に頭を悩ましたりすることから注意を逸らして室内を見回すとき、すぐさま一つの特徴が彼らの目を引いた。自分のいる部屋が女性で一杯であることがわかって唖然としたのだ。豪華に着飾った「勘定台の美しい婦人」は、家の守り神と人間版金銭登録機という役割を兼ねており、その場全体を取り仕切っていたが、このような今日で言えばプロの〈接待係《サロニエール》(*salonnière*)〉だけが女性の唯一の代表というわけではなかった。十八世紀の感受性にせよ、十九世紀の富裕さにせよ、たしかにその定義には女性が主要な位置を占めていたけれど、パリのレストランの食事室に女性客の姿が絶えることはなかった。ボストンからパリにハネムーンで来ていたシャーロット・ブロンソンは、両親や兄弟に大量の手紙を書き送っており、そのなかで毎晩の食事の光景を記したり、相手に対しレストランで食事をするのは「ご婦人方には全く普通のこと」であり「とても流行っている」を繰り返し断言したりしている。彼女が〈カフェ・ド・パリ〉で食事をしたとき、「多くのご婦人」がいたし、夫の姪と〈ヴェリー〉に行ったときは「多数のご婦人がいた」のだった。〈アルディー〉でも同様に、「私たちのほかにも多くのご婦人がいた」。それどころか、ブロンソン夫人が書いているように、「私たちが行く先々で必ず大勢「のご婦人」に出会った」らしい[96]。ここで言う女性たちが、実際ブロンソン夫人がしきりに家族たちに説いているほど大勢であったのか、あるいは皆が貴婦人のようであったかは知る由もない。一八三〇年代にパリを訪れたエマ・ウィラードは、「しかるべきご婦人」が日常的にしていることだと言われていたし、自分自身も「パリに来たのだから、一度はどこかの店に行ってもよいのだ」と思っていたのだが、同行した男性たちからレストランに入ることは許してもらえなかったという[97]。

男性旅行者にとっても、レストランで目にする女性たちの存在は印象的だった。イギリス人のバーンズは、フランス人女性はイギリス人女性の「繊細さ、慎み、つましさ」を持ち合わせていないため、かくも図々しくも人前で食事をするのだと確信している。また、きちんとした装いの女性が、レストランの洗練された多くの楽しみを増してくれるのは明らかだとする者もいた。[98] これらの訪問者は、恐れおののいたにしろ、魅了されたにしろ、ある一点で一致した。つまり、フランス人には家庭がないからレストランが要るのだと、好んで言うのだった。[99] 詰まるところ、フランス人家庭でも家事が手筈よく整って、自分を待っていてくれるなら、レストランに女性は（ときとして子どもさえも）いることはないだろう。あるアメリカ人の化学の教授によれば、「しかるべき商売人やきちんとした市民」が家族全員でレストランで食事を食べることは「何も珍しいこと」ではないのだった。新世界からの別の訪問者は、「父親と母親と子どもたちが一つのテーブルに座って」レストランで食事をとることは、彼の十一週間に及ぶヨーロッパ滞在のなかで注目すべき光景の一つだとしている。[100]

このように多くの女性が食事しているのが目撃されることによって、パリのレストランは長年にわたる疑念を証明することとなった。すなわち、フランスでは家庭生活など未知のものではないかということだ。ノースウィック卿の礼拝堂付き牧師であったJ・W・カニンガムは、イギリス人に対し、どんな形であれフランスを訪問しないよう強く警告した。

彼の激しい糾弾に同調する読者は多くはなかったかもしれないが、それでも「我らが大陸側の隣人の精神や風俗における［第三の］汚点は、家庭の楽しみや美徳に対するほぼ完全な無関心と嫌悪である（……）〈家庭〉なる語は彼らの間にはほとんど知られていないのだ」という彼の主張は是認したことだろう。(101) 家庭生活を快適にすることなど、公共生活は偉大で私生活はみすぼらしい土地にあっては滅多にお目にかかれないものだった（これもカニンガムが暖房や給湯やマットレスについて指摘している点であり、これらすべてがフランスではるかに劣っている）。アメリカ人のアイザック・アップルトン・ジューエットは「イギリス人がレストランを持たないのは、こうした店舗の存在が暗示するような反家庭的な感情や習慣を持ち合わせないからだ(102)」。〈グラン・ヴァテル〉でヒラメが出てくるのを待つ間にこうつらつら考えている。

レストランに女性がいるということは、それだけでもかなり奇妙なことだったが、そこで食べ、飲み、笑い、微笑むとなると実際、ほとんど想像できないことだった。「アメリカ人のご婦人は、パリでの生活を始めようというとき、こうした考えに甘んじることはまずできない」（と、その一人が書いている）し、女性たちはそこでシャンパンを飲み、ホワイトソースのかかった野菜を食べ、鏡に目をやったりさえしていたのだ。(103) レストランにいる女性が「あたかも自宅の化粧室にいるかのように平然と」鏡に映った姿を眺めているのを見て、ジェームズ・グラント（一八四四年刊の『パリとその人々』の著者）は奇妙に思ったが、その論評では――実に多くの他の論評と同様に――訪問者は、レストラン生活が実際フランス人の性格の研究がしやすいように造られた飼育器であることにすぐにも合点がいくだろうと力説している。フランスのご婦人が「自宅の化粧室で」何をどうしていたかについて、どうしてグラントはかくも確信を持てたのだろう。

訪問者たちは、人間観察の楽しみと、およそ考えられる観察結果との間でなんとか適当な折り合いを付けようとして、フランス人は私室にいるのと同じようにレストランでも振る舞うという結論に到達した。マーサ・エイモリー（これもまた新婚のアメリカ人）は、沢山の豪華な鏡に映る人々の姿を見て楽しんでいたが、すぐさま母親に宛てて「同時に、自宅にいるかのようにその他人からほとんど遮断されてしまうのです」と断言している。(104) 自分のまわりの光景を享受するために、マーサ・エイモリーは――母親に対して、そしてきっと自分自身に対しても――自分は実際はその一部とはなっていない、彼らのプライバシーは剝き出しにしたが自分のプライバシーは守られていると強調せずにはいられなかった。「自分の」テーブルにあって安全無事のまま（ちょうどジェームズ・グラントもさだめしそうであったように）、彼女は他人からはそれほど気づかれぬまま他人の生活をのぞき込むことができたようなのだ。

五十年以上もリヴァプールの非国教徒の中心人物だったトーマス・ラッフルズは、その体験全体から、めまいがして卒倒しそうになった。フランスにおける家庭生活の欠如（本質的に異教の地でほぼ予想通りだった）について既に論じた後で、〈ヴェリー〉についての記述では鏡にエネルギーを集中している。その「巧みな配置」により「フランス人」は、「直接は見向きもしないであろうような人の卑俗な視線」を避けながら、「自らを誇示し目立たせたいという気持ちを満足させる」ことができるのだとラッフルズは恐れを成している。直接対面するわけでも本当に存在しないわけでもなく、別々のテーブル間での相互作用はベールを掛けたようになっており、これはラッフルズが耐えられる限度をほとんど超えていた。彼はこのような現象を罵倒し、客は皆「恐ろしい深淵に呑み込まれている」と見て取った。それでも、その魅力にほとんど魅了されてもいた。〈ヴェリー〉のメニューについての彼の記述には、他のものと同じくらい感嘆符がちりばめられていたし、レストランでの振る舞いについての観察は、もちろんあの巧妙に配置された幾多の鏡のおかげだった。ラッフルズは、安全な場所に一人でいるわけでも、同意見の高潔の士と見なせる人々に囲まれているわけでもない。そんな状況に直面して、まさしく『日曜学校教員の監督者』の著者兼編者として期待されることを行った。つまり、祈ったのだ。食事を説教のテクストに見立てて、自らの記述を聖パウロからの次のような覚醒を促す引用で結んでいる。「彼らの最後は滅びである。彼らの神はその腹、彼らの栄光はその恥、彼らの思いは地上のことである」（「ピリピ人への手紙」三章十九節）(105)。

ラッフルズは、〈ヴェリー〉での食事に声を荒らげた後、その非難は、一八一七年の夏の夕べ、そこに居合わせた百人あまりの客（その多くは彼と同じ観光客）のみならず、予想通り、フランス人の「国民性」にも及んだ。有名なレストランの主たる客室の配置や装飾により観察は容易になったが、そこで目にしたものをフランスの国民性と結論づけるかどうかは旅行記の著者次第であった。レストランの食事は、その間に、普段の生活を続ける土地の人々を眺めていられると思われたから、国民的本性についてとりわけ事細かな空想をかき立てた。メニューの錯綜ぶりからして、これが馴染みのない店舗形態（その言語だけでも、アメリカのものでもイギリスのものでもない形態）であることは明白だったが、それでも、その場所で人々――男も女も――がすることは、食べることと同様ごく普通の日常的なことであった。ピンカートンが、グリモ・ド・ラ・レニエールは忠実に「フランス人」を表現していると思いこんでいたように、他の旅行者たちも、レストランのうちに制度化された美食学の反映は、そのままフランス社会全般に当てはまるはずだと結論づけている。公共のもの――それが目に見え、近づきやすいという限りにおいてだが、理解可能性という点から見れば公共と言うにはほど遠い――が、少なくとも多くの訪問者にとっては、国民性となったのである。

パリはどうやって食べているか

ちょうどパリ警察の布告が「快楽の自由」を約束したように、十九世紀に行きわたったレストランのイメージは、すべての忠実なる市民に祝祭性を開放し、国民的な「大膳式」の真の始まりを画するように思われた。大革命から受け継いだフランスの理想的国家像には民族的、地理的な境界線がなかったように――フランスの掲げる原則を受け入れる者は誰でも国家に属することができたし、それを拒絶すればいかなる「フランス人」も最早フランス人たりえない――、この新たな「大膳式」はフランス料理の優越性を承認することを選んだすべての者に対して開かれこれをもてなす。国民に食を提供するかわりに、料理と国民性という概念を他国に輸出したのである。

特権と同様に快楽も――いや有り体に言って特権以上に――民主化されたし、ブリア＝サヴァランの『味覚の生理学』（一八二五年）の言葉によれば、美食学は王侯の宴席から、たった一つの半熟卵にいたるまで人を統轄するのだった。[106] これ以後味覚は、視覚や聴覚と同様、社会的階級や地位とはほとんど無関係な生来の能力となったのだ。一連の「美食学の挑戦」を構築したブリア＝サヴァランは、ウズラのトリュフ添えやライン川の鯉に慣れてしまった金持ちが、哀れなグルメにとっては胸躍るものである、家で作る栗入りの七面鳥を認めることはまずなかろうと認めているが、しかし同時に後者の快楽は前者の快楽に勝るとも劣らないことを強調している。美味なものを測る唯一絶対の尺度はあり得ないとしても、特定の階級、職業、所得水準の者に限られるものではないのだった。[107]

第一帝政の美食学に重大な補整を施すに際し、ブリア＝サヴァランは、食事の喜びを、夫婦愛、活発な会話、安眠などの他の快楽と統合した。グリモは女性を移り気な気晴らしだとして食卓から排除していたが、ブリア＝サヴァランは女性を歓迎し、上品に襞の付いたナプキンや待ち切れぬような様子の輝く唇ともども、かわいい女性の食通の魅力的な肖像を描いている。食卓に性差別を持ち込むことなく、ブリアは第六の感覚を「生殖感覚、あるいは肉体的欲望」と名付け、ちょうど味覚が個にとって役立つように、これは種を繁栄させることで人類に役立つとしている。[108]『味覚の生理学』の一八五二年版の序文を書いているアルフォンス・カールは、ブリア＝サヴァランを読むと、誰でも何かについて食通であることを実感させられると言っている。[109]『生理学』は、食卓の楽しみを快適なパリ生活の他の恩恵の一部――それに取って代わるものではなく――であるとし、物質的な繁栄を味覚の満足に由来するものとしている（前者は後者の犠牲になるべきだとは言わずにである）。空想社会主義者のシャルル・フーリエがそうしたように、ブリア＝サヴァランも食道楽を「人間の偏愛のうちで最も純粋なもの」と見なしている。というのも、交易を促し、関税収入を増やし、雇用を創出し、「毎日ありとあらゆる種類の人々を一堂に集め、一つに溶け合わせる仲間意識を次第に広げていった」からだ。[110]ブリア＝サヴァランは、グリモの食通を自ら好んだ名誉ある孤立から引きずり出し、その秩序だった食卓をはるかに多くのパリ市民たちにとって近づきうるもの（少なくとも理想的なもの）としたのだ。グリモが、美食学のことをそれに値しない者たちが食卓に近づくことを妨げる一連の障害物として築いたのに対し、ブリア゠サヴァランは、幾分差別色が薄れた調子になり、食道楽はお洒落と同じく起源はフランスだと誇らしげに認めている。(111) グリモは、美食学を自律的でやや特異な領域、国家にしろ、個人にしろ、つまらぬ政治的関心に邪魔されることのない領域として確立したが、ブリアはそれをフランス人の誰もが参画するよう求められている、公認の、恐怖とは無縁の制度に変えたのだった。レストランは、このように拡大された国民的遺産の一部としての美食学という観念にあって、中心的位置を占めていた。というのも――ブリア゠サヴァランによれば――食べることが金持ちや有力者の排他的特権であることをやめたのはレストランのおかげだったからである。レストランは、「すべての市民《シトワイヤン》への大きな恵み」だったのだ。(112)

レストランはかつての貴族付きのシェフたちによって営まれたという、たびたび繰り返された断言と同じように、ブリア゠サヴァランやその模倣者たちの美食をめぐる著作は、レストランは「大膳式」の最も近代的で民主的な形態であるという認識を生むのに寄与した。(113) 一八三〇年代の美食雑誌の一つで短命だった『食膳係』は、レストランや特製食品店を啓蒙主義の産物として熱烈に支持し、料理は最早芸術ではなく科学であり、今や実際に平等主義的なもの［「平等食餌法」］となったと断言している。(114) 一八三〇年代までには、パリのレストランは「王侯に相応《ふさわ》しい」という言い方は決まり文句のようになっていた（このような主張をする王侯など稀であったが）。(115) 一八三〇年の七月革命によって王権に就いた「ブルジョワ的君主」ルイ・フィリップは、「大膳式」で食べることもなかったし(かわりに傘を差してパリ中を歩いては国民に姿をさらす方を好んだ)、〈ヴェリー〉でも食事をしなかったが、首都のレストランの威光については万人の意見が一致していた。

ある七月王政期の作家が、壮麗なレストランに入って日本製の磁器や巨大な鏡や絹製の壁覆いに囲まれただけで、自分が歩道にいた昨日までの「哀れなやつ(*pauvre hère*)」から「王子や、国王(ものを食べているときの国王のこと。念のため)」に変わるに十分だった。[116]豪華で広々とした食事室に場所を得た途端、いかなるレストラン客も彼あるいは彼女自身を王族のように、永遠の「大膳式」で食事をするブルボン家の蘇りのように空想しかねないのだった。英米の観光客は、これほど頻繁に政体が変わって他のいかなる貴族の称号も不変の意味を持ち得なかったフランスにあって、料理人とレストラトゥールこそは真の貴族であると呼んで悦に入っていた。こうした説によれば、ヴェリーやボーヴィリエのような崇敬された老レストラトゥールは、天才指揮官として賞揚される一方、その「玉座」に陣取り、最初は客を歓待してくれるが最後には客から金を取る「勘定台の美しい婦人」は「儀礼上の職務以上のことをする」君主であると言われていた。[117]何人かの作家が記しているように、あるパレ・ロワイヤルの店の女主人は「本物のイタリア副王の玉座」に腰掛けていると広く囁かれていた。自らのヨーロッパ旅行について二冊の本を出版したアメリカ人作家のキャロライン・カークランドは、〈トロワ・フレール・プロヴァンソー〉で目の前のテーブルに広げられたダマスク織りは実に見事で王家ものだったとためらわずに言っている(118)。あの不運な給仕長ヴァテルは、幾多のレストランや特別料理店にその名を残しているが、それはあたかも彼の末裔は、ルイ十四世のためではなく、街中の客たちのためなら自害しかねないと言いたいかのようだった。彼はよく知られた人物であって、店の看板のみならず、人気の舞台にも描かれていた(119)。

美食学的な感性は一種の国民性へと一般化され、飲食店(優に十種類はあった)は突然首都じゅうで注目を集めるようになった。王政復古(一八一五年から一八三〇年)、とくに七月王政(一八三〇年から一八四八年)を通じて、作家たちはパリのありとあらゆる食堂全体の輪郭を描こうと繰り返し試みた。オノレ・ブランの『パリ食事客案内』(一八一五年)や匿名の『素人パリ美食散歩』(一八三三年)のような、パリの食堂を対象とした小冊子には、グリモ・ド・ラ・レニエールの美食散策のいくつかの特徴を取り入れたものもあったが、彼に匹敵するほどの評判を著者にもたらすことはなかった(120)。そのかわりに、これらの素姓の分からない、あるいは名もない作家たちは、自分自身にではなく彼らの調査対象に、名声と手本としての地位とを授けたのだった。美食学は、今や唯一の消費の名士の産物ではなく、顔のない万人の産物であり、最早天の邪鬼な逸脱や込み入った実用的な冗談として周縁に追いやられることはなくなったのだ。

都市の分類学者たちは、パリのレストランの「生理学」をゆっくりと構築しながら、描写、心得、逸話などを――すべて、新参者、すぐに狼狽する者、まるで無知な者のために――提供した。[121]『レストランの生理学』という題の本は一冊も現れなかった。そのかわり、数え切れないほどの著作がこの話題を持ち出している。バルザックの『人間喜劇』の写実主義的小説から『パリあるいは百一の書』に見られる現実の小説化に至るまで、パリ生活を要約した万巻の書がレストラン文化の描写、創造、格付けに一役買う一方、挿し絵入りの新聞雑誌も「パリの人々はいかにして食事をしているか」[122]を示す一連の絵を定期的に載せたし、他の日刊紙にもこのテーマへの言及が散見された。一八四二年、劇作家にして冒険家、さらに画家でもあったジャック・アラゴーが『パリはいかにして食事をしているか』と題する論考を発表した。その翌年、過激王党派の日刊紙『フランス』は「各階級の食の体系を調査する」ことを約束している。[123]それでもこの話題は尽きるどころか、その後も相次いでヴィクトール・ブートンの『パリで食べる』(一八四五年)やウージェーヌ・ブリフォーの『パリは食べる』(一八四六年)が出版された。一八四三年の大衆軽喜劇『パリの料理』のような作品では、ピンからキリまでを舞台に乗せている。『パリの料理』では、一連の場(「三つのサーヴィスと六品」)において、針子の屋根裏部屋や荷担ぎ人夫の小屋から、廃兵院の厨房、市場の辻、「安食堂《ガルゴット》(gargote)」の厨房、そしてちゃんとしたレストランの優美に飾られた客室へと場面が移っていくのだった。[124]

グリモの「滋養になる散策」が読者を案内したのは最高の所番地だけだったし、ブリア＝サヴァランもニュー・イングランドでの七面鳥狩りの想い出に耽ったりしていたが、上記のような一八三〇年代から四〇年代にかけての類型論は、読者を、〈ビーフステーキの王〉から〈フォークの女王〉に至るまでパリのありとあらゆる公共の飲食店へと導くものだった。ある目録によれば、「今日、レストランは、君主、公爵、侯爵、男爵、将軍、代議員、文士、判事、弁護士、銀行家、株屋、賭博者、勤め人、商人、学生など、あらゆる社会階級のためのものがあり、貧しい退職者のためのものさえある。四十フラン金貨一枚かかるものから、わずか一フラン五十サンチームですむものまであるのだ」[125]。パリの食習慣について記したコラムニストたちは、「レストラン」という語を、もっぱらメニューや鏡や給仕役のウェイターを備えた店舗に限定するかたわら、「魚釣り風の食事（dîner à la pêche）」（大きなスープ鍋に沈んでいる具の中から客が好きなものを取る、文字通り食事を釣り上げるもの）と、「注入器風の食事（dîner à la seringue）」（注入器を使って、調理用ポットから客のボウルへと中身を吸い上げる——客がすぐに支払わない場合はまた元に戻すというもの）とを慎重に区別していた[126]。話を総合すると、四スーから八スー、さらには二フランから四十フランまでの食事があったということである。労働者が足繁く通う格安の店舗は「レストラン」ではなく「ガルゴット（gargote）」と呼ばれていた。メニューに音楽と踊りが加わると、「ガルゴット」は厳密に言うと「ガンゲット（guinguette）」となった[127]。法曹界の人々もこうした分類をめぐる狂乱にすぐさま加わり、結果として、旅行ガイドブックのなかで解明された序列がそのまま同時に法廷で成文化されていった。旅行者用の手引書や三文文士の記述では混合型の「カフェ・レストラン」の存在をなんとか認めようとしていたが、法曹界も、一八三〇年十一月、「もしカフェの店主が温かい昼食を出したら、実際のところ彼はレストラトゥールなのだろうか」という差し迫った問題を協議して同じような動きに出た。(128)『パリのカフェの生理学』の著者は、「エスタミネ (*estaminet*)」、すなわち喫煙が許された、いわゆる「オランダ式」のカフェをめぐる議論のために別に一章を当て、エスタミネの「野蛮で淫らな雰囲気」とカフェ本来のもっと洗練された快楽との距離を慎重に測ろうとしているが、このとき著者は、パリ裁判所の決定——賃貸契約により借り主にカフェ・レストランの経営が認められているとしても、喫煙を許す以上はエスタミネになってしまうのだから、借り主はこうした店舗での喫煙を認めていいということにはならない——に沿っているのだ。(129)生理学一辺倒の人々(紙面を埋めたり読者を煙に巻くために、およそ目にでき、あるいは想像しうる新しい亜種なら何でも追究しようという輩)によって構築された類型学と、法廷で確認された類型学とは重なり合い、補強し合っていたのだ。

パリでも最も旅行者を集める大通りに軒を連ね、店名もしばしば新聞紙上を賑わし、その食事室は建前として万人に開かれていることから、ほんの一握りの有名なレストランがほとんどの議論を独占し、一つの模範を打ち立てることとなった。それを何十もの弱小のレストランが躍起になって模倣する（もじる、と言う向きもあった）のだった。〈レストラン・ヴェリー〉と言えば一つしかなかった（少なくとも一八一七年、この兄弟の二番目のレストランがリヴォリ通りの建設に引っかかり取り壊されてからは）し、〈ロシェ・ド・カンカル〉も一軒だけだったが、その名前にあやかって、〈プチ・ヴェリー〉とか〈ロシェ・ド・カンタル〉などと名乗る店も出てきた。一方、ジャーナリストたちも、無名の、あるいはごく一般的な食堂を指して「市門あたりのさる〈ヴェフール〉」とか「郊外のさる〈ヴェリー〉」などと呼ぶのがほどなく習慣となった。[130]

生理学と旅行者ガイドブック、料理人や厨房を取り上げた芝居、噂や言い伝えや神話のネットワークなどのなかに、これらすべてがはめ込まれていたのだ。これがみな、食と料理に対する強烈で広く蔓延した妄想を物語っているように思われる。都市の再開発はアラカルト式に進められる（「ミディアムレアの歩道と香草を添えた（*aux fines herbes*）地区」）と軽口を叩かれたし、サーカスの興行主もほとんど大真面目にその「美食家の馬」の演技を宣伝したのだった。[131] こうしたテーマは、一八二〇年代から四〇年代にかけてフランスの出版文化を席巻したため、人がこれを当然のものと見なしたり、フランス料理の例外性の指標ととらえても無理はない。繰り返し手を入れられてきたとはいえ、これらのテーマは、「言うまでもないこと」で、「フランス人」と言えばそういうものとされていたようにも思われる。こうした一連の仮説のなかにあって、著名な歴史学者パスカル・オリーはこう書くにとどめていた。「この国は食べ物と正常な関係を持っていない」[132]。だが、人々をレストランに引き寄せたのはその食べ物ゆえだったのだろうか。

第8章　レストランに隠れる

あなたがレストランに入るやいなや、あなたの顔にわずかでも自信が窺えさえしたら、そのときはレストラトゥールがメニューの限りない快楽でもてなしてくれるはずだ。あなたのために、店の火が灯り、焼き串はまわり、ワイン倉が開き、あなたはというと――傍らに穏やかに腰を下ろし、銀の皿で手抜かりなく運ばれてくる相当な骨折りの産物を楽しむのだ。その後どうなるか。食事を消化し始めた途端、財布を忘れたことに（実際にでも、想像だけでも）突然気づく！　哀れレストラトゥールは、いかなる手に訴えるか。あなたを裁判所まで引っ張っていき、彼の法律上の権利を十全に行使しようとするだろうか。あなたを監獄まで引っ立てるだろうか。あなた――一流の人士のように食事をしたあなたを！

――『ガゼット・デ・トリビュノー』紙（一八三九年二月三日）

一八三二年から三三年の晩秋から初冬にかけて、パリのヴォードヴィル座の観客は、クサヴィエとデュヴェールによる新作の喜劇『個室』の可笑しさに腹をよじって笑った。この芝居は、『デバ』紙からは謝肉祭の天地がひっくり返るようなお祭りにこそ相応《ふさわ》しいものとして退けられたものの、十月末から一月まで連日公演が行われ、パリのレストランで見られる混乱やペテンを描写して大いに客を楽しませた(1)。まず、レストラトゥール(名前はモラン)とその従業員がメニューと食事室の飾り付けの仕上げをしている場面で幕が開く。次に若い男女の二人連れがレストランに入ってきて、頼んでおいた個室にそそくさと滑り込む。そのすぐ後を二人の男がつけてきて、そのうちの一人(名前はガヴェ)が、今の二人連れを追っている、女の方は自分の女房だ、と言い張る。レストラトゥールに向かって、女房がどの「個室《キャビネ》(*cabinet*)」に入ったか教えろと迫るが、モランは、我がレストランは大きいためすべての客を存じ上げているわけではないし、「レストラトゥールは口が堅うございます」と言ってこれを断る。すると、「個室」の女が自らガヴェ夫人であると名乗りを上げ、いわれのない嫉妬であるとして夫を罵り、内輪の話があるから別の部屋に入ろうと言い出す。ちょうど隣の部屋のドアを開けようとしたとき、二階の桟敷席にいた男がこう叫び声を上げる。この俺、「燐マッチ製造業者ジャカール」こそはガヴェ夫人役の女優の本当の夫である、「ガヴェ」役を演じるハンサムな若い男優と「個室」に入れさせるわけにはいかない、と。筋の展開が錯綜するうちに、「ジャカール」が「ガヴェ」

の役を演じたいと言い出すときもあれば、その役をもとの役者に喜んで委ねたりもする。誰が誰だか分からない状況がどんどん出てくる。最初にガヴェ夫人と連れ立ってきた「男」が、男に扮した女性であることが明かされ、ガヴェの叔父を演じていた男優が、舞台を離れて劇場の支配人という「実生活」の役柄に戻り、ガヴェがガヴェ夫人に会いたいと申し出ると、かわりにメニューを受け取るといった具合だ。あまりに筋の変転が多様で複雑きわまるため、評論家が芝居の梗概を書こうという努力をあっさり断念したのも驚くに当たらないだろう[2]。

こうした変装と潜伏をめぐる夫婦のドタバタは、紛れもなくレストランで起きている――幕開けでは、何人かのウェイターがメニュー片手に「新鮮な魚と野菜」を歌い上げながら踊るのだ。それでも、食べ物は一つとして現れない、いや注文すらされない。事実、客たちは、当惑するレストラトウールに向かって自分たちは何か食べ物が欲しいわけではないと二度ばかりぶっきらぼうに告げている。レストラトゥールの目からすれば(そして、ほとんどの辞書の記述を見ても)、レストランは食事を提供するために存在するのだが、この芝居の作者と「ヴォードヴィル座」の観客たちにとっては、レストランはあらゆる種類の密会の場という他の機能も果たしていたのだった(図15)。

外国の作家たちは、レストランをパリ市民が公然と暮らしているあかしと見ていたが、多くのパリ市民は、単にレストランは「家では」手にできないプライバシーを提供してく

図 15：『個室あります。1 時間の夕食』。この 2 人連れはレストランのなかにいるのに、食事をしようという気がない。その間の時間を彼らがどう過ごすかについて疑問の余地があろうか。

れる所と見ていたのだ。少人数用の個室は革命前からレストランの特徴であった。大きめの宿屋や居酒屋にも個室があることは知られていたが、カフェという十八世紀に新たに生まれた都市空間では決してそういうことはなかった。一七九八年、メルシエはレストランの蔓延を嘆くとき、どこを見ても看板書きはハムの絵を描き、「個室」という因果な言葉を書き込んでいると言って、こうした風潮の正体を明らかにしている。(3) 十九世紀になっても、相変わらず「個室」は、当時の人々がおよそ「レストラン」と名付けた場所（宿屋、キャバレー、カフェ、いかがわしい酒場［ガルゴット］、ダンスホールなどと異なる）の最も際だつ特徴の一つであった。法律上の決定、大衆演劇、作り話の記述などが皆合わさって、個室を、レストランという飲食店の定義にはメニューと同様に不可欠な要素に仕立て上げたのである。(4) アラカルト式のレストランが個室を持っていたのは偶然ではなかった。メニューと同様、個室も客をおびき寄せ、快楽の未知の世界を約束して誘うのであって、二つの領域を区別し定義しながら、同時にその間の連絡をも仄めかしているのだ。メニューが、もう一つの世界の現実を覆い隠しながらも、厨房につながる窓だというなら、それと同様に、個室のドアもごく少数の者しか越えないであろう敷居であったのだ。

「フランス人」は慎みが欠如しているため大体の食事を人前で取ると言い張っていた外国の訪問者も、レストランの個室についてはほとんど多くを語っていない。というのも、旅行者は個室で食事をとるために、気の置けない旅の道連れ以外の誰かを観察する機会を奪われていたのだ。一八二〇年代に新婚旅行で来ていたアメリカ人マーサ・エイモリーは、〈トロワ・フレール・プロヴァンソー〉の個室の一つで新郎と食事をしているが、彼女はこれを「新奇な」経験とは見ず、母親に宛てて「もっと人がいて、勿論もっと楽しいから」自分としては〈ヴェリー〉の大広間のほうがずっといいと書き送っている。(5) 旅行ガイドブックの著者たちも、個室での食事の魅力を軽視する傾向があった。一八四二年にパリで出版された英語版のガイドブックの著者は、〈メゾン・ドール〉の様々な大きさの個室――二人であれ二十人であれ、どんな人数で行っても「いつでも家にいるかのように思えた」と言う――へと読者を導いてはいるが、同時に、英語圏の者たちがパリに行くのは何も「家でくつろぐ」ためではないことは知っているので、「訪れる客の多様さ」が興味深い、大広間の方を勧めてもいる。(6)

したがって、個室は、十九世紀の(あるいは二十世紀の)レストランの大広間とはかなり異なる空間であった。大広間が華麗に装飾を施されていたのに対し、典型的な個室の調度は、十分ではあったとはいえ、簡素なものだった。鏡が一枚、テーブルが一脚、椅子が二脚、通常はこれで全部であり、窓とドアにはカーテンが掛かり、場合によっては暖炉の用具もあった。(7) 個室の数や大きさはレストランによってまちまちであったが、美食家や旅行者にすれば店の名声とはほとんど関わりないものだった。公証人による一八一一年から一八一二年の二つのレストランの目録を比較すると次のようなことが分かる。田園風の立地で、パリ市民が日帰りで遊山に出かける川岸のグロ・カイユ地区にあったアントワーヌ・ジャリの〈エキュ・ド・フランス〉では、相当大きな部屋が十室あり、それぞれ二ないし六脚の、これといった特徴のない小さなテーブルと、四ないし十五脚の安い椅子(サクラ材を麦藁で編み上げたもの)が備えてあった。一方、パレ・ロワイヤルにあるジャック・クリストフ・ノーデのはるかに有名なレストラン(鏡と金箔で豪華な装飾を施した二つの大広間で有名)では、個室は三階に四部屋あるだけで、それぞれジャリの店と同様に調度品は質素だった。(8)個室は、廊下や階段の吹き抜けに沿って配され、他の個室や、場合によってはビリヤード室と隣接していたが、大広間からはかなり離れて置かれるのが常であった。レストランのなかには、個室に行く客が広間を完全に避けることができるようにと入り口を二つ作るところさえあった。(9)

大広間が人や物を見せようとするのに対し、レストランの「個室」が逆に隠そうとするのは周知のことであった。どんな種類であれ、どこかしら後ろ暗い活動——泥棒たちの打ち合わせであれ、秘密結社の謀議であれ、絶望した学生の自殺であれ——には打ってつけの場所として、レストランの個室は、誘惑的な食べ物と誘惑されやすい女性といった風説と最も緊密に関連づけられていた。(10)密接に絡み合った十九世紀の言い伝え、伝説、大衆の抱いていたイメージなどを総合すると、レストランの個室は貞操の堕落、あるいは無視と見られていた。貞淑な女性(「そんなものがあるとしてだが」)ですら、ひとたびこうした

「公共の閨房」に誘惑されてしまうと抵抗力が弱まるのは必定だと言われていた。(11) 風刺漫画でブルジョワの貪欲さを体現する、猿のような人物「マイユー氏」については、画家たちが様々な場面を描いているが、最も反感を買ったのは、ふっくら顔のあどけない娘をはっきりと張り紙がされているレストランの「個室」に導き入れる様子を描いたトラヴィエの一枚であろう(12)(図16)。マイユー氏は、トリュフ——高価なこととその媚薬作用で有名——を持ってくるように叫び、よろめきながら部屋に入る。一方、彼が付き添っている若い女性は、自分が連れてこられた立派な店に好奇心をそそられ、そわそわとあたりを見回している。トラヴィエの風刺はことのほか辛辣といってもよいが(壁の掲示を参照)、場面自体は取り立てて珍しいことではなかった。とりわけガヴァルニは、七月王政期の性的放縦の要因を仄めかしながら、レストランの個室の場面に繰り返し立ち戻った(13)(図17)。レストランの私的な空間を舞台に乗せたのは、ひとりクサヴィエとデュヴェールの笑劇だけではなかった。レストランが、広範に利用される同一の店舗のなかで多様な「私的な」部屋を供給することから生まれたこの便利な装置を、多くの軽喜劇が活用した。ボーマルシェなら貴族の家事方に設定したであろう喜劇を、どことも知れぬパリのさるレストランの安逸のうちに移しかえることで、スクリーブからラビッシュに至る十九世紀の劇作家は、プライバシーをレストラン界の公的なイメージの中心的特徴に仕立て上げたのである。(14)

レストランの個室と放蕩とがしばしば関連付けられたため、道徳家のなかには家族とし

図 16：『ウェイター、後生だからトリュフをいくらか持ってきてくれ（……）トリュフの雨かと思うくらいに』。このレストランの個室の小綺麗な調度品、後ろの壁の大きな鏡、予想される「トリュフの雨」――これらのすべてからこの店がパリのなかでも最も洗練された店であることが窺えるが、ドアの脇に貼られた掲示には、客に対してブーツをカーテンやテーブルクロスで拭かないようにと書かれている。

19
UN CABINET PARTICULIER.
Le garçon a dit un chapeau rose, un voile, un châle noir...... c'était ma Femme, il n'y a pas de doute.....
mais avec qui?... voilà !... le billet n'a pas de signature... nous sommes arrivés trop tard!....
Anatole! vous qui êtes notre ami depuis si longtemps vous seriez-vous douté de cela?..... une femme qui a l'air
d'une sainte!..... soyez jaloux, on vous honnit, soyez confiant on ..... ah! nous sommes toujours dupés!
(Anatole!–oui, nous sommes dupés!

図 17：ガヴァルニがレストランの個室の内部を描いた沢山の絵のなかの 1 枚で、これは「女の策略」シリーズに入っている。説明文では、夫は二重にかつがれている——アナトールに向かって妻の不貞を嘆いているが、そのアナトールこそ、十中八九妻の愛人（あるいは数いるなかの 1 人）なのだ——ことが暗示されているが、妻が〈個室〉にいるところを見られるのはどんな意味かわからないほど彼も馬鹿ではない。部屋には女の姿はない。だが、彼女がそこにいたというだけで確信を抱くには根拠は十分なのだ。

ての慎みに対する、さらにはそこから類推して、より一般的にフランス人のモラルに対する脅威であるとしてこれを糾弾する者もいたが、大抵は――売春と同様――上流男性社会の安全弁の一つとして理解されていた。[15] 酔っぱらいのどんちゃん騒ぎ、売春婦との醜聞、卑劣な陰謀の巣窟である一方で、レストランは無数の日常的な食事の場でもあった。それでも、多くの点で、レストランが提供するプライバシーは、家庭の食事室（感動を与えようというもてなしの空間）のようなプライバシーというよりも、寝室のプライバシーに近かった。既婚女性は、夫が愛人を自宅に入れただけで不義として告発することができたのだから、レストランの個室は女色に耽る（男性の）既婚者に対して自宅から遠く離れた家を合法的に提供していたことになる。[16] 十九世紀の道徳的な家族主義のなかにあって、曖昧だが広く認知された抜け穴として、レストランが認めたプライバシーはその最も際だつ特徴の一つだったのだ。

食卓での酒気を帯びた束の間の仲間意識は、ある種の放縦を認めているように思われたし、人もレストランでは余所ではしようとしない（またしようにもできない）ことを言ったりやったりすると考えられていた。勿論、まさしくこうした可能性こそが、バレールをはじめ、食卓に基づく交際に敵対した他の革命期の面々の不安の種だったわけだが、後の「ポスト美食学的」体制にあっては、この同じ特性がレストランを全く恐るるに足らぬものへと変えたのだ。レストランの食事は、仕事を終えた後の快楽と祝祭性の世界の一部として位置づけられ、近代の繁栄と快楽を語るとき、中心的役割を果たしていた。すべてが——浩瀚なワインリストや目には見えない食料貯蔵室から、レストランの厨房の、通りに面した格子窓から発する匂いまでが——、近代の都市生活の盛り沢山な成功と避けがたい進歩を仄めかしているのだった。

裕福で好色な者だけがパリのレストランに通い詰めたわけではなかったが、それでも同じく通い詰める者たち皆に、ある種きわどさを抑えた社会的地位を漂わせることとなった。パリ警察は、ポスト革命期にあって、策略、陰謀、暗殺の企てなどには頭を痛めていたけれども、カーテンをおろした「個室」の窓のなかまで捜索することは稀であった。カフェには警察の情報屋が出入りしていたが、レストランはこれとは異なり、多くは取り締まりの対象とはならなかった。というのも、ボーヴィリエのレストランで食事をさせるよりは、デミタスカップ一杯で何時間もねばれるカフェにスパイを送り込むほうが、はるかに安くすむからだった(17)(やくざ者、扇動者、放浪人たちも同様にカフェのほうが安いと気づいていたことは疑いない)。警察のスパイも物見高い旅行者も、謝肉祭の乱痴気騒ぎや劇場の群衆のなかには易々と紛れ込むことができたが、レストランの個室に誰にも気づかれずに入り込むとなると相当難儀なことだった。つとに一七九五年から九六年にかけて、カフェで盗み聞きしていた警察のスパイ二人が、被疑者をレストランまで付けるのは適当ではないと判断していたという。これと同じ頃、革命期の最もおぞましい大量殺戮事件である「ナントの溺殺」容疑の共犯者二人が、パレ・ロワイヤルのカフェから狩り出され詰問されるということがあったが、二人は近くのレストランで実に穏やかに食事をすることができたという[18]。

レストランの個室は、一七九〇年代初頭はほぼずっと陰謀の場となる可能性があると睨まれていたかもしれないが[19]、この十年が終わる頃には、もっぱらほろ酔い加減の無害の機知が遊びと抒情の形でほとばしる場であると考えられるまでになっていた。「ヴォードヴィルの晩餐会」とか「モームスの夜食会」といった名称の歌唱団体(後者はギリシャ神話の冷やかしの神を指している)は、十九世紀のレストランにお決まりの宴席参加者は、みな享楽家(*bons vivants*)にして、概して陽気な良き仲間であると請け負っている[20]。こうした団体は、何十人かで編成されており——そのうちの大多数はパリ警察の事務局長だったA・A・ピイスのように、演劇やジャーナリズムや行政での職と即興で矢継早に作曲する習慣とを併せ持っていた——、毎月レストランの個室に集って即興で歌を作り、度が過ぎるほど飲むのだった。食事が終わっても、メンバーが手当たり次第に題を書き、短い歌の作曲競争は深夜にまで及ぶのだった(題の多くは「三角形」とか「四角形」というように明らかに馬鹿げたものだったが、食卓に関する曲であることは共通であった)。これらの歌唱団体は、競争心は抑え加減だが、圧倒的に男性的なもので(第一帝政期にあった数少ない民間の組織として漠然とだが軍事的役割を果たしていた)、内容としては心底非政治的であり、形式としては大体は平等主義的だった。歌や会話に宗教や政治を持ち込むことは禁じられていたし、その韻を踏んだ規則には、メンバーはそれぞれ自分の分は自分で払うよう明記されていた。彼らの食事会は、おそらく聞き耳を立てていた多くの群衆をレストランの他の部屋や開け放たれた窓の下へと引き寄せたであろうが、歌唱団体の共歓性（conviviality）は、思いがけず耳にした場合、いっそう激しく鼓舞されるのであった。事実、この団体は毎月歌謡本を出版し、「いとこ」、「ムール貝」、「井戸」（一カ月あたり十あまりの題のうち三つだけを取り上げれば）をめぐる私的でその場限りの即興を洗練された公共の産物に素早く変えていったのだ。[21] 関係者の多くはジャーナリストで、そして／あるいは出版検閲官であったため、統領政府や第一帝政の、ほとんど事件のない日刊紙で大々的に論評された――これにより、レストランの個室は主としてシャンパンを飲み機知に富んだ歌を歌う才気ある男たちが通い詰める所という印象をさらに広めることとなった。[22]

十九世紀の初めの十年の頃には、陽気なお祭り騒ぎはレストランの副産物の一つとしてすっかり定着していた。パレ・ロワイヤルの「娘たち」や賭博場とともに、レストランの「個室」は、ややどぎついながら、他の点では合法的なフランスの首都の呼び物を集めた目録には、必ず典型的な特徴として載るのだった。レストランは永遠の謝肉祭の空間として、現状（status quo）の一部となっていた。「エロチックな美食学の隠れ家」であり、人々が「ノアの方舟に乗る動物のように」二人ずつ入っていく聖地であった。[23] 一八二四年、ある政府の役人は、レストランの個室が「少なくとも〈情事〉の劇場」となっているという「周知の事実」を認めており、この点について異を唱えたり、実際にこれについて何かしようという者はいなかった[24]。劇場は徹底的な取り締まりの対象となっていたし、売春宿はしばしば転業させられ、公共の舞踏場は利益の一パーセントを貧者の救済に当てるなどしていたが、レストランの個室は、少なくとも公衆道徳に対する脅威ではあったものの、法によって守られていたのである[25]。

個室でのおふざけについての思わせぶりの記述は、食事室の輝きについてのガイドブックの叙述よりもはるかに淫らなものだったけれども、レストランが首都の脅威のなかでも最も害の少ないものの一つだという認識を支持することに変わりなかった。高級レストランは一連のハードルを提示していたが、これは――若い女性ならどうやって自らの貞節を守るか、美食の門外漢ならどうやって美味しい食事を注文するかというように――個人が乗り越えるべきものだった。レストランは個人の支払い能力や永遠の救済などには脅威となっていたかもしれないが、市や国家に対してあからさまな危険をもたらすことはなかった。パリ警視総監は、一八三九年二月十三日の日報に「〈楽しんでいるとき、人は陰謀を企てないもの（quand le peuple s'amuse, il ne conspire pas）〉という古い諺をわれわれは信じている」と書いているし、レストラン生活をめぐるほとんどの公的な発言や推定の根底にあるのもこうした態度だった[26]。レストランにおける共歓は、合法的などんちゃん騒ぎ《バカナリア》であったのであり、不法な陰謀ではなかったのだ。レストランのテーブルで見られる自由《リベルテ》（*lib-*

erté）は、酩酊や美食三昧や淫らな馬鹿騒ぎに由来するのであって、政治的な自由や共和派的な友愛に由来するものではなかった。十八世紀には結婚披露宴といえば〈仕出し屋〉の仕事と決まっていたが、そうした宴会とは異なり、レストランでの結婚は正統ではなく束の間のものと見なされ、レストランに関するかくも多くの噂を孕む、芝居がかったオーラによって汚されてしまうのだった。したがって、その他の形態の会合や組合をほとんどすべて非合法化した王政復古と七月王政の抑圧的な体制にあって、食卓という、幸福な個人の私的な会合場所は何も触れられることがなかったとしても驚くには当たるまい。

公共のプライバシーの多様な使用法

一八三三年の元旦、ヴォードヴィル座の観客が『個室』の七転八倒を追おうとしていたとき、シャルル・フィリポンが創刊した日刊風刺新聞『シャリヴァリ』（やがてイギリスの『パンチ』紙のモデルとなる）は、読者に二枚の絵を載せてみせた。一枚目は、グランヴィルとフォーレによる『シーソー（*La Bascule*）』、すなわち子どもの遊具であるが、それを支点をはさんで梨――王ルイ・フィリップの風刺的表象としてはすでに慣例となっていた――と行う政治的なシーソーに作りかえたものだった。(27) 王政は空高く上がり、自由は地面に落ちる。含むところは明白だ。ルイ・フィリップは、一八三〇年の七月革命以来フランスの立憲君主と言われてきたが、今や国民の自由を犠牲にして自らの王としての特権を拡大させつつあった。王に対するこうした辛辣な批判に釣り合いをとるために、同紙は「これとは対照的な（……）単純だが真実の一枚」を載せている。こちらはずっと気が休まる『パリにおける若者たちの法学の勉強法』（図18）がそれだ。表題に反して、二枚目の場面には謹厳な判事も埃まみれの書物も出てこない。そのかわりに、レストランにおける大混乱のお祭り騒ぎと酒を飲んでの放蕩の場面を描いている。六人の若者が個室のテーブルに着いており、あたりの床には割れた瓶や空の皿やしわくちゃのナプキンが散乱している。二人は甘い抱擁を交わし、他の三人はグラスを差し上げてだらしなくも乾杯を叫び、残る一人は（自分のナプキンを取ろうと）酔っぱらって椅子からずり落ちようとしている。後ろからウェイターが入ってきて、湯気の上がるパンチの大きなボールを高く持ち上げている。ごく普通のレストラン生活の完璧な一場面であり、ウェイター、割れたグラス、空の皿、突然の感情の発露など、メニューの世界の図像の多くを内包している。

『パリにおける若者たちの法学の勉強法』は、私的な宴会を描いてはいながら、その実、レストラン界の公的な側面をも描き出している。この絵は、法学や学業の世界の「舞台裏」であり、知的エリート階級と目される者たちの教育システムに対する皮肉な眼差しである一方、レストランに対してはこのような批判は何もしていないのだ。それ自体、レストランの「アリバイ」と言ってもよいもの、すなわち、食べ物やワインに加えて酒を飲んでのお祭り騒ぎや無責任な若者の軽薄な行動のために私的な空間を提供するという、広く

図 18：『パリにおける若者たちの法学の勉強法』。この『シャリヴァリ』紙（1833 年 1 月 1 日号）所収の石版画は、レストランにおける軽薄な振る舞いを呑気な学生生活の主要な要素とする多くの作品のうちの 1 つであった。キスをする右手の 2 人に注意。抱擁している人物が男 2 人であれ、そのうちの 1 人が男装した女性であれ、ここで不道徳なことが起きていることはほぼ間違いない。

受け入れられた公的な目的を物語る何百もの例の一つだったのだ。実際、『シャリヴァリ』紙は、それ自体絵の間でシーソーをやっているわけで、浮かれ騒ぐ大人を描いた二枚目の挿し絵によって、グランヴィルとフォーレの政治的表現を相殺しているのである。

お祭り騒ぎと風刺が並んでいるわけだが、でも何のためなのか。一方で、『シャリヴァリ』紙のテクストは二枚の絵は無関係であると明確に述べ、レストランでの飲めや歌えの馬鹿騒ぎは――将来の職業からすれば最も誠実な勉強法とは言えないかもしれないが――それでも政治的な活動形態ではないのだった。言い換えれば、レストラン生活は自律的領域であって、ますます抑圧的になってきた七月王政が課してくる政治的、社会的制約に影響されない休日の世界なのであった。そうではありながら、『シャリヴァリ』紙は、この二枚の絵をいっしょに載せることによって、七月王政の再興とパンチを飲んで騒ぐ者たちとを分かちがたく結びつけている両者間の明確な関係を暗示してもいるのだった。

フィリポンが『シーソー』や『パリにおける若者たちの法学の勉強法』を発表する頃までには、たしかにレストランはそれ自体の文化のようなものを持つようになっていた。レストランにはレストランのお決まりのセット、台本、支持者たちがあったのは明白である。パリに住む者なら誰でもレストランでの食事の取り方を知る必要があったが、必要とされる知識は生得のものでも、自発的なものでも、どこでも手に入るというものでもなかった。レストランは危険で客を煙にまくような施設だと決めてかかる報告は何十にものぼり、それ自体の百科事典や特別に多様な「礼儀作法（*savoir-vivre*）」集の出版を求めるほどだった。[28]「パリでは、食事をすることほど簡単なことはない」と、小説家ポール・ド・コックは、この街の居酒屋、キャバレー、食堂の類を略述しながら書いている。しかし、レストランそれ自体に注意を向けた途端、ド・コックは突如として一気に快活さを失い、食事はいっそう複雑になってしまい、「いかにして食事を注文するかを知らなければならない」と読者に教えを垂れる。「なにがしか［この場合、お金］を持っているだけでは不十分で、その使い方を知らなければならないのだ」。[29]レストランに特有なものとして、美食学上の知識があり、それによって食べる側は物を買うことも享受することも可能となるのだ。美食文学が相も変わらず主張するところによれば、こうした智慧の修得には辛抱強い研究が必要だという。『新食通年鑑』の言葉を借りれば、「これが一つの厄介な事業であること、その原則についてはほとんどの者が全く無知である一つの科学であることは疑う余地がない。（……）レストランで食事をとるのはまさしく戦いである」。[30]

このように特殊化したレストラン文化——料理の専門技術、果物の山、焦らされる食欲といった世界——と、この都市におけるもう一方の政治的、社会的、文化的活動網との関係は、定まるどころの話ではなかった。それまで何十年にもわたって、「ここでは政治の話は無し！」[31]というのが——少なくとも公式には——設備の整ったあらゆる食事室のモットーであった。グリモ・ド・ラ・レニエールは美食家の食卓から政治的な話題を明確に排除していたし、愛国的な歌(彼は「人食いの歌」——まさに鑑賞力のない一群の客たちの音楽——と呼んでいた)を歌うことすら禁じていた。(32) 彼の継承者たちも同様に一徹だった。『新食通年鑑』(一八二七年)の著者たちは、「美食三昧は、黄金同様、いかなる政治的意見も持たない」と記し、裁判や風刺文書や痛烈な論争を一時的に中断させたとして革命期の友愛的食事会を賛美した。(33) 王政復古から七月王政にかけてこれほど人気を博したレストラン生活を描いたものを見ると、どう見ても同様に政治的意味が欠落している。「パリはいかにして食べているか」を描写した多くの文章や絵は、この街を特異な食餌空間として提示し、すぐれて民族学的な表現で差異を描き出している。それらは、読者を「もう一つの世界」へ、人々が猫を喰らい偉大なる神〈ローストビーフ(Rosbif)〉を崇拝する場所への旅へと連れ出してくれるのだった。(34) ときどきバルザックを手伝ってもいたオラース・レッソンは、「どんなに多くの発見をしたとしても、レストランという世界にはいつまでも未知の土地(*des terres inconnus*)が残るだろう」と主張していたし、(35) アラゴーの『パリはいかにして食事をしているか』にしても、中国の宴席や痩せこけたホッテントット族や肥満した「サンドイッチ人」の話を語る自著『いたる所で食事しているように』の姉妹編であった。(36) こうした描写には特有の民族学が働いており、料理をめぐる差異を社会の種類や動向としてではなく各地の突発的な現象としてとらえ、かつては有力だったデブと痩せのレトリックも時代遅れのものとなった。見たところ、パリは高級レストランのメニューと同様、あらゆる味覚に応じていたのだ。

パリの飲食店の特性である大いなる多様性は、小説家やジャーナリストに対して強力な魔力を振るい、彼らは繰り返し「パリはいかにして食べているか」という問題に立ち返った。しかしながら、街はあまりにも多くの住人からなっていたから、彼らの描く習慣や好みは実際の人物のそれではあり得なかった。一八〇〇年から一八五〇年の間に、パリの人口は五倍になった（五十万人から二百五十万人に膨れあがった）が、どの飲食店を取り上げるにせよ、これらすべての文献を見るかぎり言外に客は一定だったことが窺われる。個々のレストランは、「万人の友」としてではなく、社会のなかに埋め込まれ定着した地元のものとして描かれた。学生たちはカルチェ・ラタンのレストランに通い詰めたが、そこで出されたのは硬いステーキと饐えたワインだった。ダンディーや道楽者たちは、〈カフェ・ド・パリ〉でシャンパンを飲み干す姿が見受けられたし、〈メゾン・ドレ〉は寄り添うカップルで一杯だった。いずれの場合でも、レストランを一つのランドマークに変えたのは、食べ物であると同時に客たちであった。(37)

一八三〇年代から四〇年代の作家たちは、パリのレストランの地図を作りながら、同時に首都の住民の地図をも作っていたのである。どの例をおいても、レストランの客が意義深いとすれば、個人としてではなく社会的なタイプとしてだった（図19、20）。どのレストランでも主たる食事室は建前としては万人に開かれていたが、十九世紀の類型学は、は

図 19 :『伝票』。このデッサンと図 20 は、「ラブレーの 15 分」の 2 つの場合を描いている。この食事客にとって、40 フランはそれほど高くもない。

図 20：『勘定を払わなくては』。この食事客にとって、15 フランは払える限度を超えている。

るか昔一七八六年にニコラ・ベルジェの弁護士が提示した議論と見紛うような仮説をうまく操作しようとして、公開性が形式にすぎぬことを見過ごしたのだ。彼らの議論によれば、あるレストランが出す料理がその客の社会的地位を示すというのは信頼すべきことであり、〈グラン・ヴェフール〉の客と四十スーの定食を食べる〈ヴァンダンジュ・ド・ブルゴーニュ〉や〈フリコトー〉の客の間には、それとわかる実質的な隔絶があるという。急激な社会の変化と混乱の時期にあって、レストランの世界の込み入った事情を説明しようとなると、社会階層の静止画を示すこととなるようだ。そうではあるが、まさにそうした記述の構造そのものからして、レストランが誰も彼もに開かれた公共空間であることは明らかだ——もし、それぞれのレストランが本当に一つの階級だけに特定されたものであるなら、どうすれば一人の作家＝観察者がかくも多くのレストランに入り込むことができただろうか。

レストラン様式のサービスが一般化されることで、レストランはパリ生活の制度の一つとなり、小説家や劇作家や「生理学者」にとって人気の慣用的主題《トポス》となったわけだが、同時に、独特の感性の生きた指標として見られて来たレストラン文化の終焉を告げることともなった。「レストラトゥール」という語がピンからキリまでの飲食店の店主にまで適用され、あらゆる種類の「レストラン」が有名になるにつれて、レストランに行くということを一連の一般的慣行として何か特別の社会的地位に結びつけるのはますます難しくなってきていた。幾多の作家たちが、「パリには、閣僚から無名のサン・キュロットにいたるまで、それぞれのレストランがある」と書いたが、後者に仕出しをするレストランに前者が入ることを禁じる規則はないのだ（その逆ならば、より威嚇的だっただろうが）[38]。

たしかにレストランはそれぞれで違ったが、一軒のレストランに限ると、そのなかで貴族と貧困者とを区別するのは必ずしも容易ではないことは経験からわかることだった。勘定の踏み倒しや食卓の食器類の盗難が新聞沙汰になるとき、毎度毎度その話は、身なりがよく、身だしなみも非の打ち所のない犯罪者の描写で始まるのだった。「上品で軍人のような立ち居振る舞いの男」、「実に身なりのいい紳士」、「当世風の二人の若者」、「首から鼻眼鏡を下げ、手には乗馬用の鞭を持ち、若くて愛らしいご婦人を同伴した美男子の紳士」、「この上なく淑やかな様子で、しかもこの上なく上品な帽子を被った若いご婦人」。一八三〇年代の新聞を見ると、ただで食事をいただくこととか、スプーンを盗んでブーツのなかに隠すことに余念がない犯罪者といえば、これらの（いや、これ以上の）輩の誰もがその典型となる記事で絶えず溢れかえっている[39]。それ以前でも、銀食器の類の盗難は取り立てて珍しいことではなかった──まさに、十八世紀の飲食店について警察の報告が伝える事例の大部分を占めている──が、こうした犯罪の社会的意味は相当変化した。旧体制時代の〈仕出し屋〉は大体は固定客に限られていたため、犯罪者として最も怪しいと目を付けられるのは真っ先に新来の客であった。これとは対照的に、十九世紀のレストラトゥールは、固定客などほとんどいなかった。首都人口が前例のないほど急増し、レストランでの食事が折節の散発的な祝宴と見られるようになるに及んで、レストラトゥールはすべての新規の客を怪しいと睨んでいるうちに、被害妄想寸前にまで追い込まれることになる。見知らぬ者たちで一杯の世界に直面して、レストラトゥールも社会評論家も、詐欺師と本当の食通とを区別するに外観に頼らざるを得なくなったのである。

裁判所の判例記録や犯罪記事に明け暮れた新聞雑誌を見る限り、詐欺を働く似非食通の話は広く読者に流布していたことは確かだ。こうした衝撃的な話が暗示しているように、レストランの客たちが狡猾にも上品な外面しか見せないとしたら、本当に育ちの良い人と巧妙に仮装した悪党とを社会はどうやって区別しようというのか。というのも、もてなしに対するこうした侵犯の嫌疑を受けて苦しんでいるのは、フランス社会の全員だ（と言う者もあった）からだ。一人の怒ったレストラトゥールが裁判所に対して語気強くこう語っている。「そんなこんなのあとで（……）勘定を払わずに走り去ってしまうとは！　これには呆れかえる！　不道徳だ！　社会――私という人物を通して被害を被っている――の名において私は正義を要求する！」(40)。

レストランの整然とした層位学の内部に、レストランは社会的区分を鮮明にするのではなく実際は曖昧にしかねないという嫌疑が横たわり不安を誘っていた。美食学は社会の地図を作るのに打ってつけの道具であったはずなのに、美食学自らが追求する自律性のために破綻してしまったのだ。つまり、味覚に関する言説がその正統性を強調する限り、食餌法を社会階級の指標として用いる余地についても否認していることになるのだった(41)。いずれにせよ、味覚は社会階級や経済的制限を知るためのものではないのだ。レストランでは、すべての客が同じメニューを渡されるのであり、社会区分は美食学的平等のうちに解消されていきかねないのであった。

美食学・料理学上の構成がどの程度まで社会構成を反映するかは、不確実極まりない。このような擬態は完璧でもなければ、危険を伴わないわけでもないからだ。レストランの全知全能の従僕であるウェイターは短縮した符丁で話すので、食べる側と食べられる側の一体化も安堵ではなく脅威に変えてしまうほどだ。ウェイターは「お客様の胸は今焼いております」と、ある客に言ったかと思えば、別な客にはこう言うかもしれないのだ。「お客様の耳はソースパンのなかにありますし、脳味噌の方は今揚げております。お客様の舌はこれからお持ちしますし、頭の方はシェフがただ今切り落としております(42)」。ガイドブックや手引書が警告しているように、レストランでの食事はまさに絶えざる戦い——男性客にとってはナポレオンなみの武勇伝と美食に関するタレーランなみの豊かな経験を披瀝する恰好の戦場——であった。成功を収めた客は誰でも、いや、あの有名な「食の決闘」に耽ることのなかった多くの者たちでさえも、こうした巧みな話術によって同じように偉大なる征服者となった。レストランでは、暴力の場は、食べられるものに対する食べる側の扱い（グリモ・ド・ラ・レニエールの美食学が位置づけたのはここだ）から、客に対するレストランの側の扱いへと移ったのだ。厨房、食料貯蔵室、屠殺場は影が薄くなり、食事室が真の戦場となったのだった。そこでは、階級や地位は独自に確立されるべきものとなった。レストランは一人前ずつ料理を出すことにより、料理の切り盛り（かつては貴族特有の技芸であり、生命を脅かすことはないが決闘と同じくらい重要とされた一種の剣術であった）を自在ドアの向こう側へと押しやってしまったのである。(43)

食卓で発揮される技量は他の場面でも発揮されるものだという確信から、何十人もの作家が異口同音に「dis-moi ce que tu manges, et je te dirai qui tu es」と書いている。(44)ブリア＝サヴァランの箴言の真実性——詐欺師がキジを食べたときから、その真実性はすでに怪しいのだが——は、人々が実際自分で何を食べているのか分からないとなるといっそう疑わしいものとなる。レストランの食事室がもたらした審美性によって、おとぎの国のような雰囲気が生まれたと言えるかもしれない——『家でけっして食事をしない術』の著者はレストランの食事室を魔法を掛けられた魅惑の空間と記している(45)——が、同時に舞台裏で起きていることについて面白くない問題を惹起することともなったと言えよう。商品を即決取引するという方式にあって、レストランの食べ物がその客と同じくらい二枚舌であることは容易に判明した（『個室』の幕開けの場面で、ウェイターたちがメニューにある「新鮮な魚」について歌を歌っていると、最年少のウェイターがそんなものは厨房のどこにもないと抗議する。他の者たちはあわててその口を塞ぐのだった[46]。

「それぞれの料理の値段は見えるが、料理そのものは見えない[47]」というわけで、既に一七八〇年代から、レストランのメニューは興奮を引き起こすと同時に不信も買いがちであった。当時の批評家は、食事もしない胸の弱い客たちに人気だった一人前の量の少なさや繊細な香りについて論評していた（いや、いかなる種類であれ、一人前の量の少なさに驚きを表明していただけかもしれない）が、その十年後も、広く蔓延していたレストランのごまかしについての辛辣な論評は相変わらずよく見られた（メルシエは「新たなパリ」をめぐるテルミドール以後の批評でこの点を重視し、彼によれば食べ物がいつもちゃんと目に見える「郊外の安酒場《ガンゲット》」と比べればアラカルト形式のレストランの方が好ましくないとしている[48]）。レストランが比較的数が少なく、したがってメニューに接する体験がまだ一般的でない間は、すべてのレストランに対しそのごまかしを非難することも何らかの意味があった。しかし、レストランがパリの光景の標準的な要素となり、国民の〈大膳式〉の場として認められるようになるにつれて、評判の良いレストランは（料理的、社会的な卓越性を示すあらゆる印が失われないようにと）何とかして不誠実なレストランと区別しなければならなくなった。あるジャーナリストが近代生活を称して、欺瞞的で、見かけ倒しで、（おまけに）「レストランのビーフステーキのように人目を欺く」ものだと言うとき、結局、〈ヴェフール〉や〈トロワ・フレール・プロヴァンソー〉の話をしているわけではないのだった[49]。

食事室で目にする客は、外見から判断されるような人物でも職業でもないかもしれないとしても、目に見えない厨房の中身を評価するのはなおいっそう困難だった。十九世紀前半以来、パリのレストランをめぐる記述――小説家のであれ、旅行者のであれ、ジャーナリストのであれ――は、たいていは食事室に確固として留まっており、調理場の冥府にまで敢えて入り込むことは極めて稀であった。もっとも、レストラン生活の平穏な外観にも、ときとして不穏な噂や潜在的な醜聞が持ち上がることもあった。新聞の編集者たちは、どうやら身なりのいい銀食器泥棒の話にうつつを抜かしていたようだが、ときに、自在ドアの向こう側で何が起きているかについて短くそれとなく仄めかすこともあった。例えば、一八三八年、パリの新聞各紙は、迷い猫を屠りその胴体部分を悪徳なレストラトゥールに売りつけたかどで訴えられたブリュチュス・ブゾーニとその二人の共犯者を短く報じている。スプーン泥棒と同様、様々なレシピにおいてウサギのかわりに猫を使うのは別段珍しいことではなかったが、この話は著しく注目を集め、長く尾を引いた。「市庁舎通りのヴァッテルたち」(犯人は繰り返しこう呼ばれた。もっともウサギが手に入らないくらいではとても自殺などしそうに思われなかったが)は市中を引き回され、その犯罪はパリの日刊紙で引っ張りだことなった。(50)

公判中、ブゾーニとその共犯者は、動機は善なるもので人道的ですらあったと主張した。われわれはときとして猫のシチューを食べるまでに追い込まれ、またこの方法で貧しい家族を飢えから救ったこともあり、経済的な食肉をより広い客層に手に入るようにしていただけだというのだ。ブゾーニは、詐欺行為が行われたのは、メニューに「ウサギ」を載せた者たちのせいであって、猫を鍋に入れた者のせいではないとでも言いたげだった。というのも、いったいどうやって経験豊かな料理人を騙して、彼らに売ろうとしているのがウサギだと信じ込ませることができただろうかと。「ウサギにかぎ爪があるでしょうか」と彼は法廷で問うた。「ない」と検事は答えた——その後、自ら発見した、きれいに皮を剝ぎ、慎重に先端部を取り除いた猫の手足に関する警察事務局長の詳細な描写を声高に読み上げた[51]（このような陰惨な詳細に満ちた公判の後、このパリの猫殺しは六カ月の投獄と百フランの罰金の判決を受けた）。

疑り深い者には、ブゾーニの裁判のせいでレストランの料理はみんないんちきだと思われたかもしれないが、この一件をめぐる論評はこれとは異なる、より冗漫で曖昧な効果を生んだ。新聞では、ブゾーニの顧客を「市の郊外の何人かの〈安食堂の主人《ガルゴチエ》（gargotier）〉と繰り返し呼び、料理人のなかには確かに「猫のワイン煮込み（*gibelottes de chat*）」をでっち上げる者もいるが、そんなことをしない者もいることも明白だと暗黙のうちに確言している。この二つの範疇を識別するのはけっして容易な技ではなかろうが、しかしまた、レストラン生活では容易なものなどないのだった。この猫とウサギの醜聞は、近代生活の混乱と危険を暴露する（し、またそれを付け入る）ものであった。「ウサギ」が常に「猫」

を意味する〈安食堂《ガルゴット》〉とそんなことはけっしてあり得ない高級レストランの間に一線を画することによって、ジャーナリストは小さな差異を大きな差異に置き変え、その小さな差異から来る不安を抑制しようとしたのである。それでも、この二つの範疇を（区別をつけるために）並べることによって、こうした階層制は、すべての飲食店の（すなわち、今日なら「レストラン」と呼ばれるであろうすべての場所の）根本的な比較可能性を確立するのに寄与したにとどまった。

外観の混同（『個室』ではあれほど際だった喜劇的効果として用いられた）を引き起こす公共の場《フォーラム》たるレストランの食事室は、近代生活にかくも特徴的な階層制と民主化との不安な相互作用をめぐる戦いの舞台でもあった。「パリはいかにして食べているか」を論じた一連の議論は、慌しい都市の内部における人間の体験の多様性のあかしとして、あるいは社会的差異が日常生活のあらゆる側面に現れることのしるしとして読まれたかもしれない。だが同時にそれは、猫の肉のシチューで夕食を済ませたり、他人の残飯で昼食をとる者たちに対して、〈シャンポー〉や〈カフェ・ド・パリ〉や〈グラン・ヴェフール〉の食事室にいる裕福な者たちに反抗して立ち上がり、これに取って代わるよう訴える政治風刺としても読まれたかもしれないのだ。(52) 誰が何を食べているかを突き止めるのは常により込み入った仕事であることが明らかな以上、社会の構成を確認するために美食の階層制を用いる確かな手だてはないのだった。両者の間の関係が不安定で不確かなのは、レストラン生活が王政復古期に、七月王政期にはさらに輪を掛けて、大衆紙に執拗に登場したせいだった。というのも、レストランを重要な文化的民主化の場として繰り返し言及する声もあったとはいえ、実際、十九世紀のフランスは、フォワグラ、牡蠣、子羊のエピグラムが一般化した国へと奇跡的に変貌したわけではなかったからである。「桃源郷」――ボンボンが自然発生し、シャンパンが川を満たし、若い雌鶏が完全に調理されて澄み切った青空から落ちてくる驚くべき「美食学的地図」――というフランスのイメージは、当時何十年かにわたって繰り返し蒸し返され、国自体が一つの巨大なレストラン（ブリア＝サヴァランによれば、腹を空かせた者がそこでする必要があるのは、願うことだけだった）であると言わんばかりだった。[53] それでも、あまりに有名な一八四五年と四六年のジャガイモの凶作も、フランスをはじめヨーロッパの大部分で深刻な不安と暴動を誘発することとなった世紀中葉の生存の危機のほんの一部でしかなかった。一八四〇年代のパリのレストラン客は氷以外には何の不足も感じていなかったとしても、これが国レベルの標準ではなかった。[54] フランスを豊饒の国と呼ぶのは普通のことだったが、それは主として甚だしい不平等を際だたせ――様々なパリの食事案内がそうしているように――饗宴をはる者もいる一方、ずっと多くの者たちはそんな状況ではない（図21）という事実に注目させることとなった。共和派の画家オノレ・ドーミエの風刺画に、街路という街路に並べられたテーブルのセットと「ローストされ、すぐにも食べられる状態で」空から落ちてくるヒ

図21：『パリはいかにして食べているか』の珍しく攻撃的な挿し絵『過剰と不足』。高級レストランに見られる「過剰」（バルコニーから嘔吐している男に注意）と下にある野外のスープ配給所の「不足」とを並べて描いている。

パリが現れるが、それとて悪賢いペテン師ロベール・マケールがした法外な約束の一つ——実際、株式オプションを無知な輩や馬鹿な連中に売り込もうと企んでいた——として描かれていたにすぎない。(55)

反政府系の新聞が日常的に美食にまつわる論及や例を利用し、その結果、さらにそれらの遍在に寄与することとなったが、それは第一に、当時ますます優勢になってきた、フランスは一つの巨大な食事室にすぎないとする見方に対して抗議するためであった。パリの新たな牡蠣市場についての報告や、隠れたレストランの厨房から発する肉の匂いの記述を書かせた動機は、愛憎相半ばした感情であって、これを是認しようというのではなかった。(56) 一七九〇年代にそうであったのとほとんど同じように、一八三〇年代、四〇年代の料理をめぐる言葉——トリュフや猟鳥をはじめ特権のしるしに満ち満ちていた——は、祝賀的であると同時に批判的な性格を持ち得たのだ。フランスを貪り食うガルガンチュアとして描かれたルイ・フィリップの風刺画——デブと痩せという言い回しを復活させようという試みのうち最もよく知られ、大衆的で、顕著なものにちがいない(57)——は削除されたが、これと同様の修辞を用いた絵や逸話の類は自由に流通していた。七月王政による一八三五年の報道規制法によって生まれた取り締まりの厳しい世界にあっては、食卓は非政治的な話題であるという美食学の主張は、逆説的に、食卓を皮肉や中傷にうってつけの場に変えてしまった。『コルセール』紙や『シャリヴァリ』紙に寄稿していたジャーナリストが『味覚の生理学』の勝ち誇ったような断言を受け売りで書くとき、既にお祭り気分の、おどけた、いささか滑稽とされてきた戦いの場に挑戦状をたたきつけたのだった。というのも、こうした挑発に反応すべき検閲官たちは、これを冗談として聞き流せないこと、実際、うまい（そして高い）ご馳走への関心は金銭ずくであることを、一方では公然と、他方ではぎこちなく認めるも同然であったろうからである。(58)

七月王政期の風刺新聞は、政府の役人は自宅で、またフランスの大使は国外で催している宴席、饗宴、祝宴についてほとんど毎日のように論評していた。(59)「歴史の詩神はビュランを置き、フォークを手にした」とある記者が『シャリヴァリ』紙の紙面で書いている。(60)それでも、こうした報告のなかで繰り返し力説されたのは、フランス料理の全盛というより、むしろフランスの軍事的、外交的栄光の衰弱であった。(61)共和派であれ、王党派であれ、好戦的な精神の持ち主にとっては、勇敢な軍事司令官が飾り物としてしか記憶されないかもしれぬ――あるいは、北アフリカでの十五年間にわたる戦闘はクスクス以外実質的な利益は何も生まなかったかもしれぬ――というのはほとんどお世辞にもならないのだった。「共和国としても帝国としても、われわれの勝利はフランスの地図（*cartes*）を拡大したが、レストラトゥールのメニュー（*cartes*）を除いて、何に対しても影響を及ぼしていない」(62)と、ある作家がフランスの失われた栄誉を嘆きつつ気に病んでいる。隔週の娯楽雑誌『アスピック』誌（誌面がある種ゼラチン状の媒体となっており、そのなかに多くの美味しい食べ物が浮いていることからそう名付けられた）のある記者は、フランス料理の非凡さについて典型的な賛辞――「チュイルリー宮殿から最も小さな郡庁にいたるまで、美食は、どうにも手に負えない者たちを結束させ、励まし、穏和にし、和解させる」――を唱えている。だがしかし、このとき彼は、仲裁役としての美味しい食事の特性を賞揚していたのだろうか、それとも、他にはこれといった責務がほとんどない役人たちが催す公式の晩餐会の数について見当違いな論評をしているのだろうか。(63)フランスを卓越した料理の中心地と見なす見方に反対する声は、料理に対する強迫観念のような関心など家僕や貪欲な公証人にこそ相応しい暇つぶしであるとして糾弾し、レストランで表に現れるのは味覚なのか、それとも単なる貪欲なのかと問うている。「今日の体制は夕食も侮辱もやすやすと呑み込んでしまう」と別の作家が苦々しく記している。(64)

当時のフランスにおける反政府派の政治文化には、物質的な贅沢のためなら個人的、さらには国家的な名誉に累を及ぼすことさえいとわないような、いい気な役人どもというイメージが圧倒的に広まっていた。ベランジェの一八一八年の歌『太鼓腹（Le Ventru）』は、「食事をしているときもわれわれを代表してくれている」代議士に新たな、不朽の肩書きを与えることとなった(65)（図22、23）。この名称は「胃袋」を意味する〈*ventre*〉という語に由来するとはいえ、この〈*ventru*〉は単に丸々太った知事や丸ぽちゃの地方議員を指すに留まらなかった。反政府系の俗伝や大衆的風刺画においては、この人物は、個人的利益だ

図 22 :『腹《ヴァントル》』。すなわち立法議会中道派の「腹」は、ベランジェの歌が 1818 年に出てからは恰好の標的となった。その歌は、ある議員がパリで食べた食事のことを自分の選挙人たちに甲高い声で語るというものだった。

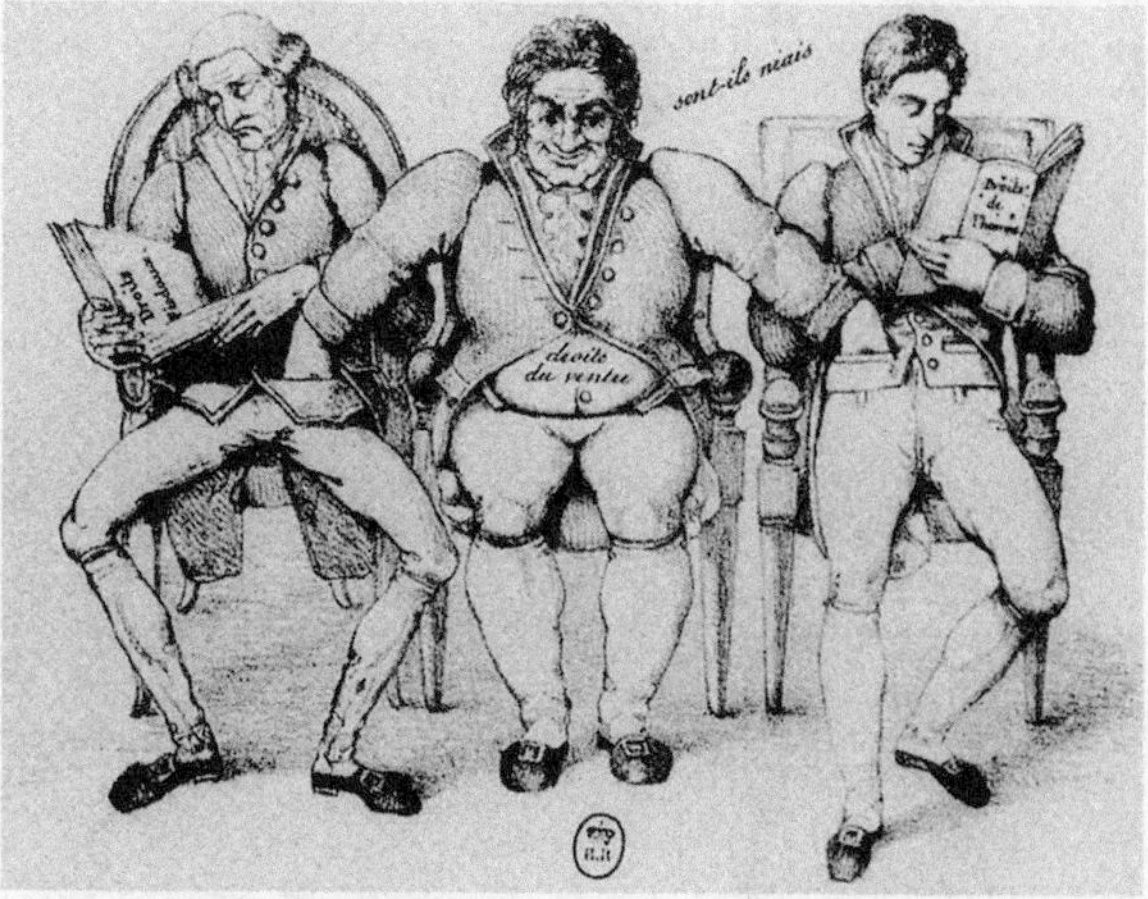

図 23：『〈腹〉の諸権利』。向かって左手の貴族（「封建的権利」についての本を読んでいる）や右手の共和派（「人権」を勉強している）の 2 倍も太っている「腹」は、両者からものを盗み取る。

けに突き動かされ、晩餐会に招待されるためなら投票でも嬉々として意見を翻す、当時急速に勢力を拡大しつつあった中道派グループ——〈中道(*centre*)〉が〈腹(*ventre*)〉と韻を踏んでいることは明らかだ——の一員であった。その精神にとって、最高の論題とは「トリュフ入りのビーフステーキ」であり、長い昼食が終わって早い夕食が始まるまでの数時間だけが論戦の時間だった。(66)〈腹〉はトリュフやキジや牡蠣のために(昔ながらの粥一杯のためではなく)自らの魂を売るのである以上、一八二〇年代、三〇年代の美食をめぐる雑音や噂は、それぞれ根本的に堕落した体制にあってこうした食品を過剰なほど重視していることを示しており、一連の執拗な政治的論評として読む必要がある。(67)「われわれはいつになったらこれら貪欲な議会人と縁が切れるのだろう」と『シャリヴァリ』紙は問う。「ローストされた鶏が我らが立法府議員たちの皿の上に落ちていかなくなるような時代は、はたして来るのだろうか(68)」と。

こうした冷笑や嘲笑の氾濫に対して、一八四〇年と四七年から四八年のあの有名な改革派の宴席は新たな意味を帯びる。というのも、この宴席は比喩的に諷刺や横領に利用できたが、現実にも文字通り利用できたからである。結社を統制した七月王政による一八三七年の厳格な法律は、実際上、定期的に会合を持ついかなるクラブ、団体、政治組織も禁じていたけれども、偶然の集い、その時々の会合、私的なパーティーなどには取り立てて適用されなかった。立法化の過程の議論では、この新たな措置を支持した貴族や議員たちは皆、「娯楽のための」会合はけっして取り締まりの対象としないよう力説した。とくに晩餐は、いくら客が多くとも本法の管轄外にあるとしたのだ。(69)本法の反対派は、食事がフランス人の唯一の自由へと急速に姿を変えていくと冗談を飛ばした。例えば、自由主義の『フランス通信』紙と正統主義の『ガゼット・ド・フランス』紙は、他の案件では同調することは稀であったが、「友人との晩餐や定期舞踏会への出席」をむしろつまらぬ自由と見る点では意見が一致した。(70)

十五年間にわたる容赦ない風刺（そのほとんどは今や追放されたブルボン体制に向けられたものだった）に直面して、オルレアン派の七月王政は、自分らの閣僚は実際にはトリュフづけにはなっておらず、晩餐も「文字通りの晩餐」であり、これからもずっとそうであることを立証する必要があった。宴席は、見かけ上その場で思いついた私的な催しである限り、たとえ何百人もの「客」が招かれ、何十人もの演説者が法改正に乾杯を申し出たとしても相変わらず合法的であった。実際には、それほど多くの招待状（例えば、パリ郊外で催された一八四〇年七月の宴席には何千人も列席した）を送るとなると計算だけでもいやになるし、十分に広い「私的な」会場を見つけるのもしばしば困難であった。(71)だが理論上は、こうした会合はすべて晩餐会にすぎなかったのである。それに、もし七月王政がこのままこうした催しをそのように見なしていたら、当時の晩餐会はそのまま残ってもおかしくなかっただろう。というのも、一八四七年の夏から秋にかけてフランス各地で催された何十という宴席が一八四八年の二月革命を引き起こしたとよく言われるが、反面、それに輪を掛けて一気に革命を衰退へと導いたのは政府が宴席を禁じようとしたことによるからだ。おそらく宴席の主催者たちも国王自身も、フランスの報道や政治文化がこれほどまでに徹底して食卓を私的快楽の領域とする見方に染まっていたとは把握していなかったのだろう。「お祭り気分」は、宴席を主催しようという者すべてにうまく押しつけられたのであり、「専制政治」とは、それを禁じようという体制に付ける唯一の肩書きであったかもしれない。

公共の、共有する、公開の近代生活の空間のなかで、ここは(『盗まれた手紙』でポーが教えてくれたように)ものを最もうまく隠せる場所である。かくして、レストランという公共の空間では、情婦も政治行動も屠られた猫も皆悟られずにすんだ。まさにレストランが美食学の物理的な現れとして、したがって、他の都市的な場とは異なるものとして見られるようになっていたからこそ、多くの目的に用いられたのである。逆説的だが、レストランは、まさに固有の形で周縁に追いやられたおかげで、都会生活においてかくも重要で多様な役割を果たし得たのだ。レストラン内での私的空間では、法改正を求める宴席を催すことも可能だったし、延々と続く一連の連想と風刺の隠れ家では、七月王政を安っぽいレストランに、国王をでっぷりした食料雑貨商と見なすことも可能だった。公的であるか私的であるかは、物理的空間の特徴ではなく、こうした空間の使い方の特徴であった。しばしば一方が他方を覆い隠した。すなわち、レストラン文化の公的な側面である美食学が、友愛的に平等な食事を覆い隠す（そして場合によってはこれを汚す）こともあったかもしれないのだ。

たかだか五十年のうちに、レストランは半ば公共的な空間から半ば私的な空間へと変貌した。この違いはささいなこと、あるいは単に語義上のことと思われるかもしれないが、これこそ鍵となる転換の正体を言い当てている。というのも、十九世紀のレストランの個室が、広く知られ認知されていた「私的な」隠れ家を提供していたのに対し、十八世紀の感性は、「公共の」生活へと溢れ出ずにはいられない個人的感情の表出だったからである。十八世紀のレストランにおいて、胸の弱い者たちは自らの私的な疾患を衆目にさらし、そのことで公的な意味を持つ感情を確認したのであった。レストランの給仕法は、医療の対象となった感受性の要請に応えるものであったが、この感受性こそが、貴族と同様、異議を唱えてきた「味覚」を洗練したのであり、それ自体誇示されることを求めたのだった。「良い味」の定義はこの何十年間でどうしても変わってしまったが、その証明の論理は相変わらず同じだった。ブイヨンを啜る過敏症の者にせよ、シチューを味わう食通にせよ、理想的なレストランの客は、単なる食欲の世界とは一線を画し、ただ単に食べるだけの者や卑しい大食家などからは遠く隔たっているのだった。

それでも、胸の弱い者たちと快楽主義的な食通の間の多岐にわたる構造的類似の背後に、レストランという味覚の世界に付与された社会的意義の重要な転換が隠れている。旧体制の最後の何十年間に、弁護士たちは、いかなるレストランの客であれ、まず第一にそこに彼らを導いた食欲の繊細さだけをもってしても、必然的に彼らは「良い社会」の一部を形成しているともっともらしく論じていた。後に、恐怖政治として知られる革命期の警察国家の支配のもとでは、依然としてレストラトゥールと社会的、文化的階層組織との共犯関係は関係者の誰の目にも明らかであったが、その反響となるとはるかに脅威的かつ否定的なものだった。革命の余波で、レストランが非政治的な空間となるにつれて、特別な社会区分としての味覚の援用は影を潜め、味覚の普遍性を打ち立てるという約束と自惚れのうちに姿を隠してしまったのである。

終章　レストランと夢想

レストランで、人は見られることも気づかれないこともある。

――デヴィッド・マメット『レストランで筆を執る』

あなたが欲しいものは何でも手に入る。

――アーロ・ガスリー『アリスのレストラン』

パレ・ロワイヤルのレストランによくある豪華な装飾について書くとき、作家たちは、あたかもパリ中央部の数区画では何ら疑われることなく東洋の王国のような豪華さが漲っているかのように、しばしば『千一夜物語』に出てくる宮殿を引き合いに出した。(1) アラジンの宮殿への言及は、レストランの仕事が魔法使いの精霊のなせる技であること、そして普通の人間は願うこと以外何もできないということを暗示していたのかもしれないが、その不思議な構造――魔人が建て、虚空から魔法で呼び出したもので、けっして完成には至らない——への言及も、レストランのはかない幻想的な性格を際だたせるものだった。嘘と幻想の塊にして、夜の間出現する架空の住みかであり、真面目に一生懸命働くことによってではなく魔神《ジン》と取引することで手に入れたもの、これがアイザック・アップルトン・ジューエットがレストランをアラジンの宮殿に喩えるとき言わんとしていたことである。[2]

繰り返し語られ、書き直されてきた物語に基づいてレストラン文化について書くのは、十九世紀フランスのレストランの位置づけを矮小化したり軽視したりすることにはならない。むしろ、その機能の中心にある何ものかを特定することである——というのも、レストランが魚や新鮮な野菜、銀食器やシャンパンなどに頼っているのも確かなら、伝説に依存しているのも確かだからだ。噂の神《ファーマ》（フランス語で*Renommée*）は、レストランの守り神としては第一のものだった。美神《ヴィーナス》が二番目、飲酒宴楽の神《コーモス》が三番目だった。[3] レストランには噂や俗伝が必要だった。その神秘的雰囲気は、もしかして他の誰かがもっと美味しい夕食を食べ、もっといちゃついて、もっと珍しいワインを飲んでいるのではないかという疑念に存するのだった。レストランが言及されるたびに、また一つ興奮と神秘の層が積み重なっていったのだ。バレールの「友愛」やローズ・ド・シャントワゾー発案の、チェシャー猫のような信用券とは異なり、レストランの評判は人から人へ伝わるたびに高まっていくのだった。この街のレストランの名声が広まるにつれて、国民の「大膳式」がそうであったように、レストランの神話もパリじゅうに行き渡っていった。神話と同じく、レストランも手近にあるものを何でも用いて、欲望と空腹をめぐる同一の、不思議なほど反復される物語を何度も何度も取り繕うのだった。それは、達成や飽満や終結についての物語ではなく、けっして完全には満たされることがなく、翌日になると決まってまたぞろ頭をもたげてくる欲望についての物語なのだった。

十九世紀の高級レストランは、夢想の対象として重きを成し、厨房から漂ってくる匂いとして、文学やジャーナリズムで繰り返される店名として、通りから垣間見える宮殿として知られていた。レストランは白昼夢と空想の場であり、他の客がどんな人物か、そして自分自身がどんな人物かを物語ってくれる場であった。しかし、誰もが夢想を許されていたわけではなかった。超保守的な『フランス』紙の社説執筆者によれば、レストランは実際には万人の友ではなかったという。むしろレストランは、富者の快楽を貧者の目の前に置くことにより、飽くことを知らない危険な欲望を掻き立てたのである。レストラン生活のせいで自分が成功者であるかのようにひとたび錯覚してしまうと、普通の労働者や事務員なら、じきにみすぼらしい我が家を嫌悪するようになろう。日常の現実には鼻も引っかけずに、幻想の世界に遊び、レストランの「まるで自分の物であるかのような（……）金色の木工細工や豪奢な鏡」を見て楽しむようになろう。近代のパリの労働者は、自らの運命のもとで最善を尽くそうといういかなる努力も投げ出して――『フランス』紙はそう恐れている――レストラン生活の見かけだけの快楽のために妻子を犠牲にするようになろう。

誰のものでもない家のあらゆる快適な設備に囲まれていたいという欲望に駆られて、このパリ人はまず自分の持ち物を質入れし、次には贅沢な習慣を維持するために犯罪生活に向かうこととなろう。この記事は次のように不穏な物言いで結んでいる。「我らが善王アンリ四世はすべての鍋に鶏を与えると約束されたけれども、その鶏は農民たちに自宅で食べてもらうおつもりだった(4)」。

『フランス』紙は核心からずれている。というのも、「牛肉は、十一種類の様々な品に仕立て上げられ」、また「子牛は、それぞれ異なる二十二品に姿を変える」時代にあっても、レストラン文化は鍋に鶏を与えることとはほとんど関係がなかったからである。理屈では、レストランは豊饒の場であったが、実際にはその恩恵のすべてが見えることはけっしてなかった。収穫物の全部——「人が暮らしのために海と陸と空がもたらすありとあらゆるもの(5)」——が厨房と食料貯蔵室と倉庫にしまわれたままであり、個々の料理となってはじめて姿を現すことが許されるのだった。人を辟易させないように、レストランは、豊饒を皿の大きさという提喩に置き換え、予め準備し十全に仕立て上げた快楽を提供するのだ。レストランにおいては、陰に隠れた何十人もの働き手の目に見えぬ手によって、市場のよごれた、毛むくじゃらの、ぬるぬるした、羽の生えた産物を、きっちりと均整の取れた果物の山や整然と段組みされた小さな文字に変貌させてしまうのだった。レストランは豊饒を象徴しており、実際それを仄めかすが、しかし、市場に出ている産物全体とレストランの食事室の華々しい光景との間には、暗く、湯気で一杯の厨房が必然的に介在していた。かくして、レストランは近代の恩恵が個人を辟易させることがないようにしたのだ。客は誰でも、彼が望むものなら何でも手にできると思い込んでいた（代名詞を男性に限定したのはわざとである）が、彼が直面しなければならないのは、「桃源郷」のうちわずかな自分の分け前だけであった。シャコは十分にローストした状態で空から落ちてはこなかったが、既に切り分けた状態で厨房から姿を現すのだった。

レストランに行くという習慣と美食学的感性の慣例によって、食事は隔てられ、枠にはめられ、調理の空間とは別の空間に文字通り移動が必要とされ、その場所が画定された。厨房はほとんど消え去った――これらのどの記事を見ても、ロースト肉の匂いがする煙のなかに姿を消してしまったかのように思われる。様々なパリの神秘を暴露しようという作品には事欠かなかったし、また理想主義的な芸術家が文学市場の現実に失望するというのも話の筋としては十九世紀にはよくあるものだったが、レストランの舞台裏の領域を描くものは極めて稀であった。というのも、この時期を通して、レストランのねらいは（「安食堂《ガルゴット》」や「仕出し屋《トレトゥール》」の店とは異なり）、厨房を覆い隠すこと、製造の実態の前に幻想のカーテンを引くこと、美化し、片づけることにあったからだ。地下に置かれることが多かった厨房からは、蒸気が、あたかも地獄の口から出てくるように、唸りを上げて吹き出ていた。そこでは、汚物にまみれた料理人が、命も落としかねない大激戦の熱気を浴びて汗だくになっていた。(6) しかし、レストランの客は、食べ物の調理も、材料を叩き切るのも、羽をむしるのも、血を抜くのもけっして目撃することはなかった。そのかわり、ワインを飲み、牡蠣を呑み込んで待っていると(図24)、ウェイターが二つの世界の渡し守のカローンよろしく、この世のものとは思えない風味、香り、肌理《きめ》、姿形の賜物を手に現れるのだった。

レストランの描写は、しばしばその鏡のような(specular)――また見せ物的な(spectacular)――機能を強調した。レストランは、劇場同様、絶えず変わりゆくパフォーマンスを収めた確固たる枠組みであり、空想に命が吹き込まれる舞台であった。(7) レストラン評は料理上の偉業が永続するような錯覚を与えていたし、印刷されたメニューを見ても「同一の」料理が毎夜永遠に繰り返し作られているかのような気になるが、レストランのパフォーマンスは正確に再現されていたわけではなかった。レストランは、劇場と同様、特権的な一過性の場であった。だがしかし、レストランと劇場の対比は、いつも演者と観客の区別という問題を回避していた。客は皆、観客として代わる代わるお互いを注意深く見ていたが、自分も監視されているかもしれないと認めることはめったになかった。レストランでは、皆が皆、上品にも目立たぬようにして観察し、軽率にも無頓着に演じるのだった。ある意味で、パリの高級レストランは、宮廷の「大膳式」の作法――列席者は綿密な礼儀作法に従い、人に見られることは食べ物に満足することと同様に重要で、明確な服装規定

図 24：ボワリー『牡蠣を食べる人々』(1825 年)。生牡蠣は膨大な量が消費され、どんなレストランの食事でも鍵となる要素だった。

にしたがって中に入れるか門前払いを食わされるかが決まった——を一般化したと言えるが、今ひとつ別の肝心な点に関してはそうではなかった。つまり、国王の公開の食事——その間、彼は食べ、他の者は見ていた——が、君主としての力の計算されたパフォーマンスとなっていたのに対し、レストランでの食事の意味は、何らかの比較すべき中心に由来するものではなかったのである。食事室にいるそれぞれの「君主」が王侯のように、またひとかどの者であるように感じたにせよ、その観客たちも皆食事をしていると分かったとき、どうやってそうした感覚を維持し得ようか。旧体制の宮廷社会での位置の相関関係は、これよりはるかに測定しやすかった。君主が一種の金本位制度のように機能していたからである（これはローズ・ド・シャントワゾーによる負債削減計画につきまとってはなれなかった仮定条件であった）。しかし、壁という壁に鏡が掛かってはいるものの、すべての客がどこの誰とも分からないままであるレストランにあって、何が価値の源となったのだろうか。

一八三九年八月、アルフォンス・ロベールという名の元歩兵隊将校が、当時パレ・ロワイヤルで依然として評判だった店のうち最もよく知られた店の一つ、レストラン〈ヴェフール〉で、たかだか十二フランの食事代を付け払いにした。食事を終えてポケットが空なのに気づいたので、「レストランの女将《レストラトリス》（*restauratrice*）」に付けにしてくれるように頼んだ。自分が泊まっているホテルまでウェイターを一緒に寄こしてくれれば、そこに代金はあるからというのだった。彼女は断った。すると、彼は、正気を疑わせるような、またすぐにでも悪評を招きそうな「異様な暴力行為」に出て、怒りから瓶を鏡に投げつけ、一千四百フラン相当の損害を引き起こした。レストランの快楽が近代経済のなかでしかるべき位置を占める瞬間、つまり勘定のときになって、アルフォンス・ロベールはガラスの破片を部屋中に飛び散らすことにより、もてなしの幻想を文字通り粉砕したのだった。[8] 化粧張りは裂け、鏡は割れ、そして味覚の体系は、最早賢いウェイター（*garçon*）の機知に富んだ切り返しどころではない暴力によって脅かされたのである。

パリの新聞は、レストラトゥールたちの心に恐怖心を植え付けたこの狂人の話が気に入って、その裁判を相当詳細に取り上げた。[9]〈ヴェフール〉の鏡の請求書（当初は五千フランという天文学的な額と報道された）どころか、もっと大きな問題が争点となった。つまり、アルフォンスは瓶を投げてしまったが、他のレストランの客が同じように常軌を逸した振る舞いに走り、メニューの世界全体を鋭く光る破片の雨へと粉砕するのをどうやって防げばいいのかということだった。[10] 公判中、ロベールは、付け払いが拒否され、アメル夫人が信用してくれないことに憤慨したのだと言い立てた。「この安食堂の女将《ガルゴチェール》（*gargotière*）は私を侮辱したのだ」と彼は言った。「私のような人（*gens de mon espèce*）には付け払いにはしないことになっているなどと言うものだから、そこで腹が立ったのだ」と。持ち物といえば原稿（「共和国政府のための憲法」という題からして胡散臭い）以外ほとんど何も持たずに最近パリにやってきた失業中の元軍人にしてみれば、アメル夫人の拒絶は賢明なる店の方針でもなんでもなく、「彼のような人」は分不相応だとして鼻であしらっただけのこと。彼女ははなからレストランの幻想を打ち砕いた——彼や彼のような者に付け払いを拒むことによって自分が誰の友でもないことを証明して見せた、そう言わんばかりだった。その答えとして、アメル夫人は、個人的な知り合い——「私のような人」についてのロベールの解釈よりもはるかに幅広い、間違いなく、より無害である範疇の人——でなければ付け払いはしないと言いたかっただけだと主張した。

しかしながら、法廷や新聞紙上での議論は、このレストランの女主人が不当にロベールを侮辱したか否かという問題ではなく、瓶で鏡を木っ端微塵にしたのと同じくらいの勢いと激しさで彼女に浴びせた「安食堂の女将《ガルゴチエール》」という形容に食ってかかった。裁判長のピノンデルとレストラトゥールの弁護士ヴォリスは、二人ともこの失敬な俗語の使用を見逃さなかった。ヴォリスは、レストラン〈ヴェフール〉の経営者はどこかの粗野な飲食店の主人などではさらさらなく、礼儀をわきまえた作法と「都会風の上品さ」で知られているとくどくどと説明したし、ピノンデルも「あなたの第一の過ちはレストラン〈ヴェフール〉を安食堂《ガルゴット》と見なしたことだ」と言ってロベールを叱責した(11)。アルフォンス・ロベールが瓶を投げ、アメル夫人を安食堂の女将呼ばわりしたとき、彼は鏡だけでなく、鏡に映るイメージをも壊してしまったのである。レストランの装飾の重要な一部を文字通り破砕すると同時に、そこに映ったレストランの実像、またレストランのあるべき像をも打ち砕いたのである。〈ヴェフール〉を安食堂《ガルゴット》と呼ぶことは、勘定の踏み倒しや姿見の破壊のリストに付け加えられるべき、まさにもうひとつの罰すべき罪だったのだ。

ロベールの話と、『ひなぎく』という題の詩集原稿以外ほとんど何ももたずにパリにやってきたバルザックの『幻滅』の主人公リュシアン・ド・リュバンプレとを比べられたい。彼が夢中になっている女性、バルジュトン夫人から、自分と一緒にいるところを見られたくないと言われて落胆し、自分が着ている立派な青いスーツのせいでどこから見ても田舎者に見えることに動揺して、彼はレストラン〈ヴェリー〉の夕食に慰めを求める。(12) 食事の間、白昼夢に耽り、将来詩人として成功するぞ、美女をものにするぞと想像する。レストランが夢想に拍車をかける。豪華な客間に腰を下ろし、ボルドーワイン一本、オステンド産の牡蠣、シャコやマカロニなどを楽しむうちに、自分がパリの上流社会の一員になったかのように感じられ、自分が名声を獲得するのを妨げるものは何もないと想像する。才気によって友を得て、知性によって読者を得ることだろう。こうした考えに上機嫌となって、彼は立ち去る準備をする――そして、五十フランの勘定書で夢から我に返るのだ。リュシアンは支払い(それまでの月々の出費よりも多額であったが)、レストランを出るや、彼の知的成功の夢は妄想にすぎなかったことを悟る。彼は新しい服を買いに走る。

というのも、レストランが提供する楽しみは結局は何らかの値段がついているからである(図25)。さらにシャンパンをもう一本、アルマニャックをもう一杯、パンチをもう一

図 25：『パリ到着』。ごまかしと夢想、そして避けがたいラブレーの 15 分をめぐる物語。中央の人物は「新しくできた友達」が夕食に招待してくれたのだと言い張るが、伝票が届く頃には彼らはもうしっかりドアの外にいる。

杯注文するなどして、「ラブレーの十五分」――勘定書が届く決定的瞬間――を先送りすることはできるかもしれないが、さらに飲み食いしたところでその瞬間をいつまでも引き延ばすことはできまい。レストランは、さながらジャン・フランソワとジャン・バティストの兄弟が客を自宅に招くかのように「ヴェリーの家で《シェ・ヴェリー》（chez Véry）」というように呼ばれていたが、これは単なる幻想にすぎず、この幻想が長く続く間に出費は跳ね上がり、用心の足りない客は絶望の瀬戸際まで追い込まれるのだ。客たちがレストラトゥールに対して何らかの真の気前の良さを強いるには勘定書を踏み倒すしかあるまいし、何らかの単純で無媒介のやり取りを成立させるためには法を破るしかあるまい。レストラトゥールを夕食に招く者などいなかった――それに、レストラトゥールと食事をしたら（ルソーのことを思い出されたい）、それまでの付けをまとめて支払わねばならないような気になることだろう。

それにもかかわらず、ジャン・フランソワとジャン・バティストが死んでいなくなった後も、こうした幻想は存続した。後者の息子は貸家広告を出し、最高額を入札した商人にレストラトンを貸した。一八四三年の売買契約では、ヨーゼフ・ノイハウスが「〈レストラトン・ヴェリー〉の名称と看板のもとで」店を経営すべきこと、この店名が長い間評判を得てきた高い水準を維持すべきこと、手を引くときはその名称をテオドール・オギュスト・ヴェリーに返却すべきことと明記されていた(13)。一軒のレストラン〈ヴェリー〉はリヴォリ通り建設のために取り壊されていたし、もう一軒は一八五六年に破産し、さらに、マジャンタ大通りにあったもう一軒は世紀末の無政府主義者のしかけた爆弾によって破壊されることとなる。(14) サン・キュロットからは糾弾され、無政府主義者のダイナマイトで吹き飛ばされはしたものの、レストラン〈ヴェリー〉は文学と伝説、神話と通りの看板のうちに残ったのであった。

皆が気づき始めていたことだが、レストランは誰の家でもなかった——もし、事の成り行きでレストランに住むことを強いられたら、それは「辛い生活(*vie pénible*)」であった。というのも、フランス人は「家がないがゆえに(15)」レストランを持っているからだ。何の苦労もないパリの中流階級の独身男で、劇場の支配人にして編集者にして医師だったルイ・ヴェロン博士のような常連客にとっては、当世風のレストランの込み入った食事室は「群衆の真ん中で静寂と孤独(16)」の楽しい感覚を提供してくれるものだった。しかしながら、ヴェロンの持つ、他人を意識しない能力、そして連れもなく「いつもの自分の」テーブルに腰掛けているがゆえに孤独を感じる能力は、十九世紀にあってはまだ比較的珍しいものだった。こうした行動様式は、初心者がすぐに真似ようとしても十分に身につけることは無理で、よく観察して意識的に習得しなければならないものだ。広く出入りが認められ、公然と開かれたものでありながら、それでいて打ち解けない、私的な場所であり、見知らぬ者同士が言葉を交わすこともめったになく、けっして相席になることもない場所として、レストランには慣れが必要なのは議論の余地のないことだった。

例えば、旅慣れたアメリカ人作家のキャロライン・スタンズベリー・カークランドにとっては、パリのレストランの食事室でいくらかでも心の平安が保てるなどということは少しも自明のことではなかった。彼女はそれまでに新聞を発行し、デトロイト女学校の校長を務め、エドガー・アラン・ポーとも親交があったほどだが、人前でものを食べるとなると、カークランド夫人には態度の革新と物の見方の明確な変更が必要となった。「誰か見てはいないかと（……）あたりをそれとなくちらちらと見ないですむようになるには、実際なにがしかの訓練が要る」と彼女は書いている。「でも、誰も自分のことなど見ていない、いや自分がそこにいることすら誰も気づいていないようなのだ」と続けて、こう締めくくっている。「はじめはマナー違反のように感じられるが、しばらくするとこれが快い気ままな気分に包まれていく」(17)。

カークランド夫人は、自分が安心して無視されていればよいと納得するまで、他の客たちを盗み見しなくてはならなかったが、なにがしかの訓練の後、レストラン生活の気楽さが分かるようになった。その十年ほど前、アメリカの開拓地生活を痛烈に風刺し、偽名で発表した最初の小説を書いたときも、これと同じような目もくらむばかりの自由を体験していたかもしれない。だが、「モンタキュート」（ミシガン州ピンクニー）の住人はこの策略に騙されることはなかったし、怒ったこの地方の同胞たちが毒舌家「メアリー・クレイヴァーズ夫人」の正体を割り出すや、カークランド夫人は屈辱を覚えたのだった。これに懲りて、その後のいずれの作品でも語気は穏やかになったが、匿名が侵されてはもう二度とあのような成功作は書けないかもしれないと嘆くのだった。「世の中の人からずっと顔を凝視されていると、女の人ならある種の監禁状態に置かれているかのように感じるに決まっています」と彼女は友人に説明している。[18] カークランド夫人は、ピンクニーの穿鑿好きな連中に匿名を暴かれたときも驚いたが、パリのレストランの食事室で再び匿名性を見いだしたときも最初のうちは同じように当惑した。それでも、〈トロワ・フレール・プロヴァンソー〉――金色に塗られた鋳造物や銀食器や磁器製の果物籠などもあって、「王族のものと見紛うばかりに立派な」店――での食事は、「誰も(……)自分がそこにいることなど気づいていない」[19]と安心させてくれるに十分であった。疑り深い向きには、カークランド夫人は偽名でもそうだったように、レストランでも身を隠すことはできなかったはずだという結論に達する人もいたかもしれない。だが、実際に無名性はレストラン生活の要点だったのか。

〈ロシェ・ド・カンカル〉〈モントルグイユ通りにあった、グリモ・ド・ラ・レニエール行きつけの有名な魚介類専門のレストラン〉の経営者は、レストランの名称の独占権を守るために繰り返し裁判を起こし、競合する〈ロシェ・ド・カンタル〉や〈プチ・ロシェ〉からの防

図26：『一口のご馳走』。『シャリヴァリ』紙の「人相学画廊」は、様々な設定でパリ人を描いており、肉を一心に切り刻んでいるこのレストラン客もその1人だ。

〈プチ・ロシェ〉の壁は、食道楽を題材にした

〈プチ・ロシェ〉がついに閉店したとき、近所にあった〈プチ・ロシェ・ド・カンカル〉は喜んでその場所を受け継いだ。レストランをそれ自体一つのジャンル、一つの制度にする、ほかならぬ引用と模倣の論理にしたがって、もう一軒のレストランに倣ってそう名付けられたように、〈プチ・ロシェ〉の壁は、食道楽を題材にしたドーミエ、ガヴァルニ、ボワリーなどの有名な風刺画の模写で飾られていた。絵のなかの牡蠣は、ガヴァルニの描く一コマにおいて微笑んだ若い殻開け係《エカイエール》の娘によって開けられ、別のコマでボワリーが描く食通たち（図24）の喉元に滑り落ちる。注文したボルドーの最初の一杯を味わう男もいれば、出てきた食事を張り切って切り刻む者もいる（図26）。すべてが〈プチ・ロシェ〉の食事客を愉快な気分に誘うのだった。[21]〈プチ・ロシェ〉の別な壁には、ドーミエ描くところの可哀想な輩が、さだめし空っぽにちがいないポケットに両手を突っ込んで、レストランのショーウインドーの外で羨ましそうに立っていた[22]（図27）。レストラン生活の主題の一つである、店の外に立つこうした男の姿は、それまでもしばしば見られた。十一年前の一八三〇年、オーギュスト・リュシェは、まるで目の前にドーミエのスケッチを置いているかのように、夕食時、パレ・ロワイヤルあたりをさまよう青白い顔をした黄ばんだような人影をこう描いている。「彼らはときに足早に、ときにゆっくりと、また時々立ち止まっては、〈ヴェフール〉や〈ヴェリー〉といった紛う方なく有名な厨房から芳香を放つ通気口の傍らで一休みする」。ポケットに

図 27：オノレ・ドーミエ『3 スーあるぞ』。『シャリヴァリ』紙（1839 年 8 月 11 日号）所収の石版画。

深く両手を突っ込んで、「彼らは、釣り合いよく並べられたフォワグラのパテやガランテイーヌ、ロブスター、シャコ、キジ、その他様々な物をじっと見つめており」、ときどき「ウインドーの反対側にある物を欲しがる猫のように」哀れを誘うようなちょっとしたしぐさをする。(23)一七九四年なら、こんな状況だと警察の治安活動が必要となったことだろう。一八三〇年、リュシェは、こうした描写が革命を誘発してくれたらと願っていたのかもしれない。

だが、店の外にいる男はレストラン生活に必要な要素であった。群衆や一階の客間の喧噪から隔てられた二階（*premier étage*）の食事室においても、〈プチ・ロシェ〉の客はひもじそうな眼差しで見つめられていた。というのも、十九世紀のレストランをめぐる幻想には、暗黙のうちに誰か外側の人物の存在が必要とされていたからである。例えば、ウインドーに顔を押しつけた可哀想な輩でも、〈ヴェリー〉で何とかただ飯にありつこうと策を弄する太鼓持ちでも、味付けといえばレストランの固い鉄格子から吹き出る美味しそうな香りだけのパンを貪り食う街の幼い小僧の集団でもよいのだった。

謝辞

本書の論考とはかなり長いつきあいになったので、その間、多くの方々、多くの機関と関わることとなったのも驚くにはあたらない。関係した方々には大変お世話になった。とくに、博士論文の指導教授であったサイモン・シャマ氏には負うところが大きい。学部時代の論文に氏が興味を持ってくださったことがきっかけで、私は歴史研究者となったのだから、かれこれ十五年以上もその溢れんばかりの助言や励ましを賜ったことになる。氏に感謝申し上げる。ドミニック・ラキャプラもこの研究を絶えず支えてくれたし、ジェームズ・ブーンの活力と雅量にも本当に感謝している。アリソン・キャサレット、ヒラリー・フォード、ミランダ・マシーも、大学院生活を楽しいものにするに大きな役割を果たした。多くの友人や同僚が本書の各論文を読んでくれたり、他の形で協力してくれた。ロバート・ダーントン、キャロライン・フォード、レイモンド・グルー、パトリス・ヒゴネット、コリン・ジョーンズ、ジャン・マトロック、さらには何人かの匿名の読者が、皆、本書の各章を読んで、有益な感想と有用な文献を提供してくれた。その感想は実に多岐にわたり、そのおかげで、レストランについて本を書くとは、ほとんどすべてについて本を書くようなものだと十分に実感するにいたった。大学院からの多くの友人も、草稿段階で読んでくれた。とりわけ、ロン・シェクターにはその熱情に元気づけられたし、ジム・リヴジーにはその慎重な批評に感謝したい。狂詩の翻訳におけるマイケル・クーパーソンの類い稀なる才能には目を瞠るものがあった。ジョン・ラビノヴィッツとトニー・コレットは、原稿に対し、これほど学問的ではないが、さりとて実に有益な反応を寄せてくれた。ケンブリッジのトム、マーサ・シエニエヴィッチ夫妻と、パリのマリー、フィリップ・ハイマン夫妻には、寛大なもてなし以上のものをいただいたことに、特別に感謝申し上げる。

論文のための研究を続けている段階で、ジャン゠ルイ・フランドランとジャン゠ロベール・ピットの両氏が、レストランに関する私の初期の構想を発表する機会を与えてくれた。そのとき以来、本書の一部を多くの研究会、セミナー、ワークショップで発表してきたが、こうした経験からは毎回得るところが大きかった。ヴォルテール財団主宰の十八世紀研究国際学会で行われた「公共性」をめぐるシンポジウムは、とりわけ貴重な一週間であった。このことに対してもロバート・ダーントンに感謝したい。フランス歴史学学会、十九世紀フランス研究学会、近代初期文化研究グループ、コーネル大学大学院の歴史セミナー、ハーヴァード大学ヨーロッパ研究センター、歴史研究所における近代フランスセミナー、ウォリック大学の社会史セミナー、オックスフォード大学の啓蒙主義セミナーなどで、本書の一部を発表したとき、質問、批評、感想を寄せてくれた方々にも謝意を表したい。これらの発表はどれも皆、多くの古文書館や図書館での調査を通じて成長したのである。なかでも、フランス国立図書館、パリ市歴史図書館、フランス国立古文書館、セーヌ古文書館、英国国立図書館、ハーヴァード大学図書館のスタッフには大変お世話になった。ここに感謝したい。本書のテーマが多岐にわたるため、多くの論文を書き、多方面で調査することが必要となったが、寛大な物質的支援がなければ実現は不可能だったろう。財政的な援助としては、コーネル大学、オーリン財団、フランス大使館文化部、ヴォルテール財団、ロンドン大学カレッジ史学部、ミシガン特別研究員協会、ミシガン大学ロマンス語ロマンス文学部、アメリカワイン食品研究所パリ支部、フランス史研究協会にお礼を言いたい。

英国国立図書館とフランス国立図書館は、所蔵する図版の掲載を快諾してくれた。第二章、第三章の一部については、その原型を「レストランにおけるルソー」(*Common Knowledge*, Spring 1996, pp. 92-108) として発表している。論考を本書に転載することを承諾してくれたオックスフォード大学出版局に感謝する。ハーヴァード出版局の編集者であるリンゼイ・ウォーターズとメアリー・エレン・ギアにも本当に大変お世話になった。

何人かの信頼できる人に、ほとんど原稿を書くそばから読んでもらった。彼らの骨折りに報いるに「ありがとう」の言葉だけでは足りないと思われるが、それ(と、完成した本書)で十分でご寛恕願いたい。スチュアート・セメルは、多くの初期原稿を読んでくれ、常に快活、明敏、機敏——なんと稀有な組み合わせだろう——であった。エリザベス・エズラは、多種多様な草稿に対して、知性、活力、機知、そして適度な良識と強固な信念とで応えてくれた。デヴィッド・ポリーは、ルソーやレストランやローズ・ド・シャントワゾーに関する数限りない問答に辛抱強くつき合ってくれた。われわれの結婚は、他にも実に多くのものをもたらしてくれているが、こと本書に関する限り、学際的対話の価値のとりわけ見事な証明となった。両親、兄弟、甥は、本書の執筆よりもずっと長いつきあいだし、常に安心感と生活と楽しい気分の源であった。本書を彼らに捧げる。

訳者あとがき

レストランについては、すでに多種多様な書物が書かれてきた。いわゆる、料理が偉大であった時代の名料理人列伝から、「美食の神殿」のメニューの吟味、あるいは伝説を交えた逸話集の類い、はたまたもっと実用的に、星を付したガイドブックからグルメ雑誌の紹介記事に至るまで、レストランをめぐる言説はまさしくわれわれの日常に溢れていると言っても過言ではない。

社会学者スティーブン・メネル（『食卓の歴史』北代美和子訳、中央公論社、一九八九年）は、広い意味での美食文学の基本的な特徴として、第一に、メニューの組み合わせ、コースの順序、給仕方法などの垂範、第二に、栄養学的考察、第三に、有名な食べ手や料理人の列伝に代表されるような「歴史と神話」の「ごちゃまぜ」の提示、第四に「忘れがたい食事をノスタルジックに思い出すこと」を挙げているが、巷に溢れるレストラン関連の書物の大半は、程度差こそあれメネルの挙げる特徴に沿ったものであると言ってよい。

そのなかにあって、本書は、味覚と食卓の革命史とも言うべきもので、本格的なレストラン史研究として異彩を放っている。序章にもあるように、著者には「ヴェリー家

（……）の伝記やその時代の研究やら、〈グラン・ヴェフール〉や〈トゥール・ダルジャン〉への賛辞やら、はたまたルソーやバルザックの食生活の日録やらを書くつもりはない。むしろ、本書は「レストランとは何か」、「人はそこで何をするのか」という「意図して素朴な、それでいて見かけほど単純ではない二つの問題」に多面的に取り組んでおり、この分野ではパイオニア的な書となっている。ハーヴァード大学出版局からトマス・J・ウィルソン賞を、アメリカ十八世紀研究学会からルイ・ゴットシャルク賞を受賞した所以であろう。

本書では、まず、大革命以前、「レストラン」が食べるための場所ではなく食べ物であった時代から説き始め、この「薬効豊かな」ブイヨンが当時高まりつつあった食餌法への関心や十八世紀的感性と結びついて、病弱な（振りをしたい）者たちが繊細さを誇示するために「レストラトゥールの部屋」に行くようになる過程を辿る。ただ、著者も言うとおり、「話は非常に複雑で、しばしば無関係とされてきたテーマ――レストラン評や政治的祝宴、改革と啓蒙主義的科学の流行、革命の熱狂と美意識の序列化、不倫の戯れと薬効の高い調合薬など――が重複し錯綜している」。「謝辞」で著者自身が述べているように、「レストランについて本を書くとは、ほとんどすべてについて本を書くようなもの」だろう。事実、この新たに異質化された空間をめぐる位置づけは、今日のようにパリの不動のランドマークとして定着するまでの間に（そして、おそらく今も）、政治的、文化的、社会的、風俗的な変遷を繰り返し、その都度、それを取り囲む都市空間、さらには「公共圏」を異質化せずにはおかなかった。第3章「公共の空間における私的な食欲」、第4章「道徳、平等、もてなし！」、第8章「レストランに隠れる」をはじめ、このような〈場〉としてのダイナミズムについては各章を通じて子細に論じられている。他方、膨大な資料を基に、大革命がレストランを生んだとする通説に真っ向から異議を唱えたり、「密接に絡み合った十九世紀の言い伝え、伝説、大衆の抱いていたイメージなどを総合すると、レストランの個室は貞操の堕落、あるいは無視と見られていた」というような「毒気」のある大胆な言辞にも事欠かず、すぐれて挑戦的で刺激的な書となっている。

ページをめくるにつれ、レストランをめぐる諸問題がさまざまな角度から鍛えられていく。それと同時にわれわれ読者も、そして、われわれが持っていた「レストラン」という概念も鍛えられていくのに気付くはずだ。

著者のレベッカ・L・スパングは、十八世紀中頃から現代にいたるフランス史を専門とし、現在、ユニバーシティ・カレッジ・ロンドンで近代フランス史を講じる若手の歴史家である〔二〇〇一年単行本刊行時〕。同大のシラバスによれば、今年度は、「革命期のヨーロッパ」と「ルソー、マルクス、フロイト——現代性の諸テーマ」という講義を担当しており、前者の講義概要には、これを「一七七四年から一八七〇年までのヨーロッパ社会史、文化史、思想史、政治史概論」と位置づけながら、「啓蒙主義、理性、科学、感情。革命、近代性、歴史記述。世論と私生活。消費文化と文化の消費」など、この時期の主要テーマを多岐にわたって検討するとある。なかでも興味深いのは、別に「主要文献」を挙げ、その精読こそ「最良の出発点」であるとして繰り返し強調していることである。毎週指定した「必須文献」は、受講する「すべての学生が絶対に読まなければならない」(「その多くのテクストはウェブ上で入手できるし、大学の図書館ではすべてが見つかるであろうから、読み損ねたという言い訳は受け入れられない」とも)とした上で、「小説、戯曲、演説、日記、書簡のみならず、哲学、美学、政治関連の著作」をも主要テクストとして「読むことを強く勧め」ている。幅広い文献を主要テクストとして精読することは、著者自身の信条であり、方法そのものであろう。「小さなカップ一杯のブイヨンからレストラン(今日の意味での)が出現する過程を辿っていく」という本書においても、その姿勢は貫徹されていると言ってよい。

本書は、Rebecca L. Spang, *The Invention of the Restaurant, Paris and Modern Gastronomic Culture*, Harvard University Press, 2000 の全訳である。

本文中の［ ］内の注は、とくに明記してある場合を除いてすべて原注である。レストラン名には〈 〉を付したが、ときに前後関係から店主名と判断すべき場合もあり、必ずしも一様ではない。

本書の訳出にあたっては、既刊の翻訳書、研究書を参照させていただいた。改めて先学の学恩に感謝したい。その他、あえて名前を記さないが、同僚、先輩の諸先生からありがたいご教示をいただいた。皆様に厚く御礼申し上げたい。また、予定よりも大幅に遅れてしまった怠惰な訳者を辛抱強く支えてくれた青土社の西館一郎氏にも、この場をかりて心より感謝したい。

二〇〇一年十月

小林正巳しるす

国立図書館（パリ）の好意により転載。

15：『個室あります。1時間の夕食』フランス国立図書館（パリ）の好意により転載。

16：シャルル＝ジョゼフ・トラヴィエ『マイユー氏の戯れ』（1831年頃）。フランス国立図書館（パリ）の好意により転載。

17：ガヴァルニ『女の策略――レストランの〈個室〉』。フランス国立図書館（パリ）の好意により転載。

18：『パリにおける若者たちの法学の勉強法』（1833年）。『シャリヴァリ』紙所収の石版画。英国国立図書館の好意により転載。

19：シャルル＝ジョゼフ・トラヴィエ『伝票』。フランス国立図書館（パリ）の好意により転載。

20：『勘定を払わなくては』。『シャリヴァリ』紙所収の石版画。英国国立図書館の好意により転載。

21：『過剰と不足』。フランス国立図書館（パリ）の好意により転載。

22：『腹』（1819年）。フランス国立図書館（パリ）の好意により転載。

23：『〈腹〉の諸権利』。フランス国立図書館（パリ）の好意により転載。

24：ボワリー『牡蠣を食べる人々』（1825年）。フランス国立図書館（パリ）の好意により転載。

25：田舎者によるレストランの二枚舌の初体験。フランス国立図書館（パリ）の好意により転載。

26：『一口のご馳走』。『シャリヴァリ』紙所収の石版画。英国国立図書館の好意により転載。

27：オノレ・ドーミエ『3スーあるぞ』。『シャリヴァリ』紙所収の石版画。英国国立図書館の好意により転載。

図版一覧

1：ルイ・ベルテ『レストランの美しい女主人』、ニコラ＝エドム・レチフ・ド・ラ・ブルトンヌの『当世女』（1780〜88）の挿し絵。フランス国立図書館（パリ）の好意により転載。
2：ニコラ・ラヴランス『レストラン』（1782年）。フランス国立図書館（パリ）の好意により転載。
3：『自由を祝う友愛的食事会』（1794年頃）。フランス国立図書館（パリ）の好意により転載。
4：『よろしい……勘定は別々に』（1789年）。フランス国立図書館（パリ）の好意により転載。
5：豚足を食べている最中に逮捕されたルイ16世（1791年）。フランス国立図書館（パリ）の好意により転載。
6：『大食漢、あるいは大きな鳥はゆっくり飛ぶ』。フランス国立図書館（パリ）の好意により転載。
7：ヴァレンヌで逮捕される国王。フランス国立図書館（パリ）の好意により転載。
8：ブリオン『ル・ペルチエの暗殺』（1793年）。フランス国立図書館（パリ）の好意により転載。
9：スヴェバック＝デフォンテーヌ『ル・ペルチエ暗殺』。フランス国立図書館（パリ）の好意により転載。
10：『フランス美食地図』（部分）。シャルル・ルイ・カデ・ド・ガシクールの『美食学講義』（1809年）の口絵。フランス国立図書館（パリ）の好意により転載。
11：『脾臓を患うイギリス人が（……）パリに到着する』（1815年頃）。フランス国立図書館（パリ）の好意により転載。
12：『フランス料理で脾臓が癒える』（1815年頃）。フランス国立図書館（パリ）の好意により転載。
13：『この上ない美味。レストラン・ヴェリー』。フランス国立図書館（パリ）の好意により転載。
14：ブルデ『ウェイター、ラカウを持ってこい』（1835年）。フランス

Europe (New York: Harper and Brothers, 1844), vol. 1, p. 39; Henry Matthews, *Diary of an Invalid*, 2nd ed. (London: John Murray, 1820), p. 480 を参照。さらなる参考文献は本書第 7 章を参照。

16. Louis Véron, *Mémoires d'un bourgeois de Paris* (Paris: de Gonet, 1853), vol. 2, p. 2.
17. Caroline M. Kirkland, *Holidays Abroad; or Europe from the West* (New York: Baker and Scribner, 1849), vol. 1, p. 133.
18. Letter to Rufus Griswold (Jan. 21, 1843), Detroit Public Library. 以下のものに引用。Zagarell, "Introduction," in Caroline Kirkland, *A New Home, Who'll Follow? Or Glimpses of Western Life* (New Brunswick, N. J.: Rutgers University Press, 1990), p. xvii.
19. Kirkland, *Holiday Abroad*, vol. 1, p. 134.
20. *Gazette des tribunaux*, Dec. 2, 1836, p. 105; Feb. 14, 1840, p. 369; Aug. 30, 1841, p. 1153.
21. M. Vimont, "Le Rocher de Cancale, notes artistiques," in *Le Centre de Paris* (bulletin de la société historique des 1re et 2me arrondissements), 1921, pp. 211-213.
22. ドーミエの作品には、「レストランの外に立つ人々」が多く含まれており、そのうちの何枚かは「シャリヴァリ」紙の「パリはいかにして食べているか」という連載で大きく取り上げられている。披露宴のおこぼれに与る「客」(*Le Charivari*, Dec. 25, 1841) や、策略を変えて財布を忘れた銀行家と称することにした「帝国の知事」(*Le Charivari*, Dec. 28, 1841) を参照。
23. Auguste Luchet, *Paris esquisses* (Paris: Barbezat, 1830), pp. 269-270. Lanfranchi (Lamothe-Lagnon), *Voyage à Paris* (Paris: Lepetit, 1830), pp. 182-183 にも驚くほど似ている描写がある。

is: Comptoir des Imprimeurs-Unis, 1847), vol. 2, p. vii を参照。

7. *Le Gastronome*, April 15, 1830, p. 2. 定期刊行物の中には、レストランと芝居の両方を専門にするものもあったし、また芝居のプログラムが小冊子型のメニューに挟まれる場合もあった。*L'Entremets* (1838), *Le Moniteur des restaurans* (1843), *L'Entr'act du gastronome* (1851) を参照。

8. この「最も特異な出来事」についての報告としては、*Journal des Débats*, Sept. 15, 1839, p. 2; *Le Constitutionnel*, Sept. 15, 1839, p. 3; *Le National*, Sept. 15, 1839, p. 3; *Gazette des tribunaux*, Sept. 15, 1839, pp. 1158-1159; および Gaetan Niépovié, *Etudes physiologiques sur les grands métropoles de l'Europe occidental: Paris* (Paris: Charles Gosselin, 1840), p. 77 を参照。

9. *La France*, Oct. 30, 1839, p. 4; *La Quotidienne*, Oct. 30, 1839, p. 3; *Le Constitutionnel*, Oct. 30, 1839, p. 4; *Journal des débats*, Oct. 30, 1839, p. 4; *Gazette des tribunaux*, Oct. 30, 1839, p. 1310.

10. 伝えられる所では、ロベール逮捕後の数日間、パリのレストランでは鏡を割ると脅す「模倣」行為が多く見られたという。*Gazette des tribunaux*, Sept. 20, 1839, p. 1175 を参照。

11. *Gazette des tribunaux*, Oct. 30, 1839, p. 1310.

12. Honoré de Balzac, *Illusions perdues* (1837-1843; Paris: Gallimard, 1972), pp. 179-185.

13. A. N. Min. Cen. XIV-800 (April 8, 1843); *Journal des débats*, Jan. 2, 1843. 店名の宣伝をめぐって起きる法廷闘争の報告としては、*Gazette des tribunaux*, June 29, 1842, p. 1003 を参照。

14. *Journal de Paris*, Aug. 11, 1817, p. 1; A. N. Min. Cen. XIV (Oct. 28, 1856); *Le Petit parisien*, April 27-29, 1892, p. 1.

15. 「必要に迫られて住むのならレストランは退屈極まりないが、習慣となっていない者には楽しみがないわけではない。」Etienne de Jouy, *L'Hermite de la Chaussée d'Antin*, no. 66 (*Gazette de France*, June 28, 1812). 以下のものに転載。*Oeuvres complètes d'Etienne Jouy* (Paris: Jules Didot, 1823), vol. 2, p. 256. 英米の旅行者は、パリの人には「家」がないとしばしば指摘している。John Durbin, *Observations in*

70. *Le Courrier français*, Feb. 27, 1834, p. 2; *Gazette de France*, Mar. 21, 1834, p. 1.

71. *Gazette de France* (Sept. 2, 1840, pp. 1–3) によれば、シャティヨンでの祝宴には何千枚もの招待状が送られたというし、メッスでは、改革派の連中が1つで全員を収容できる大きな宴会場を見つけることができず、いくつかのホテルの食事室に分散せざるを得なかったという。*Le National*, Aug. 5, 1840, p. 3. 1848年の祝宴についての詳細は、"A Confusion of Appetites: The Emergence of Paris Restaurant Culture, 1740–1848" (Ph. D. diss., Cornell University, 1993), pp. 279–282, 305–319 を参照。

終章　レストランと夢想

1. Jean-Baptiste Nougaret, *Paris metamorphosé* (Paris: Desenne, 1799), vol. 1, p. 6; *Caricature provisoire*, July 19, 1840; Frédéric Soulié, "Restaurants et gargotes," in Paul de Kock et al., *La Grande Ville*, (Paris, 1842), vol. 2, p. 21.
2. Isaac Appleton Jewett, *Passages in Foreign Travel* (Boston: Little and Brown, 1838), vol. 2, p. 12; N. Packer Willis, *Pencillings by the Way* (New York: Charles Scribner, 1852), p. 39.
3. *Promenade gastronomique dans Paris, par un Amateur* (Paris: Dondey Dupré, 1833), p. 69.
4. *La France*, Sept. 23, 1839, p. 4. 2人の男がレストランで悦に入って食事をしていると、一方の妻が明らかに貧しさから憔悴した面もちで入ってきたという話と比較されたい。*Le Parisien*, Oct. 27, 1842, p. 2.
5. Pierre Jouhard, *Paris dans le XIXe siècle* (Paris: Dentu, 1809), p. 57.
6. *Promenade gastronomique dans Paris*, pp. 74–75. 断然有名な19世紀前半のシェフにして料理本の著者であるカレームは、著書の前文で殉死を呼びかけており、シェフの芸術にとってどんなに犠牲を払っても払いすぎるということはなく、若くして、かつ有名になって死ぬことが、およそ料理人の望みうる最善であるとしている。Marie-Antonin Carême, *L'Art de la cuisine français au dix-neuvième siècle* (Par-

くとも部分的には、フランスの国家的天性の定義において料理が中心を占めるようになる過程を示してはいる。

62. *Le Charivari*, Feb. 8, 1844; *Le Charivari*, Mar. 10-13, 1845.

63. *L'Aspic*, January 1837, p. 12.

64. *Le Charivari*, Dec. 22, 1837.

65. こうした人物像の初期の例としては、*Courrier républicain*, Prairial 1, Year V [May 18, 1797]（François-Alphonse Aulard, ed., *Paris pendant la réaction thermodorienne*, vol. 4, p. 122 に引用）を参照。Viennet, "La Vie d'un député," in *Paris ou le Livre de cent-et-un*（Paris: Ladvocat, 1831-1834), vol. 6, p. 195 を比較されたい。ベランジェの『太鼓腹』は大人気で、翌年には『1819 年の選挙での太鼓腹』という続編を生んだ。Pierre Jean de Béranger, *Oeuvres complètes*（Paris: Perrotin, 1852), vol. 1, pp. 290-293, 306-309 を参照。ベランジェについての文献は夥しいが、これらの〈太鼓腹〉が博した人気については、Joseph Bernard, *Béranger et ses chansons*（Paris: Dentu, 1858), pp. 149-150; Léon Fours, *La Vie en chansons de Béranger*（Paris: Lemerre, 1930), pp. 103-104; Jean Touchard, *La Gloire de Béranger*（Paris: Armand Colin, 1968), vol. 1, pp. 216-217. 以下のものも参照。François de Comberousse, *Le Ministérial, ou la manie des dîners*（Paris: Ladvocat, 1819). その主役は、「太鼓腹」という名の議員と「シーソー」という名の友人だった。

66. Léon Thiessé and Eugène Balland, eds., *Lettres normandes ou correspondance politique et littéraire*（1819), pp. 58, 188.

67. トリュフ漬けの代議員についての寸鉄句は、何十年もの間、いたるところで見られた。*Le Corsaire*, Jan. 23, 1826, p. 3; Mar. 1, 1827, p. 3; *La Pandore*, Jan. 21, 1826, p. 4; Mar. 15, 1827, p. 4; *Revue de Paris*, 47（1833), p. 219; *Le Charivari*, Feb. 22, 1833; Jan. 24, 1843; Du Bouchet, *La Truffe, anecdote ministerielle de l'année 1826*（B. N. Ye 5889）を参照。

68. *Le Charivari*, Aug. 13, 1845.

69. Collingham, *The July Monarchy*, pp. 147-148; Dalloz, *Répertoire méthodique et alphabétique*, vol. 5, pp. 279-310.

ième moitié du dix-neuvième siècle," *Annales E. S. C.*, 30: 2-3 (March-June 1975), 553-562 を参照。

53. 空想的社会主義者のシャルル・フーリエは、こうした理想に「科学的な」視点を提起し、人類が「文明」の状態から「調和」の状態へと進歩した暁には極地の氷原が溶けだして大洋をレモネードで満たすだろうと主張している。

54. 農業の危機については、Ernst Labrousse, *Aspects de la crise et de la dépression de l'économie française, 1846-1852* (La Roche-sur-Yonne: Imprimerie centrale de l'Ouest, 1956). を参照。何軒かの著名なレストラトゥールは、1846年の夏の猛暑の折に氷屋が配達に来なかったとして、これを告訴している。*Gazette des tribunaux*, Sept. 24, 1846, p. 1457; Oct. 1, 1846, p. 1475 を参照。

55. "Robert Macaire, Restaurateur," *Le Charivari*, Nov. 13, 1836.

56. *Le Charivari*, Jan. 13, 1845; July 23, 1845; *La France*, Jan. 23, 1838, p. 3.

57. Elizabeth Childs, "Big Trouble: Daumier, Gargantua, and the Censorship of Political Caricature," *Art Journal*, 51 (Spring 1992): 26-37.

58. 報道規制法とそれに対抗するジャーナリズム側の戦略については、H. A. C. Collingham, *The July Monarchy* (London: Longman, 1988), chaps. 13-14; Reddy, *The Invisible Code*, chap. 5; Richard Terdiman, *Discourse/Counter-Discourse* (Ithaca: Cornell University Press, 1985) を参照。

59. *Le Corsaire*, Jan. 17, 1835; *Le Satan*, April 9, 1843; *Le Charivari*, April 4, 1843.

60. *Le Charivari*, March 18, 1845; フランスは剣をおろし、肉刺し棒を手にすると断言したギゾーは、この1年前に既に「引用」されていた。*Le Charivari*, April 12, 1844.

61. ロバート・ギルディア Robert Gildea は、フランスにおける栄光信仰は、明白な敗北の逸話から辛勝の物語を救い出すことにあったと主張している。*The Past in French History* (New Haven: Yale University Press, 1994), pp. 112-165 を参照。これが過去に折り合いを付けるゴール人独自の方法だというのにはほとんど納得できないが、少な

の替わりにロバの肉を出したレストラトゥールについての報告の後書き（*Le Droit*, April 14, 1838, p. 3028）もそうだ。狡いウェイターの切り返しの言葉（De Courcy, Gustave, and Hyppolite, *Le Restaurant*, P. 12）もそうだ。おそらくグランヴィルの素晴らしい「Carte vivante de restaurateur」（「生き返ったレストランのメニュー」の意）の着想もここにあったのかもしれない。ブリア=サヴァランのアフォリズムのうち、最初の3つ（1、生命がなければ宇宙はないし、生きとし生けるものは皆ものを食べなければならない。2、動物は喰らい、人間は食べる。知性のある人間だけがいかに食べるかを知っている。3、国民の命運はその食餌いかんによる）は、これほど広くは引用されなかった。

45. [Mangenville], *L'Art de ne jamais déjeûner chez soi* (Paris: Librairie universelle, 1827), p. 89.
46. Xavier and Duvert, *Les Cabinets particuliers*, pp. 3–5.
47. D***, *Les Numéros parisiens* (Paris: l'Imprimerie de la Vérité, 1788), p. 12; [Francis Blagdon], *Paris As it Was and As it Is* (London: C. & R. Baldwin, 1803), vol. 1, p. 453.
48. Mercier, *Le Nouveau Paris*, vol. 5, p. 75.
49. *Le Charivari*, Feb. 3, 1843.
50. *Le Constitutionnel*, May 28, 1838, p. 3; *Gazette des tribunaux*, April 9, 1838, p. 679, and May 27, 1838, p. 755; *La Quotidienne*, April 11, 1838, p. 3; *Le Temps*, April 11, 1838, p. 4921; *Le National* April 11, 1838, p. 2; *La Presse*, April 11, 1838, p. 3. 以下のものも参照。*Gazette des tiribunaux*, July 24, 1833. この醜聞よりも前から、こうした慣行についての言及はたくさんある。例えば、Brazier, *Histoire des petits théâtres*, vol. 2, p. 218 を参照。
51. *Le Constitutionnel*, May 28, 1838, p. 3.
52. 残飯の商いは、永遠に人を魅了するテーマである。*Le Charivari*, Sept. 23, 1845; John Durbin, *Observations in Europe* (New York: Harper, 1844), vol. 1, p. 38; Charles de Forster, *Quinze ans à Paris: Paris et les parisiens* (Paris: Firmin Didot, 1848), vol. 1, p. 93; Jean-Paul Aron, "Sur les consommations avariées à Paris dans la deux-

参照。

38. John Durbin, *Observations in Europe* (New York: Harpers, 1844), vol. 1, p. 38.

39. *Gazette des tribunaux*, Jan. 23, 1833, p. 283; Jan. 22, 1835, p. 280; March 21, 1836, p. 501; Oct. 11, 1837, p. 1208; Oct. 12, 1837, p. 1212; April 19, 1838, p. 611; *La France*, Mar. 21, 1838, p. 3; April 20, 1838, p. 4; *La Presse*, Sept. 21, 1839, p. 3; *Cabinet de lecture*, Sept. 15, 1939, p. 238. 7月王政期のかの悪賢いペテン師ロベール・マケールは、こうした策略に長けていた。ドーミエの作品『レストランのロベール・マケール』を参照。*Le Charivari*, Dec. 28, 1836.

40. *Gazette des tribunaux*, Sept. 8, 1839, p. 1135.

41. この時期の生理学物に見られた社会的地図をめぐる不安について、より一般的な解説としては、Christopher Prendergast, *The Order of Mimesis* (Cambridge: Cambridge University Press, 1986), p. 93; Nicholas Green, *The Spectacle of Nature* (Manchester: Manchester University Press, 1990), pp. 28–43 を参照。

42. *Promenade gastronomique*, p. 40. 他の著者たちもウェイターの語法のこうした特徴に言及している。C. Verdot, *Historiographie de la table* (Paris: Delaunay, 1833), p. 294; César Gardeton, *La Gastronomie Pour rire* (Paris: Dentu, 1827), p. 113; Eugène Briffault, *Paris à table* (1846; Geneva: Slatkine, 1980), p. 181; *L'Epicurien français*, 55 (July 1810), p. 209 を参照。別の文献では、自分の足は焼いて脳味噌はソテーにしてくれと隣の客が頼んでいるのを聞いて「神経の発作」に襲われた、レストランの客としては新米の女性を描いている。*La Silhouette* (1830), vol. 4, p. 24 を参照。

43. 「フランスに来たあるイギリス人は、骨の付いた大きな肉片が食卓まで運ばれてこないことに驚いている」。*Monthly Magazine, or, British Register* 38: 6 (London: Richard Phillips, 1815), p. 517. この資料を教示してくれたスチュアート・セメルに感謝する。

44. 「どんなものを食べているか言ってみたまえ。君がどんな人であるか言ってみせよう」の意。ブリア=サヴァランの第4のアフォリズムにあたるこの文章の変形版はいたるところに顔を出す。例えば、牛肉を表すようになったかの議論としては、James Cuno, "Charles Philipon and the Maison Aubert: The Business, Politics and Public of Caricature in Paris, 1820-1840" (Ph. D. diss., Harvard University, 1985); Robert J. Goldstein, *Censorship of Political Caricature in Nineteenth-Century France* (Kent, Ohio: Kent State University Press, 1989), pp. 138-145; Sandy Petrey, "Pears in History," *Representations*, 35 (1991): 52-71 を参照。

28. レストラン生活におけるごまかしや策略を描いた記述は、この時期にはどこにでも見られた。なかでも、[J. B. Auguste d'Aldeguier], *Le Flâneur, galerie pittoresque, philosophique et morale* (Paris: Marchands de nouveauté, 1826), pp. 61-73; Auguste Luchet, *Paris, Esquisses*, (Paris, 1830), pp. 300-318; Paul de Kock, "Les Restaurans et les cartes de restaurateurs," in *Nouveau tableau de Paris au XIXe siècle* (Paris: Charles Bechet, 1834), vol. 4, pp. 73-86; Frédéric Soulié, "Restaurants et gargotes," in Paul de Kock et al., *La Grande ville* (Paris, 1842), vol. 2, chap. 1 を参照。
29. De Kock, "Les Restaurans et les cartes de restaurateurs," p. 81.
30. [A. B. de Périgord], *Nouvel almanach des gourmands* (Paris: Baudouin, 1825-1829), vol. 3, pp. 20-21.
31. *Cabinet de lecture*, Dec. 20, 1839, pp. 535-536.
32. Alexandre B. L. Grimod de la Reynière, *Almanach des gourmands* (Paris, 1803-1812), vol. 2, pp. 85, 91, 281; vol. 5, p. 123. 以下のものも参照。Joseph Berchoux, *La Gastronomie, ou l'homme des champs à table* (Paris: Giguet, 1801), p. 235.
33. *Nouvel almanach des gourmands*, vol. 3, p. 3.
34. *Caricature provisoire*, June 23, 1839, p. 2; この種の文学についてのさらなる参考資料としては、本書第7章の注120-122を参照。
35. *Nouvel almanach des gourmands*, vol. 3, p. 21.
36. Jacques Arago, *Comme on dîne partout* (Paris: à la librairie curieuse, 1842).
37. これら独特のランドマークについては、いろいろ資料がある中でも Paul Vermond, "Les Restaurans de Paris," *Revue de Paris* (1835) を

(diss., Université de Paris I, 1989) を参照。

21. *Dîners du vaudeville*, Thermidor Year VI [July-August 1798].

22. 例えば、*Journal des arts, de littérature et de commerce*, Brumaire 30, Year VIII [Nov. 21, 1799], pp. 7-8; *Journal des arts*, Nov. 8, 1808, pp. 60-62; *Journal des arts*, Jan. 20, 1809, pp. 152-155; *Gazette de France*, Nov. 15, 1811, p. 1268; *Gazette de France*, Dec. 24, 1813, pp. 217-219 を参照。歌の抜粋は他の新聞にもそのまま転載され、それによってさらに広まったのかもしれない。*Paris, Pendant l'année 1799* (London), July 31, 1799, pp. 7-14; August 8, 1799, pp. 137-152; Sept. 30, 1799, pp. 563-576 を参照。レストランを本拠地とする歌唱団体の「楽しげな共歓性」は以下のものでも賞賛されている。*L'Arlequin, ou tableau des modes et des goûts* (Paris: Deferrière, 1799), pp. 21-22; Jean Baptiste Cuchet and Alexandre de Lagarencière, *Almanach des plaisirs de Paris* (Paris: 1815), p. 79; Pierre Jouhard, *Paris dans le XIXe siècle* (Paris: J. G. Dentu, 1809), pp. 262-265; Jean Baptiste Salgues, *De Paris, des moeurs, de la littérature, et de la philosophie* (Paris: Dentu, 1813), pp. 285-287.

23. Louis Philippe de Ségur, "Le Carnaval en carême," in his *Oeuvres complètes* (Paris: Emery, 1824-1827), vol. 2, pp. 224-231; *Le Gastronome*, April 15, 1830, p. 2; *Promenade gastronomique*, p. 66.

24. A. N. F^{21} 987, ダルトワとガブリエルについての検閲官の報告書 *M. Pique-assiette* (Paris: Barba, 1824).

25. 注 15 で挙げた売春に関する資料に加えて、John McCormick, *Popular Theatres of Nineteenth-Century France* (London: Routledge, 1993), chap. 7; Odile Krakovitch, *Les Pièces de théâtre soumises à la censure, 1800-1830* (Paris: Archives nationales, 1982); François Gasnault, *Guinguettes et lorettes* (Paris: Aubier, 1986) も参照。

26. A. N. F^{7} 3890 (Feb. 13, 1839).

27. *Le Charivari*, Jan. 1, 1833. シーソーは、革命後のフランス政治を描いた図像の中心テーマだった。とくに、体格としてはほっそりしていたナポレオンと太ったルイ 18 世の描写ではありがちなものだった。B. N. Cabinet des Estampes, Tf23. を参照。どのようにして梨が国王

pion, and Hyppolite Lassagne, *Le Restaurant ou le quart d'heure de Rabelais* (Paris: Bara, 1828); Paul de Kock, Duvert, and Varin, *Les Soupers de Carnaval* (1843); Eugène Labiche, *Un Garçon de chez Véry*, in Labiche, *Théâtre complet* (Paris: Calmann Levy, 1878), vol. 4.

15. この時代については、売春の歴史研究家たちがとりわけ重要な時代として扱っている。Alain Corbin, *Women for Hire*, trans. Alan Sheridan (Cambridge, Mass.: Harvard University Press, 1990) [アラン・コルバン『娼婦』杉村和子訳、藤原書店、1991年]; Charles Berkheimer, *Figures of Ill Repute: Representing Prostitution in Nineteenth-Century France* (Cambridge, Mass.: Harvard University Press, 1989); Jann Matlock, *Scenes of Seduction* (New York: Columbia University Press, 1994).

16. 家庭の食事室が公共的な応接室としていかに重要であったかについては、William Reddy, *The Invisible Code* (Berkeley: University of California Press, 1997), pp. 122-129, および Leora Auslander, *Taste and Power* (Berkeley: University of California Press, 1996), pp. 280-281 を参照。不義を定義した法律のテクストとしては、Armand Dalloz, *Répertoire méthodique et alphabétique de législation, de doctrine, et du jurisprudence* (Paris: Bureau de la jurisprudence générale, 1847), "Adultère," vol. 3, pp. 336-364, とくに p. 353 を参照。

17. A. N. AF IV 1470 (Mar. 7, 1793).

18. 警察記録は2件とも François-Alphonse Aulard, ed., *Paris pendant la réaction thermidorienne et sous le Directoire* (Paris: L. Cerf, 1898-1902), vol. 1, p. 322, および vol. 2, pp. 182-183 に引用されている。

19. *Le Dîner du restaurateur, dialogue patriotique* (Paris: n. p., n. d.); A. N. AF IV 1470 (April 29, 1793).

20. 世紀の変わり目にあった多くの歌唱団体については、研究しようという歴史家はまだいないが、Arthur Dinaux, *Les Sociétés badines, bachiques littéraires et chantantes* (Paris: Bachelin, 1867); Nicolas Brazier, *Histoire des petits théâtres de Paris* (Paris: Allardin, 1838); Marie-Véronique Gauthier, "Les Sociétés chantantes au XIXe siècle"

[Jan. 4, 1802]); *Cabinet de lecteur*, Oct. 29, 1834, p. 8; Frances Trollope, *Paris and the Parisians* (New York: Harper, 1836), pp. 196–197を参照。下着商の女性がその愛人であるロシア人の家僕によって殺された事件が、個室で起きたのか、レストランの大客間で起きたのかは定かではない。A. N. F^7 3835 (Feb. 3, 1811).

11. *Scènes de jour et de nuit au Palais Royal* (Paris: Mien, 1830), p. 68. レストランの個室に対する同様の言及は、この時代にはありふれたものだった。例えば、H. Chaussier, *Le Gros lot, ou une journée de Jocrisse au Palais Egalité* (Paris: Roux, 1801), pp. 127–128; Marant, *Tout Paris en vaudevilles* (Paris: Barba, 1801), pp. 166–168; L***, *Paris et ses modes, ou les soirées parisiennes* (Paris: Michelet, 1803), p. 175; Horace Raisson, *Code gourmand* (Paris: A. Dupont, 1827), p. 121を参照。
12. 最近の分析では、マイユーは「おとぎ話の醜いこびと」ではあるが、「民衆の英雄」であったと論じている。Elizabeth Menon, "The Image that Speaks: The Sign of M. Mayeux in the Art and Literature of the July Monarchy," in Petra ten-Doesschate Chu and Gabriel Weisberg, eds., *The Popularization of Images: Visual Culture under the July Monarchy* (Princeton: Princeton University Press, 1994), pp. 37–57; Gabriel Weisberg, "The Coded Image: Agitation in Aspects of Political and Social Caricature," in exhibition catalogue, *The Art of the July Monarchy* (Columbia: University of Missouri Press, 1990), pp. 148–191, とくにpp. 186–189を参照。
13. 例えば、ガヴァルニの作品『自分がして欲しくないことは人にもするな』は、「13号室」の不幸な個室の内部を描いており、そこでは1人の女性がひっくり返ったテーブルの裏に隠れ、中年の男性（おそらく彼女の夫か父親）がロマンチックな髪型の若者（おそらく彼女の愛人）を殴っている。*Charivari*, Sept. 27, 1843. 異性の服を着るカーニヴァルのお祭り騒ぎを描いたガヴァルニの作品には、レストランの個室を犯罪の場と結びつけるものが多い。
14. Eugène Scribe, *Philibert marié*, in *Oeuvres Complétes d'Eugène Scribe* (Paris: Furne, 1841), vol. 3; Frédéric de Courcy, Gustave Val-

までもない」言説と定義するものとしては、Terdiman, *Discourse/Counter-discourse*, p. 61 を参照。

第8章　レストランに隠れる

1. Xavier and Duvert, *Les Cabinets particuliers* (Paris: Barba, 1832); *Journal des Débats*, Oct. 29, 1832, p. 1.「コルセール」紙の芝居リストによれば、『個室』は1832年10月23日に始まり、連日上演は1月に終わったものの、2月半ばまで上演目録に入っていた。同紙によれば、『個室』は、ヴォードヴィルが休みになる季節の出し物の中では「欠くべからざる」ものだったという。(*Le Corsaire*, Dec. 14, 1832, p. 3).
2. *Le Corsaire*, Oct. 24, 1832, p. 2. 別な評論家は、いったい観客が芝居を笑っているのか、逆に芝居が観客を笑っているのかと不思議がっている。*Le National*, Oct. 29, 1832, p. 2.
3. Louis Sébastien Mercier, *Le Nouveau Paris* (Paris: Fuchs, 1798), vol. 3, p. 173.
4. 1832年の王立裁判所の判決では、カフェ、仕出し屋（トレトゥール）、居酒屋の主人たちに対し、個室を持つことは許されないと注意を喚起している。*Gazette des tribunaux*, March 25, 1832, p. 540 を参照。
5. Martha Amory, *The Wedding Journey of Charles and Martha Babcock Amory* (Boston, privately printed, 1922), pp. 19–20.
6. F. Hervé, *How to Enjoy Paris in 1842* (Paris: Amyot, 1842), pp. 105–106.
7. A. N. Min. Cen. XXII–86 (Oct. 23, 1792), VII–535 (Frimaire 22, Year V [Dec. 12, 1796]).
8. A. N. Min. Cen. XLVI–693 (May 25, 1811), XVI–981 (Dec. 3, 1810).
9. パレ・ロワイヤルのレストラン〈ロベール〉には、個室と同じ階にビリヤード室があった。A. N. Min. Cen. VII–535 (Frimaire 22, Year V [Dec. 12, 1796]).〈レストラン・ダニョー〉は、個室は入り口が別になっていると宣伝している。*Le Corsaire*, Dec. 13, 1829, p. 4.
10. 個室での自殺の事例としては、A. N. F^7 3830 (Nivôse 15, Year X

Gazette des tribunaux, Nov. 26, 1830, pp. 85–86. カフェ・レストランについての議論としては、Merville, "La Vie de café," in *Paris, ou le Livre de Cent-et-un*, vol. 9, p. 216; *Nouveaux tableaux de Paris* (Paris: Pillet, 1828), vol. 1, p. 63; *Vie publique et Privée des français* (Paris: Sigault, 1826), vol. 1, p. 366; De Kock, "Les Restaurans et les cartes de restaurateurs," pp. 63–65 を参照。

129. *Physiologie des cafés de Paris* (Paris: Desloges, 1841), pp. 50–57; 以下のものも参照。James Rousseau, "Les Cafés et les estaminets," *Nouveau tableau de Paris*, vol. 4, p. 53. 不法に「エスタミネ」に衣替えしたカフェ・レストランの事例の判決は、*Gazatte des tribunaux*, Dec. 29, 1837, p. 222 を参照。裁判所は、コーヒーの様々な出し方に関する事例についても判決を下している（「レガル *régal*」は公式にはデミタスカップに丸々1杯と角砂糖4つとブランデーが1口と定義されたのに対し、「グロリア *gloria*」は丸々1杯よりはわずかに少なく、角砂糖2つきりとブランディーが1口とされた）。*Gazette des tribunaux*, July 20, 1844, p. 927 を参照。

130. Jewett, *Passages*, vol. 1, p. 297; Charles de Forster, *Quinze ans à Paris* (Paris: Firmin Didot, 1848), vol. 1, p. 97; *L'Eclaireur des barrières* (Paris: Dépôt générale, 1841), p. 34; *Le Constitutionnel*, Feb. 20, 1835（「1人あたり18スーで食べられる新しいレストラン〈プチ・ヴェリー〉」［原文フランス語］の広告）。モントルグイユ通りにあった元祖〈ロシェ・ド・カンカル〉の所有者は、その名称の独占権を守るために1830年代から40年代にかけて何度も裁判沙汰にしている。*Gazette des tribunaux*, Dec. 2, 1836, p. 105; Feb. 14, 1840, p. 369; Aug. 30, 1841, p. 1153 を参照。ある婚礼の祝宴が、「市門の一つの近くにある〈ヴェリー〉とも言うべき〈レース〉で」催されている。*Le Droit*, Mar. 15, 1838, p. 2979;「郊外のさる〈ヴェリー〉」では盗難が問題となっていた。*Gazette des tribunaux*, Feb. 3, 1839, p. 343.

131. *L'Entr'acte*, April 6, 1838; *Journal de Paris*, May 5, 1818, p. 1.

132. Pascal Ory, "La Gastronomie," in Pierre Nora, ed., *Les Lieux de mémoire*, part 3, vol. 2, *Les France: Traditions* (Paris: Gallimard, 1992), pp. 823–853（引用は p. 824 から）。「支配的な言説」を「言う

Press, 1994), chaps. 2 and 3; Judith Wechsler, *A Human Comedy: Physiognomy and Caricature in Nineteenth-Century Paris* (Chicago: University of Chicago Press, 1982), pp. 13–41［ジュディス・ウェクスラー『人間喜劇』高山宏訳、ありな書房、1987年］; Richard Terdiman, *Discourse/Counter-Discourse* (Ithaca: Cornell University Press, 1985), pp. 93–197, 163–168.

122. Boussel, *Les Restaurants*, および Lotte, "Balzac et la table" を参照。「パリの人々はいかにして食事をしているか」という連載は、1845年の秋から初冬にかけて「シャリヴァリ」紙に載った。同紙は10年前にも同じ話題に触れていた。*Le Charivari*, Nov. 21, 1836 を参照。*La Mode*, Dec. 21, 1839; *La Caricature provisoire*, June 23, 1839 も参照のこと。

123. Arago, *Comme on dîne à Paris; La France*, May 16, 1843.

124. Charles Dupeuty and Cormon, *Les Cuisines parisiennes* (Paris: Tresse, 1843); それに対する批評は、*Le Charivari*, May 18, 1843, および *Le Journal des Débats*, May 22, 1843, p. 4 を参照。

125. Antoine Caillot, *Mémoires pour servir à l'histoire des moeurs et usages des français* (Paris: Dauvin, 1827), vol. 1, p. 357.

126. Arago, *Comme on dîne à Paris*, pp. 34, 66–72.

127. 主人公が「レストラン」と名付けられた18世紀の2編の戯曲において、主人公よりも年上の男で、「古い料理」を体現する女の夫には「Gargotin（ガルゴタン）」という名が付いている。*L'Ancienne et nouvelle cuisine*, B. N. mss n. a. f. 2862, および *Arlequin, restaurateur aux Porcherons*, B. N. mss n. a. f. 2866. François Gasnault, *Guinguettes et lorettes* (Paris: Aubier, 1986) を参照。

128. この一件はパレ・ロワイヤルのある地所に関するもので、賃貸契約によればその借り主はカフェを営業する権利しか持たず、隣の借り主はレストランを経営する独占権を持っていた。後者は、隣人が昼食のメニューを拡大することでカフェの定義を逸脱しているとしてこれを告訴した。法廷で、レストラトゥール側の弁護士はカフェのメニューを振り上げ、「裁判官の皆様、これがメニューですぞ！　品数を数えましたら、120に上るのであります！」と激しく攻撃している。

Philbrick and Constance Ayers Denne (Albany: State University of New York Press, 1983), pp. 76–77 を参照。

116. *Promenade gastronomique dans Paris, par un Amateur*, pp. 70–71; 以下のものも参照。Hezekiah Wright, *Desultory Reminiscences* (Boston: Ticknor, 1838), p. 293.

117. N. H. Carter, *Letters from Europe* (New York: Carvill, 1829), vol. 1, pp. 418–419; Sanderson, *The American in Paris*, vol. 1, p. 88.

118. Caroline Kirkland, *Holidays Abroad or Europe from the West* (New York: Baker and Scribner), vol. 1, p. 134; Zachariah Allen, *The Practical Tourist, or Sketches of the State of the Useful Arts and of Society* (Providence: A. Beckwith, 1832), vol. 2, p. 81.

119. Jewett, *Passages in Foreign Travel*, vol. 2, pp. 7–35; *L'Entr'acte*, March 21, 1836, p. 1; Eugène Scribe and Mazères, *Vatel, ou le petit-fils d'un grand homme* (Paris: Pollet, 1825).

120. Blanc, *Le Guide des dîneurs de Paris: Promenade gastronomique dans Paris par un Amateur*. 他の例として以下のものがある。De Kock, "Les Restaurans et les cartes de restaurateurs"; Eugène Briffault, *Paris à table* (1846; Geneva: Slatkine, 1980); I. D. Derville, "Les Tables d'hôte parisiens," in *Paris, ou le Livre de Cent-et-un* (Paris: Ladvocat, 1832–1834), vol. 6, pp. 289–317; Paul Vermond, "Les Restaurants de Paris," *Revue de Paris*, 2nd series, 15 (1835): 109–121; César Gardeton, *Nouveau guide des dîneurs* (Paris: Breauté, 1828); Jacques Arago, *Comme on dine à Paris*, (Paris: Berquet and Pétion, 1842); Victor Bouton, *La Table à Paris, mystères des restaurants, cafés et comestibles* (Paris, 1845). その後の何十年かのものとしては、*Paris-Restaurant* (Paris: A. Taride, 1854) および Eugène Chavette, *Restaurateurs et restaurés* (Paris: Le Chevalier, 1867) を参照。

121. 生理学と「風景描写（タブロー）」という密接に関連する2つのジャンルについては、Nathalie Basset, "Les Physiologies au XIXe siècle et la mode," *L'Année balzacienne*, n. s. 5 (1984): 157–172; Priscilla Ferguson, *Paris as Revolution* (Berkeley: University of California

の姿見」に映ることから生まれる「魅惑的な」効果を強調する別の記述としては、Topliff, *Letters from Abroad in the Years 1828-1829*, p. 200 を参照。

105. Raffles, *Letters During a Tour*, p. 79.

106. Brillat-Savarin, *Physiologie*, p. 63.

107. Ibid., pp. 163-168.

108. Ibid., pp. 38, 146.

109. Alphonse Karr, introduction to Brillat-Savarin, *Physiologie du goût* (Paris: Gabriel de Gonet, 1852), pp. ii-iii.

110. Brillat-Savarin, *Physiologie*, pp. 141-142, 147. フーリエはありとあらゆる情念を建設的な社会の力に変えたいと考えていた。美食に関する彼の著作の抜粋としては、Jonathan Beecher and Richard Bienvenu, eds., *The Utopian Vision of Charles Fourier* (London: Jonathan Cape, 1971).

111. Brillat-Savarin, *Physiologie*, p. 149.

112. Ibid., pp. 278-279.

113. ブリア=サヴァランよりも何年か前に、あるガイドブック作家が、パリはいままでずっと金や肩書きのある者にとっての豊饒の地であったが、今ではこの街の「多くの神殿」に割くだけのわずかな金さえあれば誰にとっても豊饒の地となると断言していた。Marchant, *Nouveau conducteur*, 9th ed., p. 15.

114. *L'Officier de bouche*, March 17, 1836, p. 2.

115. ブレシングトン Blessington 伯爵夫人のことを教示してくれたジャン・マトロックに感謝する。夫人はレストランでの食事をユーモラスだと思っていた。レストランといえば、豪華なお仕着せを着た物静かな5, 6人の従僕ではなく、大童に動き回る身なりのよくない2、3人のボーイを意味していたからである。*The Idler in France* (Paris: Baudry's European Library, 1841), p. 221. ジェームズ・フェニモア・クーパーは、その旅の間中、フランス人は噂どおり本当にレストランに住んでいるのかと懸命になって確かめようとしたが、何人かの公爵夫人との会談の結果、事実はそうではないという結論に達した。James Fenimore Cooper, *Gleaning in Europe, France*, ed. Thomas

Tour Upon the Continent (London: John Murray, 1819), pp. 41-42.

97. Emma Willard, *Journal and Letters from France and Great Britain* (Troy, N. Y.: N. Tuttle, 1833), p. 82. その一方で、彼女の友人は彼女が議会の討論を傍聴するのを認め、彼女をラファイエットに紹介している。

98. Barnes, *A Tour Throughout the Whole of France*, p. 112; 女性はレストランに相応しいという考えを積極的に受け入れようという者の例としては、Scott, *A Visit to Paris in 1814*, p. 115 を参照。

99. John Durbin, *Observations in Europe* (New York: Harper and Brothers, 1844), vol. 1, p. 39; John M. Cobbett, *Letters from France* (London: Mills, Jowett, and Mills, 1825), pp. 105-106; William Playfair, *France as it is, Not Lady Morgan's France* (London: C. Chapple, 1819), vol. 1, p. 110; Henry Matthews, *Diary of an Invalid*, 2nd ed. (London: John Murray, 1820), p. 480; *Impressions and Observations of a Young Person during a Residence in Paris* (Paris: Galignani, 1845), p. 132; Planta, *A New Picture of Paris* (1827), p. 104; Jewett, *Passages in Foreign Travel*, vol. 2, pp. 23-24; Scott, *A Visit to Paris in 1814*, p. 113; Tronchet, *A Picture of Paris*, pp. 79-80.

100. Griscom, *A Year in Europe*, vol. 1, p. 284; James Freeman Clarke, *Eleven Weeks in Europe and What May be Seen There* (Boston: Ticknor Reed, 1852), p. 107.

101. J. W. Cunningham, *Cautions to Continental Travellers* (London: Hatchard, 1818), p. 45.

102. Jewett, *Passages in Foreign Travel*, vol. 2, p. 23. 彼は、イギリスの排他性とフランスの相手を選ばぬ乱交性の適切な妥協点は、彼の祖国の合衆国のような「若くて柔軟な国」にしか生まれないだろうとまで述べている。

103. Hall, *Rambles in Europe*, vol. 1, p. 45; Sanderson, *The American in Paris*, vol. 1, p. 90; Grant, *Paris and its People*, p. 181; Smith, *A Summer's Jaunt*, vol. 1, p. 151.

104. *The Wedding Journey of Charles and Martha Babcock Amory* (Boston, privately printed, 1922), pp. 19-20. 人々の集団が「相当大判

J. A. C. Sykes (London: William Heineman, 1906), pp. 73–74. ゴンクール兄弟は、1850年代の著作の中で、〈メオ〉の天井についてのメルシエの描写を組み入れている。彼らの記述はその後もJean-Paul Aron, *Le Mangeur du XIXe siècle*, p. 20で再利用されている。

90. Scott, *A Visit to Paris in 1814*, p. 114; Raffles, *Letters During a Tour*, p. 77; Jewett, *Passages in Foreign Travel*, vol. 2, pp. 22–27.

91. Cushing, *Letters Descriptive of Public Monuments*, p. 10は、パリのレストラトンは外国人で商売が成り立っていたと断じている。パリの生活がいかに安かったかについて述べている多くのイギリス人の例としては、*A Practical Guide During a Journey from London to Paris*, p. 26; Fitzsimons, *Letters from France and the Netherlands*, p. 30; Charles Maclean, *An Excursion in France and other Parts of the Continent of Europe* (London: Longman and Rees, 1804), pp. 247–248; *A Short Excursion in France*, 1814, p. 10; James Paul Cobbett, *A Ride of Eight Hundred Miles in France* (London: John Dean, 1827), paragraph 189を参照。あるフランス人作家は、フランスにいるイギリス人は皆倹約するためにそこにいるのだと断じている。Defauconpret, *Observations sur l'ouvrage intitulé 'La France' par Lady Morgan* (Paris: Nicolle, 1817), pp. 4–5. アメリカ人旅行者も、その数がこの世紀中に増加していくにつれて、パリの生活の安さをありがたがるようになってきた。N. Parker Wills, *Pencillings by the Way* (New York: Charles Scribner, 1852), pp. 61–62を参照。

92. Grimod de la Reynière, *Almanach*, vol. 3; p. 98.

93. Smith, *A Summer's Jaunt Across the Water*, vol. 1, pp. 150–151.

94. Sir Francis Head, *A Faggot of French Sticks*, p. 47.

95. Samuel Topliff, *Letters from Abroad in the Years 1828–1829* (Boston: Athenaeum, 1906), pp. 200–201.

96. Charlotte Bronson, *The Letters of Charlotte Brinckerhoff Bronson, Written during her Wedding Journey in Europe in 1838* (Cambridge, Mass., privately printed, 1928), vol. 1, pp. 35, 44, 46, 51, 61, 76. 以下のものも参照。Fanny W. Hall, *Rambles in Europe* (New York: E. French, 1839), vol. 1, p. 45; Marianne Baillie, *First Impressions on a*

quelle influence les moeurs des français ont sur la Santé (Amiens: Godard, 1772), p. 53; P. Gallet, *Voyage d'un habitant de la lune à Paris* (Paris: Levrault, 1803), p. 156.

79. *A Collection of Modern and Contemporary Voyages* (London: Richard Phillips, 1805), vol. 1, p. 32.

80. Pinkerton, *Recollections of Paris, 1802-1805* (London: Longman, Hurst, Rees, and Orme, 1806), vol. 1, p. vii.

81. Ibid., vol. 2, p. 213.

82. Ibid., vol. 1, p. 266.

83. ピンカートンは、「汝のシェフを追放せよ！」というグリモの誇張的な訓令を引用しているが、それは、他に裏付けのない彼の主張、すなわち「フランス人」の「贅沢」は度を超えてしまっており、料理人たちは自らの口蓋と自らのソースの繊細さを保つために定期的に薬を服用しているという、彼の主張を補強するためであった。ibid., vol. 2, pp. 207, 209.『食通年鑑』の論評をそのまま盗用しているものもある。vol. 2, pp. 216-222, 265-272; vol. 3, p. 126; vol. 4, pp. vi-vii.

84. Kotzebue in *A Collection of Modern and Contemporary Voyages and Travels*, vol. 1, pp. 35, 47; *Almanach des gourmands*, vol. 2, pp. 56-70 と比較されたい。

85. Francis Kinloch, *Letters from Geneva and France* (Boston: Wells and Lilly, 1819), vol. 1, p. 472; vol. 2, p. 14.

86. *A Practical Guide*, p. 104; P. Villiers, *Manuel du voyageur à Paris* (Paris: Favre, 1801).

87. *Englishman's Vade Mecum at Paris*, p. 51; *A Few Days in Paris* (London: Hatchard, 1802), p. 58; *A Practical Guide*, p. 32; Planta, *A New Picture of Paris* (1814), p. 24 と比較されたい。

88. Henry Redhead Yorke, *Letters from France* (London: Sherwood, Neely, and Jones, 1814), vol. 1, pp. 169-170.

89. Louis Sébastien Mercier, *Le Nouveau Paris* (Paris: Fuchs, 1798), vol. 3, p. 110. 1906 年にヨークの書簡が編集、出版されたとき、編集者はメルシエに関するいかなる言及もあっさりと割愛してしまった。Henry Redhead Yorke, *France in Eighteen Hundred and Two*, ed.

ophile (*Cabinet de lecture* からの抜粋), Sept. 17, 1833, p. 2.

69. この時代の料理本も、多くの土地のレシピを集め始めている。*Le Cuisinier étranger, pour faire suite au Parfait cuisinier* (Paris: Delacour, 1811).

70. *Promenade gastronomique dans Paris, par un amateur*, p. 59; Frédéric de Courcy, Hyppolite Lasagne, and Gustave Valpion, *Le Restaurant ou le quart d'heure de Rabelais* (Paris: Barba, 1828), p. 4.

71. *Le Charivari*, Feb. 21, 1843.

72. 彼の特許状には次のような箇所がある。「今に至るまで、不完全なメニューしかなかった (……) 大部のノートや新聞のようで、限りなく多様な食べ物を載せているが、その大半は実在しない」。こうしたメニューは不完全だったかもしれないが、心をそそるものでもあった。Patent of September 27, 1843 (Ministry of Agriculture and Commerce). 以下のものに転載。Colin Lucas, dir., French Revolution Research Collection microfiches (Pergamon), 10. 3/131, fiche 2.

73. *Gazette des tribunaux*, Nov. 26, 1830, p. 86; 以下のものも参照。Louis-Gabriel Montigny, *Le Provincial à Paris* (Paris: Ladvocat, 1825), vol. 2, pp. 203-204.

74. Benedict Anderson, *Imagined Communities*, revised ed. (London: Verso, 1991), pp. 170-178.

75. Pierre Jouhard, *Paris dans le XIXe siècle, ou Réflexions d'un observateur* (Paris: Dentu, 1809), pp. 137-138.

76. Ibid., pp. 137-138.

77. Derek Jarrett, *England in the Age of Hogarth* (London: Granada, 1976), pp. 20-23; Harriet Ritvo, *The Animal Estate* (Cambridge, Mass.: Harvard University Press, 1987), pp. 46-47; Roy Porter, *English Society in the Eighteenth Century* (Hamondsworth: Penguin, 1982), p. 381; Ronald Paulson, *Representations of Revolution* (New Haven: Yale University Press, 1983), pp. 200-205.

78. Dupré de Lisle, *Traité des maladies de la poitrine* (Paris: Costard, 1769), p. 48; Coste, *Traité des maladies du poumon* (Paris: Herrisant, 1767), p. 35; Maret, *Mémoire dans lequel on cherche à déterminer*

る。Jewett, *Passages in Foreign Travel,* vol. 1, p. 312.

61. Ivan S. Jirkévitch, *Mémoires,* in A. Smirnov, ed., *Les Russes découvrent la France,* trans. C. Lambert, H. Guterman, H. Mongault, M. Orlov, and G. Struve (Paris: Editions du Progrès, 1990), p. 144.
62. Blanc, *Guide des dîneurs,* p. 15.
63. Ibid.
64. Tronchet, *Picture of Paris,* 6th ed., p. 50.
65. 小冊子型のメニューについては、Paul de Kock, "Les Restaurants et les cartes de restaurateurs," in *Nouveau tableau de Paris au XIXe siècle* (Paris: Charles Bechet, 1834), vol. 4, p. 85; James Grant, *Paris and its People,* (London: Saunders and Otley, 1844), vol. 2, p. 179; J. Jay Smith, *A Summer's Jaunt Across the Water* (Philadelphia: J. W. Moore, 1846), vol. 1, p. 150 を参照。ジョン・サンダーソン John Sanderson は読者に〈ヴェリー〉のメニューは「祈禱書のように大きい」と語っている。*The American in Paris,* vol. 1, p. 88; アイザック・アップルトン・ジューエット Isaac Appleton Jewett も〈ヴェリー〉のメニューを描写するに、「メニューは堂々たる1巻本として綴じられているのみならず、真鍮の補強までついていた」と報じている。*Passages in Foreign Travel,* vol. 2, p. 12; あるフランス人作家は、さながら辞書の付録のようだと言っている。"Mangenville," *L'Art de ne jamais déjeûner chez soi,* p. 92. いくつかの小冊子型のメニューが B. N. Recueil W² 861 folio に見られる。
66. Armand Dalloz, *Répertoire méthodique et alphabétique de législation, de doctrine, et de jurisprudence* (Paris: Bureau de la jurisprudence générale, 1847), "Patentes," vol. 35, pp. 41-144; Armand Husson, *Consommations de Paris,* 2nd ed. (Paris: Hachette, 1875), p. 112.
67. 印刷技術の発展についての基本的な説明としては、James Smith Allen, *In the Public Eye: A History of Reading in Modern France* (Princeton: Princeton University Press, 1991), pp. 30-32, 43 を参照。
68. グリモ・ド・ラ・レニエールの「滋養のカレンダー」を参照。*Almanach,* vol. 1. 1830年代以降の美食に関する刊行物では、「9月、すなわち我々の内輪では春」という言い方をしている。*Flâneries du culin-*

pp. 114-127; Planta, *A New Picture of Paris,* 15th ed., pp. 105-109を参照。

53. ある研究によれば、ムノンMenonの書いた18世紀中頃の古典『ブルジョワ家庭の女性料理人*La Cuisinière bourgeoise*』の廉価版は、フランス各地に広く流通しており、自分が体験しているような様々な快楽を提供して、ほとんど小説のように読まれていたのではないかとしている（「魚のアントレ」がもたらす快楽の想像に耽りながらパンの皮を食べる、どこかしらひもじいエマ・ボヴァリーのことを想起されたい）。しかし、都市住民――けっして独身者や観光客ではなく――が席について料理本を――おそらく、メニューを読んでしまった後まで――熟読していたことを示す証拠はない。Lise Andries, "Cuisine et littérature populaire," *Dix-huitième siècle* 15, (1983): 33-52.

54. 例えば、Léon Maillard, *Menus et programmes illustrés* (Paris: Libraier artistique, 1898); Gérard Oberlé, *Les Fastes de Bacchus et de Comus* (Paris: Belfond, 1989) を参照。

55. Blagdon, *Paris as it Was and as it Is,* vol. 1, p. 443. ドイツ人劇作家のアウグストゥス・フォン・コッツェブーAugustus von Kotzebueもこれと同様に、〈ヴェリー〉のメニューの描写を始めるにあたって、これは「数ある中の1つ」であることに驚いている。*Travels from Berlin,* vol. 2, p. 97.

56. *Voyage autour du Palais Egalité* (Paris: Moller, 1800), p. 75.

57. 19世紀のカフェについては、W. Scott Haine, *The World of the Paris Café* (Baltimore: Johns Hopkins University Press, 1996) を参照。

58. Sanderson, *The American in Paris,* vol. 1, pp. 88-89.

59. Honoré Blanc, *Le Guide des dîneurs, ou statistique des principaux restaurans de Paris* (1815; Paris: L'Etincelle, 1985), pp. 54, 65, 73, 97, 118, 141, 160.

60. Oberlé, *Les Fastes,* p. 875における〈ヴェフール〉のメニュー。1838年、7月王政によるナポレオン伝説の切り崩しの真っ最中に、別の作家は「平目のヴォロ・ヴァンのマレンゴ風」について言及してい

1815), p. 35; Stephen Weston, *The Praise of Paris* (London: Baldwin, 1803), p. 155; Edmund J. Eyre, *Observations Made at Paris During the Peace* (Bath: W. Meyler, 1803), pp. 114-127. 〈ヴェリー〉が遍在すると言われるのは、少なくとも幾分かは、同名のレストランが２軒──１軒は荘厳なチュイルリー庭園に、もう１軒は同じく印象的なパレ・ロワイヤルに──あったという事実による。

48. Fitzsimons, *Letters from France*, p. 116; Raffles, *Letters during a Tour*, pp. 67-68.「(……) ──思いもよらぬ組み合わせ、──名状しがたい調合──理解できない名称」という言い回しとも合わせて比較されたい。Thomas Jessop, *Journal d'un voyage à Paris*, ed. F. C. Whiley (Paris: Champion, 1928). p. 75. あるガイドブックは、植物園のことをまるでレストランのメニューのように、実に「沢山の理解できないラベル」の並んだ場所と呼んでいる。Hervé, *How to Enjoy Paris*, p. 65.

49. John Barnes, *A Tour Throughout the Whole of France*, pp. 98-102には、これらの名所がすべて推薦されている。

50. *Dictionnaire de l'Académie française*, 6th ed. (Paris: Firmin-Didot, 1835), vol. 2, p. 645 の序文冒頭に引かれた定義を参照。

51. Thomas Jessop, *Journal d'un voyage à Paris*, p. 75; *Memorandums of a Residence in France, in the winter of 1814-1815*, p. 179; James Simpson, *Paris After Waterloo, Notes Taken at the Time and Hitherto Unpublished* (Edinburgh: Blackwoods, 1853), p. 136. シンプソン Simpson の『フランドルおよびワーテルロー戦場探訪 A *Visit to Flanders and the Field of Waterloo*』は刊行後 10 年間で９版を重ねた。

52. 『パリの昔と今 *Paris as it Was and as It Is*』の著者であるブラッグトン Blagdon は、次のように読者と問答を始める。「くだらん！　くだらん！　とあなたは叫ぶ──我がよき友よ、失礼ながらくだらなくなどないのです。恐ろしい勘定書を手にお取りなさい。(……) 我々は別段急いでいないのだから、列挙してあるものすべてを１つ１つ辿ってご覧なさい」vol. 1, p. 443. テクストの中にメニューを転載した他の例としては、Fyre, *Observations Made at Paris During the Peace*,

いている。Philip Mansel, *Louis XVIII* (London: Blond and Briggs, 1981), p. 147.

42. 何人かのレストラトゥールが書いた兵糧関係の送り状がBibliothèque Historique de la Ville de Paris, ms. 1014 (folios 52–78) に見られる。以下のものも参照。Eugène Briffault, *Paris à Table* (1846; Geneva: Slatkine, 1980), pp. 153–154. 1816年に、ある作家が「鶏、七面鳥、野ウサギ、シャコ、牛肉、子牛肉を、その他今までおよそ人間の食べ物とされ、今でもそうであるすべてのものと一緒に(……)同時に焼いて、煮て、揚げて、煮込んでいる」と書いているが、これはパレ・ロワイヤルのレストランのことではなく、95000人の占領軍兵士に食料を供給するために設営された野営の厨房のことを言っているのだ。*Memorandums of a Residence in France, in the Winter of 1814–15*, p. 50 を参照。

43. Charles Rousset, *Code parisien* (Paris: Denain, 1829), pp. 280–284. 1814年から15年の外国軍の侵入は、「栄光という点から見れば被害甚大だった」が、それでも利益にもつながったのである。*Nouvel Almanach des gourmands* (1827), p. 162.

44. これらの肖像は、後にアメリカ人のJohn Griscom, *A Year in Europe* (New York: Collins, 1823), vol. 1, p. 286, によっても描かれるなど、それだけよく知れ渡っており、ヴォードヴィル劇のために書かれた歌の中にも出てくるほどだった。Ymbert and Varner, *Le Diner de garçons* (Paris: Huet, 1820), p. 7 を参照。

45. Lady Morgan, *France*, vol. 2, pp. 80–81.

46. Edward Fitzsimons, *Letters from France and the Netherlands in the Summers of 1820 and 1821* (Dublin: William Underwood, 1821), pp. 14, 102, 112, 119.

47. 1820年以前に活字となった〈シェ・ヴェリー〉についての記述には以下のものがある。Blagdon, *Paris as It Was and as It Is*, vol. 1, pp. 119–120; Raffles, *Letters During a Tour*, pp. 77–79; Carr, *The Stranger in France*, pp. 80–81; Benjamin Brevity, *Winter Evenings in Paris* (Paris: Galignani's. 1815), p. 68; William Fellowes, *Paris During the Interesting Month of July 1815* (London: Gale and Fenner,

William Darton, 1815), p. 97.

34. 文学者クリストファー・プレンダーガスト Christopher Prendergast は、19世紀のフランス小説におけるレストランは、「物語としても描写としても相当関心を集めた場」だと評している。*Paris and the Nineteenth Century* (Oxford: Basil Blackwell, 1992), p. 19.

35. François Victor Fournel, *Ce qu'on voit dans les rues de Paris* (Paris: Adolphe Delahays, 1858), p. 369.

36. Alexandre B. L. Grimod de la Reynière, *L'Almanach des gourmands* (Paris, 1803-1812), vol. 1, pp. 207-208.

37. Honoré de Balzac, *Une fille d'Eve*; Stendhal, *Lucien Leuwen*, trans. H. L. R. Edwards (Harmondsworth: Penguin, 1991), p. 43 [スタンダール『リュシアン・ルーヴェン (1、2)』島田尚一・鳴岩宗三訳、『スタンダール全集 (3、4巻)』所収、人文書院、1977年].

38. この新聞は〈ヴェリー〉のことを「万人に知られた有名な店舗」と呼んでいる。*Gazette des tribunaux*, April 3, 1840, p. 535.

39. プレンダーガストは「遍在する〈ロシェ・ド・カンカル〉」に言及している。*Paris and the Nineteenth Century*, p. 20; バルザックとレストランについては、Patrice Boussel, *Les Restaurants dans la "Comédie humaine"* (Paris: Editions de la Tournelle, 1950); Fernand Lotte, "Balzac et la table dans *La Comédie humaine*," *L'Année balzacienne* (1962): 119-179 を参照。

40. Honoré de Balzac, *Illusions perdues* (1837-1842; Paris: Gallimard, 1972), pp. 207-211, 251. [オノレ・ド・バルザック『幻滅』野崎歓・青木真紀子訳、藤原書店、2000年] における〈フリコトー〉の描写は忘れがたい。

41. Theodore Lyman, *A Few Weeks in Paris, during the Residence of the Allied Sovereigns in that Metropolis* (Boston: Cummings and Hilliard, 1814) にとっては、新国王の巨体がとくに印象深いものだった。p. 62; 同様の指摘は、William Shepherd, *Paris in 1802 and 1814* (London: Longman, Hurst, 1814), p. 209 にも見られる。最近の、概して好意的な伝記作家でさえ、ルイの「他に何もなくとも、それだけで彼をあれほどの非凡な国王にしたであろう巨体」について書

E. W. Allan, 1832), vol. 1, p. 8. 別の英米人は、「自分と友人がパレ・ロワイヤルのあるレストラトンに入ったのは空腹からではなく好奇心からであった」と書いている。*Letters from a Lady to her Sister, During a Tour of Paris in the Months of April and May, 1814* (London: Longman, Hurst, Rees, Orme, and Brown, 1814), p. 31 を参照。

28. Edward Planta, *A New Picture of Paris, or the Stranger's Guide to the French Metropolis*, 12th ed. (London: Samuel Leigh, 1820), p. 114.

29. この世紀の中頃にやってきたアメリカ人旅行者も同様の指摘をしている。「家族でパリに長く滞在をしようという者は、快適さや便利さを考えるならすぐにも自炊を始めるべきだが、短期滞在なら、よそでは決して得ることができないフランス人の風俗や料理を洞察できることから、レストラトン生活の方を選ぶべきだ」。*Parisian Sights and French Principles Seen Through American Spectacles* (New York: Harper, 1852), p. 16. この資料を教示してくれたジャン・マトロックに感謝する。

30. フランシス・ヘッド卿は、レストランの食事によって自らの「決まった養生法」が乱されるのではないかと心配だったが、それでも「パリのレストラトゥールの店における食事のプロセス」を目にするために〈カフェ・ド・パリ〉で食事をしている。*A Faggot of French Sticks; or, Paris in 1851* (New York: George Putnam, 1852), p. 49.

31. Sydney Owenson (後のレディー・モーガン Lady Morgan), *France*, 4th ed. (London: Henry Colburn, 1818); *London Magazine* (1824) (Paul Gerbod, *Voyages au pays des mangeurs de grenouilles*, Paris, Albin Michel, 1991, p. 219 に引用); Thomas Raffles, *Letters During a Tour through Some Parts of France* (Liverpool: Thomas Taylor, 1818), pp. 62, 67.

32. 1820 年代中頃には、毎年 2 万人のイギリス人がカレーから入国しており、全員とは言わないまでもその多くが、他の港からの入国者の多くがそうしたように、パリに向かった。Gerbod, *Voyages*, p. 89. Guillaume de Bertier de Sauvigny, *La France et les français vus par les voyageurs américains* (Paris: Flammarion, 1982), vol. 1, pp. 17-19.

33. John Barnes, *A Tour Throughout the Whole of France* (London:

ケストラが「歌を交えて序曲と交響楽」を演奏すると約束している。*AAAD*, supplement, Thermidor 11, Year VII [July 29, 1799], p. 2.

17. A. N. F^7 4610.
18. *AAAD*, April 13, 1791, p. 1374.
19. Duverneuil and La Tynna, eds., *Almanach du commerce de Paris* (Paris, 1799), p. 307; *Almanach du commerce de Paris* (Paris, 1809), p. 265.
20. *AAAD*, Germinal 2, Year IV [March 22, 1796], p. 3676.
21. *AAAD*, Thermidor 18, Year VI [Aug. 5, 1798], p. 6240; *AAAD*, Pluviôse 23, Year VII [Feb. 11, 1799], p. 2471.
22. 様々な商売で見られた同様の例としては、Richard Cobb, *The Police and the People* (Oxford: Clarendon, 1970), pp. 63–65 を参照。
23. *Gazette de France*, Frimaire 1, Year XIII [Nov. 22, 1804]. 以下のものに引用。François-Alphonse Aulard, ed., *Paris sous le Premier Empire* (Paris: L. Cerf, 1912–1923), vol. 1, p. 400.
24. *A Trip to Paris in July and August 1792* (London: Minerva Press, 1793), p. 114; *A Practical Guide During a Journey from London to Paris*, p. 104; J. G. Lemaistre, *A Rough Sketch of Modern Paris* (London: J. Johnson, 1803), p. 278. "*Restaurateur* is now universally used instead of *traiteur*," John Carr, *The Stranger in France* (London, 1803), p. 77.
25. 例えば、*A Short Excursion in France, 1814* (London: J. J. Stockdale, 1814), p. 34; *A Practical Guide*, p. 104; Louis Tronchet, *Pictures of Paris*, 6th ed. (London: Sherwood, Nealy, and Jones, 1817), p. 49; Lemaistre, *Rough Sketch*, p. 278; Edward Planta, *A New Picture of Paris*, 15th ed. (London: Samuel Leigh, 1827), p. 104; Edward Planta, *A New Picture of Paris*, 16th ed. (London: Samuel Leigh, 1831), p. 98 を参照。
26. Blagdon, *Paris as it Was and as it Is*, vol. 1, pp. xvi, 443.
27. Stephen Weston, *A Slight Sketch of Paris* (London: R. Baldwin, 1814), p. 31; Caroline W. Cushing, *Letters Descriptive of Public Monuments, Scenery, and Manners in France and Spain* (Newburyport:

Hovarth, 1987). こうした食べ歩きの与える刺激の、とりわけ的はずれな現れ——「ブリア=サヴァランはヨーロッパで最も有名な料理人[ママ]」だと断言するような——は、Frederick Artz, *France Under the Bourbon Restoration* (Cambridge, Mass.: Harvard University Press, 1931), pp. 243-244 に見て取ることができる。

10. *Almanach du commerce* (Paris: de la Tynna, 1815), p. 618.
11. A. N. F7 3025 (Census des débitants, 1851-1852). 内務省では83県の数字を記録しているが、そのうち53県にはレストランがなかった。ヴォージュ県知事の報告によれば、エピナール、ルミルモン、サン=ディーにはそれぞれ1人ずつレストラトゥールがいたが、それぞれカフェ、バー、宿屋も合わせて経営していたので別な範疇に記録したという(1852年1月17日付の手紙)。
12. 「レストラン:(……) 何年間もの間パリ独自のものとされ、今日でも大都市にしかない店舗のこと。そのほかのところでは、空腹の苦痛を抱えた者にとって普通の宿屋や、せいぜいホテルとその定食用テーブル以外に頼るものはない」W. Duckett, ed., *Dictionnaire de la conversation et de la lecture*, 2nd ed. (Paris: Firmin Didot, 1875), vol. 15, p. 378.
13. Louis Prudhomme, *Miroir historique, politique et critique de l'ancien et de nouveau Paris* (Paris, 1804), p. 222.
14. 食料品は学術書や文芸書よりもよく売れたという主張は、Prudhomme, *Miroir*, p. 221; *A Practical Guide During a Journey from London to Paris* (London: R. Phillips, 1802), p. 106 を参照。この時期をレストランの誕生の時期と見るものについては、最新刊の Jean-Robert Pitte, "Naissance et expansion des restaurants," in Jean-Louis Flandrin and Massimo Montanari; eds., *Histoire de l'alimentation* (Paris: Fayard, 1996), pp. 767-778 を参照。
15. *Tableau du nouveau Palais Royal* (Paris: Maradan, 1788), vol. 1, p. 62.
16. ボンディ通りの仕出し屋兼レストラトゥールは、個室の食事室、ビリヤード台、庭園があることを宣伝している。*AAAD*, Aug. 10, 1793, p. 3354; パレ・ロワイヤルのレストラトゥールであったピアは、オー

3. John Sanderson, *The American in Paris* (Philadelphia: Carey and Hart, 1839), vol. 1, p. 87.
4. *Guide dans le choix des étrennes* (Paris: Delaunay, 1824), p. 203; Jean Anthelme Brillat-Savarin, *Physiologie du goût* (1826; Paris: Flammarion, 1982), p. 278. 以後の引用は、とくに断りがない限りこの版による。
5. 歴史家たちはしばしば外国人旅行者の熱狂的な口調を採録してきた。Ernest Lavisse, ed., *Histoire de France contemporaine*, vol. 3, G. Pariset, *Le Consulat et l'Empire* (Paris: Hachette, 1921), p. 154; Gwynne Lewis, *Life in Revolutionary France* (London: Basford, 1972), p. 85; Alfred Fierro, André Palluel-Guillard, and Jean Tulard, *Histoire et dictionnaire du consulat et de l'empire* (Paris: Robert Laffont, 1995), pp. 797, 1053 を参照。そのほかの見解としては、とりわけ、"Mangenville," *L'Art de ne jamais déjeuner chez soi* (Paris: Librairie universelle, 1827), p. 94; *Le Pariséum moderne* (Paris: J. Moronval, 1816), p. 146: F. M. Marchant, *Le Nouveau conducteur de l'étranger à Paris*, 9th ed. (Paris: Moronval, 1821), pp. 16–22 を参照。
6. John Scott, *A Visit to Paris in 1814* (Philadelphia: Edward Parker, 1815), p. 114; *Promenade gastronomique dans Paris, par un Amateur* (Paris: Librairie Orientale de Dondey Dupré, 1833), p. 58.
7. *Affiches, annonces, avis divers* (以下、*AAAD*), Feb. 15, 1792, p. 619 (強調は著者).
8. Brillat-Savarin, *Physiologie*, p. 276; Jules Besset, *L'Art culinaire* (Albi: G.-M. Nouguiès, 1895), p. 25. ラルースの *Grand dictionnaire du XIXe siècle* は、レストランにおいては「欲望は無限である」と言っている。vol. 13, p. 1049.
9. Jean-Paul Aron, *Le Mangeur du XIXe siècle* (Paris: Robert Laffont, 1973); Edmond and Jules Goncourt, *Histoire de la société française pendant le Directoire* (Paris: Didier, 1864); René Héron de Villefosse, *Histoire et géographie gourmande de Paris* (Paris: Editions de Paris, 1956); Beatrice Malki-Thouvenel, *Cabarets, cafés, et bistros de Paris: Promenade dans les rues et dans le temps* (Paris:

85. Grimod de la Reynière, *Almanach*, vol. 1, p. 184.
86. Louis Petit de Bachaumont, *Mémoires secrets pour servir à l'histoire de la République des lettres en France, dupuis 1762 jusqu'à nos jours* (London: John Adamson, 1777-1789), vol. 22, p. 72; Rival, *Le Gourmand gentilhomme*, p. 18; Lacroix, *Histoire des mystificateurs et mystifiés*, vol. 1, pp. 94-98.
87. Charles Louis Cadet de Gassicourt, *Cours gastronomique* (Paris: Capelle and Renand, 1809) (口絵). *Gazette de santé*, Aug. 1, 1808, pp. 193-197 の否定的な論評を参照。また、Prosper Montagné, *Larousse gastronomique* の地図とも比較されたい。
88. シェフ、政府の役人、教育者たちがフランスの「料理の遺産」について書いた記事は、*Revue des deux mondes*, Jan. 1993 で見ることができる。

第7章　パリをメニューに載せる

1. Isaac Appleton Jewett, *Passages in Foreign Travel* (Boston: Little and Brown, 1838), vol. 2, p. 23.
2. [Francis Blagdon], *Paris as it Was and as it Is, Illustrative of the Effects of the Revolution* (London: C. & R. Baldwin, 1803), vol. 1, p. 443. 以下のものも参照。Augustus von Kotzebue, *Travels from Berlin, through Switzerland to Paris* (London: Richard Phillips, 1804), vol. 2, pp. 98-100; *Englishman's Vade Mecum at Paris* (Paris: J. Smith, 1814), p. 38; および *Memorandums of a Residence in France, in the Winter of 1814-15* (London: Longman, Hurst, and Rees, 1816), p. 179. 30年後、あるアメリカ人も同様に「野菜が56品、卵が20品、貝類が10品、サラダが14」などと衝動的に数えている。Jewett, *Passages in Foreign Travel*, vol. 2, p. 15. こうした言い回しは、ついには辞書の定義にも顔を出すことになる。ラルースは「レストラン」を定義する際に、「スープが10品あまり、前菜が20品、牛肉料理が30品、子牛の料理も同じく30品（……)」という引用を用いている。*Grand dictionnaire universel du XIXe siècle* (Paris: Larousse, 1864-1890), vol. 13, p. 1049.

はねつけている。*Journal des arts*, April 20, 1807, p. 132.

70. *Journal des arts*, April 20, 1807, pp. 132–133.
71. Grimod de la Reynière, *Almanach*, vol. 2, p. 124.
72. Ibid., vol. 4, p. 47.
73. Ibid., vol. 4, p. vii.
74. Ibid., vol. 7, p. 106.
75. Ibid., vol. 5, p. 315.
76. Ibid., vol. 2, pp. xviii–xxi.
77. Ibid., vol. 2, p. xx; vol. 6, pp. 165, 189; vol. 8, p. 114.
78. Ibid., vol. 5, p. 83.
79. Ibid., vol. 8, p. 119.
80. Bruno Latour, *The Pasteurization of France*, trans. Alan Sheridan and John Law (Cambridge, Mass.: Harvard University Press, 1988) を参照。
81. 委員会が出す所見は、「最終的には、世論のこだまにすぎない」のだった。Grimod de la Reynière, *Almanach*, vol. 7, p. 196.
82. プロヴァンス地方の貴族にして日頃から冗談好きと悪名高く、グリモの遠縁にあたり長い間の友人でもあり、仲間の一人と噂されていたアルフォンス・トゥッサン・フォルティア・ド・ピールは、委員会には何百人もの会員がいて交替で従事していたと主張しているが、グリモ自身は、10 人ほどの傑出した正会員と何人かの投票権の無い会員に触れているだけだ。Alphonse Toussaint Fortia de Piles, *A bas les masques* (Paris: Delaunay, 1813), p. 38. フォルティア・ド・ピールについてのくだけた調子の伝記としては Jean Vartier, *Alphonse de Fortia et l'âge d'or de la mystification* (Paris: France-Empire, 1985) を参照。
83. Grimod de la Reynière, *Almanach*, vol. 2, pp. 118–119; vol. 5, pp. 177–178; vol. 7, p. 195.
84. Pierre Béarn, *Grimod de la Reynière* (Paris, 1930), pp. 198–201; Paul Lacroix, *Histoire des mystificateurs et mystifiés* (Brussels: Schnée, 1858), vol. 1, pp. 143–145; Rival, *Le Gourmand gentilhomme*, pp. 199–203.

60. グリモの働きと第一帝政のそれとの類似は、さらに広げて考えることもできよう。ナポレオンの大陸封鎖は、当初は大ブリテン島を他のヨーロッパ諸国との通商を禁止するためのものであったが、第2の目的はパリをヨーロッパ全土の市場の中心とすることであった(Tulard, *Paris et son administration*, p. 231)。第一帝政発足当時は、新任の内務大臣がパリのすべての救貧院をめぐり、「パン、ブイヨン、ワインを試食するなど食べ物に特別の配慮を払った」という。*Courrier français* Feb. 26, 1805(Aulard, *Paris sous le Premier Empire*, vol. 1, p. 608 に引用).
61. *Annales de l'inanition, pour servir de pendant à l' "Almanach des gourmands"*(Paris: Frechet, 1808); *Almanach perpétuel des pauvres diables*(Paris: Caillot, 1803). グリモは引退後も、1826 年にブリア=サヴァランの『味覚の生理学』が出版されるまで 19 世紀の美食学の権化であり続けた。7つの大罪の一つを信仰に代えてしまったグリモに対する批判としては、Gallais, *Moeurs et caractères du dix-neuvième siècle*(Paris: Belin-le-Prieur, 1817), vol. 1, pp. 254–260 を参照。
62. *Journal des arts*, April 20, 1807, pp. 130–133; May 20, 1807, p. 334.
63. Ibid., May 20, 1807, p. 336.
64. J. Dusaulchoy, *Histoire du couronnement ou relation des cérémonies religieuses, politiques et militaires*(Paris: Dubray, 1805).
65. *Nouvelle biographie générale*(Paris: Firmin Didot, 1856–1866), vol. 15, col. 485–486.
66. *Journal des arts*, March 8, 1808, p. 87.
67. Grimod de la Reynière, *Almanach*, vol. 1, pp. 60–61.
68. 「パリ」紙は、本屋のドゥゼーヌがまさに騙されやすい者であることを力説したいがために、彼のこうした特性を否定することは「グリモ・ド・ラ・レニエール氏を食通と呼ぶのを拒否する」ようなものだと言っている。*Journal de Paris*, March 4, 1807, in Aulard, *Paris sous le Premier Empire*, vol. 3, p. 75.
69. デュゾルショワは時折、「ある者は」『年鑑』を風刺の書と考えるかもしれないが、そのような解釈は、ローマ帝国がそうだったようにフランスを堕落させかねない悪徳をあまりに大目に見すぎているとして

1843; *Le Charivari*, April 22, 1843; *La Presse*, May 1, 1843, p. 2; *Satan*, April 23, 1843 を参照。

49. 1830 年から 31 年にかけて発行された隔週のタブロイド版新聞「ガストロノーム *Le Gastronome*」紙は、「合法化する」という語を「味見する」の同義語として用いていた。April 15, 1830, p. 2.

50. Grimod de la Reynière, *Almanach*, vol. 2, pp. 128–134; vol. 1, p. 65; vol. 5, pp. 338–339.

51. 「我々は〈空腹〉は庶民のために取っておいた。というのも空腹は何にでも満たされるものだし、したがって〈芸術〉にはよくないものだから。我々自身には食欲を取っておいた。というのも食欲は科学に対し自らを刺激してくれるよう訴えるにちがいないからである」ibid., vol. 8, pp. 60–61. 第 3 号の扉には、「断食していた胃袋は、どんなに陳腐な料理でも満たされる」というホラティウスの言葉を引用している。女性の食欲については、ibid., vol. 2, p. 53 を参照。

52. Ibid., vol. 3, p. 1.

53. Ibid., vol. 5, p. 232,

54. Ibid., vol. 4, pp. 142–143.

55. Ibid., vol. 8, p. 219.

56. Ibid., vol. 8, pp. 77–78; vol. 2, p. 91.

57. リヴァル Rival は、葬儀通知は検閲の対象にならなかったことに触れている。*Le Gourmand gentilhomme*, p. 57; 訴訟趣意書については、Sarah Maza, "Le tribunal de la nation: les mémoires judiciaires et l'opinion publique à la fin de l'Ancien Régime," *Annales: E. S. C.* (1987), pp. 73–90 を参照。文章にしろ絵にしろ、細かなところで『年鑑』がそれ以前の著作物と通じている点は多い。訴訟趣意書の第 1 ページの版画は猫を取り上げているが、これは『年鑑』の口絵に出ているし、道化のガラガラは「フランス美食地図」においてはグリモの象徴となっている。Alexandre B. L. Grimod de la Reynière, *Mémoire à consulter et consultation pour M. Marie-Emile-Guillaume Duchosal* (Paris: Simon, 1786).

58. Grimod de la Reynière, *Almanach*, vol. 1, p. xii.

59. Ibid., vol. 7, p. 220.

35. Grimod de la Reynière, *Almanach*, vol. 1, p. 206; vol. 8, pp. 40-43.
36. Alexandre B. L. Grimod de la Reynière, *Manuel des Amphitryons* (1808; Paris: A. M. Métailié, 1983), p. 9; Grimod de la Reynière, *Almanach*, vol. 1, pp. 28-29.
37. Grimod de la Reynière. *Almanach*. vol. 1, p. 208.
38. 〈ヴォー・キ・テット〉なるレストランは、「お声が掛かればどこへでも駆けていく」羊の足の料理で知られていた。ibid., vol. 4, p. 150.
39. Ibid., vol. 1, pp. xv-xvi.
40. Ibid., vol. 4, pp. 47-50. レシピの出版における『名鑑』の稀代の大胆さを物語るもう1つの例は、次のように締めくくられている。「もしこのソースがかかっていたら、自分の父親でも食べてしまうだろう」vol. 1 p. 156.
41. Ibid., vol. 3, p. 179.
42. Ibid., vol. 2, p. 70.
43. Ibid., vol. 4, p. 5; vol. 6, p. 145.
44. Ibid., vol. 3, pp. 164-166, 191. ルージェは、〈オペラ〉座の「シンデレラ」上演を記念して、菓子で作った大きな「上靴」が載るパイ皮の「クッション」を作った。このクッションは開けられるようになっていて、中にはいくつもの違った味のする小さな上靴が入っていた。vol. 8, p. 162.
45. Ibid., vol. 3, p. 314. ここでも、抒情的な翻訳をしてくれたマイケル・クーパーソンに感謝する。
46. ルージェと一緒にいると楽しいし、会話は教養溢れるものだった。バレーヌは、「もし天がシチューポットの陰ではなく玉座の近くで彼を誕生させていたなら、今レストランをそうしているように一つの王国を統治していただろう」ibid., vol. 7, p. 220.
47. *L'Epicurien lyonnais* (Lyons: Yvernault et Cabin, 1810), pp. 53-55; *Gazette de France*, April 19, 1813, p. 451.
48. 少なくともロシア人の見習いの1人、イヴァン・コステーは、〈ロシェ〉であまりに虐待されたため主人を殺すと脅した。*Gazette des tribunaux*, Oct. 12, 1837, pp. 1209-1210. このレストランの閉鎖が先送りされていったことについての論評としては、*Le Corsaire*, April 27,

le Premier Empire, vol. 1, p. 545 に引用).

26. 『年鑑』が発行された直後から、ガイドブックの著者たちはその専門的知識に一目置き始めた。L. Prudhomme, *Miroir de l'ancien et de nouveau Paris... Ouvrage indispensable aux Etrangers et même aux Parisiens* (Paris, 1804), vol. 2, p. 220; L ***, *Paris et ses modes* (Paris: Michelet, 1803), p. 203 を参照。「回復力のあるチョコレート (*chocolats analeptiques*)」の製造業者ドゥボーヴは、自店の広告にグリモの推薦の辞 (*Almanach*, vol. 1, pp. 296-297) を用いている。*Le Journal de Paris*, Dec. 15, 1808, p. 2535 を参照。旅行者たちがどれだけグリモに頼りきりであったかは、以下のものを参照。John Pinkerton, *Recollections of Paris, 1802-1805* (London: Longman, Hurst, Rees, and Orme, 1806), vol. 2, pp. 195-216; Augustus von Kotzebue, *Travels from Berlin, through Switzerland to Paris* (London: Richard Phillips, 1804), vol. 2, pp. 76-93; C. C. de Berkheim, *Lettres sur Paris* (Heidelberg: Mohr and Zimmer, 1809), p. 431.
27. Grimod de la Reynière, *Almanach*, vol. 8, pp. 27-29; vol. 5, pp. 163-171.
28. Ibid., vol. 8, p. 56; vol. 7, p. 298.
29. Madame de Sévigné, *Correspondances* (Paris: Bibliothèque de la Pléiade, 1972), vol. 1, p. 234 (1671 年 4 月 24 日付の手紙). 以下の理想化された伝記も参照。Jean Moura and Paul Louvet, *La Vie de Vatel* (Paris: Gallimard, 1929).
30. Charles Colnet de Ravel, *L'Hermite du faubourg Saint Germain* (Paris: Pillet, 1825), vol. 1, pp. 17-18.
31. Grimod de la Reynière, *Almanach*, vol. 1, p. 224.
32. この時代のパリが、より歩きやすくなっていたかを示す他の例については、Susan Siegfried, *The Art of Louis-Léopold Boilly: Modern Life in Napoleonic France* (New Haven and London: Yale University Press, 1995), pp. 135-136 を参照。
33. Grimod de la Reynière, *Almanach*, vol. 4, p. 139; vol. 5, p. 366; vol. 6, p. 220.
34. *Le Gastronome à Paris* (Paris: Suret, 1803), pp. 42-43.

のウージェーヌ・スクリーブの戯曲『大晩餐会あるいは予約 *Le Grand dîner ou la subscription*』を推賞するときも次のように同様の言葉を用いている。「この芝居の上演は必ずや新聞紙上で論争を巻き起こすだろうが、敵意を抱くおしゃべり連中の注意を政治から大いに逸らしてくれるだろう」。A. N. F21 972 (Nov. 28, 1823). つとに1802年には、あるイギリス人の訪問者が、統領政府は、「公務から関心を逸らすために」パレ・ロワイヤルの「頽廃的な」娯楽を奨励しているという噂を伝えている。Henry Redhead Yorke, *France in 1802*, ed. J. A. C. Sykes (London: Heinemann, 1906), p. 75.

19. Alexandre B. L. Grimod de la Reynière, *Almanach des gourmands* (Paris, 1803–1812), vol. 4, p. 240.
20. Grimod de la Reynière, *Almanach*, vol. 1, pp. 61, 133; vol. 2, p. 80; vol. 7, p. 300.
21. Alfred Fierro, André Palluel-Guillard, and Jean Tulard, *Histoire et dictionnaire du consulat et de l'empire* (Paris: Robert Laffont, 1995), p. 797; Jean-Claude Bonnet, introduction to Grimod de la Reynière, *Ecrits gastronomiques* (Paris: Union des Editions générales, 1978), p. 72; Stephen Mennell, *All Manners of Food* (Oxford: Basil Blackwell, 1985), p. 268; Ned Rival, *Grimod de la Reynière, Le Gourmand gentilhomme* (Paris: Le Pré aux clercs, 1983); Giles MacDonogh, *A Palate in Revolution* (London: Robin Clark, 1987).
22. Grimod de la Reynière, *Almanach*, vol. 2, p. 34.
23. Ibid., vol. 6, p. xi.
24. Chazet, Lafortelle, and Francis, *Ecole des gourmands* (Paris: Cavanagh, 1804), これは共和暦12年テルミドール30日からフリュクティドール6日まで［1804年8月17日から23日まで］モンタンシエ座で初演。グリモは、バレ、ラデ、デフォンテーヌの共作で活字にはならなかった *Arlequin gastronome, ou Monsieur de la Gourmandière* の、表題と同名の人物のモデルでもあった。Rival, *Le Gourmand gentilhomme*, chap. 10, および MacDonogh, *Palate in Revolution*, pp. 72–73を参照。
25. *Journal des dames et des modes*, Jan. 20, 1805 (Aulard, *Paris sous*

11. *Journal des gourmands et des belles*, 4 (1807), p. 120.

12. *Gazette de France*, Jan. 25, 1813, p. 98.

13. A. N. F7 3833 (Germinal 25, Year XIII [April 14, 1805]). 警察も、とりわけ扇子業（1802年7月に減退)、ワイン輸出業（1801年11月に好景気)、刺繡の売買（1802年2月に突然の落ち込み）などの状況について最新情報をナポレオンに上げていた。共和暦10年メシドール23日、ブリュメール28日、プリュヴィオーズ28日の警察の報告日誌を参照。A. N. F7 3830.

14. A. N. F7 3830 (Ventôse 17, Year X [Mar. 7, 1802]), F7 3833 (Brumaire 20, Year XIII [Nov. 10, 1804]).

15. A. N. F7 4706; *Moniteur: Réimpression de l'ancien Moniteur* (Paris, 1858-1863), May 25, 1793, vol. 16, p. 463.

16. Commission des Inspecteurs de la Salle du Conseil des Cinq Cents, Thermidor 11, Year V [July 29, 1797] (René Farge, Bibliothèque Historique de la Ville de Paris の諸論文に引用).

17. André Cabanis, *La Presse sous le consulat et l'Empire* (Paris: Société des études robespierristes, 1975); Welschinger, *La Censure*; Alfred Cobban, *A History of Modern France*. vol. 2 (Harmondsworth: Penguin, 1961), p. 35. フーシェが行った、「行政」(「万人の目に見える」と彼は形容する）と「警察」(「ほとんど見えないように」しておくべきだと彼は言う）の区別も参照。A. N. F7 4343 (Tulard, *Paris et son administration, 1800-1830*, p. 75 に引用). ナポレオンは、「デバ」紙 *Journal des débats*（後に「ランピール」紙 *Journal de l'Empire* と改名）に目を光らせるよう政府検閲官に指示する手紙の中で、検閲は「文芸欄や文学的記事にまで広げてはならない」と命じている。Gustave LePoittevin, *La Liberté de la presse depuis la Révolution, 1789-1815* (Geneva: Slatkine, 1975), pp. 136-137 に引用された手紙を参照。Claude Bellanger et al., eds., *Histoire générale de la presse français* (Paris: Presses Universitaires de France, 1969), vol. 1, p. 553 も参照のこと。

18. A. N. F7 3491, dossier 1 (May 25, 1812). ルモンテーはその後もこの種の娯楽を擁護し続け、ロッシーニのパリへの旅を描いた1823年

Charavay frères, 1882), p. 215.

6. ボナパルトの政変の1周年記念日は国家的休日と宣せられはしなかったにもかかわらず、「祖国の真の友たち」はロアン通りに市民の宴席を設け自発的にこれを祝ったと、統領政府の警察の役人たちは嬉々として報告している。こうした態度は、もてなしが「自発的に」雲散霧消していくのを嘆くバレールの告発と著しい対照をなしている。A. N. F^7 3702 (Brumaire 18, Year IX [Nov. 9, 1800]). 以下のものに引用。Aulard, *Paris sous le Consulat*, vol. 1, p. 798 を参照。

7. ある歴史家は、革命期の歌に関する自らの論考の冒頭にピイスの「印刷機への賛歌」を引いている。Laura Mason, "Songs: Mixing Media," in Robert Darnton and Daniel Roche, eds., *Revolution in Print* (Berkeley: University of California Press, 1989), pp. 252-269; Laura Mason, *Singing the French Revolution* (Ithaca: Cornell University Press, 1996), pp. 86-89, 118 を参照。ピイスについての詳細は、Lanzac de Laborie, *Paris sous Napoleon: La Cour et la ville, la vie et la mort* (Paris: Plon, 1906), vol. 1, pp. 57-59, および Jean Tulard, Jean François Fayard, and Alfred Fierro, *Histoire et dictionnaire de la révolution française* (Paris: Laffont, 1987), pp. 1031-1032 を参照。

8. *Affiches, annonces, avis divers* (以下、*AAAD*), Pluviôse 12, Year II [Jan. 31, 1794], pp. 5946-5947. ピイスの作品は、A. A. Piis, *Chansons patriotiques* (Paris, 1794).

9. ピイスとバレは、「ヴォードヴィル座」が1792年に開設されたときの経営者だった。Mason, *Singing*, pp. 86-89, および John McCormick, *Popular Theatres of Nineteenth-Century France* (London: Routledge, 1993), p. 115 を参照。警察におけるピイスの職務がほとんどお飾りにすぎなかったことについては、Jean Tulard, *Paris et son administration, 1800-1830* (Paris: Ville de Paris Commission des Travaux Historique, 1976), p. 129 を参照。

10. *Journal des hommes libres*, Frimaire 28, Year VIII [Dec. 19, 1799]. 以下のものに転載。Aulard, *Paris sous le Consulat*, vol. 1, p. 59; *Le Citoyen français*, Vendémiaire 19, Year IX [Oct. 10, 1800], in Aulard, *Paris sous le Consulat*, vol. 1, p. 667.

Bessand-Massenet, *La France après la Terreur* (Paris: Plon, 1946), p. 53.

81. Aulard, *Paris pendant la réaction thermidorienne*, vol. 2, p. 431.
82. パイナップルについては、*Le Narrateur impartial*, Pluviôse 28, Year III [Feb. 16, 1795] (Aulard, *Paris pendant la réaction thermidorienne*, vol. 1, p. 467 に引用)を参照。ベルリンの壁崩壊直後の1989年11月に繰り返し放映された、パイナップルを嬉しげに振りかざす東ドイツ人の映像と比べられたい。
83. 文字通りにそうだったのだ。これらの話題についての(また、鼻、ダンス、ベッドについての)歌は、共和暦5年ニヴォーズ[1797年1月]の『ヴォードヴィルの晩餐会 *Dîners du Vaudeville*』(Paris: Huet, 1797)にある10曲あまりの中に入っている。ピイス、バレ、ラデ、デフォンテーヌによって設立されたこの歌唱団体の規約は、全員が夕食代のうち自分の分を支払い、政治的、宗教的テーマの歌は許されないというものだった。*Dîners du Vaudeville* (Paris: Huet, 1796), Vendémiaire, Year V [Sept. 1796], pp. 5-6.
84. Jean-Pierre Gross, *Fair Shares for All: Jacobin Egalitarianism in Practice* (Cambridge: Cambridge University Press, 1997), p. 91; François Brunel and S. Goujon, eds., *Les Martyrs de prairial: textes et documents inédits* (Geneva: Georg, 1992).
85. A. N. F[1] cIII, Seine 17. 以下のものに引用。Aulard, *Paris pendant la réaction thermidorienne*, vol. 2, p. 404.

第6章　美食狂から美食学へ

1. A. N. F[7] 3829 (Pluviôse 24, Year IX [Feb. 12, 1801]); 以下のものも参照。A. N. F[7] 3830 (Prairial 3, Year X ([May 22, 1802]).
2. *Journal des débats*, Ventôse 27, Year VIII [Mar. 17, 1800]. 以下のものに転載。François-Alphonse Aulard, ed., *Paris sous le Consulat* (Paris: Cerf, 1903-1909), vol. 1, p. 212.
3. Ibid.
4. Ibid.
5. Henri Welschinger, *La Censure sous le Premier Empire* (Paris:

いる。1795年春のパリにおける人心の動揺については、George Rudé, *The Crowd in the French Revolution* (London: Oxford University Press, 1959), chap. 10を参照。

75. この時代のもう一つの象徴的な活動であるダンスについては、Gabriel Vauthier, "Les Bals d'hiver et les jardins d'été sous le Directoire," *Annales révolutionnaires*, 15 (1923): 146–155; Ronald Schechter, "The *Bals des victimes*, the Fantastic, and the Production of Historical Knowledge in Post-Terror France," *Representations*, 61 (1998): 78–94を参照。

76. 警察の密偵はレストランのウェイターを尋問し、「あのように度を超した振る舞いは見たことがない」との報告を得ている。Aulard, *Paris pendant la réaction thermidorienne*, vol. 1, p. 445に引用。pp. 623, 654も参照。

77. あるジャーナリストは、チーズが店に並んでいるのは一緒に食べるパンが無いからだと決めつけている。*La Quotidienne ou Tableau de Paris*, Floréal 18, Year III [May 17, 1795], p. 4を参照。

78. François Gendron, *La Jeunesse dorée* (Sillery, Quebec: Presses de l'Université du Québec, 1979).

79. 当時、政治的忠誠を示す方法として服装がいかに重要であったかについては、以下のものを参照。Lynn Hunt, *Politics, Culture, and Class in the French Revolution* (Berkeley: University of California Press, 1984), chap. 2; Lynn Hunt, "Freedom of Dress in Revolutionary France," in Sara Melzer and Kathryn Norberg, eds., *From the Royal to the Republican Body* (Berkeley: University of California Press, 1998); Aileen Ribeiro, *Fashion in the French Revolution* (London: B. T. Batsford, 1988). アルベール・ソブールが記しているように、「サンキュロット」という範疇は、それ自体政治上の定義をそのまま服装で表したものであった。Albert Soboul, *Les Sans-culotts parisiens en l'an II* (Paris: Seuil, 1968), pp. 22–23 [アルベール・ソブール『フランス革命と民衆』井上幸治監訳、新評論、1983年].

80. 「我々は、人前ではその日何を食べたかについてしか話さなかった」。*Journal de la duchesse de Duras.* 以下のものに引用。P.

61. A. N. R^{4} 821; *Tableau du nouveau Palais Royal* (Paris: Maradan, 1788), p. 68.

62. A. N. R^{4} 285; A. N. Y 15680 (May 2, 1786); A. N. Min. Cen. IX-836 (May 16, 1788); *AAAD*, Jan. 1788, p. 84.

63. A. N. W 369; 以下のものも参照。W 387 (dossier Brâlon) および W 399 (dossier Nottaire)。貴族の女性料理人たちは、命からがら逃げ出す方がいくらか多かったようだ。A. N. W 441 (Dume), W 381 (Fleury), W 278 (Lavoignac) を参照。テルミドール反動の頃には、同じ論理でテロリストたちの元従僕が追及され、サン=ジュストの料理人は14カ月間投獄された。A. N. F^{7} 4775^{47}.

64. ドミニック・フィレは、タレイランの元シェフであるということで告発された。A. N. F^{7} 4707; 以下のものも参照。A. N. F^{7} 4774^{28} (dossier Machet).

65. Auguste François Frénilly, *Mémoires, 1768–1828, Souvenirs d'un ultra-royaliste* (Paris: Perrin, 1987), p. 128.

66. Brillat-Savarin, *Physiologie*, p. 279.

67. Louis Sébastien Mercier, *Le Nouveau Paris* (Paris: Fuchs, 1798), vol. 4, pp. 196–197.

68. Ibid., vol. 3, pp. 109–110, 174; vol. 5, p. 76.

69. 第4章を参照。

70. Mercier, *Le Nouveau Paris*, vol. 3, p. 109.

71. Marant, *Tout Paris en vaudevilles* (Paris: Barba, 1801), p. 166 も参照。

72. Jean-Baptiste Pujoulx, *Paris à la fin du XVIIIe siècle*, 2nd ed. (Paris: Librairie économique, 1800), p. 143; *Almanach parisien ou Guide de l'Etranger* (Paris: Barba, 1800), p. 25.

73. *Tableau de Paris en l'an VIII* (Paris: Laran, 1800), p. 4.

74. 共和暦2年フリュクティドール6日［1794年8月23日］、共和暦3年ニヴォーズ18日［1795年1月7日］、同年プリュヴィオーズ14日［同年2月2日］警察の記録。これらはみな François-Alphonse Aulard, ed., *Paris pendant la réaction thermidorienne et sous le Directoire* (Paris: L. Cerf, 1898–1902), vol. 1, pp. 57, 370, 443. に転載されて

ty, 1989), pp. 37-38. フィンケルスタインは一例としてカレームを挙げているが、菓子作りは建築学の最も重要な分野だとまで主張した、19世紀初頭では最も有名なこのシェフは、実際にはレストランで働いたことがなかった。以下のものを参照。Audiguier, *Coup d'oeil sur l'influence de la cuisine et sur les ouvrages de M. Carême* (Paris: Levasseur, 1830); Frédéric Fayot, "La Mort de Carême," in *Paris, ou le Livre des Cent-et-un* (Paris: Ladvocat, 1833), vol. 12, pp. 291-313; Georges Bernier, *Antonin Carême* (Paris: Grasset, 1989).

57. Jean Anthelme Brillat-Savarin, *Physiologie du goût* (1826; Paris: Flammarion, 1982), pp. 233-234; 後に Eugène Briffault, *Paris à table* (1846; Geneva: Slatkine, 1980), pp. 147-148; Eric Hobsbawm, *The Age of Revolution, 1789-1848* (New York: Mentor, 1962), p. 220が敷衍している。ボーヴィリエの名声はその著*L'Art de la cuisine* (Paris: Pillet, 1816) に負うところが大きい。今日のパリでは、エドゥアール・カルリエが有名なレストラン〈A・ボーヴィリエ〉(ラマルク通り52番地) の主人を務めている。

58. A. N. Y 15680 (Sept. 25, 1786); A. N. R[4] 286.

59. 1782年、「以前、故コンティ公の菓子職人だった」という〈カフェ・ド・ジェニー〉のポーロは、「ありとあらゆるアイスクリームとクリームの作り方を教える」と宣伝している。*AAAD*, Jan. 25, 1782, p. 197. 1786年には、「王侯の家で修業した名料理人」を雇いたいと無名氏が宣伝を出している。*AAAD*, Oct. 15, 1786, p. 2733.

60. *Catalogue des Maitres-Queux-Cuisiniers-Traiteurs-Rôtisseurs-Pâtissiers de la Ville, Faubourgs, et Banlieux de Paris* (Paris: L. Jorry, 1781), n. pag. ラバリエールについては、1773年の娘の洗礼証明書では「パリの住民 bourgeois de Paris」という曖昧な肩書きで呼ばれているが、1777年、次の娘の洗礼証明書では住所が変わり、彼も「家付きの配膳係 officier de maison (オフィシエ・ド・メゾン)」と呼ばれている (「オフィシエ officier」とは「オフィス office」で、つまりデザートやアントルメを調理する厨房の一画で働く者を言った)。Archives de la Seine, *Fichier des baptémes, mariages... de Parois St. Eustache*, vol. 84, pp. 165-166.

のに加えて、Albert Soboul, *The French Revolution*, trans. Alan Forrest and Colin Jones (New York: Vintage, 1975), pp. 429–430; Alfred Cobban, *A History of Modern France* (Harmondsworth: Penguin, 1957), vol. 1, pp. 251–252 を参照。

51. Lyons, *France Under the Directory*, pp. 1–4.
52. Albert Mathiez, *After Robespierre*, trans. C. A. Phillips (New York: Knopf, 1931), pp. 5, 260; R. R. Palmer, *The Age of the Democratic Revolution* (Princeton: Princeton University Press, 1964), vol. 2, p. 216.
53. ある歴史家は、この時代に目立つ消費癖をアシニャが生んだ「インフレ」気分に帰している。金が貯めるに値しないものである以上、使う方が道理だったというのだ。Denis Woronoff, *La République bourgeoise* (Paris: Seuil, 1972), p. 135.
54. Pierre Vinçard, *Les Ouvriers de Paris: Alimentation* (Paris: Gosselin, 1863), pp. 256–257; Eugen Weber, "The Nineteenth-Century Fallout," in Geoffrey Best, ed., *The Permanent Revolution: The French Revolution and Its Legacy, 1789–1989* (London: Fontana, 1989), p. 173.
55. Edmond and Jules Goncourt, *Histoire de la société françaisé pendant le Directoire*, p. 78.
56. *Paris-Restaurant* (Paris: A. Taride, 1854), p. 22; Aron, *Mangeur*, p. 17. 20世紀の多くの歴史家はこうした見解に悦に入っており、「旧家で料理人をしていた者たちが飲食店の店主となった。今やヴァテルの名は、ヴェリー、あるいはボーヴィリエ、あるいはメオと替わったのだ」と書いている。Louis Madelin, *The National History of France* (Paris, 1916), vol. 6, p. 551. 以下のものも参照。Jacqueline Munck の *Palais Royal*, Musée Carnavalet catalogue (Paris: Editions Musées Carnavalet, 1988) への寄稿、pp. 200–203; *Paris, capitale de la gastronomie* (1984年にパリ市が後援した展覧会のカタログ), pp. 5–6; Stephen Mennell, *All Manners of Food* (Oxford: Basil Blackwell, 1983), p. 141; Jean-François Revel, *Un festin en paroles* (Paris: J-J Pauvert, 1979), p. 210; Joanne Finkelstein, *Dining Out* (Oxford: Poli-

46. A. V. Arnault, *Souvenirs d'un sexagénaire* (Paris: Dufey, 1833), vol. 2, p. 270; Jean Pierre Fabre de l'Aude, *Histoire secrète du Directoire* (Paris: Ménard, 1832), vol. 2, pp. 166–167; John G. Millengen, *Recollections of Republican France* (London: Henry Colburn, 1848), p. 361; Armand F. d'Allonville, *Mémoires secrets de 1770–1830* (Brussels: Société typographique belge, 1845), vol. 4, pp. 74–83; Louis Sébastien Mercier, *Le Nouveau Paris* (Paris: Fuchs, 1798), vol. 4, pp. 196–198, および vol. 5, p. 195.
47. 正史の概括としては、Martin Lyons, *France Under the Directory* (Cambridge: Cambridge University Press, 1975), pp. 1–4 を参照。リヨンは戯画化は避けようと努めてはいるものの、「恐怖政治の厳格な体制が終わって、社会は今や楽しみ始めたのだ」と書いて、総裁政府すなわち快楽という等式を是認し続ける (p. 64)。以下のものも参照。Adolphe Granier de Cassagnac, *Histoire du Directoire* (Paris: Furne, 1851), vol. 1, p. 381; Jean-Paul Aron, *Mangeur du XIXe Siècle* (Paris: Laffont, 1973), p. 25; Jules Bertaud, *Les Parisiens sous la Révolution* (Paris: Amiot-Dumont, 1952) p. 219.
48. Carlyle, *The French Revolution*, book 9, chaps. 1–2 (vol. 2, p. 363); Edmond and Jules Goncourt, *Histoire de la société française pendant le Directoire* (Paris: A. Taride, 1854), p. 77; Richard Sennett, *The Fall of Public Man* (1977; London: Faber and Faber, 1986), pp. 184–187 [リチャード・セネット『公共性の喪失』北山克彦・高階悟訳、晶文社、1991 年].「忌まわしいお祭り騒ぎ」や「政治的な不能」への言及については、Amédée Gabourd, *Histoire de Paris depuis les temps les plus reculés jusqu'à nos jours* (Paris: Gaume frères, 1865), vol. 4, p. 477 を、また、「この体制の信じがたいほどの愚かさ」や「最も恥ずべき光景」への言及については、Philippe Ludovic Sciout, *Le Directoire* (Paris: Firmin-Didot, 1895–1897), vol. 1, p. 489 を参照。
49. Jean Robiquet, *La Vie quotidienne au temps de la Révolution* (Paris: Hachette, 1938), p. 249.
50. Jacques Chabannes, *Amours sous la Révolution* (Paris: Perrin, 1967), p. 303. そのほかの 20 世紀の著作については、既に引用したも

た。

33. André Castelot, *Le Rendez-vous de Varennes, ou les occasions manquées* (Paris: Perrin, 1971), pp. 249–250; *Révolutions de Paris*, June 25–July 2, 1791, p. 579; *Révolutions de France et de Brabant*, 82, p. 189.
34. *Révolutions de France et de Brabant*, 82, p. 193.
35. Ibid., p. 193; *Révolutions de Paris*, June 25–July 2, 1791, p. 587.
36. Donna M. Hunter, "Swordplay: Jacques Louis David's painting of Le Peletier de Saint-Fargeau on His Deathbed," in James Heffernan, ed., *Representing the French Revolution* (Hanover, N. H.: University of New England Press, 1992), 169–191 を参照。
37. A. N. F^7 4774^{63}.
38. Ibid.
39. ダヴィッドの絵画については、Hunter, "Swordplay" を参照。サイモン・シャーマ Simon Schama は、*Citizens* (New York: Knopf, 1989), p. 671 において、すさまじいまでに醜悪なル・ペルチエのデッサンとダヴィッドの肖像画用のスケッチとを並べている。
40. 1月22日、代議士ドラクロワは、ル・ペルチエの鼓舞するようなこの最期の言葉（国のために血を流す云々）を彼の墓に刻むべきだと提議している。*Archives parlementaires*, vol. 57, p. 542.
41. Félix Le Peletier, *Vie de Michel LePeletire* (Paris: Imprimerie des Sans culottes [1793]).
42. *Archieves parlementaires*, vol. 57, p. 516.
43. Ibid., p. 527.
44. この移動はあっという間に行われた。あるいは、これによりこの一件について競合する解釈があることを示した。例えば、同じ新聞の第1面では、ル・ペルチエはパレ・エガリテの洞穴に1人で座っていた（国民公会の説）とあるのに、第6面（および地元のセクションの議事録）では「そのときサン=ファルジョーは夕食代を支払っていた」とある。*L'Auditeur national*, 123 (January 22, 1793).
45. 「好みは人それぞれ」とは各人が自分の勘定を払うことが前提である。

Thomas Carlyle は言う。*The French Revolution* (New York: A. L. Burt, n. d.), vol. 1, p. 419［カーライル『フランス革命史（全6巻）』柳田泉訳、春秋社、1947〜48年].

21. *Révolution de Paris*, June 18-25, 1791, p. 542; *La Feuille villageoise*, June 30, 1791, p. 244 と比較されたい。
22. *Lettres de deux habitans des frontières* (Paris, 1791), p. 5; *Procès-verbal de ce qui s'est passé en la Ville de Varennes* (Paris: Imprimerie nationale, 1791), p. 9; *Nouveaux détails sur ce qui est arrivé à Louis XVI à Varennes et à Chalons* (Paris: Toussaint, 1791), p. 7.
23. Claude Antoine Gabriel Choiseul, *Relation du départ de Louis XVI*, Collection des mémoires relatifs à la Révolution française 14 (Paris: Baudouin frères, 1822), p. 92; Charles Nicolas Gabriel, *Louis XVI, le Marquis de Bouillé et Varennes* (Paris: Verdun, 1874), p. 245; François Victor Fournel *L'Evénement de Varennes* (Paris: Champion, 1890), p. 173.
24. Larousse, *Grand dictionnaire universel du XIXe siècle* (Paris: Larousse, 1864-1890), vol. 15, pp. 782-783.
25. 彼はヴァレンヌにおける逮捕の場面をラブレーの15分としてではなく、判事の視点から見た法廷のように仕立てることによって歴史の審判として描いている。B. N. Cabinet des estampes, M100704.
26. B. N. Cabinet des estampes, Qb[1] 1791, M100674; *Courrier français*, June 22, 1791, p. 422.
27. *Révolutions de France et de Brabant*, 82, p. 187.
28. Ibid., p. 179. 豚というモチーフをめぐる議論としては、Hunt, *The Family Romance of the French Revolution*, pp. 49-51; Antoine de Baecque, *Le Corps de l'histoire* (Paris: Calmann-Lévy, 1993), pp. 85-98 を参照。
29. *Révolutions de Paris*, June 18-25, 1791, pp. 526-532.
30. Ibid., June 25-July 2, 1791, p. 583.
31. *Courrier français*, June 24, 1791, p. 439.
32. B. N. Cabinet des estampes, collection De Vinck vol. 23, no. 3944. この絵は、*Révolutions de France et de Brabant*, no. 82 の口絵であっ

Sewell, Jr., "The Sans-Culottes Rhetoric of Subsistence," in *The French Revolution and the Origin of Modern Political Culture*, vol. 4, *The Terror*, ed. Keith Baker (Oxford: Pergamon, 1994), pp. 249–270 も参照。

14. マリー=アントワネットの放埒ぶりに対する非難については、最近かなりの文献がこれを扱っている。Chantal Thomas, *La Reine scélérate: Marie-Antoinette dans les pamphlets* (Paris: Seuil, 1989); Lynn Hunt, *The Family Romance of the French Revolution* (Berkeley: University of California Press, 1992), pp. 89–123 を参照。
15. Ernst Kantorowicz, *The King's Two Bodies: A Study in Mediaeval Political Theology* (Princeton, N. J.: Princeton University Press, 1957). [エルネスト・H・カントーロヴィチ『王の二つの身体』小林公訳、平凡社、1992年].
16. 「ヴァレンヌが第一共和制を確実なものにした」Crane Brinton, *A Decade of Revolution* (New York: Harper and Row, 1963), p. 52. ルネサンス以来のヨーロッパ史を概括した近刊本の著者は、フランス革命の章をヴァレンヌ逃亡事件で始めている。John Merriman, *A History of Modern Europe: from the Renaissance to the Present* (New York: W. W. Norton, 1996), p. 495.
17. 養育係の日記から始まった伝説。Jean Chalon, ed., *Mémoires de Madame la duchesse de Tourzel* (Paris: Mercure de France, 1969), p. 199. 以下のものも参照。Noelle Destremau, *Varennes en Argonne* (Paris: NEL, 1987), p. 55.
18. Albert Soboul, *The French Revolution*, trans. Alan Forrest and Colin Jones (New York: Vintage, 1975), p. 223; Jules Michelet, *Histoire de la révolution française*, chap. 13.
19. Michel Winock, *L'Echec au roi* (Paris: Olivier Orban, 1991), p. 79; Marcel Reinhard, *La Fuite du roi* (Paris: Centre du Documentation Universitaire 195?), vol. 1, pp. 50–53; vol. 2, pp. 128–129.
20. 本書で論じた例に加えて、以下のものにも注意。Bertha M. Gardiner, *The French Revolution*, 7th ed. (London: Longmans, 1893) p. 90;「書かれているように、軽食を求める」とトマス・カーライル

2. L. Alexander DeVérité, *Le Díner des députés* (1789), Bibliothèque de l'Arsenal Rf 9108.
3. Ibid., p. 89.
4. Ibid., p. 91.
5. Daniel Roche, *The People of Paris*, trans. Marie Evans and Gwynne Lewis (Leamington Spa: Berg, 1987), pp. 83-89.
6. この世紀の前半になってもパリに蔓延していた信用の総額を推定しようという試みとしては、Philip Hoffman, Gilles Postel-Vinay, and Jean-Laurent Rosenthal, "Redistribution and Long-Term Private Debt in Paris, 1660-1726," *Journal of Economic History*, 55 (1995): 256-284. を参照。世紀後半には信用市場は相当拡大していったとしている (p. 274)。
7. *Grand détail de la révolte arrivée hier et les jours derniers au Palais Royal, occassionnée par les Marchands d'argent qui ont été chassés et assomés par le Peuple, et la punition exemplaire d'un Restaurateur qui n'a pas voulu recevoir en payement un Assignat* (Paris: Tremblay, 1791), p. 7.
8. *Le Père Duchesne*, no. 352, p. 5.
9. *Archives parlementaires*, ser. 1, vol. 92 (Paris: CNRS, 1980), pp. 37-38 (Messidor 2, Year II [June 20, 1794]), p. 376 (Messidor 16, Year II [July 4, 1794]); *Père Duchesne*, no. 352.
10. A. N. F^7 4775^4, dossier Rose.
11. かつてのテロリストを形容したり駆逐したりするための手段としての「人食い」や「生き血を飲む者」といった語については、Bronislaw Baczko, *Ending the Terror*, trans. Michel Petheram (Cambridge: Cambridge University Press, 1994), とくに pp. 210-216 を参照。
12. 『マルセイエーズ』の替え歌では最初の2行の *patrie*（祖国）が *courtille*（酒場）に、*gloire*（栄光）が *boire*（飲む）に替えられている。M. de L..., *Portefeuille d'un émigré* (Paris: marchands de nouveauté, n. d.), p. 36.
13. 美食=料理にまつわる侮辱的言動の横行については、William

した点を教え込むことにあった。ピイスPiisの戯曲『もてなしの喜び』（*Plaisirs de l'Hospitalité*, Paris, 1794）の中では、働き者のきこりとその息子が、慎ましい寡婦とその娘を自分たちの質素な食事に招く。森林の開拓では、「友愛とは姉妹」にあたるもてなしによって、すべての真のサンキュロットが呼び集められる。さらに芝居は、この食卓が万人に開かれているわけではないことを強調する。元修道士で、怠け者で大食いのきこりの見習いは、「うっとりするようなリンゴ、きれいな木の実、汁気たっぷりの梨」をともにすることは許されず、そのかわりに迷子のろばを探しに森に行かされる。この芝居の「友愛的道徳」は「猛烈な喝采」で迎えられた。*Journal des théâtres et des fêtes nationales*, Brumaire 25, Year III [Nov. 15, 1794], pp. 721-723. 以下のものも参照。Rézicourt, *Les Vrais sans-culottes, ou l'hospitalité républicaine*（Paris: Huet, 1794）.

109. De Jaucourt's, *Encyclopédie* article, "Hospitalité." と比較されたい。
110. これと関連する問題については、Michel Serres, *The Parasite*, trans. Lawrence Schehr（Baltimore: Johns Hopkins University Press, 1982）, とくにpp. 116-124を参照。
111. Jean-Jacques Rousseau, *The Confessions*, trans. J. M. Cohen（Harmondsworth: Penguin, 1953）, p. 108.
112. Villette, *Lettres choisies*, pp. 6-7.
113. *Moniteur*, vol. 21, p. 233.
114. Ibid., p. 235.
115. A. N. AB^{xix} 3899, piece 107.
116. Aileen Ribeiro, *Fashion in the French Revolution*（London: B. T. Batsford, 1988）.

第5章　定価――大食とフランス革命

1. この場面を描いた別な作品としては、B. N. Cabinet des Estampes, collection DeVinck, vol. 17, nos. 2814-2815, およびthe Histoire de France series, Qb^1 1790（June）, M99968を参照。後者において、「勘定は別々に」は、革命1年目の様々な決定的瞬間を描いた一連のメダイヨンの一つとして描かれている。

ャバレーのようだった。（……）人々は、祭壇のまわりに、ワインの瓶を載せてソーセージやパテをはじめ様々な肉類を積み上げたテーブルを並べていた」。Louis Sébastien Mercier, *Le Nouveau Paris* (Paris: Fuchs, 1798), vol. 3, p. 141.

102. *Le Moniteur universel*, Ventôse 5, Year II [February 23, 1794], reprint vol. 19, pp. 535-536. 他の者たちは「市民の四旬節」の制定を求めていたにもかかわらず、バレールは、「友愛的食事会」についてと同じように、国民公会に対して実際に肉類の消費を禁じる法案の採択を求めようとして思いとどまった。

103. 「デュシェーヌおじさん」の怒りに満ちた毒舌によれば、誠実なるフランス人はわずかな食べ物しか必要としない――「ワイン1杯と堅いパン1切れ、真のサンキュロットにはこれだけで十分だ」――が、彼の敵は皆買い溜め屋で大食家だ。*Père Duchesne*, n. 351, p. 2. 以下のものも参照。Richard Cobb, *The Police and the People* (Oxford: Oxford University Press, 1970), pp. 246-324.

104. ヴィレットとデムーランは、2人ともアメリカの革命家たちを厳格さの鑑として引いている。また別の教育的な戯曲『諸国民の夕食（*Le Dîner des peuples*）』では、〈自然〉が彼女の「子供たち」全員を質素な食事に招いたら、出席したのはフランスとアメリカだけだった。劇評とあらすじは、*AAAD*, Floréal 18, Year II [May 7, 1794] pp. 7519-7520 を参照。

105. シャゼー・ダゼルグで催された、トゥーロン奪回を祝う祭典は、歌と演説で始まり、町の人々が「調理をしてない簡素な料理」を持ち寄った共同の食事で幕を閉じた。*Journal de la Montagne*, Pluviôse 16, Year II [Feb. 4, 1794], p. 662; フォンテーヌブローのジャコバン派も、「質素で友愛的な軽食」を楽しんだ。*Précis historique de la fête de la raison et de l'inauguration du buste de Michel LePelletier à Fontainebleau, le 20 frimaire* (Melun: Tarbé and Lefevre, 1794), p. 6.

106. *Moniteur*, vol. 21, p. 234.

107. Ozouf, "Fraternity," in Furet and Ozouf, eds., *Critical Dictionary*, p. 697.

108. 当時の教訓的な芝居が食事を舞台にかけるとき、その意図はこう

1824), vol. 3, p. 240; Duplessi-Bertaux, *Tableaux historiques de la révolution française* (Paris, 1817), vol. 2, p. 67; *Vie publique et privée des français* (Paris: Signault, 1826), vol. 1, pp. 387-390.

93. François-Alphonse Aulard, ed., *La Société des Jacobins: Recueil des documents* (Paris: Jouast, 1889-1897), vol. 6, p. 224.

94. Séance of Messidor 28, Year II [16 July 1794]. 以下のものに引用。*Le Moniteur*, Messidor 29, Year II (reimp.; Paris: Plon, 1854), vol. 21, pp. 233-235. 市民食事会は「異常なほどの速さで増えていった」とある。

95. 人を斬くものだという、料理一般に対する(とくに新料理に対する)批判としては、本書第2章を参照。バレールについては、Jean-Pierre Thomas, *Bertrand Barère: la voix de la Révolution* (Paris: Desjonquères, 1989) を参照。バレールの指摘の多くは、パリ市会でのペイヤンの演説の中にも見られる。ペイヤンの報告はバレールのそれに先立つものだったが(共和暦2年、メシドール27日)、「モニトゥール」紙の報道はバレールのものより後だった。*Le Moniteur*, Thermidor 2, Year II [July 20, 1794] vol. 21, pp. 253-254 を参照。

96. バレールの話は被害妄想的に聞こえるが、王党派のフリニイ男爵は、毎週ランスから送られてくるパテと自宅の酒蔵の残りとで1794年の冬を生き延びたと断言している。Frénilly, *Mémoires, 1768-1828*, p. 143 を参照。もちろん、男爵が、バレールの演説を聞いてから何年も経って初めてこの食餌法を「思い出した」ということは大いにあり得ることだ。

97. *Moniteur*, vol. 21, p. 233.

98. Ibid., p. 233.

99. バレールは、長い間売春婦の巣窟として有名だったパレ・ロワイヤルの暗がりにある食卓を描くことによって、こうした危険を強調している。

100. *AAAD*, Messidor 29, Year II [July 17, 1794], p. 8511. 韻文で翻訳してくれたマイケル・クーパーソンに感謝する。

101. メルシエは、国民公会が催した〈理性の饗宴〉はこうした規範から逸脱していたと嘆いている。「サン=トゥスタッシュ教会は巨大なキ

は難しいが、Marcel David, *Fraternité et révolution française* (Paris: Aubier, 1987), pp. 157-159 を参照のこと。

87. *Suite du Journal de Perlet*, Messidor 23, Year II [July 11, 1794], p. 318. バスティーユでの大事件をフランス各地に広めた企業家ピエール=フランソワ・パロワ Pierre-François Palloy は、共同食事会の有効性について同じような言葉で書いている。1792年7月に（ちょうど1790年7月にしたように）バスティーユの地で愛国的な食事会を催すよう提案した上で、「差し迫る危機に対処するためには、これ以上ないほど親密な団結が——すなわち食事によって鍛え上げた統一性が必要である」と書いている。*Affiches du soir*, July 25, 1792, p. 759, および *Avis au 48 sections de la capitale, à l'occasion d'un banquet civique* (Paris: n. d.). 帝政期になると、パロワは、ナポレオン主宰の、ロシア国王とプロイセン国王を交えたティルジット条約締結記念の宴席を「家族の祝祭」として讃える歌を書いている。*Le Banquet de famille* (Paris, 1807).

88. Raymond Aubert, ed., *Journal de Célestin Guittard de Floriban, bourgeois de Paris sous la Révolution* (Paris: Editions France-Empire, 1974), pp. 411-412.

89. *Journal de la Montagne*, Messidor 29, Year II [July 17, 1794], p. 658.

90. 直接ワインピッチャーから飲むことを強いられたという、ある王党派の人物の主張（Auguste François Frénilly, *Mémoires 1768-1828, Souvenirs d'un ultraroyaliste* [Paris: Perrin, 1987] p. 131 を参照）は割り引いて考えた方がよいかもしれないが、以下のものも参照のこと。Duval, *Souvenirs de la Terreur*, vol. 4, pp. 246, 248; Aubert, ed., *Journal de Célestin Guittard de Floriban*, p. 411.

91. Millengen, *Recollections*, pp. 251-252.

92. 「民衆は、放って置かれると、普段どおりに善良な真の側面を見せた。国民性がその陽気さ全体のうちに再現されたのだ」F.-Emmanuel Toulongeon, *Histoire de France, depuis la révolution de 1789* (Paris: Didot jeune, 1803), vol. 4, p. 368; Dulaure, *Esquisses historiques des principaux événemens de la révolution française* (Paris: Baudouin,

Priscilla Parkhurst Ferguson, *Paris as Revolution* (Berkeley: University of California Press, 1994), p. 27.

79. Ronsin, *La Fête de la liberté* のマイクロフィルムによる複写（フランス国立図書館所蔵）を参照。

80. *Révolutions de Paris*, Frimaire 10–18, Year II [Nov. 30–Dec. 8, 1793] (Cave, Reynaud, and Willemart, eds., *1793, l'esprit des journaux*, p. 316 に転載). 革命期のヘラクレス像についての詳細は、Hunt, *Politics, Culture, and Class*, pp. 94–119 を、ダヴィッドについては David L. Dowd, *J.-L. David: Pageant-Master of the Republic* (Lincoln: University of Nebraska Press, 1948); Warren Roberts, *Jacques-Louis David, Revolutionary Artist: Art, Politics, and the French Revolution* (Chapel Hill: University of North Carolina Press, 1989); Ronald Paulson, *Representations of Revolution* (New Haven: Yale University Press, 1983), chap. 1 を参照。

81. 穀物やワインのように一度に大量に輸送される品目以外に最高価格法を適用することがいかに困難であったかは、Richard Cobb, *The People's Armies*, trans. Marianne Elliott (New Haven: Yale University Press, 1987), pp. 308–309 を参照。

82. A. N. F^{7} 4774^{94} (dossier Robert; Ventôse 14, Year II [Mar. 4, 1794]); A. N. W 112. 以下のものに転載。Pierre Caron, ed., *Paris pendant la Terreur: Rapports des agents secrets du Ministre de l'Intérieur* (Paris: Alphonse Picard, 1910–), vol. 4, p. 217.

83. *Gazette nationale ou le Moniteur universel*, Messidor 5, Year II [June 23, 1794], vol. 21, p. 36. この何カ月か前、急進的なコルドリエ・クラブの部会で、ある弁士が、レストランは「怪しげな輩」を匿っていると糾弾し、警察がその職務を適切に果たしていたら、「よそではどこでも見つけられないような亡命者をこうした店で見つけられるであろうに」と主張していた。*L'Abbréviateur universel*, Oct. 28, 1793, p. 1203.

84. A. N. F^{7} 4775^{44}.

85. Ibid.

86. 実際には「友愛的食事会」が何回催されたのかにあたりを付けるの

Montesquieu, *Esprit des lois*, book 20; *Révolutions de Paris*, Oct. 6–13, 1792, pp. 97–102.

70. Montesquieu, *Esprit des lois*, book 20; *Encyclopédie*, art. "Hospitalité."

71. Gérard-Antoine de Halem, *Paris en 1790*, ed. Arthur Chuquet (Paris: Léon Chailley, 1896), p. 195. イギリス人のミレンゲン Millengen は、ラファイエットをも含めた実際の〈大膳式〉の1つを目撃している。*Recollections of Republican France*, p. 29.

72. *Révolutions de Paris*, Feb. 9–16, 1793. 以下のものに転載。Christoph Cave, Denis Reynaud, and Danièle Willemart, eds., *1793, l'esprit des journaux* (Saint-Etienne: Publications de l'Université de Saint-Etienne, 1993), pp. 65–66.

73. Jean-Pierre Gross, *Fair Shares for All: Jacobin Egalitarianism in Practice* (Cambridge: Cambridge University Press, 1997), p. 88.

74. William H. Sewell, Jr., "The Sans-Culotte Rhetoric of Subsistence," in *The French Revolution and the Creation of Modern Political Culture*, vol. 4, *The Terror*, ed. Keith Baker (Oxford: Pergamon, 1994), pp. 249–269.

75. これらの規制の中では、1793年5月に制定された穀物最高価格法が最も有名だが、多くの他の品目に対しても価格が設定された。コリン・ジョーンズ Colin Jones と私は、18世紀には「生活必需品」の定義が相当拡大されたことを論証した。"Sans-culottes, *sans café; sans tabac*: Shifting Realms of Necessity and Luxury in Eighteenth-Century France," in Maxine Berg and Helen Clifford, eds., *Consumers and Luxury: Consumption and Culture in Europe, 1650–1850* (Manchester: Manchester University Press, 1999), pp. 37–62 を参照。

76. *Gazette des nouveaux tribunaux*, vol. 8, pp. 345–351.

77. 人気の高い新聞上の人物であった「デュシェーヌおじさん」は、最高価格法を守らない商人や買い溜め屋たちに毒づくとき、あからさまにパン屋を除外し、ワイン商、肉屋、食料品雑貨商に矛先を向けている。*Le Pére Duchesne*, numbers 341 and 345.

78. *Journal de la montagne*, Ventôse 6, Year II [Feb. 24, 1794], p. 821;

18.

59. *Révolutions de Paris*, July 3–10, 1790, p. 726.

60. *Révolutions de France et de Brabant*, 30: 290. デムーランは、同じ号のこれより前の方で、ヴィレットの提案の抜粋を転載している。p. 280 を参照。

61. Ibid., 35: 520.

62. *Détails circonstanciés des fêtes patriotiques, illuminations, banquets civiques, services, etcetera qui ont eu lieu depuis dimanche 18 juillet 1790* (Paris, 1790) (Bibliothèque de l'Arsenal Ra^{4} 719); Prudhomme, *Révolutions de Paris*, July 3–10, 1790, p. 726.

63. 後に共和派の食事のために書かれた歌では、サンキュロットたちの率直で単純な陽気さと、旧体制下の宴席における厳格な礼儀作法とを対照させている。"Couplets patriotiques, chantés au repas fraternel," *AAAD*, Messidor 29, Year II [July 17, 1794], p. 8511 を参照。

64. Montesquieu, *Esprit deu lois*, book 20; Jean-Jacques Rousseau, *Emile*, trans. Allan Bloom (New York: Basic Books, 1979), pp. 224, 413.

65. Sarah Maza, *Servants and Masters in Eighteenth-Century France* (Princeton: Princeton University Press, 1983), pp. 100–102; Cissie Fairchilds, *Domestic Enemies* (Baltimore: Johns Hopkins University Press, 1984), pp. 71–74, 129–130, 156–157.

66. *Archives parlementaires*, first series, vol. 27, pp. 611–615 (1791 年 7 月 1 日の論争); Armand Dalloz, *Répertoire méthodique et alphabétique de législation, de doctrine, et de jurisprudence* (Paris: Bureau de la jurisprudence générale, 1847), vol. 44, part 2, pp. 1168–1169.

67. *Gazette des nouveaux tribunaux* (Paris: Perlet, c. 1790–1795), vol. 12, p. 120; vol. 13, pp. 35–41.

68. *Encyclopédie ou dictionnaire raisonné des sciences, des arts des métiers, par une société des gens de lettres* (Paris: 1751–1772), art. "Hospitalité."

69. Claude Fleury, *Collection des opuscules de M. l'abbé Claude Fleury*, vol. 1 *Moeurs des chrétiens* (1682; Nimes: Beaume, 1780), p. 188;

47. Jean-Marie Collot d'Herbois, *La Famille patriote ou la fédération* (Paris: Duchesne, 1790).
48. *Mémoires de Madame la duchesse de Tourzel* (Paris: Plon, 1883), (Ozouf, *La Fête*, p. 61 に引用).
49. この大都市に着いたときの彼らの困惑に関する攻撃的な報告としては、*Révolutions de Paris*, July 3-10, 1790, pp. 726-727 を参照。
50. *Archives parlementaires*, vol. 17, pp. 84-85; Schama, *Citizens*, pp. 500-513.
51. シャン・ド・マルスにおける作業の図版は、B. N. Cabinet des Estampes, coll. DeVinck, vol. 22, 3719-3731 を参照。
52. *Archives parlementaires*, vol. 16, p. 137.
53. Ibid., vol. 16, pp. 138-140.
54. B. N. mss n. a. f. 2666 (section Butte des Moulins, July 7, 1790). ヴェロニーは、パリの「選挙民」のための宴席とそれに続いて祭りも催した。花火、舞踏会、「本物の馬を使った戦いが呼び物の」騎馬戦などは、彼が約束した楽しみの一部にすぎない。*AAAD*, July 3, 1790, p. 1929. 月末には、夕食は1人あたり12リーヴルとし、「50人以上のグループには、軍楽の演奏が無料で提供される」と宣伝している。*AAAD*, July 31, 1790, p. 2266. 以下のものも参照。*Chronique de Paris*, July 5, 1790, p. 744.
55. *Chronique de Paris*, July 12, 1790, p. 772.「ご婦人方［原注：国王の叔母たち］の菓子職人」であったルサージュは、その前にも冬休み用に同じ品物を市場に出していた。*AAAD*, Dec. 25, 1789, p. 3649.
56. B. N. mss n. a. f. 2666, section Butte des Moulins, July 9, 1790. 国民議会の代議員であったフェリエール侯爵は、妻宛ての手紙で「地方の議員たちはパリのもてなしに大変満足している。彼らのほとんどは泊まっている家で食事も出してもらっている」と書いている。Charles E. de Ferrières, *Correspondance inédite* (Paris: Armand Colin, 1932), p. 242.
57. *Révolutions de Paris*, June 26-July 3, 1790, p. 703.
58. Helen Maria Williams, *Letters Written in France in the Summer 1790 to a Friend in England*, 5th ed. (London: T. Cadell, 1796), pp. 5,

2つの町の600人の代表]は同じテーブルに着いている。なぜならただ一つの家族を形成しているからである」と公言している。*Révolutions de France et de Brabant*, 30: 264.

39. この祝宴についての詳細な議論としては、Ozouf, *La Fête*, pp. 59-101; および Marie-Louise Biver, *Fêtes révolutionnaires à Paris* (Paris: Presses universitaires de France, 1979), pp. 11-31を参照。

40. 連盟祭に対する賛辞では、言葉は万人の口から同時に発せられたとしばしば強調されている。例えば、*Archives parlementaires* (Paris: 1879-), vol. 17, p. 323を参照。

41. ここでは連盟祭に寄せられた賛辞を網羅的に一覧するだけの紙幅はない。典型的な見本としては、*Chronique de Paris*, July 10, 1790, p. 763; René Levasseur, *Mémoires* (Paris: Rapilly, 1829), vol. 1, pp. 28-30; John G. Millengen, *Recollections of Republican France, 1790-1801* (London: Henry Colburn, 1848), p. 59を参照。これほど高揚感に溢れていない報告としては、王党派の回想録 Georges Duval, *Souvenirs de la Terreur* (Paris: Werdet, n. d.), vol. 1, p. 167を参照。

42. *Repas dans tous les districts de Paris* (Paris: Joliot, 1790).

43. *Chronique de Paris*, July 19, 1790, p. 798. その報告によれば、愛国的な宴席は、旧体制の「よそよそしい礼儀作法」に代えて、「男性的な軍楽」、自然のままの花の花輪、イギリス式庭園の自然美を模したテーブルセンターで彩られた。

44. *Chronique de Paris*, July 17, 1790, p. 787. ある推定によれば、出席が予想された役人のうち5分の1しか来なかったという。オズーフ Ozoufは、地方の連盟祭から「民衆」が排除されたことについて論じている。*La Fête*, pp. 99-100を参照。Christian Jouhaud, *Mazarinades: la Fronde des mots* (Paris: Aubier, 1985), pp. 127-137は、17世紀中頃の市民の饗宴における「民衆」の役割を、見物人として、かつ食べ残しをありがたがる受け皿として見なしている。

45. *Le Patriote français*, June 23, 1790, p. 4.

46. Charles Philippe Ronsin, *La Fête de la liberté ou le dîner des patriotes* (Paris: de Cussac, 1790); *Chronique de Paris*, July 14, 1790, p. 779.

31. Norbert Elias, *The Court Society*, trans. E. Jephcott (New York: Pantheon, 1983) [ノルベルト・エリアス『宮廷社会』波田節夫・中埜芳之・吉田正勝・法政大学出版局、1981 年] は、〈大膳式〉について明確には論じていないが、〈起床の儀 *levée*(ルヴェ)〉についての論評は密接な関係がある。pp. 83–90 を参照。〈大膳式〉の切符の入手しやすさを告げる広告については、*Affiches, annonces, avis divers*(以下、*AAAD*), Jan. 9, 1782, p. 71 も参照。

32. Arthur Young, *Travels during the Years 1787, 1788, and 1789* (Dublin: Cross, 1793), vol. 1, p. 20; *Considérations philosophiques* (Paris, 1787), p. 155.

33. この作品の人気について、詳細は、Robert Darnton, *The Forbidden Best-Sellers of Pre-Revolutionary France* (London and New York: Harper-Collins, 1996) を参照。

34. Louis Sébastien Mercier, *L'An 2440, rêve s'il en fut jamais*, vol. 1, p. 132 [メルシエ『紀元二四四〇年』原宏訳、『啓蒙のユートピア(3)』野沢協・植田祐次監修に所収、法政大学出版局、1997 年].

35. Daniel Roche, *Histoire des choses banales* (Paris: Fayard, 1997), p. 254; Steven Kaplan, *Bread, Politics, and Political Economy in the Reign of Louis XV* (The Hague: Martinus Nijhoff, 1976), pp. 3–6, 32–33, 614–676.

36. ルソーが有徳の祝祭と堕落を生む芝居とを区別していたことについては、その *Lettre à M. D'Alembert sur les spectacles* [『演劇に関するダランベール氏への手紙』西川長夫訳、『ルソー全集(8巻)』所収、白水社、1979 年] を参照。

37. ヴィレットは、18 世紀初頭の警察行政官にして理論家であったニコラ・ドラマール Nicolas Delamare を読んでいたのかもしれない。彼は「食事をともにすることは、人々の間の平和と誠実な友情を確保する最善の方法の一つである」と書いている。*Traité de la Police* (Paris: S. & P. Cot, 1705), vol. 1, p. 427.

38. 週刊新聞に寄稿していたマクシミリアン・イスナール Maximilien Isnard も同様に、1790 年 5 月に行われたドラギニャンとフレジュスの 2 つの町の連合について、「自由の婚礼」と形容し、「彼ら [原注:

bridge: Cambridge University Press, 1980）で、格別的確になされている。

25. 革命が古代を援用したことについての文献は相当な数にのぼる。H. T. Parker, *The Cult of Antiquity and the French Revolutionaries* (Chicago, 1937); Claude Mossé, *L'Antiquité dans la Révolution française* (Paris: Albin Michel, 1989); R. Chevallier, ed., *L'Antiquité gréco-romaine vue par le siècle des Lumières* (Tours: Centre de Recherches A. Piganiol, 1987); R. Chevallier, ed., *La Révolution française et l'Antiquité* (Tours: Centre de Recherches A. Piganiol, 1991).

26. M. Hano, "*L'Encyclopédie* et l'archéologie au XVIIIe siècle: l'article "Herculaneum,"" in Chevallier, ed., *L'Antiquité vue par le siècle des lumières*, pp. 229-246; J. J. Barthélemy, *Voyage du jeune Anacharsis en Gréce* (Paris, 1788), chaps. 25 and 48; Pierre Jean Baptiste LeGrand d'Aussy, *Histoire de la vie privée des françois* (Paris: Pierres, 1782); [Athénée], *Le Banquet des savants*, trans. LeFebvre de Villebrune (Paris: Lamy, 1789-1791); Elisabeth Vigée Lebrun, *The Memoires of Elisabeth Vigée Lebrun*, trans. Siân Evans (London: Camden Press, 1989), pp. 43-45. 以下のものも参照。Monique Mosser, "Le Souper grec de Madame Vigée Le Brum," *Dix-huitième siècle*, 15 (1983): 155-168.

27. *Révolutions de France et de Brabant*, 30: 290; 35: 520.

28. Homer, *L'Illiade*, trans. Anne Dacier, new ed. (Paris: Martin, 1756), vol. 1, pp. ix, 90-91 [ホメロス『イリアス（上・下）』松平千秋訳、岩波文庫、1992 年].

29. *Chronique de Paris*, July 18, 1789, 以下のものに転載。Charles Villette, *Lettres choisies* (Paris: Marchands de nouveauté, 1792), pp. 6-7.

30. Ozouf, *La Fête*, P. 59. スタロバンスキーは、基盤づくりの時間である共和国の祝祭と、意図的にその場限りのものとしている貴族たちの祝宴とを区別している。Jean Starobinski, *1789, les emblèmes de la raison* (Paris: Flammarion, 1979), p. 65 [ジャン・スタロバンスキー『フランス革命と芸術』井上堯訳、法政大学出版局、1997 年].

び François Furet, *Penser la révolution française* (Paris: Gallimard, 1978), chap. 1 を参照。

17. 「病や衰退といったイメージは、物書きのペンから流れ出たのだ」と、1788年および1789年の風刺文書の歴史研究者は論じている。Antoine de Baecque, *Le Corps de l'histoire* (Paris: Calmann-Lévy, 1993), p. 103.
18. *Margot, la vieille bonne femme de la 102 ans, soeur de curé de 97 ans, à messieurs des états généraux* (1789), de Baecque, *Le Corps de l'histoire*, p. 130 に引用。
19. Mona Ozouf, "Fraternity," in François Furet and Mona Ozouf, eds., *A Critical Dictionary of the French Revolution*, trans. Arthur Goldhammer (Cambridge, Mass.: Harvard University Press, 1989), pp. 694-703 [フランソワ・フュレ、モナ・オズーフ編『フランス革命事典 (全7巻)』河野健二ほか監訳、みすず書房、1998〜2000年]; Hunt, *Politics, Culture, and Class in the French Revolution*, p. 86; 「革命以来、政治的行事といえば必ず宴席で催し、祝うようになった」 Armand Lebault, *La Table et le repas à travers les siècles* (Paris: Laveur, n. d.), p. 683.
20. B. N. Cabinet des estampes, coll. DeVinck, vol. 3, numbers 430, 478, 631; B. N. Cabinet des médailles, Med. Revol. 200.
21. アンボワーズの町役人の報告 (Messidor 11, Year II [June 29, 1794]) in *Archives parlementaires* (Paris: CNRS, 1980), ser. 1, vol. 92, p. 261. 以下のものも参照。A. N. C 289, report of Société républicaine du Rochefort (Brumaire 30, Year II [Nov. 20, 1793]).
22. この点から見た大革命の多くの分析としては、Furet and Ozouf, eds., *Critical Dictionary of the French Revolution* を参照。
23. George Rudé, *The Crowd in the French Revolution* (1959; Oxford: Oxford University Press, 1973) [G・リューデ『フランス革命と群集』前川貞次郎ほか訳、ミネルヴァ書房、1996年].
24. 同様の指摘は、William Reddy, *Money and Liberty in Modern Europe* (Cambridge: Cambridge University Press, 1987), とくに第2章、および William Sewell, *Work and Revolution in France* (Cam-

Préhistoire à nos jours (St.-Jean-d'Angély: Bordessoules, 1985), p. 503; Edmond and Jules Goncourt, *Histoire de la société française pendant la Révolution* (Paris: Dentu, 1854), pp. 116-121; Edmond and Jules Goncourt, *Histoire de la société française pendant le Directoire*, 2nd ed. (Paris: Dentu, 1855), pp. 76-81; *Le Palais Royal*, catalogue of Musée Carnavelet exhibit, May-Sept. 1988, pp. 200-201; また、最も多くの読者を得たに違いない Alice Furlaud, "What do you do Après Revolution? Go Out to Eat," *New York Times*, July 12, 1989, p. C1. レストランを19世紀フランスの「ブルジョワ的」本性の明白な証拠とするホブズボームの無造作な議論については、*The Age of Revolution* (New York: Signet, 1962), p. 220を参照［E・J・ホブズボーム『市民革命と産業革命』安川悦子・水田洋訳、岩波書店、1968年］。

14. Félicité Stéphanie de Genlis, *Dictionnaire critique et raisonné des étiquettes de la cour* (Paris: P. Mangie, 1818), vol. 1, p. 242; Louis Sébastien Mercier, *Le Nouveau Paris* (Paris: Fuchs, 1798), vol. 3, p. 174. 革命とレストランの連動効果を評価する際の落胆の気持ちを簡潔に表した言葉として、「すべてがひっくりかえった」というある作家の結論に匹敵するものはそうはあるまい。Paul Vermond, "Les Restaurants de Paris", *Revue de Paris*, ser. 2, no. 15 (1835), pp. 109-121. バルザックとその協力者オラース・レッソンによれば、レストランは「かくも多くの他の制度と同様、啓蒙主義の産物である」という。[A. B. de Périgord], *Nouvel almanach des gourmands*, vol. 3 (Paris: Baouduin, 1827), p. 47.

15. Pierre Jouhard, *Paris dans le XIXme siècle, ou Réflexions d'un observateur* (Paris: Dentu, 1810), pp. viii-ix, 137.

16. 新しい時間と空間に対するジャコバン派の執着についての研究としては、*L'Espace et le temps réconstruits*, Marseilles colloque, Feb. 22-24, 1989 (Aix en Provence: Publications de l'Université de Provence, 1990); Lynn Hunt, *Politics, Culture, and Class in the French Revolution* (Berkeley: University of California Press, 1984), pp. 26-32; Mona Ozouf, *La Fête revolutionnaire* (Paris: Gallimard, 1976); およ

Jean-Paul Aron, *Le Mangeur du XIXe siècle* (Paris: Robert Laffont, 1793), pp. 13-14.

6. Petit de Bachaumont, *Mémoires secrets*, vol. 22, p. 78.
7. Simeon Prosper Hardy, *Mes loisirs*, published by Maurice Tourneux and Maurice Vitrac (Paris: Picard, 1912), p. 408.
8. 聖ロクスの祝日の饗宴について詳しい描写は、A. N. H★2 1872を参照。
9. Simon Schama, *Citizens* (New York: Knopf, 1989), pp. 378-379.
10. 両方とも、手書きのニュースや当時のスキャンダル新聞で大々的に論じられたが、それ以後は全く忘れ去られた。〈愛〉や〈快楽〉に対する〈結婚〉の大勝利を舞台化した前者については、Petit de Bachaumont, *Mémoires secrets*, vol. 4, p. 242を参照。ブリュノワ侯爵が、自分自身はぼろをまといながら、川を黒く染め、庭師や料理人をはじめ従僕たちに華美な衣装を着せて浪費したことはよく知られている。*Les Folies du Marquis de Brunoy, ou ses mille et une extravagances* (Paris: Lerouge, 1804)を参照。
11. Grimm, *Correspondance littéraire*, vol. 11, p. 363.
12. 夕食に招きたいという一心から第一統領のあとをどこへでも付いてまわった小柄の老婦人については、A. N. F7 3832 (Floréal 9, Year XII [April 28, 1804]) を参照。
13. Aron, *Le Mangeur*, pp. 13-35; Stephen Mennell, *All Manners of Food* (Oxford: Basil Blackwell, 1985), chap. 6; Jean-François Revel, *Un Festin en paroles* (Paris: J-J. Pauvert, 1979), pp. 207-208; Maguelonne Toussaint-Samat, *A History of Food*, trans. Anthea Bell (1987; Oxford: Basil Blackwell, 1992), pp. 731-734 [マグロンヌ・トゥーサン=サマ『世界食物百科』玉村豊男監訳、原書房、1998年]; Barbara Ketchum Wheaton, *Savouring the Past* (Philadelphia: University of Pennsylvania Press, 1983), p. 73; Joanne Finkelstein, *Dining Out* (Oxford: Polity, 1989), pp. 144-145; Claudine Marenco, *Manières de table, modèles de moeurs* (E. N. S.-Cachan, 1992), pp. 164-169; Jean-Robert Pitte, *Gastronomie française, histoire et géographie d'une passion* (Paris: Fayard, 1991), pp. 161-169; Marcel Le Clère, *Paris de la*

spondance littéraire, Philosophique, et critique de Grimm et de Diderot（Paris: Furne, 1830）, vol. 11, pp. 363–365; Louis Petit de Bachaumont, *Mémoires secrets pour servir à l'histoire de la République des lettres en France, depuis 1762*（London: John Adamson, 1784）, vol. 22, pp. 72–78; Nicolas-Edme Restif de la Bretonne, *Les Nuits de Paris*, part 12（第 345 夜）, および part 13（第 346 夜および第 351 夜）in Michel Delon and Daniel Baruche, eds., *Paris le jour, Paris la nuit*（Paris: Robert Laffont, 1990）, pp. 1052–1054, 1062–1064.（テクストとして最も入手しやすい）。グリモの晩餐会については、描写はないながら、Métra, *Correspondance secrète, politique, et littéraire ou Mémoires pour servir à l'histoire des cours, des sociétés, et de la littérateur en France depuis la mort de Louis XV*（London: John Adamson, 1788）, vol. 14, p. 178 で言及されている。主人役の名前は明かされていないが、会の描写は、Jean Baptiste Nougaret, *Spectacle et tableau mouvant de Paris*（Paris: Duchesne, 1787）, vol. 2, pp. 22–24 にも見られる。

2. 19 世紀の新聞も、あたかもいまだにゴシップとして価値があるかのように、ときとしてグリモの葬儀めかした晩餐会の話を報じている。*La Presse*, Sept. 10, 1839 の文芸欄を参照。
3. フリーメーソンの儀式については、Margaret Jacob, *Living the Enlightenment*（Oxford: Oxford University Press, 1991）を参照。
4. Paul Lacroix, *Histoire des mystificateurs et des mystifiés*（Brussels: Schnée. 1858）, vol. 1, pp. 111–118; Ned Rival, *Grimod de la Reynière, le gourmand gentilhomme*（Paris: Pré aux clercs, 1983）, p. 52; Charles Monselet, *Les Oubliés et les dédaignés, figures littéraires de la fin du XVIIIe siècle*（Alençon: Poulet, Malassis, et de Broise, 1857）, vol. 2, pp. 203–206.
5. アロンは、グリモの晩餐会はまさしく観客がいたがゆえにスキャンダルだったのだと記しているが、この点についてさらに詳しくは述べていない。そのかわりに、グリモの夜食会は料理に関する言説の嚆矢であるとし、「19 世紀のフランス文明をかくも深く特徴づけることとなる」文学と食卓との密接な結びつきを予示していると論じている。

ical Culture of the Old Regime, ed. Keith Baker (Oxford: Pergamon, 1987), および vol. 2, *The Political Culture of the French Revolution*, ed. Colin Lucas (Oxford: Pergamon, 1988); Lynn Hunt, *Politics, Culture, and Class in the French Revolution* (Berkeley: University of California Press, 1984); Mona Ozouf, *La fête révolutionnaire* (Paris: Gallimard, 1976); Daniel Gordon, *Citizens without Sovereignty: Equality and Sociability in French Thought, 1670–1789* (Princeton: Princeton University Press, 1944)を参照。

78. ハーバーマスは一方が他方に取って代わったと論じているものと解釈されてきたが、私はむしろ、劇場的なものと法廷的なものがいかにして互いに戯れ、排除し続けたかを強調したい。グリモ・ド・ラ・レニエールが、自らの批判精神に溢れる「大饍式」を主宰するためには観客が必要だった。この点においては、彼も、ランゲやボーマルシェ、さらにいくらか遡るが、ヴォルテールなど他の18世紀末の偉大なる名手たちと異なるものではない。

79. Dena Goodman, *The Republic of Letters* (Ithaca: Cornell University Press, 1994).

80. Michelle Perrot, Introduction, in Philippe Ariès and Georges Duby, eds., *A History of Private Life*, vol. 4, *From the Fires of Revolution*, ed. Michelle Perrot, trans. Arthur Goldhammer (Cambridge, Mass.: Harvard University Press, 1989), p. 4; この巻では自宅での「ブルジョワの」食事しか議論していない (pp. 271–277)。レストランは、公共圏における仕事から排除されており、高く推賞されている〈*History of Private Life*〉シリーズにおいても、標準的な政治史あるいは社会史の教科書と同様に注意が払われていない。

81. A. N. Y 11008 (Jan. 5, 1767). 諍いは、他の食べ物でも起こったのかもしれない。サラダのドレッシングをめぐる諍いとしては、A. N. Y 15869A (April 12, 1764) を参照。

82. *L'Avantcoureur*, Mar. 9, 1767, p. 150; *AAAD*, Oct. 19, 1769, p. 918.

第4章　道徳、平等、もてなし！

1. 依拠した資料は以下のとおり。Friedrich Melchior Grimm, *Corre-*

(Paris: Fayard, 1988); Ran Halèvi, *Les Loges maçonniques dans la France d'ancien régime* (Paris: Armand Colin, 1984).

73. Habermas, *Structural Transformation.* このハーバーマスの著作は1960年にドイツで出版され、1978年に仏訳されている。ハーバーマスの思想に基づいた最近の歴史研究の概観としては、Benjamin Nathans, "Habermas's 'Public Sphere' in the Era of the French Revolution," *French Historical Studies*, 16 (Spring 1990): 621-644; および Anthony La Vopa, "Conceiving a Public: Ideas and Society in Eighteenth-Century Europe," *Journal of Modern History*, 64 (March 1992): 79-116を参照。Craig Calhoun, ed., *Habermas and the Public Sphere* (Cambridge, Mass.: MIT Press, 1992) [クレイグ・キャルホーン『ハーバマスと公共圏』山本啓・新田滋訳、未來社、1999年] も参照。

74. とりわけ明瞭で直截的なこの表現は、Craig Calhoun, "Introduction: Habermas and the Public Sphere," in Calhoun, ed., *Habermas and the Public Sphere*, p. 21から借用した。

75. サラ・メイザが〈有名な事件 *causes célèbres*〉に関する研究で論証しているように、旧体制末期に新聞が個人的な醜聞の報道に明け暮れたことは、政治的共同体への信頼の基礎である一種の経験の共有感覚を読者に与える一助となった。彼女によれば、「公共圏」の関心は、もっぱら「愛、結婚、子供の養育、家庭生活など（……）その住人たちのばらばらの〈主観性〉に共通した事柄、いわば〈私的な〉事柄」に向けられていたという。Maza, *Private Lives*, p. 13.

76. 注72-75で言及した研究に加えて、Thomas Brennan, *Public Drinking and Popular Culture in Eighteenth-Century Paris* (Princeton: Princeton University Press, 1988) は、社会的エリートから危険視されていた「民衆の」社交やその表象をとくに扱っている。Jeffrey Ravel, "Seating the Public: Spheres and Loathing in the Paris Theaters, 1777-1788," *French Historical Studies*, 18 (1993): 173-210も参照。

77. 近代的「政治文化」の出現をめぐる研究として、*The French Revolution and the Creation of Modern Political Culture*, vol. 1, *The Polit-*

は多くの版を重ねて、19世紀になっても復刻版が出た。ティソの重要性については、Théodor Tarczylo, *Sexe et liberté au siécle des Lumières* (Paris: Presses de la Renaissance, 1983) を参照。『百科全書』の中のある記事でも、精液は直ちに滋養物で補塡しなければならないと明言している。*Encyclopédie ou dictionnaire raisonné des sciences, des arts et des métiers, par une société des gens de lettres* (Paris: 1751-1772), art. "Nutrition" を参照。

68. Plato, *Gorgias*, trans. Walter Hamilton (Harmondsworth: Penguin, 1960), pp. 43-47, 105-110 [プラトン『ゴルギアス』加来彰俊訳、岩波文庫、1967年]. こうした比喩の18世紀版については、Cartaud de la Villate, *Essai historique et philosophique sur le goût* (1736; Slatkine Reprint: Geneva, 1970), pp. 30, 107; および Brumoy, *Pensées sur la décadence de la poésie latine*, in Brumoy, *Recueil de divers ouvrages* (Paris: Coignard, 1741), vol. 1, p. 32 を参照。
69. [Menon], *Cuisine et office de santé* (Paris: Leclerc, 1758). p. x.「知らぬ間に効いてくる毒を隠し持つ暗殺者の手管と、喜ばしい感覚」とを比較されたい。*Journal de Trévoux, XLIX* (1749), art. CXIV.
70. *Tableau du nouveau Palais Royal* (Paris: Maradan, 1788), p. 64; Jean-François Blanvillain, *Le Pariséum, ou tableau actuel de Paris* (Paris: n. p., 1803), p. xxx.
71. *Discours de M. le premier Président de la Chambre du caffé de Dubuisson* (Paris: n. p., n. d.) B. N. Lb^{38} 1080.
72. Jürgen Habermas, *The Structural Transformation of the Public Sphere*, trans. Thomas Burger (Cambridge, Mass.: MIT Press, 1989) [『公共性の構造転換』細谷貞雄・山田正行訳、未來社、1994年], chap. 2; Roger Chartier, *The Cultural Origins of the French Revolution*, trans. Lydia Cochrane (Durham, N. C.: Duke University Press, 1991), pp. 20-37, 154-168; [ロジェ・シャルチェ『フランス革命の文化的起源』松浦義弘訳、岩波書店、1994年]; Thomas Crow, *Painters and Public Life in Eighteenth-Century Paris* (New Haven: Yale University Press, 1985); Daniel Roche, *Le Siècle des lumières en province* (Paris: Mouton, 1978); Daniel Roche, *Les Républicains des lettres*

することが飲食店にとってどれほど異常なことであったかを物語っている。*AAAD*, Oct. 19, 1769, pp. 918–919.

56. A. N. Min. Cen. XIV–446 (May 18, 1775).
57. A. N. Min. Cen. XXII–86 (Oct. 23, 1792).
58. *AAAD*, Oct. 19, 1769, pp. 918–919; Brumaire 20, Year V [Nov. 10, 1796], p. 771.
59. Diderot, *Correspondance*, vol. 7, p. 152.
60. *AAAD*, Sept. 19, 1789, pp. 2681–2682. 〈シルク〉は、冬は暖房、夏は冷房が入り、36店舗が商品を陳列する売り場、画家のための展示スペース、2つのビリヤード室などもあった。会員（会費は3ヵ月で36リーヴル、1年で72リーヴル）には無料の講座を提供し、夜のコンサートも主宰した。1日の入場料は36スーで、カフェ（コーヒーかリキュールが1杯）かレストラン（ワインの小カラフェ1瓶とロールパン1つ）で無料で飲み食いできた。
61. *L'Avantcoureur*, July 6, 1767, p. 422.
62. A. N. Min. Cen. LXXXIII–527 (Nov. 4, 1767). 壁紙については、Annik Pardailhé-Galabrun, *La Naissance de l'intime* (Paris: Presses universitaires de France, 1988), pp. 372–374を参照。
63. D., *Traité du fouet et de ses effets sur la physique de l'amour ou aphrodisiaque externe*, 以下のものに引用。Guy Richard, *Histoire de l'amour en France* (Paris: J. Clattès, 1985), p. 226.
64. Emmanuel Bocher, *Les Gravures françaises du XVIIIe siècle*, (第1部), *Nicolas Lavreince* (Paris: Librairie des Bibliophiles, 1875), p. 42; Pierre Lespinasse, *Lavreince* (Paris: les Beaux-Arts, Edition d'études et de documents, 1928).
65. *Mercure de France*, August 17, 1782. この版画は売値リストでは3リーブルとある。*AAAD*, April 30, 1782, p. 1019. *Journal de Paris*, April 26, 1782にも広告が出ている。
66. Sandra Lipshultz, ed., *Regency to Empire: French Printmaking 1715–1814* (Minneapolis: Minneapolis Institute of Arts, 1984), p. 279.
67. Samuel Tissot, *L'Onanisme* (Lausanne: A. Chapuis, 1760). この本

ー・ヴォラン Sophie Volland 宛の手紙）

45. 多くの様々な大きさの部屋の使用法を宣伝する〈仕出し屋〉兼レストラトゥールの例については、*AAAD*, Pluviôse 30, Year II [Feb. 18, 1794], p. 6223; Pluviôse 6, Year II [Jan. 25, 1794], p. 5867; Floréal 9, Year VIII [April 28, 1800], p. 3933 を参照。

46. *L'Avantcoureur*, March 9, 1767, p. 150.

47. *AAAD*, Germinal 8, Year V [Mar. 28, 1797], p. 3131.

48. 定食用テーブルで出される品々を風刺した描写は、J. C. Nemeitz, *Séjour de Paris* (Leyden: 1727), p. 58 から引用。

49. Barbara Stafford, *Voyage into Substance* (Cambridge, Mass.: MIT Press, 1984), p. 42.

50. つとに1769年には、戯曲『レストラトゥール、アルルカン』に、スープとレストランで始まり〈去勢鶏の岩塩包み〉とほうれん草へと続くメニューを大声で読み上げる場面がある。B. N. mss. n. a. f. 2866, fol. 57.

51. *AAAD*, Pluviôse 18, Year II [Feb. 6, 1794], p. 6029.

52. Francis Blagdon, *Paris as it Was and as it Is, Illustrative of the Effects of the Revolution* (London: C. & R. Baldwin, 1803), vol. 1, p. 444 に転載された〈ボーヴィリエ〉のメニューと、Daniel Morcrette, catalogue no. 131 (1975), item 203, p. 34 の〈ヴェリー〉のメニューを参照。

53. Philip Thicknesse, *A Year's Journey through France* (London: W. Brown, 1778), vol. 2, p. 251.

54. "Des restaurateurs," in Des Essarts, ed., *Causes célèbres*, P. 162.

55. 原語のテクストには興味深い誤植がある。実際にはこう読めるのだ。"Le prix de chaque place est modique, de façon que chacun pourra regler sa depense sur ses facultés..."（すなわち「それぞれの席［原注：「料理」を意味する plat ではなく place（席）］は妥当な値段が付いており、誰でも資力に応じて出費を調整できる」）。レストランでは（この問題に関しては定食用テーブルであっても）誰でも席は1つで十分なのだから、plat（料理）の代わりに place（席）を用いたのは示唆的であり、また、食卓での席ではなく料理ごとに勘定を請求

し屋〉の論争もことによると実際にあったのかもしれないと認めるにやぶさかではない。しかしながら、本件、あるいはローズの他の事業の試みについては一度も言及されていないのにもかかわらず、何度も繰り返されてきたという点をむしろ指摘したい。レストランは、歴史に位置づけられる場合にも、どういう点で社会に適合しているかではなく、料理を出しているかに関心が集まるように思われる。

28. "Des restaurateurs," in Des Essarts, ed., *Causes célèbres*, vol. 143, p. 163.
29. Ibid., p. 162.
30. 「レストラトゥールの店が単なる贅沢と見なされるのなら、彼らの論拠ははるかに根拠が薄弱なものとなろう。だが、彼らが実際に必要な物を出しているとしたら、規則は曲げなければならない」ibid., p. 159.
31. Ibid., pp. 159-160.
32. Ibid., p. 159.
33. Ibid., pp. 148-150.
34. Ibid., pp. 150, 155.
35. *Arlequin, restaurateur*, B. N. mss. n. a. f. 2866, fol. 50.
36. "Des restaurateurs," in Des Essarts, ed., *Causes célèbres*, vol. 143, p. 160.
37. Ibid., pp. 160-161.
38. Ibid., p. 165.
39. Ibid., p. 166.
40. Ibid., p. 172.
41. A. N. Y 9487a (April 11 and 12, 1784).
42. A. N. Y 9487a (April 22 and May 14, 1784).
43. 「なかんずく、仕出し屋兼レストラトゥールに対し、その食堂に人を迎え入れ、冬季は11時まで夏季は12時まで食べ物を出すことを、通常のやり方で食堂に限って出すことを条件に許可する高等法院裁決」［原文はフランス語］（1786年6月28日）（B. N. Recueil Z le Senne 200 (1)）.
44. Diderot, *Correspondance*, vol. 7, p. 152（1767年9月28日のソフィ

利点を強調するようになった。*AAAD*, Prairial 9, Year II [May 28, 1794], p. 7820.「英語以外話さない家庭で朝食をとる方、3、4名募集」("Wanted to Breakfort [*sic*] three or four persons in a family where is spoken nothing but English,")という広告も参照。*AAAD*, Vendémiaire 27, Year VII [Oct. 18, 1798], p. 479. Louis Tronchet, *Picture of Paris*, 6th ed. (London: Sherwood, Nealy, and Jones, 1817), pp. xix-xx は、首都の定食用テーブルは会話には絶好の機会だとして勧めている。

20. Antoine de Caraccioli, *Dictionnaire critique, pittoresque, et sentencieux, propre à faire connaître les usages du siècle, ainsi que ses bisarreries* (Lyon: Duplain, 1768), vol. 1, p. 108.
21. この布告の日付は5月21日だが、1784年4月11日に裁定が下った時点から効力が生じていた。
22. A. N. Min. Cen. IX-808 (Dec. 5, 1786).
23. A. N. Y 9487a (April 23, 1784).
24. "Les restaurateurs sont-ils sujets aux mêmes règles de police que les autres traiteurs?" in Des Essarts, compiler, *Causes célèbres, curieuses et intéressantes de toutes les cours souveraines du royaume* (Paris: 1786), vol. 143, pp. 147-186, 引用は pp. 147-148 から。この資料を教示してくれたソフィア・ローゼンフェルドとスチュアート・セメルに感謝する。
25. 訴訟趣意書に関する以下の議論は、Sarah Maza の秀逸な *Private Lives, Public Affairs* (Berkeley: University of California Press, 1993) に負うている。
26. Maza, *Private Lives*, pp. 2, 122-124.
27. 趣意書の原本は残っていないようだが、判例のうちいくつかを除いて、Des Essarts, ed., *Causes célèbres* に転載されている。私の知る限り、レストランの発明をめぐる大きな係争といえば、この一件と信用改革についての文書のせいでローズ・ド・シャントワゾーが収監された件だけである。ブーランジェなる名の男(および告発の対象となった羊の足)は、私が調べた資料には一度として出てこなかった。歴史家の知識はどうしても部分的なものであるし、ブーランジェと〈仕出

manach général d'Indication (Paris: 1773), n. pag.

6. Archives de la Seine, D5B6 5057.
7. Ibid.
8. *AAAD*, Mar. 10, 1781, p. 562; Oct. 28, 1781, p. 2492; April 1, 1782, p. 765; Jan. 29, 1783, p. 236.
9. *AAAD*, Pluviôse 6, Year II [Jan. 25, 1794], p. 5867; Floréal 9, Year VIII [April 28, 1800], p. 3933.
10. *AAAD*, April 3, 1793, p. 1595.
11. Denis Diderot, *Correspondance*, ed. Georges Roth (Paris: Editions du minuit, 1962), vol. 7, p. 152（ソフィー・ヴォラン Sophie Volland 宛の手紙、1767 年 9 月 28 日付）.
12. [Mathurin Roze de Chantoiseau], *Supplément aux tablettes royales* (Paris, 1777), p. 65.
13. A. N. Min. Cen. LVIII-498 (June 7, 1779).
14. このような「鍋（マルミット）」で最も有名なものについては, Louis Sébastien Mercier, *Tableau de Paris* (1783-1788), chap. 384, most readily available in Michel Delon and Daniel Baruche, eds., *Paris le jour, Paris la nuit* (Paris: Robert Laffont, 1990), pp. 183-184（テクストとして最も入手しやすい); Alexandre B. L. Grimod de la Reynière, *Almanach des Gourmands* (Paris, 1803-1812), vol. 1, p. 282 を参照。
15. Mercier, *Tableau de Paris*, chap. 70 in Delon and Baruche, eds., *Paris le jour, Paris la nuit*, pp. 68-69.
16. Johann J. Volkmann, *Neueste Reise durch Frankreich* (Leipzig: Gaspar Fritsch, 1787), vol. 1, p. 152.
17. Arthur Young, *Travels during the Years 1787, 1788, and 1789* (Dublin: Cross, 1793), vol. 1, pp. 72, 159.
18. Ibid., vol. 1, p. 82.
19. 民間の通訳者デックスは「夕食と食卓で習う英会話」（"English conversation at Dinner and thea [*sic*] Table,"）を催していた。*AAAD*, April 3, 1793, p. 1423. 驚くことでもないが、その 1 年後には広告内容を如才なく変え、「アメリカ」語が話される食卓で食事をすることの

mondsworth: Penguin, 1953), p. 320 [ジャン=ジャック・ルソー『告白(上・中・下)』小林善彦訳、『ルソー選集(1、2、3巻)』所収、白水社、1986年].

98. Ibid., p. 321.

99. ルソーが回りくどい取引や支払いを避けようとしたことについては、Michel Serres, *The Parasite*, trans. Lawrence Schehr (Baltimore: Johns Hopkins University Press, 1982), とくに pp. 103-138 を参照 [ミッシェル・セール『パラジッド』及川馥・及川親能訳、法政大学出版局、1987年]。

第3章　公共の空間における私的な食欲

1. 多くのカフェが、品数を増やして「牛乳で煮た米」も始めたと宣伝している。*Affiches, annonces, avis divers* (以下、*AAAD*) April 13, 1784, p. 957; Dec. 22, 1784, p. 3380; Oct. 10, 1786, p. 2684; Oct. 20, 1786, p. 2765 を参照。
2. 植物園近くで乳製品の完全な食事を出していた「オランダ産乳製品」の広告については、*AAAD*, Thermidor 4, Year VI [July 22, 1798], p. 5960 を参照。
3. *AAAD*, Floréal 25, Year VII [May 14, 1799], p. 4328. 〈ヴェフール〉のメニューは、Gérard Oberlé, *Les Fastes de Bacchus et de Comus* (Paris: Belfond, 1989), p. 875 に転載されている。1798年のある歌の中で、語り手は気絶した〈道徳〉の寓意的人物のために〈レストラン〉を注文している。*Dîners du vaudeville*, 26 (Brumaire VII [Oct.-Nov. 1798]), p. 42.
4. Honoré Blanc, *Le Guide des dîneurs* (1815; Paris: L'Etincelle, 1985); 〈フィアックル〉と〈イヤルダン〉のメニューでは、「スープのみ」の場合、値段が違っていた。pp. 85, 203. 1826年刊の、ブリア=サヴァラン Brillat-Savarin の *Physiologie du goût* (Paris: Flammarion, 1982) [『味覚の生理学』(邦題『美味礼讃』、関根秀雄・戸部松実訳、岩波文庫、1967年] には、「強力な回復剤」のレシピがいくつか含まれている。pp. 334-337.
5. [Mathurin Roze de Chantoiseau], *Tablettes de renommée ou Al-*

ires de France, 1988), pp. 340–342 を参照。

86. *Arlequin, restaurateur*, fol. 56.

87. A. N. Min. Cen. LVIII–498 (June 7, 1779). コザール Causard によるその時計は 160 リーヴルであったのに対し、鏡は総額 760 リーヴルもしたという。当時の温度計の人気に関する実に示唆に富んだ解釈については、Terry Castle, "The Female Thermometer," *Representations*, 17 (Winter 1987): 1–27 を参照。

88. *L'Avantcoureur*, July 6, 1767, p. 422.

89. Jean-Jacques Rousseau, *Discours sur l'origine de l'inégalité* (Paris: Garnier-Flammarion, 1971), p. 168 [ジャン=ジャック・ルソー『人間不平等起源論』、原好男・竹内成明訳、『ルソー選集 (6 巻)』所収、白水社、1986 年].

90. Rousseau, *Emile*, p. 191.

91. Robert Darnton, "Readers Respond to Rousseau," in Darnton, *The Great Cat Massacre and Other Episodes in French Cultural History* (New York: Vintage, 1984), pp. 215–256 [バート・ダーントン『猫の大虐殺』海保真夫・鷲尾洋一訳、岩波書店、1986 年].

92. ルソーの墓への崇拝については、Simon Schama, *Citizens* (New York: Knopf, 1989), pp. 156–161 を参照。

93. Jean-Jacques Rousseau, *Oeuvres complètes* (Paris: Gallimard, Bibliothèque de la Pléiade, 1959–1969), vol. 1, p. 1034; この逸話についてのさらに詳細な分析については、拙論 "Rousseau in the Restaurant," *Common Knowledge*, 5 (Spring 1996): 92–108 を参照。

94. ルソーの記述には「姉」としかない。アンリエット・ソフィーは、ヴァコサンの 3 人の娘のうち一番年上であり、おそらくこの一件のあった当時、結婚し妊娠していた。アンリエット・ソフィーの婚礼については、その婚姻前契約書を参照。A. N. Min. Cen. X–649 (July 8 and 10, 1775). 彼女の夫ジャック・シモン・アントワーヌ・トゥヴナンは、シャトレ裁判所の「騎馬守衛」であった。

95. Rousseau, *Oeuvres complètes*, vol. 1, p. 1034.

96. Ibid.

97. Jean-Jacques Rousseau, *The Confessions*, trans. J. M. Cohen (Har-

巻)』所収、白水社、1979年、1981年]、(Bonnet, “Le Système du repas,” p. 126に引用) 牛乳、蜂蜜、果物は、ベルナルダン・ド・サン・ピールの『ポールとヴィルジニー』(1788年) で無垢で簡素な食べ物とされていた。James W. Brown, “The Ideological and Aesthetic Function of Food in *Paul et Virginie*,” *Eighteenth-Century Life* 4: 3 (May 1978): 61-67を参照。

80. ヴェルナー・ゾンバルトWerner Sombartの古典的な*Luxury and Capitalism* (1913; Ann Arbor: University of Michigan Press, 1967) は、砂糖を女性と装飾に結びつけて考えていた (pp. 98-100)。大ブリテン島の事例に集中しているとはいえ、砂糖についてのより専門的な研究については、Sidney Mintz, *Sweetness and Power* (New York: Viking Penguin, 1985) [シドニー・W・ミンツ『甘さと権力―砂糖が語る近代史』川北稔・和田光弘訳、ちくま学芸文庫、2021年] を参照。

81. 幅広い食材から作られ、目に見えぬ何千人もの労働を必要とする贅沢な食事と、「彼らの手 [原注:主人役の農民の手] 以外の手は食べ物に触れていない」黒パンと地元のワインからなる田舎の食事とのルソーによる比較については、*Emile*, pp. 190-191を参照。

82. *L'Avantcoureur*, July 6, 1767, p. 422.

83. 「国王の水、ヴィルダヴレーの泉原産」は1767年1月5日からパリで入手できた。*AAAD*, Jan. 12, 1767, pp. 39-40; Feb. 16, 1767, p. 140. の長い広告を参照。ヨハン・ヨアヒム・ヴィンケルマンの新古典主義研究の多大なる影響のもと、ギリシャ芸術はまるで泉の水のように無味で自然であるとして称揚されていた。Stafford, *Body Criticism*, pp. 156-158を参照。

84. そのレシピは、*Dictionnaire portatif du cuisine* (Paris: Vincent, 1767), p. 81を参照。著者は、このような菓子は「容易に消化され、実に健康的で、虚弱な者や回復期にある者には理想的な食べ物」p. 83だと評している。

85. 18世紀の中頃には、大半の家庭に鏡の1枚くらいはあったが、レストランやカフェのように何枚もある家庭は稀だった。Annik Pardailhé-Galabrun, *La Naissance de l'intime* (Paris: Presses universita-

エキス」もペルシャの影響も、〈新料理〉はその両方をフランス料理から除去したのである。例えば、[Briand], *Dictionnaire des alimens* (Paris: Gissey Bordelet, 1750), pp. xii–xiii を参照。

68. Jean-Jacques Rousseau, *Emile*, trans. Allan Bloom (New York: Basic Books, 1979), pp. 151–153［ジャン=ジャック・ルソー『エミール（上・中・下）』樋口謹一訳、『ルソー選集（8、9、10巻）』所収、白水社、1986年］.
69. *Journal de Trévoux*, 49 (1749), art. 114.
70. Dupré de Lisle, *Traité des maladies de la poitrine, connues sous le nom de Phthisie pulmonaire* (Paris: Costard, 1769), p. vi. 同じような論調のものとして、Jacquin, *De la santé*, p. 167; Lémery, *Traité des alimens*, vol. 1, pp. lii, lxviii を参照。
71. Pluquet, *Traité philosophique et politique sur le luxe* (Paris: Barrois, 1786), vol. 2, p. 330.
72. Ibid., vol. 2, p. 399.
73. *AAAD*, Oct. 19, 1769, pp. 918–919.
74. *AAAD*, Dec. 12, 1778, p. 69.
75. *L'Avantcoureur*, July 6, 1767, pp. 421–424.
76. レストラトゥールのオーブリーとデュクロは、2人ともライスクリームを宣伝している（オーブリーの売値は10スーだった）。*AAAD*, Oct. 19, 1769, pp. 918–919; *AAAD*, Jan. 28, 1768, pp. 78–79; Rozière de la Chassagne, *Manuel des pulmoniques*, p. 101; Vandermonde, *Dictionnaire portatif de santé*, vol. 1, p. 367, および vol. 2, p. 103; Raulin, *Traité de la phthisie pulmonaire*, p. 212; Rousseau, *Emile*, p. 70.
77. Bonnet, "Système du repas et de la cuisine."
78. 自暴自棄になったときには、ディドロは自らに厳格な牛乳療法を課した。Arthur M. Wilson, *Diderot, The Testing Years* (Oxford: Oxford University Press, 1957), p. 232. デュプレ・ド・リール Dupré de Lisle は、初期段階の胸の病には唯一最も信頼できる療法としてロバの乳を勧めている。*Traité des maladies de la poitrine*, p. 223.
79. Jean-Jacques Rousseau, *La Nouvelle Héloïse*［ジャン=ジャック・ルソー『新エロイーズ（上・下）』松本勤訳、『ルソー全集（9、10

59. Brumoy and Bougeant, "Preface," *Les Dons de Comus* (Mennell, *Lettre d'un pâtissier anglais*, p. 7 に転載).
60. 実際、「味わい」については3つの記事がある。モンテスキューは未完の一文を寄せ、ド・ジョクールは舌と口蓋の生理学についてより短い文を書いている。Barbara Stafford, *Body Criticism* は、Raymond Naves, *Le Goût de Voltaire* (Paris: Garnier, 1938) と同様、本書で論じた記事の作者をダランベールと特定している。しかしながら、ブショー版のヴォルテール全集 (vol. 19, p. 270) では、『哲学事典』の1771年版にその記事が収められていることから、その著者はヴォルテールだとしている。Charles Jacques Beyer, introduction, *Essai sur le goût*, by Montesquieu (Geneva: Droz, 1967) も参照。
61. *Encyclopédie*, art. "Goût."
62. ジャン・エラール Jean Ehrard は、18世紀の思想は教育と自然を二分したと指摘している。*L'Idée de la nature en France*, vol. 2, pp. 760-765.
63. 『百科全書』に対するド・ジョクールの多大なる貢献については、Madeleine Morris, *Le Chevalier de Jaucourt, un ami de la terre* (Geneva: Droz, 1979) を参照。
64. *Encyclopédie*, art. "Cuisine." これと全く同じ一節が、François Alexandre Aubert de la Chesnaye des Bois, *Dictionnaire historique des moeurs, usages, et coutumes des français* (Paris: Vincent, 1767), vol. 1, p. 652 に見られる。
65. Ibid.
66. Raulin, *Traité de la phthisie pulmonaire* (Paris: Valade, 1782), p. vi.
67. *Encyclopédie*, arts. "Frugalité" and "Gourmandise." 新料理の支持者たちは、同じような料理の発展の歴史を提示しているが、近代的な技術により「異国の」逸脱ぶりを取り去って料理を浄化してくれると論じていた。東方の奢侈がローマに移入されたことにより、まさに「本来の美味さをなくして洗練されすぎた多くの料理を生み出し、食べ物は多くの点で損なわれた」のだが、しかし堕落は取り返しが付くものだった。「より簡素で、清潔で、知的な」〈新料理〉の創造が、こうしたアジア的放蕩の物語に対して有効な解決策となろう。「大地の

erns," in Denis Hollier, ed., *A New History of French Literature* (Cambridge, Mass.: Harvard University Press, 1989), pp. 364-369 を参照。長大な Annie Becq's lengthy *Genèse de l'esthétique française moderne* (Pisa: Pacini, 1984) の冒頭には、「新旧論争」の有益な概説が付されている。

52. Joseph Rykwert, *On Adam's House in Paradise* (Cambridge, Mass.: MIT Press, 1981) [ジョセフ・リクワート『アダムの家』黒石いずみ訳、鹿島出版会、1995年]; Ken Adler, *Engineering the Revolution* (Princeton: Princeton University Press, 1997), とくに第1章、第2章。
53. Marquise de Créquy, *Souvenirs*, vol. 3, p. 127.
54. François Marin, *Les Dons de Comus* (Paris: Prault, 1739) および François Marin, *Suites des Dons de Comus* (Paris: Pissot, Didot, Brunet, 1742). 後者は以下のものに転載。Mennell, *Lettre d'un pâtissier anglais*, pp. 6, 50.
55. *Journal de Trévoux*, 49 (1749), article 114.
56. Foncemagne, "Dissertation préliminaire," in [Menon], *Science du maître-d'hôtel cuisinier*, p. ix. 以下のものも参照。Peter-Eckhard Knabe, "Esthétique et art culinaire," *Dix-huitième siècle*, 15 (1983): 125-136.
57. 料理と味覚をめぐる議論が、ここではエピクロス再発見のキーポイントと重なっている。17世紀および18世紀の新エピクロス主義は、個人の快楽が社会の善を遂行するという考えを拠り所にしていた。Marcy Powell, "Epicureanism in French Literature" (Ph. D. diss., Harvard University, 1948). 奢侈をめぐる論争については、Ellen Ross, "Mandeville, Melon and Voltaire: The Origins of the Luxury Controversy in France," *Studies on Voltaire and the Eighteenth Century*, 155 (1976): 1897-1912; Christopher Berry, *The Idea of Luxury* (Cambridge: Cambridge University Press, 1994) を参照。
58. *Encyclopédie*, art. "Cuisine." この項の著者ド・ジョクールは、ホメロスの英雄たちを「大食 (Gourmandise)」の項で食餌法の役割モデルとして引用している。

Concept," in *Journal of the History of Ideas, 14* (1953): 3-32 を参照。

42. [Marin], *Suite des Dons de Comus* (Paris: Pissot, 1742), pp. 42-43.
43. Alfred Gottschalk, *Histoire de l'alimentation* (Paris: Hippocrate, 1948), vol. 2, p. 141; Elisabeth Vigée Lebrun, *The Memoirs of Elisabeth Vigée Lebrun*, trans. Siân Evans (London: Camden Press, 1989), pp. 43-45; Monique Mosser, "Le Souper grec de Madame Vigée Lebrun," *Dix-huitième siècle*, 15 (1983): 155-168. 1751年、イギリスの小説家トバイアス・スモレット Tobias Smollett は、「旧式の」晩餐会の流行を風刺している。その *The Adventures of Peregrine Pickle*, chap. 48 を参照。
44. François Marie Arouet de Voltaire, letter of September 6, 1765, in Voltaire, *The Complete Works of Voltaire*, ed. Theodore Besterman (Banbury, Oxfordshire: Voltaire Foundation, 1973), vol. 113, pp. 287-288.
45. "Petit dictionnaire des arts et métiers avant 1789, Cuisinier," *Magasin pittoresque*, 1881, p. 223. バーバラ・ウィートン Barbara Ketchum Wheaton は、*Savouring the Past*, pp. 212-219 で食卓でのヴォルテールの逸話を数多く提示している。
46. Mennell, *All Manners of Food*, p. 82.
47. Voltaire, *Complete Works of Voltaire*, ed. Besterman, vol. 113, p. 288; Voltaire, *Oeuvres de Voltaire*, ed. Beuchot (Paris: Firmin Didot, 1832), vol. 62, pp. 428-430.
48. Michel Jeanneret, *Des mets et des mots* (Paris: José Corti, 1987).
49. 古代におけるこの種のジャンルの重要性については、Florence Dupont, *Le Plaisir et la loi* (Paris: François Maspero, 1977) を参照。
50. Jeanneret, *Des mets et des mots*, pp. 195-197.
51. フランスにおける「新旧論争」についての古典的作品と言えば、今なお Hubert Gillot, *La Querelle des Anciens et des Modernes en France* (Nancy: Crépin-Leblond, 1914) と Hippolyte Rigault, *Histoire de la Querelle des Anciens et des Modernes* (Paris: Hachette, 1856) である。「新旧論争」のハイライトをごく簡潔に記したものとしては、Robert J. Nelson, "The Quarrel of the Ancients and the Mod-

作品のうち、114作品はボノワールが書いたものだった。E.-Béatrice Abbott, "Robineau, dit de Beaunoir et les petits théâtres du XVIIIe siècle," *Revue d'histoire littéraire de la France*, 43 (1936): 20–54, 161–180を参照。

題名こそ様々に変わったが、『ブランケットとレストラン』は、12年間にわたって上演目録に載っており、1780年代は定期的に（*AAAD*の公演リストには、1777年7月、1779年7月、9月、1780年2月、1784年5月、6月、7月、1787年5月、6月、12月、1788年4月、1789年7月とある）、またバスティーユ陥落から共和国宣言までの間に続けて30回上演された。André Tissier, *Les Spectacles à Paris pendant la révolution* (Geneva: Droz, 1992), p. 156を参照。レチフ・ド・ラ・ブルトンヌは、ニコレ一座についての記述の中で、ある公演の想い出を語っている。*Les Nuits de Paris*, part 6,（第122夜）in Michel Delon and Daniel Baruche, eds., *Paris le jour, Paris la nuit* (Paris: Robert Laffont, 1990), pp. 841–842がテクストとして最も入手しやすい。

38. *AAAD*, Jan. 22, 1785, p. 207（「テアトル・フランセ」座が同じ日にヴォルテールの『セミラミス』を上演している）。『フリカッセ』との併演については、April 14, 1779, p. 1559; Aug. 29, 1788, p. 2439.

39. 18世紀の新料理に関するその他の議論については、Philip and Mary Hyman, "La Chapelle and Massialot: An 18th-Century Feud," *Petits Propos Culinaire*, 2 (Aug. 1979): 44–54; Jean-François Revel, *Un Festin en paroles* (Paris: J. -J. Pauvert, 1979), pp. 173–212; Stephen Mennell, *All Manners of Food*, pp. 78–83. を参照。メネル Mennellも、*Lettre d'un pâtissier anglais et autres contributions à une polémique gastronomique du XVIIIe siècle* (Exeter: University of Exeter Press, 1981）をはじめ、〈新料理〉をめぐる論戦に関して鍵となる4つのテクストを出版している。

40. Jean Ehrard, *L'Idée de la nature en France* (Paris: S. E. V. P. E. N., 1963), vol. 1, p. 256.

41. 他の、主としてイギリスの文脈において「簡素さ」を定義しようという試みについては、Raymond Havens, "Simplicity, A Changing

marie."

32. Etienne Laureault de Foncemagne, "Dissertation préliminaire," in [Menon], *Science du maître d'hôtel cuisinier*, nouvelle édition (1749; Paris: les Libraires associés, 1789), pp. xix-xx, reprinted (Paris: Corlet, 1982). 本文はムノン、序文はフォンスマーニュの作と特定したのは、いずれも Antoine Barbier, *Dictionnaire des ouvrages anonymes* (Paris: Barrois, 1822-1827) である。
33. Bonnet, "Le Système de la cuisine et du repas chez Rousseau." 以下のものも参照。Michel Onfray, *Le Ventre des philosophes* (Paris: Grasset, 1989), pp. 59-79 [ミシェル・オンフレイ『哲学者の食卓』幸田礼雅訳、新評論、1998 年].
34. [Menon], *Nouveau traité de la cuisine*, vol. 3, *La Nouvelle Cuisine* (Paris: M. E. David, 1742), pp. 37-42; *L'Ancienne et nouvelle cuisine*, B. N. mss n. a. f. 2862; Alexandre Louis Bertrand Robineau, dit de Beaunoir, *Blanquette et Restaurant*, B. N. mss n. a. f. 2875.
35. エリカール・ド・テュリーという高官に対して、毎週、思想的、社会的、政治的ゴシップの報告書を送っていたジャック=エリー・ガストリエは、新旧の料理論争で鍵となるテクストが出版されるとすぐさまこれを書き留めていた。Jacques-Elie Gastelier, *Lettres sur les affaires du temps*, ed. Henri Duranton (Paris: Champion Slatkine, 1993), pp. 341, 359-360.
36. *Essai sur la préparation des alimens, dont le but est la Santé, l'Economie et la perfection de la Théorie* (London and Paris: Onfroy, 1782), p. 4.
37. グラン・ダンスール座の観客については、Michèle Root-Bernstein, *Boulevard Theatre and Revolution in Eighteenth-Century Paris* (Ann Arbor, Mich.: UMI Research Press, 1984), pp. 79-81; Robert M. Isherwood, *Farce and Fantasy: Popular Entertainment in Eighteenth-Century Paris* (New York: Oxford University Press, 1986), pp. 167-180 を参照。今日では知られていないが、ボノワールは非常に人気を博した劇作家で、批評家の中にはボーマルシェよりも才能があるとする者もいた。ニコレの一座が 1762 年から 1780 年までに上演した 191

を知っていた。Jean-Claude Bonnet, "Le Système de la cuisine et du repas chez Rousseau," in Serge A. Thériault, ed., *Jean-Jacques Rousseau et la médicine naturelle* (Montreal: Editions univers, 1979); Roseann Runte, "Nature and Culture: Jean-Jacques Rousseau and the *Confessions*," *Eighteenth Century Life*, 4 (May 1978): 70; Henri Lafon, "Du Thème alimentaire dans le roman," *Dix-Huitième Siècle*, 15 (1983): 171-173を参照。

23. 「あまりに長い間座ったままでいると体液の淀みを引き起こす。体内の回廊にこびり付いた汚れは、頭痛を引き起こし、腹をこわし、(……)」ヌーシャテル印刷協会宛のモヴランの手紙（1781年6月5日）。Darnton, *The Literary Underground of the Old Regime* (Cambridge, Mass.: Harvard University Press, 1982), p. 123. から引用。
24. Ann Thomson, *Materialism and Society in the Mid-eighteenth Century: La Mettrie's "Discours préliminaire"* (Geneva: Droz, 1981); Pierre Naville, *D'Holbach et la philosophie scientifique au XVIIIe siècle* (Paris: Gallimard, 1967), pp. 143-145, 277-278.
25. *Encyclopédie ou dictionnaire raisonné des sciences, des arts et des métiers, par une société des gens de lettres* (Paris: 1751-1772), art. "Régime."
26. Tissot, *De la santé des gens de lettres*, pp. 46-61; これより前だが、ほとんど同じ一連の忠告としては、[La Mettrie], *Lettres de M. d. l. M., docteur en médecine, sur l'art de conserver la santé et prolonger la vie* (Paris: Prault, 1738), pp. 19-25を参照。
27. Anne-Charles Lorry, *Essai sur les alimens, pour servir de commentaire aux livres diététiques d'Hippocrate* (Paris: Vincent, 1757), vol. 2, pp. 234-242. 以下のものも参照。Tissot, *De la santé des gens de lettres*.
28. Darnton, *The Literary Underground*, chaps. 1-2.
29. Lorry, *Essai sur les alimens*, vol. 2, p. 232.
30. Coste, *Traité des maladies de poumon*, p. 110; Vandermonde, *Dictionnaire portatif de santé*, p. 303.
31. *L'Avantcoureur*, July 6, 1767, pp. 423-424; *Encyclopédie*, art. "Bain

Porter, eds., *Language, Self, and Society* (Oxford: Polity, 1991), pp. 213–275.

17. Elizabeth L. Haigh, "Vitalism, the Soul and Sensibility: The Physiology of Théophile Bordeu," *Journal of the History of Medicine*, 31 (1976): 30–41; Sergio Moravia, "From *Homme Machine to Homme Sensible*: Changing Eighteenth-Century Models of Man's Image," *Journal of the History of Ideas*, 39 (Jan. 1978): 45–60.

18. Livi, *Vapeurs de femmes* 気ふさぎを 18 世紀の個人主義が生んだ病気だとする議論については、Maret, *Mémoire dans lequel on cherche à déterminer quelle influence les moeurs des français ont sur la santé* (Amiens: Godard, 1772), pp. 53–55 を参照。

19. Anne Vincent-Buffault, *The History of Tears*, trans. Teresa Bridgeman (Basingstoke: Macmillan, 1991) [アンヌ・ヴァンサン=ビュフォー『涙の歴史』持田明子訳、藤原書店、1994 年]; G. J. Barker-Benfield, *The Culture of Sensibility* (Chicago: University of Chicago Press, 1992). 後者は、ほとんどイギリスの例にしか焦点を当てていないが、その議論の大部分は当を得た物である。

20. *Tableau du nouveau Palais Royal* (Paris: Maradan, 1788), pp. 65–66. 1769 年の戯曲『アルルカン、ポルシュロンのレストラトゥール』において、レストランを開業したばかりのアルルカンは、もの知りの友人から絶えず商売上の助言を受けている。友人は彼に一人前の量をほんの少しだけにするように知恵を授けた。なぜなら彼の客の多くは、「夕方、物が食べられるようでは育ちの良さを誇示できない」と感じるだろうからだ。B. N. mss., n. a. f. 2866, fol. 57.

21. Jacques Albert Hazon, "La diète nécessaire à tout le monde, l'est-elle davantage aux Habitans de la Ville de Paris?" defended May 27, 1755. また *Recueil périodique de médecine, chirurgie et pharmacie*, vol. 3 (1755), p. 250 の説明も参照。

22. 医学書も、料理本も、『百科全書』も皆、ある種の食べ物——ジャガイモ、ハム、黒パン——は粗野な農民や肉体労働者にしか適さないと記している。小説家も、食餌法は「礼儀をわきまえた人々 (les honnêtes gens)」と従僕、職人、田舎者とを区別するものということ

1984).「大気」は気体状の化学物質からなるという発見が化学にもたらした革命については、Thomas Hankins, *Science and the Enlightenment* (Cambridge: Cambridge University Press, 1985), pp. 85–106 を参照。

7. Denis Diderot, *Entretien entre D'Alembert et Diderot* (1769; Paris: Garnier-Flammarion, 1965), pp. 38–43.
8. Samuel Tissot, *De la santé des gens de lettres* (1767; Paris: J. Ballière, 1822), p. 44.
9. *L'Avantcoureur*, Oct. 10, 1763, p. 642; Simeon Prosper Hardy, *Mes loisirs*, ed. Maurice Tourneux and Maurice Vitrac (Paris: Picard, 1912), vol. 1, p. 80.
10. 初歩的な生理学については多くのテクストで説明されている。例えば、Louis Lémery, *Traité des alimens*, ed. Jacques Jean Bruhier (Paris: Durand, 1755), vol. 1, p. lxi. を参照。
11. Rozière de la Chassagne, *Manuel des pulmoniques, ou traité complet des maladies de la poitrine* (Paris: Humaire, 1770), p. 236. ロジエール・ド・ラ・シャッサーニュが19世紀の結核治療に果たした貢献については、Pierre Guillaume, *Du désespoir au salut: les Tuberculeux aux XIXe et XXe siècles* (Paris: Aubier, 1986) を参照。
12. Coste, *Traité des maladies du poumon* (Paris: Herrisant, 1767), p. 35; Joseph Raulin, *Traité de la phthisie pulmonaire* (Paris: Vilade, 1782), p. 213; Jacquin, *De la santé, ouvrage utile à tout le monde* (Paris: Durand, 1762), p. 163.
13. Coste, *Traité des maladies du poumon*, p. 35.
14. Domergue, *Moyens faciles et assurés pour conserver la santé* (Paris: LeGras, 1706), p. 4; Charles Auguste Vandermonde, *Dictionnaire portatif de santé* (Paris: Vincent, 1759), vol. 1, p. 531.
15. Claude Nicolas LeCat, *Traité des sensations et des passions en générale et des sens en particulier* (1740; Paris: Vallat-la-Chapelle, 1767), vol. 1, pp. 218–220.
16. George S. Rousseau, "Towards a Semiotics of the Nerve: The Social History of Language in a New Key," in Peter Burke and Roy

"Cuisine et alimentation populaire à Paris," *Dix-huitième siècle*, 15 (1983): 7-18.〈仕出し屋〉は相変わらず披露宴を催していた。Paul de Kock, "Les Restaurans," in *Nouveau Tableau de Paris au XIX siècle* (Paris: Charles Béchet, 1834), vol. 4, p. 78 を参照。

94. 1782年2月20日の警察の布告は、「食べ物に混入すれば(……)致命的な事件を引き起こしかねない装飾用のガラス玉の使用を禁じている。*AAAD*, Feb. 25, 1782, p. 445.

95. ド・ジョクールが書いた「もてなし」の項目は、モンテスキューの議論を繰り返したものだ。*De l'esprit des lois*[『法の精神』野田良之ほか訳、岩波文庫、1989年]の第2部、第20編を参照。その中でモンテスキューは、商業は、略奪のような悪徳と、もてなしのようなある種の倫理的な美徳をふたつながらに打ち砕く傾向があると断じている。

96. *Tablettes de renommée*, 1773, n. p.

第2章 ルソー的感性の新料理《ヌーヴェル・キュイジーヌ》

1. *L'Avantcoureur*, March 9, 1767, p. 150.
2. Barbara Ketchum Wheaton, *Savouring the Past* (Philadelphia: University of Pennsylvania Press, 1983), pp. 77, 205; Stephen Mennell, *All Manners of Food* (Oxford: Basil Blackwell, 1985), pp. 138-139.
3. "Hic sapidè titillant juscula blanda palatum; Hic datur effaetis, pectoribusque salus." *L'Avantcoureur*, March 9, 1767, p. 151.
4. Peter Burke, "*Res et verba*: Conspicuous Consumption in the Early Modern World," in John Brewer and Roy Porter, eds., *Consumption and the World of Goods* (London: Routledge, 1993), pp. 148-161.
5. "Par privilège du Roi, au vrai Restaurateur," *L'Avantcoureur*, July 6, 1767, pp. 421-424.
6. Barbara Stafford, *Body Criticism* (Cambridge, Mass.: MIT Press, 1992), pp. 423-431; Alain Corbin, *The Foul and the Fragrant* (Cambridge, Mass.: Harvard University Press, 1986), (引用は13ページから)[アラン・コルバン『においの歴史』山田登世子・鹿島茂訳、新評論、1988年]; Jocelyne Livi, *Vapeurs de femmes* (Paris: Navarin,

の主人とを一つの範疇に入れている。パリのインテリアの歴史研究家は、18世紀にはこれらの事業においては家事と商売との区分が流動的だったので、ある時は家族が使っていた部屋がある時には客に貸し出されることもあったかもしれないと記している。Pardailhé-Galabrun, *La Naissance de l'intime*, p. 243.

89. 警察の古文書保管所は客による銀食器の盗難の事例で溢れている。e.g., A. N. Y 15682 (Jan. 1, 1788). それでも、食べ物を銀食器で運ぶ慣習は続いた。

90. 例えば、ポルスブフ Porcebeuf の会計簿を参照。Archives de la Seine D^5B^6 4088。1766年10月5日の項目には、「今日、ド・ヴィリエ氏の支払日来る。41リーヴル、13スー、4ドゥニエの借りのうち、氏は18リーヴル支払った」とある。

91. 9カ月間の付けについては、A. N. Y 14304 (June 27, 1780) を、また客のオウムについては、A. N. Y 7554 (April 19, 1769) を参照。他方、あらゆる食料品商の中でも傑出していた一族の一員だったジャック・トマ・トリアノンが、エクスの高等法院上席評定官の妻ジュリー・ド・ヴィルヌーヴ=ヴァンスに約1400リーヴルも貸すにいたったのは、状況としてはかなり異常だと認めないわけにはいかない。*Mémoire pour le sieur Jacques-Thomas Trianon, Maître Traiteur à Paris... contre Dame Julie de Villeneuve-Vence* (Paris: Valleyre, 1777) および Maza, *Private Lives and Public Affairs*, pp. 140–166 を参照。

92. Louis Sébastien Mercier, *Tableau de Paris* (Amsterdam: 1783–1788), vol. 4, pp. 65–72 [メルシエ『十八世紀パリ生活誌(上・下)』原宏訳、岩波文庫、1989年]. 辞書の記述も、〈仕出し屋〉は婚礼の宴席を準備する点で他と異なるということでは一致していた。Jean-Louis Féraud, *Dictionnaire critique de la langue française* (Marseille: Mossy, 1787), vol. 3, p. 722; Pierre Jaubert, *Dictionnaire raisonné des arts et métiers* (Paris: Libraires Associés, 1793), vol. 4, pp. 296–297.

93. David Garrioch, *Neighborhood and Community in Paris* (Cambridge: Cambridge University Press, 1987), pp. 26, 93; Thomas Brennan, *Public Drinking and Popular Culture in Eighteenth-Century France* (Princeton: Princeton University Press, 1988); Daniel Roche,

pp. 260–265; Nov. 1757, pp. 340–354.

82. Ami (avocat en Parlement), "Réfutation d'une Lettre de maîtres Euler et Formey, qui tend à prouver que l'on peut se servir avec sécurité des vaisseaux de cuivre dans les Cuisines et les Pharmacies," *Recueil périodique d'observations de médecine, de chirurgie et de pharmacie,* Nov. 1757, p. 341. 銅製の料理器具の危険性は、この雑誌では人気のテーマだった。vol. 2 (March 1755), pp. 147–149; および vol. 3 (Oct. 1755). スウェーデン王は、賢明にも銅製の料理器具を禁止したとしてしばしば賞賛された。他の多くの資料の中から、*Gazette de santé,* May 1776, pp. 75–76; *L'Avantcoureur,* Dec. 7, 1772, pp. 771–772; Le Begue de Presle, *Le Conservateur de la santé, ou avis sur les dangers qu'il importe à chacun d'éviter* (Paris: Didot, 1763), pp. 170–171; および、d'Holbach の *Encyclopédie,* art. "Cuivre." も参照。

83. *AAAD,* Oct. 19, 1769, pp. 918–919.

84. A. N. Y 13790 (June 8, 1775).「習慣どおり、いつもの宿屋で夕食を食べて帰宅すると」、家のドアがこじ開けられ財産が盗まれていたという、ある彫刻師の陳述も参照。A. N. Y 13700 (July 2, 1785).

85. A. N. Y 13125 (Feb. 22, 1773), Y 15680 (June 3, 1786).

86.「ドリクール氏は夕食取らず」とモベール広場の仕出し屋は記している。Archives de la Seine, D^5B^6 4088 (Pierre Porcebeuf の会計簿), Sept. 2, 1766; 同様の注記は、Sept. 7, 1766 も見られる。会計簿と同様、警察の記録からも常連客の姿が浮かび上がる。グラパン Grapin は、銀食器の盗難の記録で、6人の客のうち5人が常連だったと言っている。A. N. Y 13125 (Feb. 22, 1772). 常連客の「売買」については、A. N. Min. Cen. X–672 (Oct. 14, 1778) および XCVI–528 (Oct. 18, 1783) を参照。すでに「慣行」となっていた顧客の譲渡は、床屋兼かつら業者でもよくあることだった。例えば、A. N. Min. Cen. VII–491 (May 25, 1789) を参照。

87. A. N. Y 12800 (Sept. 24, 1779); Y 13127 (Oct. 29, 1775).

88.〈仕出し屋〉の多くが〈家具付きホテル (hôtel garni)〉も営んでいた。1769年の『総合名鑑』では、〈仕出し屋〉と宿屋の主人とホテル

1989), pp. 112–116［ロンダ・シービンガー『科学史から消された女性たち』小川真理子ほか訳、工作舎、1992年］. 彼女の議論は、部分的には有効かもしれないが、家庭内の仕事の領域の外側にいる「本職の」料理人が圧倒的に男性が多かったという事実を考慮していない。

76. Abbé Pierre-François Guyot Desfontaines, *Le Nouveau Gulliver, ou voyage de Jeune Gulliver, fils du capitain Gulliver* (Paris: Clouzier et Breton, 1730), vol. 2, pp. 61–72.

77. *Encyclopédie*, art. "Assaisonnemens." 1742年に刊行されたある料理本の序文でこう問うている。「彼らは家の中までやってきて我々に戦争を仕掛けている。我々は何も抗戦することなく屈服しなければならないのか」。*Suites des dons de Comus*, 以下のものに転載。Stephen Mennell, *Lettre d'un pâtissier anglais, et autres contributions à une polémique gastronomique du XVIIIe siècle* (Exeter: Exeter University Press, 1981), p. 49.

78. Cissie Fairchilds, *Domestic Enemies* (Baltimore: Johns Hopkins University Press, 1984), chaps. 1–2.

79. Des Essarts (Nicolas-Toussaint Le Moyne), *Dictionnaire universel de police* (Paris: Moutard, 1786–1790), vol. 1, p. 252. 旧体制下のある公爵夫人は、「宿屋で出されるまずい夕食を避けるために」1時間先に厨房スタッフを送り込んだとその回想録に記している。Henriette de la Tour du Pin, *Mémoires d'une femme de cinquante ans* (Paris: Chapelot, 1914), vol. 1, p. 46.

80. ムニエの決して傷まないという固形ブイヨンの広告については、*AAAD*, June 30, 1766, p. 526; Feb. 2, 1767, p. 106; June 7, 1770, p. 571を参照。1759年の戯曲『新旧の料理（*L'Ancienne et nouvelle cuisine*）』の中で、固形スープの製造によって生まれたばかりの〈エキス〉なる名の登場人物（主人公である〈レストラン〉の親友）が、こう説明している。「これは、これから地方を巡回しにいく財務官のためのものだ。これほどの重要人物が宿屋で出されるひどいスープに堪えられるだろうか」。B. N. mss n. a. f. 2862, fol. 32.

81. *Recueil Périodique d'observations de médecine, de chirurgie et de pharmacie*, March 1755, pp. 147–149; April 1755, pp. 283–302; Oct. 1755,

71. *Tablettes de renommée ou Almanac général d'Indication* (Paris: Desnos, Dessain, Lacombe, 1776), n. pag. この用語は、元軍医のドールヌと外科医のコボット——2人とも性病治療が専門——が運営していた半ば私的な病院にも用いられていた。Delaunay, *Monde médical*, pp. 273–275; Nicolas-Edme Restif de la Bretonne, *Les Nuits de Paris*, part 9, (第210夜) in Michel Delon and Daniel Baruche, eds., *Paris le jour, Paris la nuit* (Paris: Robert Laffont, 1990), p. 940 (メルシエとレチフ・ド・ラ・ブルトンヌの作品を編集した近刊でテクストとして最も入手しやすい) を参照 [レチフ・ド・ラ・ブルトンヌ『パリの夜』植田裕次編訳、岩波文庫、1988年]。

72. "…et ego vos restaurabos," *L'Avantcoureur*, July 6, 1767, p. 421. ほとんどの記述で、これをもってヴァコサンのレストランを第1号としている。ガイドブック作家も、観光客も、料理史家も皆これを最初のレストランのスローガンとして引いているからである。

73. *L'Avantcoureur*, March 9, 1767, p. 151; July 6, 1767, pp. 421–424; *AAAD*, Oct. 19, 1769, p. 918.

74. Michel Jeanneret, *Des Mets et des mots* (Paris: José Corti, 1987), pp. 70–83; Bruno Laurioux, "Entre savoir et pratique: le livre de cuisine à la fin du moyen âge," *Médiévales* (1988): 68–71; Jean Céard, "La diététique dans la médecine de la Renaissance," in Jean-Claude Margolin and Robert Sauzet, eds., *Pratiques et discours alimentaires à la Renaissance* (Paris: G.-P. Maisonneuve et Larose, 1982), pp. 20–36; Jean-Louis Flandrin, "Médecine et habitudes alimentaires anciennes," in ibid., pp. 85–95. 料理と栄養学の叙述をごく短く概括したものとして、Claude Fischler, "Diaforus et Lustucru," in Fabrice Piault, ed., *Nourritures* (Paris: Autrement, September 1989), pp. 127–133 を参照。

75. Toby Gelfand, *Professionalizing Modern Medicine* (Westport, Conn.: Greenwood Press, 1980), とくに第4章。Londa Schiebinger は医学からの料理の排除を、男性の産婦人科医が助産婦に取って代わってことと同じような性別による役割分担の進展と見ている。*The Mind Has No Sex?* (Cambridge, Mass.: Harvard University Press,

France (Cambridge, Mass.: Harvard University Press, 1968)［ロバート・ダーントン『パリのメスマー』稲生永訳、平凡社、1987年］.

66. Menon, *Cuisine et office de santé* (Paris: Leclerc, 1758); Menon, *La Cuisinière bourgeoise* (Paris: Guillyn, 1744); Menon, *Les Soupers de la Cour* (Paris: Guillyn, 1755).

67. 健康の社会的構造をめぐる私の解釈は、ここではアラン・ジラールの解釈とは相容れない。よく引用される比較的初期の論文において、ジラールは新料理（nouvelle cuisine）（健康的と思われていた）を「ブルジョワの料理（cuisine bourgeoise）」と同一視している。彼は、科学的になった方法と「我らが質素な先祖」という神話とが「ブルジョワの料理」の創出に寄与したとし、そのおかげでブルジョワジーは、あまりに高価で錯綜した貴族の料理と縁を切ることができたとする。したがって、彼は料理における「簡素さ」の追求が貴族にも拡がっていたことを見落としているのだ。彼の説明は、初期の階級闘争の地として18世紀フランスを見るという（かつては定説であった）説明を厨房に移しかえただけなのだ。Girard, "Le Triomphe de *La Cuisinière bourgeoise*."

68. 「健康チョコレート」の宣伝はそこかしこで見られた。*AAAD*, Dec. 20, 1770, p. 1179; April 29, 1773, p. 383; および *l'Avantcoureur*, April 13, 1772, pp. 228-231を参照。これに比べて、米、大麦、ライ麦、アーモンド、砂糖を混ぜ合わせ焙煎して挽いたものから作る「健康コーヒー（café de santé）」については、ほとんど記載されていない。*AAAD*, Jan. 22, 1785, p. 214.「血液の純化に優れ胸の病に有効な薬効ブイヨンを作るために不可欠な品質を備えた、ありとあらゆる種類の美しいカメ」を扱う御用商人で最も有名だったのは、サン=トノレ通りにあるオーヴェルニュ館のモレルだった。*AAAD*, Dec. 21, 1766, p. 926を参照。医薬品の広告一般については、Jones, "The Great Chain of Buying." を参照。

69. マイユのマスタードの無料配布は、*AAAD*, Dec. 24, 1770, p. 1195. に最初の広告が出ている。*Année littéraire*, 7 (1777): 211-213; *Journal de Politique et de Littérature* (Brussels, 1776), pp. 137-138も参照。

70. Petit de Bachaumont, *Mémoires secrets*, vol. 9, pp. 11-12.

ment: An Interpretation, vol. 2, *The Science of Freedom* (1969; New York: Norton, 1977), pp. 12–23; Robert Mauzi, *L'Idée du bonheur dans la littérature et la pensée françaises au XVIIIe siècle* (1960; Geneva: Slatkine, 1979), pp. 293–329; Jean Ehrard, *L'Idée de la nature en France* (Paris: S. E. V. P. E. N., 1963), vol. 2, pp. 575–577; Robert Muchembled, *L'Invention de l'homme moderne* (Paris: Fayard, 1988), pp. 275–289 [ロベール・ミュシャンブレッド『近代人の誕生』石井洋二郎訳、筑摩書房、1992 年]; William Coleman, "Health and Hygiene in the *Encyclopédie*: A Medical Doctrine for the Bourgeoisie," *Journal of the History of Medicine*, 29 (1974): 399–421 を参照。

61. これらの書簡の多くは、医学学校(Ecole de médecine)の古文書館に所蔵されている。Paul Delaunay, *Le Monde médical parisien au XVIIIe siècle* (Paris: J. Rousset, 1906), pp. 35–36, および Lindsay Wilson, *Women and Medicine in the French Enlightenment* (Baltimore and London: Johns Hopkins University Press, 1993), p. 7. も参照。*Recueil périodique d'observation de Médecine, de Chirurgie et de Pharmacie* の各号には、このような手紙による診察の例が多数載っており、そのほとんどで「シチュー(ragoût)」を糾弾している。月経の抑制の事例や「壊血病を伴う肺結核」の事例については、1754 年 9 月号, pp. 205, 207 を参照。訴訟摘要の人気については Maza, *Private Lives and Public Affairs*, とくにその序章を参照。

62. 医師たちは、その資格もない者が本で病気のことを読んで、あらゆる症状を自分で診るようになっていると主張した。*Gazette de santé* は安価な医学事典は「気違いに刃物」のようだと非難し、「流行の医学書が誘発したコレラ」の事例を報じた。Le Begue de Presle, *Le Conservateur de la santé*, in *Journal de Trevoux*, 63 (1763), art. lxxiv の評論も参照。

63. Louis Jean Levesque de Pouilly, *Théorie des sentimens agréables*, 5th ed. (1736; Paris: Debure, 1774), pp. 95–96.

64. William I. Beveridge, *Influenza: The Last Great Plague* (New York: Prodist, 1978), pp. 28–29; Delaunay, *Monde médical*.

65. Robert Darnton, *Mesmerism and the End of the Enlightenment in*

54. 名目上「宮廷付き」であり、特権を保有していた商人や職人については、Emma Delpeuch, "Les marchands et artisans suivant la cour," *Revue historique de droit français et étranger*, 4e série, vol. 52 (1974): 379-413; Roland Mousnier, *Les Institutions de la France sous la monarchie absolue* (Paris: Presses universitaires de France, 1980), vol. 2, p. 12; Leora Auslander, *Taste and Power: Furnishing Modern France* (Berkeley: University of California Press, 1996), pp. 89-92. を参照。Delpeuch は、親方として受け入れられるための費用と特権を買い入れるための費用とを比較している。p. 393.
55. A. N. V^3 193 (June 24, 1767; Mar. 16, 1772; Feb. 2, 1773); A. N. Y 11408 (May 13, 1778).
56. Michael Sonenscher, *Work and Wages* (Cambridge: Cambridge University Press, 1989); Colin Jones, "The Great Chain of Buying: Medical Advertisement, the Bourgeois Public Sphere, and the Origins of the French Revolution," *American Historical Review*, 101 (1996): 13-40.
57. 顧客については、ヴァコサン Vacossin の会計簿 Archives de la Seine D^5B^6 5057. を参照。ヴァコサンの娘アンリエット・ソフィーと裁判所の下級職員ジャック・シモン・アントワーヌ・トゥヴナンの結婚式の立会人には、シャラス侯爵、ジョゼフ・シャルル・ロティエ・ド・ラ・ブルテッシュ「様」、そして、アンリエット・ソフィーがそれまでの6ヵ月間住まっていたジェルゼー修道院の職員が含まれていた。A. N. Min. Cen. X-649 (July 8 and 10, 1775) を参照。また、ベルジェの婚姻前契約書 A. N. Min. Cen. LXXVI-410 (Mar. 27, 1768) とノーデのそれ、A. N. Min. Cen. XXVIII-467 (Jan. 29, 1778) も参照。
58. ベルジェの妻の実家であるサンソン家は大半がワイン商であった。A. N. Min. Cen. LXXVI-410 (Mar. 27, 1768). 彼の訴訟に加わったレストラトゥールについては本書第3章の議論を参照。
59. Jones, "The Great Chain of Buying"; Colin Jones and Laurence Brockliss, *The Medical World of Early Modern France* (Oxford: Oxford University Press, 1997).
60. 注59の Jones and Brockliss に加えて、Peter Gay, *The Enlighten-*

て幅広い事業と科学的投機からローズ・ド・シャントワゾーの先駆者と言うに値しよう。ルノドーについては、Howard M. Solomon, *Public Welfare, Science, and Propaganda in Seventeenth-Century France*（Princeton: Princeton University Press, 1972）を参照。18世紀の奢侈をめぐる論争については、Ellen Ross, "Mandeville, Melon and Voltaire: the Origins of the Luxury Controversy in France," *Studies on Voltaire and the Eighteenth Century*, 155（1976）: 1897–1912を参照。

46. Colin Jones, "Bourgeois Revolution Revivified," in Colin Lucas, ed., *Rewriting the French Revolution*（Oxford: Clarendon Press, 1991）, pp. 69–118, とくにp. 88.

47. 何世紀も前の物の値段が現在いくらに相当するかを見積もるのがいかに難しく、誤解を生みやすいかはよく知られているし、また今日に限っても、同じ100ドルでも8歳の子どもと投資銀行の行員とでは意味が異なる。それでも、18世紀を通して、1切れ4ポンドのパンの「公正な」価格がおよそ.8スー（20スー＝1リーヴル）とされていたことを考慮するのも無益ではないだろう。この場合、ローズの出した食事の値段は、7切れから15切れのパンに相当したことになる。パンの価格については、最新のJudith Miller, *Mastering the Market*（Cambridge: Cambridge University Press, 1999）を参照。

48. 明敏な読者なら、『名鑑』の事務所とレストラトゥールの店舗がいずれもアリーグル館に置かれていたことに気付いたかもしれない。

49. Jean-Jacques Rousseau, *Rousseau juge de Jean Jacques, in Oeuvres complètes*（Paris: Gallimard Bibliothèque de la Pléiade, 1959）, vol. 1, pp. 657–992［ジャン=ジャック・ルソー『ルソー、ジャン=ジャックを裁く』小西嘉幸訳、『ルソー全集（第3巻）』所収、白水社、1979年］.

50. Jean Starobinski, *Jean-Jacques Rousseau: La transparence et l'obstacle*（Paris: Plon, 1957）, p. 290［J. スタロバンスキー『ルソー』山路昭訳、みすず書房、1993年］.

51. Roze de Chantoiseau, *Almanach général*（1769）, n. p.

52. *AAAD*, Jan. 12, 1767, pp. 39–40; Jan. 23, 1777, p. 107.

53. A. N. V^3 193（Jan. 26, 1768）.

所である〈総合情報局〉（たまたま、ローズが後にレストランを開業するアリーグル館にあった）を書籍に移しかえたものであった。この〈局〉は、1766年12月、こうした事業において独占状態になるや、国家によって閉鎖された。B. N. mss, f. f. a. 22084, folios 19-27; Henri Sée, "La Création d'un Bureau de correspondance générale en 1766," *Revue d'histoire moderne*, 2 (1927): 51-55. ディーナ・グッドマンは、王権によるこの局の創設を、文壇の「公共空間に侵入しよう」という企てと見ている。Dena Goodman, *The Republic of Letters*, p. 31.

36. [Mathurin Roze de Chantoiseau], *Essai sur l'Almanach général d'indication d'adresse personnelle et domicile fixe, des Six Corps, Arts et Métiers* (Paris: Duchesne, 1769), 扉の題字はもともと強調されている。

37. Mathurin Roze de Chantoiseau, *Almanach dauphin d'adresses et d'indications générales des six-corps marchands, artistes et fabriquants ou Tablettes de renommée* (Paris: Cailleau, 1784), p. 2.

38. 当時の分類基準としてのアルファベットについては、Cynthia J. Koepp, "The Alphabetical Order: Work in Diderot's *Encyclopédie*," in Cynthia Koepp and Steven Kaplan, eds., *Work in France* (Ithaca: Cornell University Press, 1986), pp. 229-257 を参照。

39. [Roze de Chantoiseau], *Essai sur l'Almanach général*, n. p.

40. Ibid., n. p.

41. Roze de Chantoiseau, *Almanach dauphin d'adresses et d'indications*, p. 3.

42. 1世紀以上経っても、依然として賞賛を得ていた。Alfred B. Benard ("Bing"), *Les Annuaires partisiens* (Le Havre: Lemale, 1897), p. 24 を参照。

43. 「ガゼット・ド・フランス」紙は、1777年に彼が名鑑を王室に献上したと報じている。*Gazette de France*, Jan. 10, 1777, p. 13 を参照。

44. *Tablettes de renommée, ou Almanach général d'Indication* (1773), n. p.

45. 〈情報局〉は、1630年にテオフラスト・ルノドーによって設立された最初の〈住所案内所〉に倣ったものだった。ルノドーは、その極め

29. 18世紀パリの消費者中心主義と消費については、Cissie Fairchilds, "The Production and Meaning of Populuxe Goods in Eighteenth-Century Paris," in John Brewer and Roy Porter, eds., *Consumption and the World of Goods* (London: Routledge, 1993), pp. 228-248; Roche, *The People of Paris*, part 2; Annik Pardailhé-Galabrun, *La Naissance de l'intime* (Paris: Presses Universitaires de France, 1988); Colin Jones and Rebecca Spang, "Sans-culottes, *sans tabac, sans sucre*: Shifting Realms of Necessity and Luxury in Eighteenth-Century France," in Maxine Berg and Helen Clifford, eds., *Consumers and Luxury: Consumer Culture in Europe, 1650-1850* (Manchester: Manchester University Press, 1999), pp. 37-62を参照。
30. 婚姻前契約書については、A. N. Min. Cen. XVII-1068 (Nov. 5, 1791) を参照。科学アカデミーから認可を受けたマリー・プロストの化粧品は、[Mathurin Roze de Chantoiseau], *Tablettes de renommée des Musiciens* (Paris: 1785), n. p. でしきりに宣伝されていた。
31. M. Rouxel, avis des éditeurs, *L'Ami des hommes*, by Victor Riquetti Mirabeau (1757; Paris: Guillaumin, 1883), p. vi; Henri Ripert, *Le Marquis de Mirabeau, ses théories politiques et économiques* (Paris: A. Rousseau, 1901), pp. 129-130.
32. もっとも、ローズが侯爵家と商売上の取引があった証拠はないでもない。1790年、地所一区画が、ローズからミラボーの未亡人に譲渡する話が持ち上がったが、その1週間後に取り消された。A. N. Min. Cen. XXVII-501 (July 5 and 11, 1790).
33. ミラボーは、金が国内に流通せずパリに集積しているため、フランスの農業（したがって、人口）は減退していると説いていた。しばしば社会を身体に喩えて、流通の増大を国家的な「蘇生」の基盤と提議していた。富も、血液と同様に、身体の各部分に必要なもので、少数者の贅沢な生活のために金と農産物が肥大した資本に集中している限り、フランスの田舎は無視され、食料生産は減退し、人口は減少するだろうという説だった。*L'Ami des hommes*, pp. 201, 208-209.
34. Roze de Chantoiseau, *Ami de tout le monde*, p. 6.
35. 『名鑑』は、ローズが1760年代半ばに経営していた私的な情報交換

財産はパリの平均的な賃金労働者の15倍であった。Daniel Roche, *The People of Paris*, trans. Marie Evans and Gwynne Lewis (Leamington Spa: Berg, 1987), p. 75を参照。

23. Petit de Bachaumont, *Mémoires secrets*, vol. 2, p. 40 (April 3, 1764). 当時の負債の意味に関する現代の経済史学者の分析としては、James C. Riley, *The Seven Years' War and the Old Regime in France: The Economic and Financial Toll* (Princeton: Princeton University Press, 1986), chap. 6を参照。
24. Mathurin Roze de Chantoiseau, *L'Ami de tout le monde, ou Précis d'un plan de banque générale de crédit public* (Arsenal, Archives de la Bastille 12357, fol. 204-209), p. 8.
25. ローについては、Edgar Faure, *La Banqueroute de Law* (Paris: Gallimard, 1977); Thomas Kavanagh, *Enlightenment and the Shadows of Chance* (Baltimore: Johns Hopkins University Press, 1993), chap. 3; John Law, *Oeuvres complètes*, ed. Paul Harsin (Paris: Libraire du Recueil Sirey, 1934); Herbert Lüthy, *La Banque protestante en France de la révocation de l'édit de Nantes à la Révolution* (Paris: SEVPEN, 1959) を参照。
26. *L'Ami de tout le monde*, p. 6.
27. John Law, *Money and Trade Considered*, in *Oeuvres complètes*, vol. 1, p. 2.
28. 何であれこうした計画は、信用状の所有者が（比喩的な意味で）近視眼的であること、すなわち結末を心配したりしないことが前提としてなければならないだろう。というのも、貸し手の連鎖の末端では、信用状の価値は「完全に減損してしまって」もう人手に渡すことができない以上、誰もそんなものは受け取らないからである。連鎖のこのような場所に置かれた者も、自分より下の者は誰もこれを受け取らないと気づくであろうから、自分自身も拒否することだろう。実際、どんな場所に位置したとしても、この1枚の紙切れがしまいには価値が無くなると気づいたら、人はその時点で無価値と見なして、受け取りを拒否するだろう。この問題について実に有益な意見を授けてくれたベン・ポラック Ben Polak に感謝する。

es, 1986), pp. 57-65; 菓子作りは、Jourdan Lecointe, *La Pâtisserie de la santé* (Paris: Briand, 1792), pp. 18-22, 219によれば、「紳士淑女」の気晴らしであったという。

17. 「私は、かような大晩餐会ではほとんどものを食べないので、空腹を鎮めるために水を3杯も飲まなければならないこともしばしばである。私の健康はこうした厳格な食餌法のおかげだ。これには死ぬまで忠実でありたいと思っている」。1766年7月8日付けで娘に宛てたジョフランのこの手紙（個人蔵）は、Goodman, *The Republic of Letters*, p. 79に引用されている。

18. マチュラン・ローズ・ド・シャントワゾーの義理の姉妹が、彼の兄アルマンの妻であり、それが、ジャン・バティスト・エヌヴーと結婚したアンヌ・ウラリー・フェサールの姉妹に当たる。ジャン・バティスト・エヌヴーは父ピエールから〈カドラン・ブルー〉を相続し、息子のジャン・バティストに譲った。店をキャバレーからレストランに衣替えするときの変化については、本書第3章を参照。系図に関する資料としては、Félix Herbert, *L'Ancien Fontainebleau* (Fontainebleau: M. Bourges, 1912), p. 106; A. N. Min. Cen. LXI-536 (July 26, 1772), XIV-446 (May 18, 1775), およびXXII-86 (Oct. 23, 1792) を参照。

19. *Gazetin de comestible*, January 1767.

20. Petit de Bachaumont, *Mémoires secrets*, vol. 5, p. 40.

21. トムリー村の一部であったシャントワゾー（ときとして「シャモワゾー Chamoisaut」）はフォンテーヌブロー地区のいかなる地図にも出ていない。Claude François Denecourt, *Guide du voyageur dans le palais et la forêt du Fontainebleau* (Fontainebleau: Lhuillier, 1840)（地図）およびFelix Herbert, *Dictionnaire historique et artistique de la Forêt du Fontainebleau* (Fontainebleau: M. Bourges, 1903), p. 88を参照。

22. A. N. Min. Cen. LIV-973 (March 2, 1778). アルマン・ローズは1774年9月にシャントワゾーで死んだが、パリで遺産が分割されたのは数年後のことだった。家屋は全体で1万リーヴル以上の価値があり、遺産全体で25370リーヴルと評価された。かなり大雑把に見ても、彼の

vol. 7 (1715), pp. 323-343. 今日では全く知られていないこの作家の人気については、Robert Darnton, *The Literary Underground of the Old Regime* (Cambridge, Mass.: Harvard University Press, 1982), p. 167［ロバート・ダーントン『革命前夜の出版』関根素子・二宮宏之訳、岩波書店、2002年］を参照。デュ・ボスと料理の比喩については、Knabe, "Esthétique et art culinaire" を参照。ダシエ夫人の有名な「ギリシャ風」夕食については、Alfred Gottschalk, *Histoire de l'alimentation* (Paris: Hippocrate, 1948), vol. 2, p. 141. François Marie Arouet de Voltaire, art. "Goût," in Voltaire, *Oeuvres complètes*, vol. 19, *Dictionnaire philosophique* (Paris: Garnier, 1879), p. 270 を参照。

14. メスメリスム、地下出版の文学、啓蒙主義時代の裏面については、注13に引いたロバート・ダーントンの著作を参照。

15. セリュッティとの比較について示唆を与えてくれたジム・リヴジーに感謝する。レーは自己宣伝に精を出した。*Affiches, annonces, avis divers* (以下、*AAAD*), Feb. 12, 1770, pp. 142-144 を参照。クロード=マメス・パアン・ド・ラ・ブランシュリーについては、Dena Goodman, *Republic of Letters* (Ithaca: Cornell University Press, 1994), pp. 242-280 の興味深い議論を参照。ボーマルシェが、これらの人物の中で今日最もよく知られているのは言うまでもない。その意義についての最近の議論としては、Simon Schama, *Citizens* (New York: Knopf, 1989), pp. 138-146［サイモン・シャーマ『フランス革命の主役たち（上・中・下)』栩木泰訳、中央公論社、1994], and Sarah Maza, *Private Lives and Public Affairs* (Berkeley: University of California Press, 1993), とくに pp. 120-140 を参照。

16. 18世紀の新料理については、本書第2章を参照。1651年から1790年には、料理本――印刷術が発明されてから150年あまりの間ほとんど世に出なかったジャンルの一つ――が間断なく出版された。Alain Girard, "Le Triomphe de *La Cuisinière bourgeoise*. Livres culinaires, cuisine et société en France aux XVIIe et XVIIIe siècles," *Revue d'histoire moderne et contemporaine*, 24 (1977): 497-523; Daniel Alcouffe, "La Naissance de la table à manger au 18e siècle," in Ecole de Louvre, ed., *La Table et le partage* (Paris: Documentations français-

8. Archives de la Seine DQ[8] 31, folio 246v. その数年前に、グリモ・ド・ラ・レニエールは、「ちょうどしばしば俳優が困窮する同僚たちを救うために慈善興行を行うように」、卓越したパリのレストラトゥールは彼に対する恩義を認め、彼を支援すべきだと提議していた。Alexandre B. L. Grimod de la Reynière, *Almanach des gourmands* (Paris, 1803-1812), vol. 1, p. 212.

9. 「コミュス」と名乗る芸人は2人おり、1人は科学的な実験で群衆を魅了し、もう1人は手品やアクロバットを出し物としていた。このような芸名の選択は、18世紀の料理の流行がいかに科学や演芸と通底していたかを示していると言えよう。*L'Avantcoureur*, April 18, 1763, pp. 250-252, and Sept. 9, 1765, p. 563; *Rapport de Messieurs Cosnier, Maloet... Sur les avantages reconnus de la nouvelle méthode d'administrer l'électricité* (Paris: Pierres, 1783); Emile Campardon, *Les Spectacles de la foire*, reprint (Geneva: Slatkine, 1970), vol. 1, pp. 214-215. コームスは、古代の伝説ではキルケーとバッカスの息子とされており、ミルトンの仮面劇の主題ともなっている。コームスがフランスの文献で頻繁に引かれるようになったその起源は、18世紀の「新料理(ヌーヴェル・キュイジーヌ)」の始動に重要な役割を果たした料理名やレシピの索引、1739年の『コーモスの贈り物(*Les Dons de Comus*)』にまで遡れるかもしれない。[Marin], *Les Dons de Comus* (Paris: Prault, 1739).

10. *Gazetin de comestible*, Feb. 1, 1778, p. 355.

11. Claude Fleury, *Collection des opuscules de Monsieur l'abbé Claude Fleury*, vol. 1, *Moeurs des israelites; Moeurs des chrétiens* (Nîmes: Beaume, 1780); フォンスマーニュについては、Peter-Eckhard Knabe, "Esthétique et art culinaire," *Dix-huitième siècle*, 15 (1983): 125-136を参照。

12. *Encyclopédie ou dictionnaire raisonné des sciences, des arts et des métiers, par une société des gens de lettres* (Paris: 1751-1772), arts. "Cuisine" and "Frugalité".

13. Thémiseul de Saint-Hyacinthe (Hyacinthe Cordonnier), "Des Causes de la corruption du goût," *Journal littéraire* (de la Haye),

38. "Les restaurateurs sont-ils sujets aux mêmes règles de police que les autres traiteurs?" in Des Essarts, compiler, *Causes célèbres, curieuses et intéressantes de toutes les cours souveraines du royaume* (Paris: 1786), vol. 143, p. 174.

第1章　万人の友

1. Louis Petit de Bachaumont, *Mémoires secrets pour servir à l'histoire de la République des lettres en France, depuis 1762 jusqu'à nos jours* (London: John Adamson, 1777-1789), vol. 5, p. 48 (Jan. 3, 1770) では、ローズ・ド・シャントワゾー Roze de Chantoiseau は「レストランの創始者」と呼ばれている。彼の様々な呼称は、「仕出し屋に訴えられたブーランジェなる名の最初のレストラトゥール」をめぐるいくつかの説に現れる。*Vie publique et privée des français* (Paris: Sigault, 1826), vol. 1, p. 353; Jules Cousin, "Les Cafés de Paris en 1772" *Revue de Poche*, July 15, 1867; Camille La Broue, "Restaurants et restaurés," *Grandgousier*, 4 (1937): 278 を参照。
2. ローズ・ド・シャントワゾーは、1789年4月29日にルイ16世と全国三部会に拝謁している。*La Gazette de France*, May 1, 1789 を参照。
3. Mathurin Roze de Chantoiseau, *Lettre à Messieurs les députés de l'Assemblée nationale et autres officiers* (Paris: Cailleau, n. d.), p. 5.
4. (Bibliothèque de l'Arsenal) Archives de la Bastille 12357, folio 195 (Sept. 14, 1769).
5. Ibid., folio 192 (Sept. 6, 1769).
6. Roze de Chantoiseau, *Lettre à Messieurs les députés*. この提案は、次々と体制が変わるたびに改題されていった。当初「国庫（*Trésor public*）」だったものが、「共和国国民の富（*La Richesse du peuple républicain*）」(Paris, 1791) となり、次いで「国立友愛的団結信用金庫（*Caisse d'union fraternelle, de crédit national*）」(Paris, n. d.) と変わった。国家公安委員会に宛てた彼の書簡については、A. N. AB^{XIX} 3899, piece 107 を参照。
7. A. N. Min. Cen. XI-800 (Ventôse 26, Year VII [Mar. 16, 1799]).

"The Production and Marketing of Populuxe Goods in Eighteenth-Century Paris," in John Brewer and Roy Porter, eds., *Consumption and the World of Goods* (London: Routledge, 1993), pp. 228–248 を参照。

32. 車大工の例は、*Factum pour Laurent Meunier, Claude Brouard, Jean David, et Guillaume Guibor, jurés en charge de la Communauté des Maîtres Pâtissiers* (*intimés*) *contre Maîtres Charcutiers* (*apellans*) (Paris, 1711), Bibliothèque Nationale, Paris (以下、B. N.) mss f. f. a. 21640, fol. 316 から引用。オリヴィエ=マルタンは、「規則の条文を厳密に遵守するのはしばしば困難を極めたので、いくつかの食料品業の兼業は普通に行われていた」と評している。*L'organisation du travail*, p. 170.

33. 国務諮問会議に対する仕出し屋ギルドの陳述(1748年7月16日)。*Recueil d'Arrêts, Ordonnances, Statuts, et Réglemens, concernant la communauté des maîtres queulx, cuisiniers-traiteurs de la ville, faubourg, banlieue de Paris* (Paris: Le Breton, 1761), p. 41 からの引用。

34. 少なくとも17世紀末から、キャバレー店主(〈ワイン商〉に属する)は客に対して合法的にパン、肉、サラダを出していた。〈ワイン商〉には小売りのキャバレー店主と卸売りのワイン商人の両方が含まれていた。それらの規約については、Lespinasse, *Métiers et corporations*, vol. 1, pp. 635–695 を参照。

35. *Arrêt de la Cour du parlement*, July 15, 1760, in *Recueil d'Arrêts* (Paris: Le Breton, 1761), p. 66.

36. 1781年には、仕出し屋、焼き肉屋、菓子職人が融合したギルドのなかに371人の親方(1776年の三職能の合同以前に親方になっていた)がいた。このうち、単に〈仕出し屋〉の親方であったのは110人、すなわち3分の1以下で、約20パーセント(72人)が〈仕出し屋兼ワイン商〉、17パーセント(63人)が〈仕出し屋兼焼き肉屋〉であった。*Catalogue des Maîtres Queulx-Cuisiniers-Traiteurs* (Paris: L. Jorry, 1781).

37. *L'Avantcoureur*, Mar. 9, 1767, p. 151; A. N. Y 9390 (Aug. 20, 1767).

は、レストラトゥールを、目まぐるしく変わっていく社会の新たなニーズに「商売の自由化のおかげで」自由に応えていった「実に多様な実業家たち」のなかに含めている。Gustave Isambert, *La Vie à Paris pendant une année de la Révolution, 1791-1792* (Paris: Félix Alcan, 1896), p. 185. 換言すれば、この種の話では、レストランの発展が、組合の独占に対して進取の精神に溢れた個人が結果的に勝利したこと(すなわち、古めかしい封建的構造に対する資本主義的精神の勝利)に結び付けられているのだ。マルクス主義的歴史家アルベール・ソブールが書いているように、アラード・ローの革命が最終的にギルドを廃止したとき、資本主義的生産力は既存の束縛から自由になり、職人の親方となる権利も万人に開かれたのであった。Albert Soboul, *The French Revolution*, trans. A. Forrest and C. Jones (New York: Vintage, 1975), p. 190 [アルベール・ソブール『フランス革命(上・下)』小場瀬卓三・渡辺淳訳、岩波新書、1980年].

30. Jacques Revel, "Les corps et communautés," in *The French Revolution and the Origin of Modern Political Culture*, vol. 1, *The Political Culture of the Old Regime*, ed. Keith Baker (Oxford: Pergamon, 1987), pp. 225-242.

31. Ibid. フランソワ・オリヴィエ=マルタンも何年も前に同様の点をこう指摘している。「組合のシステムに対する重農主義者たちの嘆きを単に繰り返すのではなく、これらの事象をじっくりと詳細に眺めるならば、このシステムは想像しているよりはるかに淀みが少なかったことに気づくと思う」。古典的な名著 François Oliver-Martin, *L'organisation corporative de la France d'ancien régime* (Paris: Libraire du Recueil Sirey, 1938), p. 169 を参照。Daniel Roche, The People of Paris, pp. 247-251 にある居酒屋や宿屋をはじめ、酒の飲める店舗についての議論も参照。マイケル・ソネンシャー Michael Sonenscher は、高級建築・装飾業の研究において、同様の結論に達し、18世紀の親方と職人たちはギルドの規則をしばしば方便として利用していたと論じている。*Work and Wages* (Cambridge: Cambridge University Press, 1989), pp. 217-218. ソネンシャーの「修正主義」について含みのある批判を提起している経験論的研究としては、Cissie Fairchilds,

22. Ibid., p. 58.
23. Ibid., p. 60.
24. Tobias Smollett, *Travels through France and Italy*, ed. Frank Felsenstein (Oxford: Oxford University Press, 1979), p. 71; Arthur Young, *Travels during the Years 1787, 1788, and 1789* (Dublin: Cross, 1793), vol. 1, pp. 72, 159; Helen Maria Williams, *Letters Written in France in the Summer 1790 to a Friend in England*, 5th ed. (London: T. Cadell, 1796), p. 100.
25. Philip Thicknesse, *A Year's Journey through France* (London: W. Brown, 1778), vol. 2, p. 175.
26. René de Lespinasse, *Métiers et corporations de la Ville de Paris* (Paris: Imprimerie Nationale, 1886), vol. 1; Daniel Roche, *The People of Paris*, trans. Marie Evans and Gwynne Lewis (Leamington Spa: Berg, 1987), pp. 247–250.
27. これら3種の同業組合の規約については、Lespinasse, *Métiers et corporations*, vol. 1, pp. 259–299, 317–340, 352–366 を参照。
28. これに関する記述の大部分は、Pierre Jean-Baptiste LeGrand d'Aussy, *Histoire de la vie privée des françois* (Paris: Pierres, 1782), vol. 2, pp. 213–214. を敷衍したものだ。この話は、そのまま鵜呑みにされて繰り返されたり、ときとして歪曲されて伝わっているが、裏付けは何もない。多くの例の中から、いくつか挙げれば、Jean-François Revel, *Un Festin en paroles* (Paris: J.-J. Pauvert, 1979), pp. 207–208 [ジャン=フランソワ・ルヴェル『美食の文化史』福永淑子・鈴木晶訳、筑摩書房、1989年]; Mennell, *All Manners*, pp. 138–139; Wheaton, *Savouring*, pp. 73–77; Pitte, *Gastronomie*, pp. 158–160; Esther Aresty, *The Delectable Past* (New York: Simon and Schuster, 1964), p. 107; F. M. Marchant, *Le nouveau conducteur de l'étranger à Paris*, 9th ed. (Paris: Moronval, 1821), pp. 16–17; T. Harmand, *Manuel de l'étranger dans Paris pour 1824* (Paris: Hesse, 1824), p. 224; Chéruel, *Dictionnaire historique des institutions*, vol. 2, pp. 1070–1071 などがあるが、さらにまだ付け加えることも容易にできよう。
29. Revel, *Un Festin en paroles*, p. 208. ギュスターヴ・イザンベール

14. しかしながら、ブルデューがそのカント美学批判で示唆しているように、「味覚」を社会的、あるいは文化的決定因とは無関係なものとする見方は、それ自体、社会的かつ文化的（かつ歴史的）に決定されているのだ。Pierre Bourdieu, *La Distinction* (Paris: Editions de Minuit, 1979)［ピエール・ブルデュー『ディスタンクシオン（1、2）』石井洋二郎、藤原書店、1990年］, とくに後書きを参照。

15. Alexandre B. L. Grimod de la Reynière, *Almanach des gourmands* (Paris: Chaumerot, 1809), vol. 5, p. 233.

16. *Webster's Third New International Dictionary* (Springfield, Mass.: Merriam, 1961), p. 1936.

17. ますます重視されているフランスの「料理の遺産」という概念については、政府要人、シェフ、教育者の寄与について触れている *Revue des deux mondes*, Jan. 1993 の諸論文を参照。

18. Jean-Paul Aron, *Le Mangeur du XIXe siècle* (Paris: Robert Laffont, 1973), p. 80［ジャン=ポール・アロン『食べるフランス史』佐藤悦子訳、人文書院、1985年］。昔日のパリの飲食店を概説したものに、もう一つ『街路と歴史の中の散歩』と称しているものがある。Beatrice Malki-Thouvenel, *Cabarets, cafés, et bistros de Paris: Promenade dans les rues et dans le temps* (Paris: Hovarth, 1987) を参照。

19. 「食卓と社交性」をめぐるアンソロジーにもレストランへの言及は見あたらない。Martin Aurell, Olivier Dumoulin, and Françoise Thelamon, eds., *La Sociabilité à table*, Actes du colloque de Rouen, November 14-17, 1990 (Rouen: Université de Rouen, 1992) を参照。食と食餌法の歴史は下位区分の研究分野として確立されつつあるが、それとてレストランを論じることは稀である。それどころか、最近出された「ヨーロッパの食の歴史」についての研究目録では、「レストラン」は索引に載せるにも値しないものと見なされている。Hans J. Teuteberg, ed., *European Food History: A Research Review* (Leicester: Leicester University Press, 1992) を参照。

20. Joachim C. Nemeitz, *Séjour de Paris, c'est à dire, Instructions fidèles pour les voiageurs de condition* (Leyden: 1727), p. 58.

21. Ibid., p. 59.

んな高級店とも引けを取らない」と強調している（*Charivari*, May 5, 1843）。

9. A. N. F7 3025.

10. リチャード・テルディマンは、ブルデューに倣って、19 世紀の文化や文学の分析に適用し成果を上げている。Richard Terdiman, *Present Past: Modernity and the Memory Crisis* (Ithaca and London: Cornell University Press, 1993), とくに p. 12 を参照。

11. レストランの歴史を書く際のこうしたアプローチの例としては、Robert Baldick, *Dinner at Magny's* (New York: Coward, McCann, 1971); Claude Terrail, *Ma Tour d'Argent* (Paris: Stock, 1974); Raymond Castans, *Parlez-moi du Fouquet's* (Paris: JC Lattès, 1989); Madame Prunier, *Prunier's, The Story of a Great Restaurant* (New York: Knopf, 1957) を参照。Robert Courtine, *La Vie parisienne* (Paris: Perrin, 1984-1987) の 3 巻本は、料理界における聖人の伝記集成と呼んでもよいかもしれない。

12. Thomas Raffles, *Letters During a Tour through Some Parts of France* (Liverpool: Thomas Taylor, 1818), p. 77; J. Jay Smith, *A Summer's Jaunt Across the Water* (Philadelphia: J. W. Moore, 1846); Henry Matthews, *The Diary of an Invalid* (London: John Murray, 1820), p. 480; Caroline M. Kirkland, *Holidays Abroad; or Europe from the West* (New York: Baker and Scribner, 1849), vol. 1, p. 135.

13. Jean-Robert Pitte, *Gastronomie française, histoire et géographie d'une passion* (Paris: Fayard, 1991), p. 155 [ジャン=ロベール・ピット『美食のフランス』千石玲子訳、白水社、1996 年]. また別の著名な学者は、レストランの発明をフランス革命が生んだ伝統の一つと位置づけ、レストランの出現は「貴族文化の危機を示す紛う方なきしるし」だと述べている。Pascal Ory, "La Gastronomie," in Pierre Nora, ed., *Les Lieux de mémoire*, vol. 3, part 2, *Traditions* (Paris: Gallimard, 1992), pp. 823-853 (上記引用は p. 836). 以下のものも参照。Theodore Zeldin, *The French* (New York: Pantheon, 1982), chap. 17 [セオドア・ゼルディン『フランス人（1、2)』垂水洋子訳、みすず書房、1988-89 年].

chef d'oeuvre du cuisinier, 11th ed. (Lyon: Canier, 1685), p. 34; Massialot, *Le Cuisinier royal et bourgeois* (Paris: de Sercy, 1691), p. 386; Massialot, *Le Nouveau cuisinier royal et bourgeois* (Paris: Prudhomme, 1712), vol. 2, pp. 118–119; La Chapelle, *Le Cuisinier moderne*, 2nd ed. (La Haye: 1742), vol. 1, p. 62; [Menon] *Traité historique et pratique de la cuisine ou le Cuisinier instruit* (Paris, 1758), vol. 1, p. 9; [Marin], *Les Dons de Comus* (Paris: Prault, 1739), pp. 149–153; *Dictionnaire portatif de cuisine, d'office et de distillation* (Paris: Vincent, 1767), p. 90. この時期の料理本の出版と執筆に関する研究としては、Barbara Ketchum Wheaton, *Savouring the Past* (Philadelphia: University of Pennsylvania Press, 1983) [バーバラ・ウィートン『味覚の歴史』辻美樹訳、大修館書店、1991年]; Stephen Mennell, *All Manners of Food* (Oxford: Basil Blackwell, 1985) [スティーブン・メネル『食卓の歴史』北代美和子訳、中央公論社、1989年]; Alain Girard, "Le Triomphe de *La Cuisinière bourgeoise*. Livres culinaires, cuisine et société en France aux XVII et XVIII siècles," *Revue d'histoire moderne et contemporaine*, 24 (1977): 497–523 を参照。
4. [Marin], *Dons de Comus*, p. 7.
5. 19世紀中頃のフランスの店舗に関する辞典では、迷うことなく「レストラン」という見出しを載せている。Auguste Chéruel, *Dictionnaire historique des institutions, moeurs, et coutumes de la France* (Paris: Hachette, 1855), vol. 2, pp. 1070–1071 を参照。
6. Hezekiah Hartley Wright, *Desultory Reminiscences of a Tour through Germany, Switzerland, and France* (Boston: William Ticknor, 1838), p. 36; Nathaniel H. Carter, *Letters from Europe*, 2nd ed. (New York: Carvill, 1829), vol. 1, p. 418.
7. John P. Durbin, *Observations in Europe* (New York: Harper and Brothers, 1844), vol. 1, p. 37; Jacob Abbott, *Rollo in Paris* (Philadelphia: W. J. Reynolds, 1856), p. 25.
8. Archives Nationales, Paris (hereafter, A. N.) F^7 3025 (Census des débitants, 1851–1852). 1843年、パリ―ルーアン鉄道の北端 [ルーアン] で新規開店したレストランの広告では、料理も値段も「パリのど

注

序章　レストランを作るとは

1. Master Chiquart Amiczo, *Du fait de cuisine*, ed. Terence Scully, "Du fait de cuisine par Maistre Chiquart 1420 (Ms. S 103 de la bibliothèque Supersaxo, à la Bibliothèque cantonale du Valais, à Sion)," *Vallesia, Bulletin annuel de la Bibliothèque et des Archives cantonales du Valais*, 40 (1985): 101-231, p. 188. からの引用。フィリップ・ハイマン Philip Hyman が親切にもこの資料を教示してくれた。フランス語からの翻訳は、断りがない限り、すべて著者自身による。
   「レストラン」という語は英語では回復力のある物質の意味では用いられないため、これがもっぱらブイヨンだけを指す場合は〈　〉で囲った。ただし、レストランと〈レストラン〉の特性はしばしば重なるため、この区分も期待通りに機能しないこともあるかもしれない。
2. *Abrégé du Dictionnaire universel françois et latin, vulgairement appellé Dictionnaire de Trévoux* (Paris: Libraires associés, 1762), vol. 3, p. 508. 本書巻頭に引用したフュルティエールの定義については、*Dictionnaire universel, contenant généralement tous les mots français*, 3rd ed. (Rotterdam: Leers, 1708), vol. 3, n. p. *Encyclopédie ou dictionnaire raisonné des sciences, des arts et des métiers, par une société des gens de lettres* (Paris: 1751-1772), art. "Restauratif ou restaurant." を参照。『百科全書』［ディドロ、ダランベール編、桑原武夫訳編、岩波文庫、1971年］の読解については、Jean-Claude Bonnet の卓越した論文 "Le réseau culinaire dans *L'Encyclopédie*," *Annales: ESC*, 31 (1976): 891-914 から刺激を受け、またある意味で指針を与えられた。
3. 1651年から1780年の間（料理本の出版の絶頂期）にフランスで刊行された主な料理本のほとんどが、「水なしスープ」のレシピを収めている。例えば、Pierre de Lune, *Le Nouveau cuisinier* (Paris: Pierre David, 1660), p. 16; Pierre de la Varenne, *L'Ecole des ragoûts, ou le*

解説　人はどうしてレストランに行くのか

関口涼子

「レストラン」がどのようにして生まれてきたかについては、食に興味がある人ならば、フランス革命後、貴族の元で働いていた料理人たちが職を失い、街に出て店を開き、食の大衆化をもたらしたというエピソードを読んだことがあるかもしれない。そこでは人々の体力を回復（restaurer）させるブイヨンが供され、「レストラン」という用語もそれに由来する、と。それが実際フランス国内でも広く共有されている物語であろう。

しかし本書『レストランの誕生』は、その説に真っ向から反対するわけではないものの、膨大な資料を駆使して、人口に膾炙する伝説に細かなニュアンスを付け加えていく。革命時に食のシーンに変化が起こったことは疑いないが、外食産業はその前からすでに存在していた。カフェ、仕出し屋などがそうだった。最初のレストランも革命前の一七六〇年代にはすでに誕生していたのだ。また、確かに貴族に雇われていた料理人が独立して店を開くこともあったが、その傾向はすでに革命勃発前にも現れていた。

しかし著者の興味は、革命がレストランを生んだというこれまでの神話を壊すことにはなく、どうして皆が、当時からすでに、レストランは革命とともに生まれ、貴族の特権であった美食の民主化に貢献した、という語りを好んで用いたのかに向かう。筆者によれば、それは、大革命の十年間が、「食卓における新たなモデルの発展と流布、味覚と美徳の関連をめぐる新たな議論、個人の食欲と社会的結合の関係に関する新たな概念など」、食事を共有することの意味について思索を促し、食卓は、質素なものであれ饗宴であれ、重要な象徴を担うものとなったためだという。

「レストラン」と、それまでに存在した、食事を提供する場所との差はどこにあるのか。それは、皆が同時にテーブルに着くタイプの民宿や、皆が同一料金で同じものを食べ、常連客を主な相手とする食堂とは違い、レストランでは各々が自分の好きな時間に店に向かい、アラカルトで注文し、自分の頼んだ分だけを支払えばいいということだった。そこでは個人の自由が保障される。都市在住の、芸術家や文人など鋭い感性と味覚を持つとされる都市在住の住民だけではなく、旅人としてパリに赴く人間にとってはうってつけの場所だった。

本書には、ルソー、ヴォルテールなどの思想家から、ロベスピエールなどの革命家まで、フランス史上わたしたちにも親しい名が並ぶ。ディドロを始めとする『百科全書』の著者たちは食に関する項目に多くを割き、ヴォルテールは書簡中で「新料理」の特性を論評した。ルソーの、当時ベストセラーとなった小説『ジュリーあるいは新エロイーズ』や『エミール』などの中に現れるスイスの村の料理は、十八世紀後半のレストランのメニューにインスピレーションを与えた。

フランス料理が世界的に有名なのは、決してかの国の料理が他の食文化に勝るからではない。どの国の食文化もそれぞれに興味深い。しかし、フランス料理史に他と比べて特筆すべき部分があるとすれば、それは本書に描かれるような、料理と思想、文学、政治などの関わりだろう。社会や政治と関わりを持っていない食はありえないが、どの文化もそれについて同じように言葉を費やしているわけではない。本書は十八世紀半ばから十九世紀までの食を舞台としているが、この本を読むことでわかるのは、レストランの誕生がどのように当時の都市と農村の人々の動き、また、メスメリスム（動物磁気説：あらゆる生物には動物磁気があると考え、それを用いて治療を試みること）や、瘴気が病気をもたらすとか食べ物が胃の中で「料理する」とかという説も含めた健康に対する概念、そして個人という概念の生成などと結びついていたか、ということだ。

また、混ぜ物のない簡素な料理、複雑ではない流通経路など、現在にもつながる論争が当時すでに現れていることも興味深い。自然になるべく手を加えない新料理の現れについては、今日再び同じような流れが世界的に起こっていることを指摘できる。

十九世紀に入ってからのレストランは、旅行記だけではなく、物語にも歴史的書物にも繰り返し様々に描かれる場所となった。それは、レストランがフランス、そして特にパリに特有の現象として捉えられていたからだ。もちろんフランスの他の地方にも、カフェ、居酒屋、宿屋、キャバレーなどの飲食物販売業が何百軒と存在したわけだが、それらはレストランとは捉えられていなかった。レストランは大都市に固有の「快楽の象徴《イコン》」として、紀行作家や劇作家などの作品に表れていたからだ。他の都市には見られない雰囲気を醸し出しながら、同時に旅行者にも、女性にも開かれた空間である。隣国からの旅行客がパリの風俗として何より先に取り上げるのはレストランであり、またレストランは彼らを魅了する場所となる。観光客は、レストランでフランス人の風俗や料理を観察することができたのだ。

レストランは料理の「豊富な選択を提供し、個別性を強調」する。「パリをメニューに載せる」の項では、この時代のメニューを読むと、季節感は存在せず、あらゆる食材が一度に旬を迎えているようだという。そして、食材の産地は（「オステンド産の牡蠣、ポントワーズ産の子牛」など）詳しく描写され、調理方法にしても、スペイン風、ドイツ風、などの描写に溢れ、あらゆる土地から料理が季節を問わず手に入る非現実的な空間を作り上げるのに貢献しているとする。

とはいえ、それがフランスの食生活の全体を反映していたわけではない。レストランは、パリという、そこでは何一つとして生産されない都市に限られた現象であり、十九世紀のジャガイモの凶作など、フランスのみならずヨーロッパの各国に不安と暴動を誘発することになった食料状況からはかけ離れている。例えば、当時の風刺新聞は、政治家や代議士などを、晩餐にうつつを抜かす者どもとして描き出している。

本書は、時には矛盾すると思われるかのような無数のエピソードに満ちているが、それは、「レストラン」が、本書で取り上げられている、十八世紀半ばから十九世紀半ばという、たった百年ほどの間に受け入れた様々な役割を反映している。さらにこの歴史を現在にまで伸ばせば、著者自身の「二〇二〇年版まえがき」にあるように、わたしたちは、自分たちの体験も含め、レストランがその後果たすことになった機能がどれだけ多彩であるかを理解することになるだろう。

本書『レストランの誕生』が教えてくれるのは、食を巡る舞台はいつの時代も社会を反映し、人々の交流の中心にあるということだ。二〇二〇年のコロナ禍下、フランスのレストランは、国により一時営業停止を迫られた。どれだけ不況であっても、テロ爆破事件などの重大な事態が起こっても、レストランやカフェに自由に赴けない日が来るとは、フランス人は思ってもみなかったはずだ。戦時中でもないのに移動に制限がかけられ、公共空間から国民が締め出され、自宅から一歩外に出る場合にも書類が必要とされるという未曾有の状況が生じた。

また、フランスのドイツ軍占領下、食料統制が行われた結果、それまでの重厚な調理法の見直しが迫られたのと同様、歴史を見ても、非常事態は常に料理の改革を促してきた。今回も、二〇二〇年秋から半年間続いた、夜間外出禁止令や日中の外出制限により、営業を続けようとするレストランは、レストラン業態ではなく、今まで経験のない仕出しやテイクアウトを手がけることになったり、一時的に惣菜屋的な販売形態を試みざるをえなくなった。それこそ、レストラン誕生以前、十八世紀前半に存在した飲食販売形態に戻らざるをえなくなったわけだ。

しかしそのことにより、それぞれの料理人が、自分たちが食事を提供するレストランとはどういう場所なのかについて思索を巡らせることになった。海外からの裕福な旅行客を重要な顧客とするガストロノミーのレストランのシェフも例外ではなかった。また、どの国もそうだが、外食産業は長時間労働かつ体力を必要とする職業だ。レストランに従事する料理人やスタッフで、一時失業中初めて人間的な生活リズムを経験した人たちの中には、その後レストラン業に戻らず他の職業に就くことを決心した人や、プライベートシェフや昼だけの営業店舗など、より自分の時間が確保できる働き方を選んだ人もいる。二〇二〇年から二一年にかけて実に十二万人がフランスにおいてレストラン業界の職から離れたという。このことにより、既存の労働体系も変化せざるをえないだろう。

また、お客であるわたしたちにとって、レストランとは、単にお腹を満たす場所ではなく、人と出会う場所であり、街の魂とでもいうべき、灯りをともす場所だということが身にしみて理解されるようになった。それは、日本でも同様であっただろう。営業停止こそはなかったものの、酒類提供禁止など、飲食業界に携わる人たちには苦難の一年となった。今後、十年、二十年経って振り返った時に、この年に起こったことがどのようにレストランの歴史の中に書き継がれることになるのか、それを想像してみることは、今後のレストランのあり方についても考える機会になるだろう。この苦境を乗り越え、私たちの住む都市、国はどのような役割と場を再びレストランに提供することができるのか。それを長い時間軸で考えていくためにも、本書が比較と示唆に富んだ一冊であることに間違いはない。

（せきぐち・りょうこ　パリ在住）

本書は二〇〇一年に青土社より刊行された『レストランの誕生――パリと現代グルメ文化』に「二〇二〇年版まえがき」を新たに訳しおろし、文庫化したものである。

米・百姓・天皇　網野善彦／石井進
日本とはどんな国なのか、なぜ米が日本史を解く鍵なのか、通史を書く意味は何なのか。これまでの日本史理解に根本的転回を迫る衝撃の書。（伊藤正敏）

列島の歴史を語る　網野善彦／藤沢・網野さんを囲む会編
日本は決して「一つ」ではなかった！　中世史に新次元を開いた著者が、日本の地理的・歴史的な多様性と豊かさを平明に語った講演録。（五味文彦）

列島文化再考　網野善彦／塚本学／坪井洋文／宮田登
近代国家の枠組みに縛られた歴史観をくつがえし、列島に生きた人々の真の姿を描き出す、歴史学・民俗学の幸福なコラボレーション。（新谷尚紀）

日本社会再考　網野善彦
歴史の虚像の数々を根底から覆してきた網野史学。漁業から交易まで多彩な活躍を繰り広げた海民に光をあて、知られざる日本像を鮮烈に甦らせた名著。

図説　和菓子の歴史　青木直己
饅頭、羊羹、金平糖にカステラ、その時々の外国文化の影響を受けながら多種多様に発展した和菓子。その歴史を多数の図版とともに平易に解説。

今昔東海道独案内　東篇　今井金吾
いにしえから庶民が辿ってきた幹線道路・東海道。日本人の歴史を、著者が自分の足で辿りなおした名著。東篇は日本橋より浜松まで。（今尾恵介）

物語による日本の歴史　石母田正／武者小路穣
古事記から平家物語まで代表的古典文学を通して、国生みからはじまる日本の歴史を子ども向けにやさしく語り直す。網野善彦編集の名著。（中沢新一）

増補　学校と工場　猪木武徳
経済発展に必要とされる知識と技能は、どこで、どのように修得されたのか。学校、会社、軍隊など、人的資源の形成と配分のシステムを探る日本近代史。

居酒屋の誕生　飯野亮一
寛延年間の江戸に誕生しすぐに大発展を遂げた居酒屋。しかしなぜ他の都市ではなく江戸だったのか。一次資料を丹念にひもとき、その誕生の謎にせまる。

ちくま学芸文庫

レストランの誕生《たんじょう》　パリと現代《げんだい》グルメ文化《ぶんか》

二〇二一年十月十日　第一刷発行

著者　レベッカ・L・スパング
訳者　小林正巳（こばやし・まさみ）
発行者　喜入冬子
発行所　株式会社　筑摩書房
東京都台東区蔵前二―五―三　〒一一一―八七五五
電話番号　〇三―五六八七―二六〇一（代表）
装幀者　安野光雅
印刷所　株式会社精興社
製本所　加藤製本株式会社

ISBN978-4-480-51076-1 C0122